CULTO E COMÉRCIO IMPERIAIS
NO APOCALIPSE DE JOÃO

COLEÇÃO BÍBLIA E HISTÓRIA

- *A Bíblia à luz da história:* guia de exegese histórico-crítica – Odette Mainville
- *A comunidade judaico-cristã de Mateus* – Anthony J. Saldarini
- *A mulher israelita:* papel social e modelo literário na narrativa bíblica – Athalya Brenner
- *Contexto e ambiente do Novo Testamento* – Eduard Lohse
- *Culto e comércio imperiais no apocalipse de João* – J. Nelson Kraybill
- *É possível acreditar em milagres?* – Klaus Berger
- *Igreja e comunidade em crise:* o evangelho segundo Mateus – J. Andrew Overman
- *Jesus exorcista:* estudo exegético e hermenêutico de Mc 3,20-30 – Irineu J. Rabuske
- *Metodologia de exegese bíblica* – Cássio Murilo Dias da Silva
- *Moisés e suas múltiplas facetas:* do Êxodo ao Deuteronômio – Walter Vogels
- *O judaísmo na Antigüidade:* a história política e as correntes religiosas de Alexandre Magno até o imperador Adriano – Benedikt Otzen
- *Os evangelhos sinóticos:* formação, redação, teologia – Benito Marconcini
- *Pai-nosso:* a oração da utopia – Evaristo Martín Nieto
- *Para compreender o livro do Gênesis* – Andrés Ibáñez Arana
- *Poder de Deus em Jesus*: um estudo de duas narrativas de milagres em Mc 5, 21-43 – João Luiz Correia Júnior
- *Profetismo e instituição no cristianismo primitivo* – Guy Bonneau
- *Simbolismo do corpo na Bíblia* – Silvia Schroer e Thomas Staubli
- *Vademecum para o estudo da Bíblia* – Bíblia: Associação Laical de Cultura Bíblica

J. NELSON KRAYBILL

CULTO E COMÉRCIO IMPERIAIS
NO APOCALIPSE DE JOÃO

Dados Internacionais de Catalogação na Publicação (CIP)
(Câmara Brasileira do Livro, SP, Brasil)

Kraybill, J. Nelson
    Culto e comércio imperiais no Apocalipse de João / J. Nelson
Kraybill ; tradução Barbara Theoto Lambert. — São Paulo : Paulinas,
2004. — (Coleção Bíblia e história)

    Título original : Imperial cult and commerce in John's
Apocalypse.
    Bibliografia.
    ISBN 85-356-1135-5

    1. Bíblia. N. T. Apocalipse – Crítica e interpretação 2. Comércio
na Bíblia 3. Idolatria na Bíblia I. Título. II. Série.

03-3711   CDD-228.06

Índice para catálogo sistemático:

1. Apocalipse de João: Interpretação e crítica   228.06

Citações bíblicas: *Bíblia de Jerusalém*. São Paulo, Paulus, 1985.

Título original: *IMPERIAL CULT AND COMMERCE IN JOHN'S APOCALYPSE*
© 1996 Sheffield Academic Press, England

Direção-geral:	*Flávia Reginatto*
Editora responsável:	*Noemi Dariva*
Tradução:	*Barbara Theoto Lambert*
Copidesque:	*Tereza Cristina Freitas e Anoar Provenzi*
Coordenação de revisão:	*Andréia Schweitzer*
Revisão:	*Ana Cecilia Mari*
Direção de arte:	*Irma Cipriani*
Gerente de produção:	*Felício Calegaro Neto*
Mapa:	*Valéria Calegaro Pereira*
Capa:	*Cristina Nogueira da Silva*
Editoração eletrônica:	*Sandra Regina Santana*

---

*Nenhuma parte desta obra poderá ser reproduzida ou transmitida por
qualquer forma e/ou quaisquer meios (eletrônico ou mecânico,
incluindo fotocópia e gravação) ou arquivada em qualquer sistema ou
banco de dados sem permissão escrita da Editora. Direitos reservados.*

Paulinas

Rua Pedro de Toledo, 164
04039-000 – São Paulo – SP (Brasil)
Tel.: (11) 2125-3549– Fax: (11) 2125-3548
http://www.paulinas.org.br – editora@paulinas.org.br
Telemarketing: 0800-7010081

© Pia Sociedade Filhas de São Paulo – São Paulo, 2004

Todos os pilotos e navegadores, marinheiros e quantos trabalhavam no mar se mantiveram a distância, e, vendo a fumaça do seu incêndio, gritavam: "Quem era semelhante à grande cidade?" E atirando pó sobre a cabeça, chorando e se enlutando, gritavam: "Ai, ai, ó grande cidade, com tua opulência se enriqueceram todos os que tinham navios no mar" (Ap 18,17-19).

Figura: Antigo mosaico de Óstia, porto da Roma imperial. Representa um navio mercante com um módio (*modius*) de cada lado, o que indica serem os grãos a carga normal. A inscrição reza: *NAVICUL[arri] ET NEGOTIANTES KARALITANI* [Armadores e mercadores de Cagliari, Sardenha].

© Archivi Alinari, Via Alibert 16, Roma

Sumário

Ilustrações...... 10

Abreviaturas...... 11

Prefácio...... 13

INTRODUÇÃO 17

   1. Os cristãos atraídos pela Besta 18

   2. Sobre os ombros de gigantes 22

   3. Interpretações sociológicas recentes 24

   4. Análise socioeconômica 28

CAPÍTULO 1

MORADIA DE DEMÔNIOS 31

   1. O aspecto econômico da visão de João 32

   2. Uma Igreja cômoda com alguns atribulados 39

   3. O sincretismo no Apocalipse e na Igreja
primitiva 50

CAPÍTULO 2

ELA EMBRIAGOU AS NAÇÕES COM
SEU VINHO 77

   1. Os antecedentes do domínio romano
na Ásia Menor 78

   2. Ásia, a mais rica das províncias 89

3. Os espólios das nações conquistadas 90
4. A ascensão dos provincianos 93
5. Os principais caminhos de mobilidade
   ascendente 97
6. Vestígios do sistema de patronato 98
7. Oportunidade econômica para os provincianos 110
8. Exemplos de sucesso 113
9. Mobilidade ascendente entre judeus e cristãos 119
10. Missões cristãs entre mercadores
    e comerciantes 129

CAPÍTULO 3
OS MERCADORES FICARAM RICOS 141
1. O objeto e a natureza do comércio marítimo 142
2. Trimalcião: perfil de um mercador 151
3. As guildas na Itália e no Oriente 153
4. Privilégios para os navegadores 163
5. O comércio marítimo e o culto imperial 171
6. Escritórios de comércio marítimo em Óstia 183
7. O comércio e a marca da Besta 188

CAPÍTULO 4
PAGAI-LHE SEUS FEITOS EM DOBRO 197
1. Babilônia e Roma na tradição apocalíptica 198
2. A crítica social e econômica no livro
   do Apocalipse 204
3. Tiro como símbolo para Roma em Ap 18 212
4. Nero redivivo como agente de julgamento 225

CAPÍTULO 5

O SANGUE DE PROFETAS E SANTOS 231

1. A experiência judaica na lembrança de João 232
2. Relações políticas e econômicas judaicas
   com Roma 240
3. O papel judaico no comércio internacional 257
4. Culto e comércio entre mercadores judeus 263
5. Preocupação rabínica com a idolatria
   no comércio 265

CAPÍTULO 6

A CURA DAS NAÇÕES 271

1. Convergência de pressão sobre os cristãos 272
2. Resistência não-violenta à injustiça social 277
3. Uma sociedade justa na Nova Jerusalém 285
4. A comunidade de fé como amostra
   da Nova Jerusalém 298
5. A Nova Jerusalém no período pós-apostólico 304
6. Deus como o único patrono digno 308

Bibliografia 313

Índice de referências 337

Índice de autores 357

Índice de assuntos 361

Ilustrações

Frontispício: Antigo mosaico de Óstia 5

1. Reverso de um sestércio de Domiciano 86

2. Diagrama das principais classes sociais
   do Império Romano 102

3. Afresco do século I, originário de Óstia 176

4. Reverso de um sestércio de 64 d.C.,
   que representa o porto de Óstia 177

5. Baixo-relevo do século II (severano?),
   no porto de Óstia 179

6. Inscrição de Óstia em honra de Fausto,
   sacerdote do culto imperial 184

7. Inscrição de Óstia em honra de Eutico,
   sacerdote do culto imperial 185

8. Mapa de rotas terrestres da parte
   extremo-oriental do Império Romano 260

9. As doze pedras preciosas na fundação
   da Nova Jerusalém 290

10. A povoação, do século II, de Tamugadi
    (Timgad [atual Argélia]), na Numídia,
    norte da África 296

Abreviaturas

AB	Anchor Bible
AE	*L'Année Epigraphique*
AJA	*American Journal of Archaeology*
AJJS	*Australian Journal of Jewish Studies*
ANRW	*Aufstieg und Niedergang der römischen Welt*
AUSS	*Andrews University Seminary Studies*
BAGD	W. BAUER, W. F. ARNDT, F. W. GINGRICH, F. W. DANKER. *Greek-English Lexicon of the New Testament*
BCH	*Bulletin de Correspondance Hellénique*
BDB	F. BROWN, S. R. DRIVER e C. A. BRIGGS. *Hebrew and English Lexicon of the Old Testament*
BMC, I & II	H. Mattingly, *Coins of the Roman Empire in the British Museum*, I & II. 2. ed., 1976
BR	*Biblical Research*
CBQ	*Catholic Biblical Quarterly*
CIG	*Corpus Inscriptionum Graecarum*
CII	*Corpus Inscriptionum Iudaicarum*
CIL	*Corpus Inscriptionum Latinarum*
CRev	*Classical Review*
CTM	*Concordia Theological Monthly*
HBD	*Harper's Bible Dictionary*, P. J. Achtemeier (org.)
HTR	*Harvard Theological Review*
IDB	*Interpreter's Dictionary of the Bible*, G. A. Buttrick (org.)
IDBSup	*IDB*, Supplementary Volume
I. Delos	*Inscriptions de Délos*
I. Eph.	*Inschriften von Ephesos*
IG	*Inscriptiones Graecae* (1873-)

11

IGR	*Inscriptiones Graecae ad Res Romanas Pertinentes* (1906-1927)
ILS	*Inscriptiones Latinae Selectae* (1892-1916)
Int	*Interpretation*
JANESCU	*Journal of the Ancient Near Eastern Society of Columbia University*
JBL	*Journal of Biblical Literature*
JEH	*Journal of Ecclesiastical History*
JQR	*Jewish Quarterly Review*
JR	*Journal of Religion*
JRS	*Journal of Roman Studies*
JSOT	*Journal for the Study of the Old Testament*
JTS	*Journal of Theological Studies*
LCL	Loeb Classical Library
MAMA	*Monumenta Asiae Minoris Antiquae* (1928-1939)
Nestle-Aland	E. NESTLE, K. ALAND et al., *Novum Testamentum Graece*, 26. ed.
NTS	*New Testament Studies*
ODCC	*Oxford Dictionary of the Christian Church*, 2. ed.
OGIS	*Orientis Graecae Inscriptiones Selectae* (1903-1905)
OTL	Old Testament Library
OTP	*Old Testament Pseudepigrapha*, 2 v., J. H. Charlesworth (org.)
PW	PAULY-WISSOWA, *Real-Encyclopädie der classischen Altertumswissenschaft*
REG	*Revue des Études Grecques*
RSV	Revised Standard Version
SBLSP	SBL Seminar Papers
SEG	*Supplementum Epigraphicum Graecum* (1923-1938)
SIG	*Sylloge Inscriptionum Graecarum* (1915-1924)
SNTSMS	Society for New Testament Studies Monograph Series
TDNT	*Theological Dictionary of the New Testament*, G. Kittel & G. Friedrich (orgs.)
TynBul	*Tyndale Bulletin*
ZNW	*Zeitschrift für die neutestamentliche Wissenschaft*

Prefácio

Não muito depois de iniciar o estudo a seguir, tive a oportunidade de fazer uma série de palestras sobre o Apocalipse no *Centro de Estudios* da Igreja Menonita no Uruguai. Alguns alunos da turma haviam sofrido abusos ou tortura por causa de suas convicções religiosas ou políticas, nas mãos de uma ditadura apoiada pelo governo de meu país. "No dinheiro dos Estados Unidos há a inscrição 'Em Deus confiamos'" — um estudante atreveu-se a dizer —, "mas, na verdade, seus líderes confiam em suas armas e seus dólares". Esses estudantes ajudaram o professor norte-americano a perceber que questões de império, economia e idolatria são tão reais hoje como eram quando João de Patmos condenou Babilônia (Roma) por injustiça, opressão e blasfêmia.

Em Virgínia, quando eu era estudante, as manchetes dos jornais estavam cheias de referências a império e submissão no decorrer dos anos seguintes. O império soviético desmoronava; o império americano ampliava sua influência econômica e política. Guerras estimuladas pela religião, pelo nacionalismo ou pelo ódio étnico causavam sofrimento em diversas partes do globo. Mercadores internacionais de armas enriqueceram de repente com um negócio blasfemo que alimenta as economias até de nações que se consideram cristãs.

Nas páginas a seguir, não há praticamente nenhum comentário sobre esses incidentes e negócios modernos. Procuro examinar o Apocalipse da perspectiva de um leitor *do século I*. Quando escreveu, João de Patmos tinha em mente o Império Romano, não as pessoas do fim do século XX e começo do século XXI. Entretanto, se entendermos o motivo de João ver a lealdade a Jesus em tensão com a lealdade a Roma, teremos um valioso ponto de referência para uma análise similar dos sistemas atuais de dominação. Impérios e nações de todas as gerações fazem exigências que suscitam questões sobre submissão e obediência para os seguidores de Jesus.

Embora eu creia que o Apocalipse seja instrutivo para avaliar as escolhas políticas e econômicas dos cristãos de hoje, é importante reconhecer as limitações de recorrer demasiadamente a um único livro da Bíblia para fazer nossas escolhas éticas. Por quaisquer padrões convencionais, João de Patmos era alguém sem força política e marginalizado. Se ele já não tinha sofrido abusos nas mãos das autoridades, supunha que logo os cristãos sofreriam também. Ou por escolha ou pela força das circunstâncias, ele estava isolado em uma ilha, cheio de raiva do poder político que predominava em sua época. Precisamos contrabalançar a amarga avaliação que João faz do poder romano com o otimismo cauteloso do apóstolo Paulo e de outros cristãos primitivos que tiveram encontros mais positivos com o poder romano.

Em especial nas sociedades democráticas, onde os governos desempenham uma série ampla de papéis produtivos e saudáveis, os cristãos não podem simplesmente adotar uma posição de condenação categórica. O afastamento sectário da sociedade não é opção válida, se a Igreja ativamente "exorta os poderes" para que falem ou ajam pela justiça e pela verdade. Contudo, o aguçado discernimento que João tinha das dimensões espirituais do poder político pode ajudar-nos a entender que, às vezes, até os melhores governos fazem escolhas ou exigências que os seguidores de Jesus precisam contestar. Na terminologia do Apocalipse, nas nações econômica e politicamente poderosas, os cristãos vivem mais em Babilônia que em Patmos. Em nossa posição de relativa segurança e conforto, talvez seja difícil ouvir ou aceitar a crítica radical que João faz do poder imperial, crítica que parece lógica a muita gente de dois terços do mundo.

Sou grato aos mestres e outros estudiosos que me ajudaram a entender a mensagem do Apocalipse. Paul J. Achtemeier, do Seminário Teológico da União, em Virgínia, foi meu orientador para uma tese de doutorado que lançou as bases para este livro. Seu erudito conhecimento bíblico, seu amor pelas Escrituras e a qualidade de sua pesquisa estabeleceram um alto padrão. Outros ajudaram ao reagir criticamente a todo o meu trabalho ou parte dele. Entre eles, estão Stanley E. Porter, Martin Hengel, Peter Lampe, Millard Lind, Alan Kreider, Richard Bauckham, Christopher Rowland, Larry Kreitzer e Justin Meggitt. Gerald Nussbaum e A. T. Fear amavelmente me ajudaram a decifrar algumas inscrições latinas. Trisha Dale corrigiu as provas, e meus colegas do Centro Menonita de Londres cooperaram para que eu pudesse dedicar algum tempo às pesquisas. Steve Barganski, da Editora Acadêmica de Sheffield, habilmente orientou a organização e a publicação final. Agradeço a todos os citados acima, cônscio de que quaisquer erros ou imperfeições são de minha responsabilidade. Acima de tudo, agradeço a minha mulher, Ellen, por seu apoio afetuoso.

Highgate, Londres
Advento de 1995
J. Nelson Kraybill

Introdução

> Caiu! Caiu Babilônia, a Grande!
> Tornou-se moradia de demônios [...]
> [...] porque embriagou as nações
> com o vinho do furor da sua prostituição;
> com ela se prostituíram os reis da terra,
> e os mercadores da terra se enriqueceram
> graças ao seu luxo desenfreado.
> [...] Todos os pilotos e navegadores, marinheiros e quantos
> trabalhavam no mar se mantiveram a distância, e, vendo a fumaça
> do seu incêndio, gritavam (Ap 18,2.3.17).

Por que, em um livro escrito para cristãos que viviam sob o domínio romano, João de Patmos volta a atenção para mercadores, pilotos e marinheiros no momento culminante do fim de Babilônia (Roma)? Uma resposta completa a essa pergunta leva o estudante do Apocalipse a sair do porto das comunidades cristãs primitivas para navegar os mares abertos do mundo greco-romano.

O próprio João serve de guia e intérprete para essa viagem a um império do século I. É uma passagem perigosa. Um Dragão ferido e enfurecido pela derrota no céu guerreia contra o povo fiel de Deus (Ap 12,3-18). Uma Besta horrenda sobe do mar para reivindicar a soberania ilegítima sobre toda criatura viva (13,1-10). Outra Besta sai da terra, força a humanidade a adorar a primeira e ameaça com a morte os que se recusam a obedecer (13,11-18). João, já se vê, recusa-se a obedecer. Um apóstata dos poderes das trevas, ele estabelece seu curso por águas espirituais profundas cheias de símbolos e figuras que parecem representar personagens muito reais deste mundo.

Em Ap 18, João volta a atenção para uma frota mercante que navega em direção a Babilônia (Roma), carregada de iguarias para agradar a Besta insaciável. O símbolo espiritual mistura-se com a realidade histórica. De sua posição vantajosa na ilha de Patmos, junto a uma importante via comercial, João descreve a constante circulação de navios comerciais que ali passam todos os dias a caminho de Roma e de outros portos imperiais.

1. Os cristãos atraídos pela Besta

Pouco antes de sua primeira menção de comércio marítimo, João descreve Babilônia (Roma) como uma prostituta embriagada (17,1-18). Assim, não é surpreendente que a nênia de Ap 18 prossiga com a condenação dos mercadores que navegam rumo à grande cidade como devassos e condescendentes. Quem são as pessoas empenhadas nesse comércio marítimo e por que, em sua visão, João se ocupa delas na hora terrível do fim de Roma? Havia discípulos de Jesus no leme de navios mercantes, nas docas, ou nas sedes das associações das indústrias de exportação?

O ensaio a seguir defende que os cristãos tinham pronto acesso aos navios, docas e sedes de associação que saciavam o enorme apetite de Roma. Não temos dados suficientes a respeito do século I para demonstrar que um grande número de cristãos usava redes comerciais do Império para progredir social ou economicamente; nosso melhor indício do envolvimento cristão no comércio internacional origina-se no século II. Entretanto, já no século I, alguns fiéis circulavam com freqüência entre mercadores e negociantes; outros eram pequenos comerciantes. Alguns cristãos do século I tinham fortuna ou ligações sociais que lhes possibilitavam freqüentar círculos de influência política e econômica.

João de Patmos teve percepção suficiente para ver que a grandeza política e econômica de Roma atraía alguns seguidores de Jesus. Como fundamento de seu Apocalipse está a convicção de que a Roma arrogante, embriagada de luxo e cheia de blasfêmia logo desmoronaria. À luz dessa crença, Ap 18 é mais que um poema sobre a queda de um inimigo; é um alarme para os cristãos romperem todos os laços econômicos e políticos com um Império que se entregara à injustiça, à idolatria e à cobiça.

A análise a seguir ressalta alusões a finanças e comércio em todo o Apocalipse de João, usando como centro Ap 18 com seus "reis [...] mercadores [...] pilotos e navegadores, marinheiros e quantos trabalhavam no mar". Desdenhosamente, João classifica Roma como "Babilônia" (14,8; 16,19; 17,5; 18,2.10.21). Toma emprestada a linguagem tradicional dos profetas hebreus para clamar: "Saí dela, ó meu povo, para que não sejais cúmplices dos seus pecados [...]" (18,4; cf. Is 48,20; Jr 51,45). João estava a par de assuntos econômicos e escreveu o Apocalipse para os cristãos de uma região de intenso comércio. Vou argumentar que ele pretendia que sua advertência "para saírem" fosse uma instrução pastoral prática: se os cristãos estavam tendo (ou se sentiam tentados a ter) negócios com Roma por meio do comércio marítimo ou de outros laços comerciais, aqueles deveriam sair imediatamente, ou iriam compartilhar a culpa de Roma e também seu castigo.

Este estudo analisa a natureza das redes comerciais do Império Romano e os indícios de envolvimento de judeus e cristãos neles. Várias fontes dão pistas do significado das imagens que João usa para descrever Roma e seus aliados. O uso que João faz de determinadas passagens veterotestamentárias, por exemplo, indica que ele estava preocupado com a interação da idolatria, do poder militar e do comércio. Pesquisas sobre outra literatura apocalíptica da época revelam que João não estava sozinho em sua amarga condenação de Roma e em sua preocupação de que às vezes o comércio fosse um terreno escorregadio de transigência espiritual e moral. Escritos rabínicos esclarecem que alguns mestres judeus defendiam o envolvimento cauteloso em muitas áreas da sociedade romana, enquanto outros lutavam pela retirada radical. Diversos autores neotestamentários e cristãos primitivos falam de idolatria e finanças ao mesmo tempo, dando-nos uma idéia das questões debatidas pela Igreja primitiva. Estudos recentes a respeito do patrocínio no Império Romano esclarecem o tipo de relacionamentos socioeconômicos que João evidentemente tinha em mente quando falou em "prostituição" com Roma. Provas arqueológicas de cidades portuárias romanas ajudam a explicar como o comércio e a religião se misturavam de um jeito que João considerava censurável.

Discernimentos que partem de todos esses caminhos levam à conclusão de que João de Patmos não era contra o comércio e os negócios em si, como se fossem intrinsecamente maus. Antes, *João advertiu os cristãos para que rompessem ou evitassem laços econômicos e políticos com Roma porque as instituições e as estruturas do Império Romano estavam cheias de submissões profanas a um imperador que se proclamava divino (ou era tratado como tal).* Mostrando-se verdadeira revelação, o Apocalipse [do grego *apokalúpsis*, "ato de descobrir", "descoberta", "revelação"] revela que a imponente propaganda do Império Romano era uma impostura, e conclama os cristãos para serem leais a uma sociedade alternativa na Nova Jerusalém.

A injuriante blasfêmia do culto aos imperadores do fim do século I era profundamente ofensiva a João e a outros monoteístas zelosos. Na estrutura hierárquica do governo romano, a idolatria e a cobiça no topo significavam que aliados ou subordinados cooperantes eram atraídos a uma rede de cumplicidade. Aos olhos espirituais de João, obter uma visão completa da corrupção romana era uma "revelação" (ἀποκάλυψις, Ap 1,1).[1] Ele vislumbrou a *Gestalt* ou forma fundamental do Império que assomava sombriamente no nevoeiro do mundo mediterrâneo; era uma Besta sedutora e perigosa. Ele viu através da fascinação imperial a arrogância manifesta e o narcisismo espiritual de Roma, e queria urgentemente partilhar suas percepções com os outros cristãos que poderiam ser vítimas dos encantos do poder, da riqueza e da aceitabilidade social.

---

[1] Em Ap 1,1, a fonte e o objeto imediatos da revelação é Jesus Cristo. O título ἀποκάλυψις também é descrição apropriada da destruição de Roma e de seus aliados por meio do Apocalipse.

2. Sobre os ombros de gigantes

A análise a seguir teria sido impossível sem o trabalho de muitos estudiosos anteriores que ajudaram a solucionar o enigma do Apocalipse. Há um século, os exegetas bíblicos começaram a examinar seriamente o contexto político e cultural do livro do Apocalipse.[2] Estudiosos como Hermann Gunkel[3] e Wilhelm Bousset[4] identificaram a primeira Besta do Apocalipse (13,1-10) com o Império Romano, e "Babilônia" (18,1-24) com a Roma antiga. As imagens do livro do Apocalipse, disseram eles, eram símbolos conhecidos de seus primeiros leitores. O livro descreve pessoas e instituições da época do autor, não acontecimentos de um futuro distante. Uma geração de estudiosos baseou-se nesse discernimento e produziu comentários monumentais que examinaram em profundidade o ambiente judaico, greco-romano e do Oriente Próximo do Apocalipse.[5]

---

[2] Do século II ao século XIX, muitos exegetas ou espiritualizaram o Apocalipse em conceitos intempestivos a respeito da natureza de Deus e do cosmo, ou o interpretaram como alegoria enigmática que descrevia acontecimentos pouco anteriores a seu tempo. Vitorino (que morreu por volta de 304 d.C.), autor do mais antigo comentário conservado sobre o Apocalipse, fez algumas referências de passagem ao cenário original da obra: "É preciso entender a época na qual o Apocalipse escrito foi publicado", disse ele. Ele interpretou os sete reis de Ap 17,10 como Oto, Vitélio, Galba, Vespasiano, Tito, Domiciano e Nerva. Entretanto, até mesmo ele espiritualizou a maior parte do livro e considerou cada uma das sete Igrejas citadas por João uma "classe, companhia ou associação de santos", em vez de simples comunidades. VITORINO, *Comentário ao Apocalipse* 3,1; 7,10. Eusébio representa a escola de intérpretes que consideraram o Apocalipse um esquema dos acontecimentos de sua época. Ele acreditava que a igreja do Santo Sepulcro, construída por Constantino em Jerusalém, era a Nova Jerusalém antevista por João (Ap 21,2). *Vida de Constantino* 33.

[3] GUNKEL, H. *Schöpfung und Chaos in Urzeit und Endzeit*. Göttingen, Vadenhoeck & Ruprecht, 1895. p. 336.

[4] BOUSSET, W. *Die Offenbarung Johannis*. Göttingen, Vadenhoeck & Ruprecht, 1906. pp. 358-365, 418-426.

[5] Entre eles se destacam I. T. BECKWITH, *The Apocalypse of John*; Studies in Introduction (New York, Macmillan, 1919), e o clássico de R. H. CHARLES, *A Critical and Exegetical Commentary on the Revelation of St. John* (Edinburgh, T. & T. Clark, 1920).

Os estudos recentes aplicaram ao Apocalipse toda uma série de ferramentas exegéticas, da nova pesquisa histórico-crítica à crítica redacional e à análise literária.[6] Embora persistam diferenças entre os intérpretes, muitos estudiosos[7] aceitam as importantes conclusões a que chegaram R. H. Charles e outros exegetas do início do século XX: João de Patmos foi um profeta cristão, de outro modo desconhecido, de origem judaica.[8] No fim do século I,[9] ele escreveu para

---

[6] Para um resumo sucinto dos estudos modernos sobre o Apocalipse, veja E. S. FIORENZA, Revelation, in E. J. EPP & G. W. MACRAE, orgs., *The New Testament and its Modern Interpreters* (Philadelphia, Fortress Press, 1989], pp. 407-427. Veja também Recent Theories about the Social Setting of the Book of Revelation, in L. L. THOMPSON, *The Book of Revelation*; Apocalypse and Empire (New York, Oxford University Press, 1990), pp. 202-210.

[7] Fiorenza diz que a maioria dos comentários modernos concorda que o Apocalipse reflete um conflito político-religioso com o Império Romano e uma perseguição, sob Domiciano, da Igreja na Ásia Menor. Ela cita as obras de Swete, Charles, Loisy, Beckwith, Allo, Carrington, Wikenhauser, Bonsirven, Behm, Brütsch, Féret, Boismard, Lohse, Cerfaux-Cambier, Caird, Visser e Kiddle-Ross. Veja Apocalyptic and Gnosis in the Book of Revelation and Paul. *JBL* 92, 1973, p. 565.

[8] Em contraste com estudiosos mais recentes, J. M. Ford argumenta que o Apocalipse originou-se do "círculo" de João Batista e seus discípulos (*Revelation*. AB, New York, Doubleday, 1975, pp. 28-37). Sua opinião baseia-se em algumas afinidades temáticas gerais entre o Apocalipse e a mensagem do Batista apresentada nos evangelhos. Sem indícios comprovados, seus argumentos formam apenas uma possibilidade improvável de tal autoria. Um pouco mais convincente é a noção de uma "escola joanina" de autores que compartilhavam certos símbolos e cristologia e que escreveram o Apocalipse e o quarto evangelho. Veja um resumo e uma crítica dessa hipótese em FIORENZA, *The Book of Revelation*; Justice and Judgment (Philadelphia, Fortress, 1985), pp. 85-113. É digno de nota que só o Apocalipse e o quarto evangelho refiram-se a Jesus como o Cordeiro (ἀρνίον) e o evangelho pareça partilhar parte da convicção do Apocalipse de que a fidelidade ao imperador é incompatível com a fidelidade a Jesus (veja Jo 18,36; 19,12.15). Entretanto, a escatologia realizada do quarto evangelho contrasta tanto com as expectativas apocalípticas do Apocalipse que os dois livros pouco têm em comum e é improvável terem surgido na mesma "escola".

[9] A mais primitiva declaração que se conhece a respeito da data do Apocalipse é de Irineu. Não há nenhuma boa razão para questionar sua asserção de que João teve a visão no reinado de Domiciano, cerca de 95-96 d.C. IRINEU. *Adv. Haer.* 5,30,3. É plausível que, para parte de seu Apocalipse, João tenha recorrido a fontes mais primitivas.

sete comunidades da Ásia Menor que ele conhecia pessoalmente.[10] Encorajou os leitores a serem fiéis a Jesus Cristo apesar da crescente pressão para participar do culto imperial romano. Ele aguardava o fim iminente de Roma e o reinado triunfante de Cristo com os santos.

3. Interpretações sociológicas recentes

Vários intérpretes recentes usam a análise sociológica como um meio de construir a pesquisa histórico-crítica de uma geração mais primitiva, e suas obras proporcionam a base do estudo a seguir.

Em *Crisis and Catharsis; the Power of the Apocalypse* [Crise e catarse; o poder do Apocalipse], Adela Yarbro Collins descreve o ambiente social das Igrejas do Apocalipse como "crise percebida".[11] Alguns cristãos da Ásia Menor viram-se em conflito com as autoridades judaicas e também com as romanas. Esse conflito se desencadeou em uma época de tensão geral entre ricos e pobres na sociedade asiática. Collins examina a ideologia e o poder relativo de vários grupos sociais antigos e explica parte da ira no Apocalipse como ressentimento de classes. Ao tratar de navegadores e mercadores (Ap 18), por exemplo, Collins menciona a "nova classe de provincianos abastados que fizeram fortuna" no comércio sob o domínio flaviano.[12] O poder dos provincianos que

---

[10] Para uma discussão completa da data e autoria do Apocalipse, veja A. Y. COLLINS, *Crisis and Catharsis*; the Power of the Apocalypse (Philadelphia, Westminster Press, 1984), pp. 25-83.

[11] COLLINS, *Crisis and Catharsis*, pp. 84-110. Cf. A. Y. COLLINS, Early Christian Apocalypticism; Genre and Social Setting, *Semeia* 36, 1986, pp. 1-12.

[12] A família flaviana de imperadores consistia em Vespasiano (69-79 d.C.) e seus filhos Tito (79-81 d.C.) e Domiciano (81-96 d.C.).

haviam se tornado novos-ricos provocou ressentimento entre os marginalizados e também fomentou o descontentamento com Roma. "A combinação de hostilidade para com a elite local e as autoridades romanas não é surpreendente", diz ela, "já que havia cooperação e apoio mútuos".[13]

A abordagem sociológica mais completa sobre o Apocalipse é uma obra recente de Leonard L. Thompson, *The Book of Revelation; Apocalypse and Empire* [O livro do Apocalipse; apocalipse e império].[14] Thompson baseia-se na análise sociológica do Novo Testamento feita por estudiosos como Gerd Theissen, Wayne A. Meeks e Abraham Malherbe. Seu estudo concentra-se em comunidades cristãs da província da Ásia. Ele também analisa a vida judaica nessa província e traça os contornos da "vida social, econômica e política nas cidades onde os cristãos moravam e trabalhavam".[15] Thompson rejeita o argumento de conflito de classes e afirma que muitos cristãos não eram selecionados para serem perseguidos na Ásia Menor. Mais propriamente, João acreditava que a ordem política de Roma era totalmente corrupta e voluntariamente se separou dela. Ele era hostil aos judeus e também aos cristãos que, de algum modo, adaptavam-se a práticas idólatras da sociedade imperial romana.

Como Collins, Thompson explica que a mentalidade de crise do Apocalipse se originou mais "da perspectiva de João a respeito da sociedade romana [...] que de hostilidades significativas no ambiente social".[16] Nem Collins nem

---

[13] COLLINS, *Crisis and Catharsis*, p. 123.

[14] THOMPSON, L. L. *The Book of Revelation*; Apocalypse and Empire. New York, Oxford University Press, 1990.

[15] THOMPSON, *Revelation*, p. 116.

[16] THOMPSON, *Revelation*, p. 175.

Thompson dão a entender que a crise do Apocalipse era imaginária. Havia grupos de poder reais e instituições reais com que o autor se via em conflito. Contudo, muitos cristãos (e judeus) da Ásia prosperaram sob o domínio romano e não experimentavam nem esperavam o tipo de afastamento social refletido no Apocalipse. Thompson observa que João inclui a ordem econômica do Império Romano como parte integrante de um reino corrupto. "Segundo esse ponto de vista, os fiéis cristãos não devem acolher a paz e a prosperidade da sociedade romana."[17]

Embora não seja primordialmente um estudo sociológico, um comentário recente sobre o Apocalipse, de Christopher Rowland, baseia-se em estudos políticos, sociais e econômicos do mundo antigo para apresentar uma análise perspicaz da mensagem do livro.[18] A opressão econômica, as alegações religiosas idólatras e a aparência sedutora de Roma como benfeitora, tudo desempenha papel proeminente na interpretação de Rowland. Enquanto meu estudo concentra-se quase inteiramente no contexto do século I do Apocalipse, Rowland examina o ambiente original do livro e em seguida faz cautelosa aplicação da visão de João ao mundo moderno. "Os veículos da mensagem de João são a Besta e Babilônia, não Roma e César", diz Rowland. "Como tal, têm apelo mais amplo que uma análise política limitadamente concentrada, fundamentada em acontecimentos específicos."[19]

---

[17] THOMPSON, *Revelation*, p. 174. O "Índice de Fontes Antigas" do livro de Thompson (pp. 263-264) não contém referência a Ap 18 — o capítulo que fala dos grupos socioeconômicos proeminentes no Império Romano. Isso é surpreendente num livro que enfatiza exegese sociológica, mas é típico da maneira insuficiente com que muitos estudiosos deram atenção à nênia sobre Babilônia.

[18] ROWLAND, C. *Revelation*. London, Epworth Press, 1993. (Epworth Commentaries.)

[19] ROWLAND, *Revelation*, p. 24; cf. p. 31.

Rowland nos lembra que muitos símbolos do Apocalipse têm sentido psicológico e espiritual que transcende as circunstâncias imediatas ao século I d.C. O livro está cheio de imagens que já tinham uma longa história na tradição judaica ou pagã antes de João aplicá-las ao Império Romano de sua época. Do mesmo modo, desde o século I, gerações de leitores usam os símbolos do Apocalipse para interpretar realidades políticas ou religiosas de sua época.[20]

O estudo a seguir examina o sentido que os símbolos principais do Apocalipse *já* tinham quando João os introduziu em seu livro. Entretanto, não faz mais que uma referência de passagem ao sentido do Apocalipse para os cristãos de hoje. Embora a aplicação da mensagem de João a realidades modernas esteja fora do escopo desta obra, é necessário e urgente que os cristãos ousem fazer tal interpretação. Onde, em nosso mundo de hoje, os governos e as instituições econômicas exigem submissão idólatra? Quais são os impérios, grandes e pequenos, que constroem sua segurança à custa de pessoas indefesas? O que nós, cristãos modernos, devemos fazer quando os governos buscam nosso apoio pessoal ou financeiro para atos de violência ou egoísmo nacionalista?[21] Que ideologia ou pseudo-religião os poderes políticos e econômicos usam para justificar suas ações? Como os cristãos são tentados a tomar parte ou se beneficiar?

---

[20] Um exemplo recente, digno de nota, usa o Apocalipse para interpretar a marginalização e o sofrimento na África do Sul: A. Boesak, *Comfort and Protest*; Reflections on the Apocalypse of John of Patmos (Edinburgh, St. Andrew Press, 1987).

[21] Para um excelente estudo das atitudes cristãs para com o poder e seus abusos, veja W. Wink, *Engaging the Powers*; Discernment and Resistance in a World of Domination (Minneapolis, Fortress Press, 1992).

4. Análise socioeconômica

Apesar das proeminentes referências a comércio e negócios no Apocalipse, nenhum exegeta moderno procurou fazer um estudo econômico completo dos grupos sociais representados no Apocalipse. Entretanto, Richard Bauckham realmente examina os dados econômicos de Ap 18 e expõe em poucas palavras um argumento que reforça a tese central deste estudo. Depois de analisar a nênia sobre Babilônia, com suas categorias de produtos comerciais e grupos com interesse em negócios, Bauckham pergunta:

> Por que, então, João nos dá a perspectiva dos colaboradores de Roma no mal: as classes governantes, os magnatas mercantis, a indústria de navegação? Talvez parte da razão seja que, embora com certeza a perspectiva não fosse de João, poderia com bastante facilidade ser a de alguns de seus leitores. Se não é provável que muitos estivessem entre as classes dominantes, não é improvável que entre leitores de João estavam mercadores e outros com negócios ou meio de vida estreitamente envolvidos com o sistema político e econômico romano [...]. E, para esses leitores, é da máxima importância que, antes da imagem dos que lamentam, venha a ordem: Saí dela, ó meu povo [...].[22]

---

[22] R. J. BAUCKHAM, The Economic Critique of Rome in Revelation 18, in L. ALEXANDER, org., *Images of Empire* (Sheffield, Sheffield Academic Press, 1991), pp. 47-90; reimpresso em BAUCKHAM, *The Climax of Prophecy* (Edinburgh, T. & T. Clark, 1993), pp. 338-383. Cf. BAUCKHAM, *The Bible in Politics*; How to Read the Bible Politically (London, SPCK, 1989), pp. 97-100; e BAUCKHAM, *The Theology of the Book of Revelation* (Cambridge, Cambridge University Press, 1993, New Testament Theology series), pp. 14-17.

Bauckham reconhece que Ap 18 se volta provavelmente não só para uma sociedade imperial distante ("eles"), mas também para os companheiros cristãos da comunidade de fé de João ("nós"). Se João tinha, de fato, essa preocupação pastoral em mente, é indispensável uma completa análise socioeconômica de Ap 18 para entender a mensagem global do livro.[23] Meu estudo é uma tentativa de satisfazer essa necessidade.

A análise socioeconômica dá apenas uma perspectiva por meio da qual se examina o sentido da visão de João; e não explica o todo. O ponto principal não é que João escreveu o Apocalipse porque era pobre e socialmente marginalizado; antes, é mais provável que ele *se identificasse com* os pobres e marginalizados porque acreditava que os cristãos já não podiam participar de uma rede comercial completamente saturada de patriotismo idólatra. Este estudo examina a maneira como o comércio e o culto imperiais se misturaram no mundo romano do século I e como João de Patmos achava que os seguidores de Jesus deviam reagir.

---

[23] Bauckham mostra que a unidade literária da passagem em exame vai de 18,1 a 19,8. The Economic Critique, pp. 46-51. Meu estudo, porém, concentra-se basicamente no capítulo 18, pois ele contém a maioria das alusões relevantes para a análise socioeconômica.

Capítulo 1

Moradia de demônios

Babilônia [...]
Tornou-se moradia de demônios, abrigo de todo tipo de espíritos
impuros, abrigo de todo tipo de aves impuras e repelentes
(Ap 18,2).

No fim do século I d.C., na pequena ilha de Patmos, um profeta cristão chamado João olhou para o mundo mediterrâneo e declarou o fim do maior poder sobre a terra: "Caiu! Caiu Babilônia, a Grande!", exclamou ele (Ap 18,1). Não havia sinais de que Roma — ou "Babilônia", como ele a chamava — estivesse prestes a cair quando João de Patmos fez essa proclamação.[1] Todavia, um tema percorre todo o Apocalipse: o de que a cidade já estava cheia de demônios. O Império sediado na Itália recebia seu poder de Satanás e blasfemava contra Deus, declarou ele. Esse Império combatia os santos e forçava todos os habitantes da terra a adorá-lo (13,1-8).

João tinha certeza de que, por desempenhar esse papel arrogante e perverso, Roma pagaria um preço terrível. Com a convicção inabalável de um profeta inspirado, João pre-

---

[1] O primeiro episódio envolvendo Babilônia (בבל) na Bíblia hebraica canônica é o incidente da Torre de "Babel" (בבל), no qual os habitantes da cidade tentam, com arrogância, construir uma torre "cujo ápice [penetrasse] nos céus", a fim de fazer "um nome" para si mesmos. Gn 11,1-9; cf. 10,10.

senteia o dia em que "Deus se [lembraria] então de Babilônia, a Grande, para lhe dar o cálice do vinho do furor da sua ira" (16,19). Na visão de João, um terremoto sem igual na história humana dividiu a cidade em três. A terra se moveu e um granizo pesado caiu do céu; os sofredores blasfemaram contra Deus (16,20-21). Essas imagens vívidas levam a Ap 18 e a uma análise das ruínas cheias de fumaça. Um anjo desce do céu para proferir uma nênia diante da cena horrível (18,1).[2] Criaturas medonhas habitam a capital (18,2). Roma é como uma rainha orgulhosa devorada pelo fogo (18,7-8).

Misturadas a essas cenas inesquecíveis estão referências mundanas a realidades econômicas e políticas do mundo mediterrâneo do século I. Em rápidas mas nítidas pinceladas, João descreve reis, mercadores e navegadores que satisfaziam sua ganância por meio de uma aliança profana com a cidade imperial. Uma lista de carregamentos enumera os artigos luxuosos — de ouro a escravos — que os mercadores marítimos do século I levavam para a Itália (18,11-13). Pela primeira vez, no Apocalipse, temos uma visão clara das relações com Roma como preocupação central do autor.

1. O aspecto econômico da visão de João

Se essa fosse a única menção de João a assuntos econômicos, poderíamos concluir que negócios e finanças não inte-

---

[2] Se Ap 18 é "nênia" ou "cantiga de escárnio" depende da atitude que o orador tenha em relação à queda de Roma. Os diversos grupos citados lamentam ou celebram? É óbvio que os amigos de "Babilônia" lamentam (18,15-19), enquanto o povo de Deus exulta (18,20). O capítulo 18 contém complexa interação de tristeza e júbilo, contudo termina sobriamente, ao reconhecer que em Roma há muita coisa boa que terá fim violento — inclusive música, artes, moagem e matrimônio (18,21-23). Collins analisa como importantes comentadores entendem o nível emocional deste capítulo. Veja Revelation 18; Taunt Song or Dirge?, in J. LAMBRECHT, org., *L'Apocalypse johannique et l'Apocalyptique dans le Nouveau Testament* (Gembloux, Leuven University Press, 1980), pp. 185-187.

ressavam aos cristãos da Ásia Menor. Em vez disso, encontramos alusões à posição econômica (e à social relacionada a ela) em pontos importantes de todo o Apocalipse. A posição socioeconômica de toda Igreja cristã que João menciona parece inversamente relacionada com o nível de aprovação que ela recebe no livro. Cristo encoraja a empobrecida comunidade de Esmirna (Ap 2,8-11), por exemplo, enquanto repreende severamente a rica homóloga de Laodicéia (3,14-19). A comunidade cristã de Filadélfia tem "pouca força" (3,8), contudo ganha aprovação divina.[3] Os crentes fiéis que agora sofrem pobreza e impotência um dia vão gozar de riqueza e segurança na Nova Jerusalém (21,9-27). Além dessas referências explícitas aos cristãos, João faz a observação geral de que os que se recusam a usar a marca da Besta não possam "comprar ou vender" (13,17). Ele ressalta que os mercadores da terra que negociam com Roma "se enriqueceram graças ao seu luxo desenfreado" (18,3). Essas repetidas referências a questões socioeconômicas sugerem que João considerava a participação na economia imperial como uma importante questão de discipulado para os que confessavam Jesus como Senhor.[4]

---

[3] Collins diz que a aprovação por João de cristãos empobrecidos relaciona-se com um "elemento tradicional dos reveses, o qual parece desempenhar um papel em todo o Apocalipse". Ela cita Lc 1,51-53 e 6,20-26 como outros exemplos do mesmo tema. Persecution and Vengeance in the Book of Revelation, in D. HELLHOLM, org., *Apocalypticism in the Mediterranean World and the Near East* (Tübingen, Mohr, 1983), p. 745. Talvez a tradição do revés tenha moldado parte da linguagem de João, mas vou argumentar que questões mais importantes sobre idolatria influenciaram sua avaliação das Igrejas.

[4] Sem dúvida, A. H. M. Jones está certo ao escrever que "na maioria das cidades do império, o comércio e a indústria desempenhavam um papel menos importante" na economia. Contudo, em certas cidades, inclusive Cartago, Aquiléia, Éfeso, Alexandria e Palmira, "grande parte da população vivia do comércio, e mercadores abastados incluíam-se na aristocracia local". P. A. BRUNT, org., *The Roman Economy*; Studies in Ancient Economic and Administrative History (Totowa, NJ, Rowman & Littlefield, 1974), pp. 29-30. João de Patmos escreveu aos cristãos de uma região excepcional onde o comércio internacional era um fator importante.

O culto imperial como preocupação central

Em Ap 18, João realça o julgamento de reis, mercadores e navegadores que controlavam os aspectos práticos da vida econômica no mundo mediterrâneo. Qual era o caráter do relacionamento entre essas três categorias de pessoas? A fim de obter financiamento, mercadores e navegadores tinham de aderir a determinada ideologia ou orientação religiosa?

Nosso exame dessas questões começa com a opinião da maioria dos estudiosos modernos de que a pressão do culto imperial está no centro da preocupação de João. As duas bestas, que tanto se destacam no mundo simbólico de João, fornecem a chave para entender o Apocalipse como um todo. A primeira Besta (13,1-10) parece representar ou o Império Romano ou o próprio imperador.[5] A segunda Besta (13,11-18) é, provavelmente, o sacerdócio do culto imperial, a elaborada instituição que floresceu na Ásia Menor e que concedeu honras divinas ao imperador.[6] O culto ameaçava

---

[5] A primeira Besta é criatura complexa, com feições tiradas de quatro bestas que apareceram na visão de Dn 7,1-28. Atualmente, é quase unânime entre os comentaristas a opinião de que essas quatro bestas representam os impérios dos babilônios, medas, persas e gregos.

[6] A apresentação clássica dessa perspectiva é feita por CHARLES, *Commentary*, I, pp. 345-367. Entre as expressões da mesma perspectiva estão BOUSSET, *Offenbarung*, pp. 358-374 e W. M. RAMSAY, *The Letters to the Seven Churches of Asia* (New York, Hodder & Stoughton, 1905), p. 97. Comentadores mais recentes são G. B. CAIRD, *A Commentary on the Revelation of St. John the Divine* (New York, Harper & Row, 1966), pp. 170-173; E. S. FIORENZA, *Revelation*; Vision of a Just World (Minneapolis, Fortress Press, 1991), pp. 84-87; e muitos outros. Alguns comentadores recentes enfatizam que não devemos *limitar* o simbolismo do Apocalipse a entidades específicas da época de João. Veja, por exemplo, O. O'DONOVAN, The Political Thought of the Book of Revelation, *TynBul* 37, 1986, p. 68. Meu ponto de vista é que João adaptou símbolos tradicionais para descrever as circunstâncias de sua época. Entretanto, ele escreveu de uma forma que torna o Apocalipse um paradigma útil para refletir sobre a resposta do cristão à idolatria e ao abuso de poder em qualquer geração.

tanto os cristãos que João pensou que alguns morreriam logo por se recusarem a participar (20,4; cf. 6,9-11).

Não há dúvida de que Roma — a cidade verdadeira aonde Paulo foi como prisioneiro (At 27; 28) — é o centro da preocupação de João. Esse último identifica a "Prostituta" com a qual os reis da terra "se prostituíram" (Ap 17,2; 18,3.9) como "a Grande Cidade que está reinando sobre os reis da terra" (17,18). No século I, só Roma se encaixa nessa descrição, e João reforça seu propósito com outras alusões.[7] A Besta sobre a qual a Prostituta está sentada tem sete cabeças, que também são "sete montanhas" e "sete reis" (17,9). Aqui, o conhecido epíteto antigo de Roma como a cidade das "sete colinas"[8] deixa claro o objeto da condenação de João.[9] Provavelmente não é coincidência que as referências mais explícitas a Roma estejam em todo o livro logo antes da ordem "Saí dela, ó meu povo" (18,4). Essa diretriz prática é insistente demais para permitir qualquer engano.

Durante o reinado de Domiciano, a presença cultual de Roma na Ásia Menor tornou-se especialmente manifesta

---

[7] Cf. Tertuliano, que diz: "Em nosso João, Babilônia é imagem da cidade de Roma. *Adv. Iud.* 9.

[8] Cf. *OrSib* 2,15-18 e 11,109-117. Já no reinado de Sérvio Túlio, sexto rei de Roma, o povo chamava a cidade *urbs septicollis*. Entre muitos autores antigos que se referem a Roma desse modo estão Virgílio (*Eneida* 6,782), Marcial (4,64) e Cícero (*Ad Atticum* 6,5).

[9] Ford argumenta que Ap 17 e 18 tratam primordialmente de Jerusalém em vez de Roma. *Revelation*, pp. 276-307. Assim também A. J. BEAGLEY, *The "Sitz im Leben" of the Apocalypse with Particular Reference to the Role of the Church's Enemies* (Berlin, de Gruyter, 1987). Os proponentes dessa teoria estão na embaraçosa posição de ter de explicar como Jerusalém, e não Roma, era "a Grande Cidade que está reinando sobre os reis da terra" (17,18). Quando Beagley discute os mercadores do capítulo 18, assegura que Roma "não era, de modo algum, uma importante cidade comercial ou um porto marítimo". *The "Sitz im Leben"*, p. 108. Tecnicamente, ele está correto, pois Roma estava a alguns quilômetros do mar, subindo o rio Tibre. Contudo, Jerusalém, muito menos uma cidade comercial, localizava-se longe de qualquer extensão de água.

com o estabelecimento em Éfeso de um novo culto provinciano ao imperador.[10] Uma série de inscrições dedicatórias em Éfeso, patrocinadas por outras cidades da província, comemora um novo "templo efésio dos sebastos".[11] Uma plataforma para a nova estrutura ocupava um terreno valioso do centro da cidade, sinal visível da devoção ao culto imperial para todos os habitantes e visitantes. Ruínas arqueológicas revelam que o templo era magnífico, com uma base que media 34 m x 24 m.[12] Uma enorme imagem do imperador (Tito ou Domiciano) elevava-se a quase oito metros acima dos adoradores dentro do templo.[13] Esse novo e importante centro de culto pagão e o entusiasmo popular que o apoiavam talvez tenham sido o catalisador que aumentou a preocupação de João com a influência idólatra de Roma na sociedade asiática.[14]

---

[10] Veja S. J. FRIESEN, *Twice Neokoros*; Ephesus, Asia and the Cult of the Flavian Imperial Family (Leiden, Brill, 1993), pp. 41-49. As cidades que já haviam obtido essa honra eram Pérgamo, Esmirna e Mileto.

[11] *I. Eph.* 232-242; 1498. Inscrição de Filadélfia, 2,236. O Senado romano amaldiçoou a memória de Domiciano depois de sua morte, e o nome de Domiciano foi removido de todas essas inscrições. Veja S. R. F. PRICE, *Rituals and Power*; The Roman Imperial Cult in Asia Minor (Cambridge, Cambridge University Press, 1984), pp. 198, 255. Veja um mapa cronológico das inscrições dedicatórias em FRIESEN, *Twice Neokoros*, pp. 46-47.

[12] FRIESEN, *Twice Neokoros*, pp. 63-75. Friesen (p. 73) menciona que a arquitetura do templo não tem marcas da influência italiana. "A suposição de que o imperador, ou outra pessoa em Roma, desenhou ou aprovou uma fachada não tem base", conclui ele. Até a arquitetura ressalta a natureza nativa da dedicação ao culto imperial na Ásia Menor.

[13] Price calcula que a estátua media 7 ou 8 metros até a ponta da lança na mão de Domiciano. *Rituals and Power*, p. 187.

[14] A inscrição a seguir, de 89/90 d.C. e encontrada em Éfeso, é típica da adulação efusiva feita a Domiciano: "As manifestações dos adoradores de Afrodite, dedicadas a César, livres e autônomas desde o início pela graça dos sebastos, ergueram (esta estátua) por sua graça, por causa de sua reverência para com os sebastos e de sua boa vontade para com a cidade neocórica dos efésios [...]". FRIESEN, *Twice Neokoros*, p. 33.

Indícios em inscrições sugerem que Éfeso inaugurou formalmente o culto provinciano em 89/90 d.C.[15] A cidade celebrou sua nova posição religiosa sendo anfitriã dos Jogos Olímpicos e pondo em circulação uma moeda que assemelhava a imagem de Domiciano à de Zeus do Olimpo.[16] No porto, os habitantes construíram o maior conjunto de edifícios em Éfeso, um ginásio com banhos que media 360 m x 240 m. Steven Friesen data o término desse projeto de 92/93 d.C. e conclui que "a razão para a construção dessas imensas instalações foi o fornecimento dos edifícios necessários para realizar os Jogos Olímpicos efésios, instituídos em honra de Domiciano".[17] Se a cronologia de Friesen estiver correta, um colossal monumento novo a serviço do culto imperial dominava o porto de Éfeso no fim do século I, quando João provavelmente escreveu o livro do Apocalipse.

Interseção de culto e comércio

O culto imperial romano dava aos habitantes das províncias uma vívida e evocativa expressão de lealdade ao imperador.[18] O culto permeava muitos níveis da sociedade e apresentava aos cristãos dilemas práticos quando eles se dedicavam aos negócios ou às relações sociais. Por exemplo, aos poucos o culto invadiu as linhas de navegação e as associações mercantis de Roma e do Oriente durante o século I d.C.[19]

---

[15] *I. Eph.* 232-242; 1498. Veja a argumentação de FRIESEN, *Twice Neokoros*, pp. 41-49.

[16] FRIESEN, *Twice Neokoros*, pp. 119-121.

[17] FRIESEN, *Twice Neokoros*, pp. 122-123.

[18] Veja uma análise completa da razão pela qual o povo da Ásia Menor participava do culto imperial em PRICE, *Rituals and Power*, pp. 234-248.

[19] Veja as pp. 123-141

Visto que as sete cidades do Apocalipse estavam em importante região industrial e comercial, os cristãos que nelas habitavam tinham contato regular com as instituições financeiras e comerciais internacionais. Se havia empresários cristãos entre as sete Igrejas (como vou argumentar no capítulo 2), eles precisavam decidir até onde podiam deixar os interesses comerciais levá-los a se relacionar com um poder pagão.

João convenceu-se de que Roma, com suas arrogantes reivindicações de soberania e divindade, ultrapassara o papel legítimo de governo. De Roma emanava o poder demoníaco que fluía por meio de tentáculos políticos, sociais e econômicos de seu império. João foi inflexível quanto aos discípulos de Jesus Cristo precisarem se afastar dos negócios com Roma em todos os níveis, até mesmo o comercial.[20] Quando faz uma análise completa de questões econômicas em Ap 18, João dá a entender que entre os ligados a Roma havia comerciantes cristãos: "Saí dela, ó meu povo", diz ele, "para que não sejais cúmplices dos seus pecados [...]" (18,4).[21] Para adotar essa postura de separação radical do maior poder humano, os fiéis precisam estar prontos para pagar com suas vidas (13,10).

---

[20] Tertuliano entendeu Ap 18,4 como um chamado para os cristãos se distanciarem de Roma: "Somos chamados a nos afastar já de uma moradia naquela Babilônia [Roma] do Apocalipse de João". *De Cor.* 13.

[21] Cf. Jr 51,45: "Saí de seu meio, meu povo! Salve cada qual a sua vida [...]". Jeremias dirigiu esse chamado aos judeus intimamente envolvidos com "Babilônia" (Roma) de sua época. É possível interpretar a mensagem de João em Ap 18,4 como uma advertência aos cristãos que ainda não assumiram um compromisso moral com Roma: "Saí dela, ó meu povo, para que não sejais cúmplices dos seus pecados". A linguagem de João sugere, no mínimo, que os cristãos estão em lugares onde o consentimento idólatra é provável.

2. Uma Igreja cômoda com alguns atribulados

Um boicote de relações com todas as instituições romanas poderia deixar os cristãos economicamente desamparados. Entretanto, não há indícios do fim do século I de que muitos fiéis se considerassem em conflito com Roma ou ameaçados pela pobreza. Alguns fiéis, como os de Laodicéia, eram ricos e auto-suficientes (Ap 3,17). Essa imagem de segurança social e econômica é reforçada por estudos sociológicos sobre a Igreja primitiva. Em seu exame das Igrejas paulinas, Wayne Meeks conclui que os fiéis primitivos vinham de toda a sociedade greco-romana, exceto dos extremos superior e inferior. Nas comunidades paulinas — inclusive as da Ásia Menor — o cristão "típico" era artesão livre ou pequeno comerciante. Alguns até tinham escravos, propriedades, capacidade para viajar e outros sinais de riqueza.[22] As Igrejas cristãs primitivas competiam com a sinagoga judaica por adeptos proeminentes. A pregação de Paulo em Tessalônica persuadiu os judeus e "uma grande multidão de

---

[22] MEEKS, W. A. *The First Urban Christians*; The Social World of the Apostle Paul (New Haven, Yale University Press, 1983), p. 73. Veja também E. A. JUDGE, *The Social Pattern of Christian Groups in the First Century* (London, Tyndale Press, 1960), pp. 49-61; A. J. MALHERBE, *Social Aspects of Early Christianity* (Baton Rouge, LA, Louisiana State University Press, 1977), pp. 29-32; e M. HENGEL, *Property and Riches in the Early Church* (London, SCM Press, 1974), p. 37. Em Colossas, Filemon tinha uma casa grande o bastante para reuniões religiosas e um quarto de hóspedes para Paulo; possuía pelo menos um escravo (Fm 2.10.22. Cf. "casa de Távia" em Esmirna, Inácio *Pol.* 8,2). G. Theissen observa que os estudiosos expressaram opiniões bem divergentes a respeito da posição social dos cristãos primitivos: A. Deissmann coloca os fiéis primitivos na camada social inferior, enquanto E. A. Judge diz que os cristãos vinham de uma parte pretensiosa das grandes cidades. "É provável que as duas opiniões estejam corretas" — argumenta Theissen —, pois, em cidades como Corinto, as Igrejas "eram marcadas por estratificação interna". G. THEISSEN, *The Social Setting of Pauline Christianity* (Philadelphia, Fortress Press, 1982), p. 69.

adoradores de Deus e gregos, bem como não poucas das mulheres da sociedade". Lucas afirma que isso provocou a inveja dos judeus (At 17,4-5; cf. 17,12; 13,50).

As cartas de Paulo sugerem que, durante as décadas de 50 e 60 do século I, alguns cristãos do Oriente não eram economicamente destituídos. O apóstolo observou que alguns (mas "não muitos") membros da Igreja de Corinto eram "sábios", "poderosos" ou "de família prestigiosa" (1Cor 1,26). Alhures aparece menção explícita a cristãos abastados, em cartas atribuídas a Paulo: "Aos ricos deste mundo, exorta-os que não sejam orgulhosos, nem coloquem sua esperança na instabilidade da riqueza, mas em Deus" (1Tm 6,17). A menção de servos e senhores na Igreja (Ef 6,5-9) sugere que alguns cristãos gozavam de um nível confortável de posição econômica e social. O livro de Tiago mostra que riqueza e preocupação com posição social criavam tensões na comunidade de fé (Tg 2,1-7). Em sua carta ao imperador Trajano a respeito dos cristãos da Bitínia, o governador Plínio (aprox. 112 d.C.) menciona que os cristãos vinham de "todas as classes e idades" da sociedade.[23] Em sua passagem pela Ásia Menor (aprox. 115 d.C.), como prisioneiro de Roma, Inácio de Antioquia conheceu ou ficou com cristãos que tinham vida cômoda. Ele escreve sobre uma cristã casada com um "procurador" (administrador de uma casa cristã?),[24] e envia saudações à "casa de Távia".[25]

---

[23] PLÍNIO, *Ep.* 10,96.

[24] INÁCIO, *Pol.* 8,2.

[25] INÁCIO, *Esmirna*, 13,2.

Identidade e circunstâncias do autor

Ao contrário da antiga tradição da Igreja que atribuía ao apóstolo João a autoria do Apocalipse,[26] muitos estudiosos agora crêem que o autor foi um profeta diferente, desconhecido e itinerante (Ap 10,11; 22,9), familiarizado com as Igrejas da província da Ásia.[27] Ele era, provavelmente, judeu de nascimento e tinha vivido um tempo considerável (se não desde a infância) na Palestina.[28] Era trilíngüe (grego, hebraico e aramaico galileu).[29]

Diversos fatores indicam que o autor não era o apóstolo João a quem, durante muitos séculos, a Igreja atribuiu o quarto evangelho: 1) o Apocalipse difere do quarto evangelho em vocabulário e estilo; 2) João de Patmos jamais subentende ou dá a entender que conheceu o Jesus terreno e

---

[26] Justino Mártir descreve João de Patmos como "um dos apóstolos de Cristo", *Trifão*, 81. Irineu refere-se ao autor do Apocalipse como "João, o discípulo do Senhor". *Adv. Haer.* 5,35,3. Cf. TERTULIANO, *Adv. Marc.* 3,14,24. A crença de que o autor era apóstolo foi o fator decisivo para o Apocalipse ser listado no Cânon de Muratori. Dionísio de Alexandria foi o primeiro a apresentar, no século III, um argumento razoável contra a autoria apostólica. EUSÉBIO, *Hist. Eccl.* 7,25,1-27. Veja CHARLES, *Commentary*, I, pp. xxxviii-l e W. G. KÜMMEL, *Introduction to the New Testament* (Nashville, Abingdon, 1975), p. 499.

[27] Veja CHARLES, *Commentary*, pp. xxxviii-l e CAIRD, *Commentary*, pp. 4-5. Há indícios consideráveis de que João estava familiarizado com as circunstâncias locais de seus leitores. Veja C. HEMER, *The Letters to the Seven Churches of Asia Minor in their Local Setting* (Sheffield, Sheffield Academic Press, 1986).

[28] Os estudiosos são praticamente unânimes em considerar João judeu. Charles, por exemplo, cita expressões idiomáticas hebraicas onipresentes inseridas no texto grego e também o amplo conhecimento que João possuía das Escrituras hebraicas. *Commentary*, I, pp. xliii-xliv. Ford diz que João era "um judeu firmemente fundamentado na tradição profética de Israel". *Revelation*, p. 28. D. E. Aune diz: "Ele com certeza era um judeu-cristão que talvez fosse apocaliptista antes de sua conversão". Revelation, in J. L. MAYS, org., *Harper's Bible Commentary*, p. 1300.

[29] Veja G. C. JENKS, *The Origins and Early Development of the Antichrist Myth* (Berlin, de Gruyter, 1991), pp. 231-232.

não reivindica autoridade apostólica; e 3) aparentemente, a época dos apóstolos já passou, pois o autor vê os nomes dos doze apóstolos escritos na Nova Jerusalém (Ap 21,14). É improvável que um apóstolo que ainda estivesse vivo viesse a incluir o próprio nome em uma visão da cidade escatológica.

Evidentemente, dentro da Igreja da Ásia Menor, João se relacionava com uma pequena minoria que entrou em sério conflito com os poderes locais. Seu conhecimento das circunstâncias locais em sete comunidades (Ap 2;3) sugere que visitava ou, de algum outro modo, relacionava-se pessoalmente com membros dessas Igrejas. Escreve com a paixão de um profeta e o coração de um pastor, muito interessado em exortar e encorajar seu rebanho em tempo de provação.

Embora, em sua maioria, os cristãos da Ásia Menor aparentemente participassem bem da sociedade, alguns estavam atribulados. O próprio João está na ilha de Patmos "por causa da Palavra de Deus e do Testemunho de Jesus" (1,9). Alguns intérpretes recentes contestam a opinião tradicional de que João era prisioneiro ou estava no exílio.[30] Con-

---

[30] Citando Irineu como fonte, Eusébio diz que João, "por causa do testemunho acerca do verbo divino, fora condenado ao exílio na ilha de Patmos" (*Hist. Eccl.* 3,18,1). Um versículo essencial para entender a posição legal de João é Ap 1,9, em que o autor diz que estava em Patmos διὰ τὸν λόγον τοῦ θεοῦ καὶ τὴν μαρτυρίαν Ἰησοῦ. Charles argumenta que, no Apocalipse, διὰ sempre significa "por causa de" ou "em conseqüência de", em vez de "por amor a" ou "a fim de". Isto é, o ministério de João teve como conseqüência seu sofrimento na ilha; ele não foi lá a fim de pregar (Charles, *Commentary*, I, p. 22). Assim também K. Wengst, *Pax Romana and the Peace of Jesus Christ* (Philadelphia, Fortress Press, 1987), p. 221. Thompson discorda e declara que a palavra διὰ "designa uma relação muito geral de causa, ocasião, ou mesmo propósito". João poderia ter visitado Patmos voluntariamente em missão para pregar. *Revelation*; Apocalypse and Empire, p. 173. Dois fatores testemunham a favor de considerar João prisioneiro ou no exílio: (1) Repetidas referências no Apocalipse à perseguição ou ao martírio indicam que o próprio autor estava em apuros; (2) Eusébio registra a tradição da Igreja primitiva de que João estava preso em Patmos, *Hist. Eccl.* 3,18.

tudo, o fato de João mencionar tribulação θλῖψις,[31] perseverança ὑπομονή[32] e a ilha de Patmos, tudo em uma única frase, (1,9), indica ser ele habitante relutante.

Há outros sinais de que *alguns* leitores do Apocalipse de João enfrentam tribulação social ou política. Em Pérgamo, um fiel chamado Antipas já havia sido morto como "testemunha fiel" de Jesus Cristo (2,13). Não faz diferença se uma turba linchadora ou autoridades governamentais realizaram a execução.[33] Em ambos os casos, os cristãos poderiam ser mortos por sua fé ou prática e, aparentemente, o governo não movia um dedo para protegê-los. Sob o altar do céu estão "os que tinham sido imolados por causa da Palavra de Deus e do testemunho que dela tinham prestado" (6,9-10; cf. 20,4). Essas referências à pena capital indicam que João entendia que ele próprio e outros fiéis cristãos estavam em uma posição instável e ameaçadora na sociedade.

---

[31] No Apocalipse, θλῖψις não significa necessariamente "tribulação", mas subentende sofrimento e apuros. Os fiéis de Esmirna experimentam θλῖψις que inclui blasfêmias e leva à prisão ou ao martírio (2,9-10). Os que cometem adultério com a profetisa herege Jezabel serão incapacitados pela θλῖψις enviada por Deus (2,22). Como João o emprega, o termo significa mais que "angústia". A Igreja primitiva associava θλῖψις a tortura, martírio e exílio (Mc 13,19; Mt 24,9.21). A prisão de Paulo constituía θλῖψις (Ef 3,13; cf. 4,1).

[32] João exorta os leitores à ὑπομονή em 13,10, logo em seguida a uma referência à prisão e à morte pela espada. Em Lc 21,19, um chamado ὑπομονή segue-se às palavras de Jesus sobre prisão, perseguição e martírio. Paulo usa o termo com o significado de perseverança em face do sofrimento (Rm 5,3 e 2Cor 6,4).

[33] Na opinião de Fiorenza, Antipas morreu sob uma "lei de linchamento praticada pelos cidadãos", não em uma grande perseguição. Apocalyptic and Gnosis, p. 570, n. 29. Collins argumenta que o termo μάρτυς, aplicado a Antipas, tem sentido "basicamente retórico", isto é, Antipas deu testemunho verdadeiro em um ambiente de julgamento. Persecution and Vengeance, p. 733.

Data da composição

Parece provável uma data de composição posterior a 70 d.C., pois João usa o epíteto "Babilônia" para Roma — igualando com sarcasmo os dois grandes poderes que destruíram, cada um por sua vez, o templo judaico de Jerusalém (587 a.C. e 70 d.C.).[34] Os autores da Igreja primitiva que datam o Apocalipse colocam-no nos últimos anos do governo de Domiciano (95-96 d.C.)[35] e, em sua maioria, os estudiosos modernos aceitam essa tradição. Alguns estudiosos recentes reuniram argumentos respeitáveis que favorecem uma data do fim do reinado de Nero ou imediatamente depois de seu suposto suicídio, durante os tumultuosos dias de revolta em Jerusalém e da guerra civil em Roma (66-70 d.C.).[36]

Aceito a opinião da maioria dos autores da Igreja primitiva e dos estudiosos modernos de que o Apocalipse reflete circunstâncias da última década do século I. Naturalmente, é possível que João (ou outra pessoa) tenha escrito partes do Apocalipse sob Nero (54-68 d.C.) e tenha completado o trabalho sob Domiciano (81-96 d.C.). Em todo caso, a data exata da autoria tem pouca relação com os principais argumentos de meu ensaio. Defenderei que João estava pro-

---

[34] Outra literatura judaica e cristã contemporânea do Apocalipse também se referiu a Roma como Babilônia. Veja 1Pd 5,13; *2Br* 11,1-3; 67,7; *OrSib* 5,143; e *4Esd* 3,2.28-31.

[35] Irineu data o Apocalipse "perto do fim do reinado de Domiciano". *Adv. Haer.* 5,30,3. Vitorino diz que João recebeu a revelação enquanto estava "na ilha de Patmos, condenado a trabalhos forçados nas minas, por César Domiciano". *Commentary* 10,11.

[36] C. Rowland, por exemplo, cita circunstâncias da Guerra Judaica e o "aparente colapso do Império" em 69 d.C. como uma época provável em que João de Patmos temia que "os em posição de autoridade dariam o passo incomum de insistir em que todos, independentemente dos sentimentos religiosos, seriam obrigados a reverenciar a estátua do imperador. C. Rowland, *The Open Heaven* (London, SPCK, 1982), p. 413. Cf. Jenks, *Origins and Early Development*, pp. 233-234.

fundamente preocupado com a penetração do culto imperial em instituições sociais, políticas e econômicas do mundo mediterrâneo. Já durante o reinado de Nero, esse fenômeno religioso e ideológico havia se espalhado como câncer por todo o mundo romano. Quer Nero, quer Domiciano detivesse o cetro do poder, João teria aconselhado os leitores a cortar todas as relações com pessoas ou instituições que tratassem um governante humano como se ele fosse divino.

Perseguição não muito vasta

O fato de Antipas ser o único mártir citado pelo nome no Apocalipse sugere que a perseguição letal pode ter acontecido, mas ainda não era comum para os cristãos da Ásia Menor. Embora suponha que a grande perseguição vá ocorrer logo (3,10), João não crê que ela afetará todos os cristãos do mesmo modo. "Eis que o diabo vai lançar *alguns dentre vós* (ἐξ ὑμῶν, genitivo partitivo) na prisão", diz ele; "Mostra-te fiel até à morte [...]" (2,10).

Em fontes romanas, há poucas evidências da grande perseguição contra cristãos na Ásia Menor — ou em qualquer lugar do Império — durante o reinado de Domiciano.[37]

---

[37] Até recentemente, muitos estudiosos modernos achavam que o Apocalipse refletia uma situação de intensa perseguição. Kümmel, por exemplo, diz que o testemunho do "livro" indica que esse último se originou na província da Ásia em uma época de forte opressão contra cristãos", quando "todo o cristianismo estava ameaçado por um perigo terrível", *Introduction*, p. 467. A partir do século II, parte da literatura cristã alude à perseguição durante o governo de Domiciano. Melitão de Sardes diz: "Entre os demais, somente Nero e Domiciano, por insinuação de homens maléficos, quiseram submeter nossa doutrina a acusações". Eusébio, *Hist. Eccl.* 4,26,9. Tertuliano diz que "Nero foi o primeiro a se enfurecer e a usar a espada imperial" contra os cristãos. Domiciano, "que era bastante parecido com Nero em crueldade, mas [...] logo parou o que tinha começado e reintegrou os que havia banido". *Apol.* 5,3-4. Baseado nesses indícios, E. Stauffer admite a possibilidade de que Domiciano tenha executado alguns cristãos em Roma, o que provocou a perseguição de cristãos na Ásia; E. Stauffer,

A descrição convencional de Domiciano como tirano sanguinário origina-se quase completamente de autores de uma geração subseqüente que buscava adular o imperador em vigor, fazendo os anteriores parecerem maus.[38] Domiciano pode ter cometido crueldades em Roma, mas muitos provincianos tinham uma opinião favorável sobre seu reinado.[39] A alegação bem conhecida de escritores antigos de que Domiciano queria que os súditos o chamassem de *dominus et deus noster* ("nosso senhor e Deus") talvez esteja mais ligada aos

---

Christ and the Caesars (London, SCM Press, 1955), pp. 163-166. C. Rowland observava que "os indícios dos historiadores romanos dão-nos pouca razão para supor que Domiciano agiu de maneira sistemática contra os cristãos". *Open Heaven*, p. 407. Cf. Collins, *Crisis and Catharsis*, pp. 56, 69-73. Thompson contesta a descrição, feita pelos historiadores romanos, de Domiciano como tirano violento. "Eles apresentam informações particulares e motivação psicológica sobre Domiciano às quais não podiam ter acesso [...]; sua difamação de Domiciano é desmentida em quase todos os casos por indícios epigráficos e numismáticos e também por prosopografia [...]", *Revelation*; Apocalypse and Empire, p. 101. Fiorenza reconhece que uma geração posterior de historiadores romanos talvez quisesse manchar a imagem de Domiciano. Entretanto, a idéia de que Domiciano era bondoso "não é confirmada pela experiência enunciada no Apocalipse e em outros escritos neotestamentários, *Revelation*; Justice and Judgement, p. 8. As páginas seguintes de meu estudo apresentam provas de que pelo menos *alguns* cristãos se saíam bem no mundo romano. Na medida em que houve realmente perseguição sob Domiciano, precisamos supor que ela estava apenas começando quando João escreveu o Apocalipse. A melhor e mais antiga confirmação não-cristã do martírio cristão na Ásia Menor continua sendo a correspondência entre Plínio, o Moço, e o imperador Trajano (aprox. 112 d.C.). Plínio, *Ep.* 10,96.

[38] Tácito, Plínio, o Moço, Juvenal e Suetônio — fontes modelares para o malquisto retrato de Domiciano —, todos eles escreveram durante o reinado de Trajano ou logo após a ele. Thompson, *Revelation*; Apocalypse and Empire, p. 115; Collins, *Crisis and Catharsis*, p. 72.

[39] Thompson observa que há duas visões contrastantes de Domiciano nas fontes antigas: a tradição literária "oficial", que o descreve como mau, e a "tradição provinciana" (p. ex. *OrSib* 12), que o louva como bom imperador. *Revelation*; Apocalypse and Empire, p. 137. Até Suetônio diz a respeito de funcionários e governadores provinciais que "em nenhuma outra época eles foram mais honestos ou justos" que sob Domiciano. *Dom.* 8. Cf. D. Magie, *Roman Rule in Asia Minor*, I (Princeton, Princeton University Press, 1950), p. 577. Para uma opinião moderna bem argumentada de que Domiciano era tirano, veja W. H. C. Frend, *Martyrdom and Persecution in the Early Church* (Oxford, Basil Blackwell, 1965), pp. 211-218.

bajuladores de Domiciano do que ao próprio imperador.[40] Não há dúvida de que o título estava em circulação durante o reinado de Domiciano, mas há poucos indícios de que o imperador estimulasse seu uso. Domiciano autorizou ou solicitou obras literárias de Estácio e Quintiliano, por exemplo, e nenhum desses autores usa o título extravagante.[41]

A maior parte da literatura do reinado de Domiciano não reflete uma situação de perseguição letal contra os cristãos.[42] O autor de Hebreus diz que os leitores sofrem hostilidade e provações (Hb 12,3.7), mas eles "ainda não [resis-

---

[40] SUETÔNIO, *Dom.* 13,2; cf. DIO CÁSSIO, *Hist. Rom.* 67,4,7.67,13,4. Marcial refere-se a seu "mestre e deus" sem dar a entender que o próprio Domiciano buscava o título (5,8,1). Dio Crisóstomo refere-se a Domiciano como o "homem mais poderoso, mais austero, o qual era chamado por todos os gregos e bárbaros mestre e deus", *Or.* 45,1.

[41] Esses autores usam títulos como *Caesar, Germanicus, Augustus, dux, maximus, arbiter, parens* e *vates*, mas nunca *dominus et deus*; veja THOMPSON, *Apocalypse and Empire*, p. 105. Entretanto, o simples fato de alguém conceder títulos divinos a Domiciano bastaria para indispor João de Patmos; esse último não tinha meios de saber se o próprio imperador buscava a honra.

[42] Com certeza, Domiciano matou muita gente em Roma, mas há poucos indícios de que os cristãos tenham sido escolhidos para sofrer abusos. Até Beckwith, seguro de que houve perseguição cruel de cristãos sob Domiciano, reconhece que, "na maioria dos casos, faltam detalhes de suas medidas". *Apocalypse*, p. 204. O melhor indício de perseguição de cristãos por Domiciano que Beckwith consegue reunir é o relato que Dio Cássio faz da condenação de Flávio Clemente à morte e do banimento de sua mulher, Domitila, ambos acusados de ateísmo (ἀθεότης). Entretanto, esse episódio mal documenta a perseguição generalizada, pois não há nem mesmo a certeza de que Clemente e sua mulher fossem cristãos. Dio diz que Domiciano acusou Clemente de seguir costumes judaicos, *Hist. Rom.* 67,14. Aqui, "seguir costumes judaicos" talvez signifique, na verdade, conversão ao cristianismo, pois apenas se tornar judeu não era punível com a morte ou com o exílio sob a lei romana. Veja M. SORDI, *The Christians and the Roman Empire* (London, Croom Helm, 1983), pp. 43-53. Suetônio, entretanto, nada diz a respeito de Clemente e Domitila serem cristãos, *Dom.* 15. Eusébio — ao escrever, séculos mais tarde — fala de certa cristã chamada Domitila, que Domiciano exilou em Pôncia, em 96 d.C. Enquanto Suetônio diz que Domitila era mulher de Flávio Clemente, Eusébio diz que ela era sua sobrinha, *Hist. Eccl.* 3,18,4. É possível que Domiciano tenha exilado duas Domitilas.

tem] até o sangue em [seu] combate contra o pecado!" (12,4).[43] O autor de *1 Clemente* (5; 6) menciona mártires cristãos apenas em ligação com as mortes de Pedro e Paulo, e subentende que uma série de perseguições ocorreu em Roma sob Nero, uma geração antes.[44] Preocupado com questões internas em Corinto, *1 Clemente* não menciona perseguição nem em Roma nem no Oriente.

Entre os escritos cristãos do século I, só 1 Pedro dá sinais de uma Igreja com problemas sérios. O autor dirige-se a fiéis de toda a Ásia Menor (1Pd 1,1) e, como João de Patmos, chama Roma de "Babilônia" (1Pd 5,13). Um "incêndio" aflige a Igreja (4,12), e os fiéis sofrem apenas por serem cristãos (4,16). A Igreja é atingida pela mesma espécie de sofrimento em todo o mundo mediterrâneo (5,9).

A serenidade refletida em *1 Clemente* ou é anterior à perseguição mencionada no Apocalipse e em 1 Pedro, ou reflete a visão otimista de um cristão que se sente seguro em seu relacionamento com Roma.[45] João talvez tenha escrito o Apocalipse em meados da década de 90, pouco antes que a

---

[43] O autor de Hebreus escreveu provavelmente entre 60 e 95 d.C. O livro é tardio o bastante para se dirigir a cristãos da segunda geração (Hb 2,3) e para conter uma cristologia bem desenvolvida. Parece evidente que Hebreus foi escrito antes de *1 Clemente*, pois esse último escrito cita Hebreus. Veja H. W. ATTRIDGE, Hebrews, in MAYS, org., *Harper's Bible Commentary*, p. 1259.

[44] Os indícios internos em *1 Clemente* indicam uma data entre 75 e 110 d.C., e muitos críticos situam-na na última década do século I. Veja a introdução a *1 Clemente* por Kirsopp LAKE, in *The Apostolic Fathers* (London, Heinemann, 1985, LCL), pp. 3-7.

[45] O contraste entre o Apocalipse e *1 Clemente* é mais evidente no uso que esse último faz da disciplina militar (romana) como modelo para a obediência cristã e a submissão dentro da Igreja (*1Clem.* 37,1-4) e a declaração de que Deus concedeu aos governantes romanos sua autoridade e poder (61,1-2). "A Igreja de Clemente era leal ao Império e esperava viver em paz com ele", conclui FREND, *The Rise of Christianity* (Philadelphia, Fortress Press, 1984), p. 146.

perseguição descrita em 1 Pedro começasse de fato.[46] Embora "as vidas dos que tinham sido imolados por causa da Palavra de Deus" já aparecessem no céu (Ap 6,9), essas talvez fossem as vítimas da perseguição de Nero em Roma, uma geração antes.[47] Os cristãos de todo o Império conheciam a crueldade de Nero, e não é surpreendente que João afirmasse estar a Prostituta "embriagada com o sangue dos santos" (17,6; cf. 16,6; 18,24; 19,2). A decapitação foi (ou será) o destino de alguns cristãos que "não tinham adorado a Besta, nem sua imagem, e nem recebido a marca [...]" (20,4).

Entretanto, quando João escreve, o sofrimento muito difundido ainda está no futuro.[48] Nesse meio-tempo, as comunidades cristãs estão calmas graças a seu conforto e aparente segurança. "Torna-te vigilante e consolida o resto", Cristo exorta a Igreja de Sardes (3,2). Em Laodicéia, há tão pouco conflito entre a Igreja e a sociedade que os cristãos se dão ao luxo de uma conduta desinteressada (3,15). Essas referências à complacência tornam plausível a declaração de Collins de que João escreveu aos cristãos da Ásia Menor a fim de "indicar uma crise que muitos deles não percebiam".[49]

---

[46] Veja apresentações recentes do argumento de que João escreveu logo depois da morte de Nero, em 68 d.C., em ROWLAND, *Open Heaven*, pp. 403-413; JENKS, *Origins and Early Development*, pp. 228-256. Concordo com o comentário de Rowland (p. 403) de que em muitos aspectos "a datação exata do Apocalipse não afeta radicalmente a exegese do documento, pois os problemas que o autor parece enfrentar podem ser entendidos em termos amplamente similares, independentemente da data que atribuímos ao escrito".

[47] A respeito da perseguição de Nero, veja TÁCITO, *Ann.* 15,44.

[48] Ao escrever por volta de 155 d.C., os cristãos de Esmirna afirmam que Policarpo "foi, com os de Filadélfia, o décimo segundo mártir em Esmirna", *Mart. Pol.* 19,1. Isso parece refletir uma perseguição seletiva, e não o massacre generalizado de cristãos.

[49] COLLINS, *Crisis and Catharsis*, p. 77.

3. O sincretismo no Apocalipse e na Igreja primitiva

A mensagem urgente do Apocalipse é de que a idolatria não só impregna as estruturas políticas e econômicas do Império, mas também criou raízes nas Igrejas da Ásia Menor. Ao descrever os proponentes cristãos de crença e prática idólatra, João usa nomes de figuras notórias da história judaica. Em Pérgamo, algumas pessoas "seguem a doutrina de Balaão, o qual ensinava Balac a lançar uma pedra de tropeço aos filhos de Israel, para que comessem das carnes sacrificadas aos ídolos" (2,14). Em Tiatira, uma profetisa, que João chama "Jezabel", "ensina e seduz meus servos a se prostituírem, comendo das carnes sacrificadas aos ídolos" (2,20).

Depois de condenar a "doutrina de Balaão" em Pérgamo (2,14), João acrescenta: "Do mesmo modo tens, também tu, pessoas que seguem a doutrina dos nicolaítas" (2,15). Nem o Apocalipse nem nenhuma outra literatura do século I fazem uma descrição satisfatória dos nicolaítas; João simplesmente os condena ao mesmo tempo que condena outros heréticos. Não sabemos em detalhe em que essas pessoas acreditavam, mas elas se haviam introduzido nas Igrejas e aparentemente defendiam a adaptação ao ambiente pagão. Caird diz que "a importância total da ofensa dos nicolaítas [...] é que eles adotavam uma atitude mais indulgente que João em relação à sociedade e à religião pagãs".[50]

O uso que João faz de nomes veterotestamentários para descrever os heréticos na Igreja é mais esclarecedor que o rótulo "nicolaítas". Balaão e Jezabel levaram Israel a um

---

[50] Caird, *Commentary*, p. 39. Thompson diz que os "nicolaítas parecem ser não-cristãos que procuram se estabelecer" na Igreja de Éfeso; os adeptos de Balaão *faziam* parte da Igreja em Pérgamo (Ap 2,14). Eles estavam entre os que não renegaram "a minha fé, nem mesmo nos dias de Antipas" (2,13). Thompson, *Revelation*; Apocalypse and Empire, p. 122.

relacionamento idólatra com deuses pagãos. Nm 31,16 (cf. 25,1-3) acusa Balaão de aconselhar as mulheres de Madiã a atrair os israelitas ao culto de Baal de Fegor. O povo festejava, curvava-se e fazia sacrifícios aos deuses — atos de obediência que João deve ter considerado análogos às cerimônias do culto pagão de sua época.

É evidente que João evoca a memória de Jezabel para ressaltar a influência sedutora de Roma sobre a Igreja cristã. Jezabel, mulher do perverso rei Acab, vinha de uma família real fenícia (1Rs 16,31). Sua influência fez com que Acab cultuasse Baal e construísse em Israel um altar à divindade estrangeira. Surgiu um poderoso sacerdócio de Baal (1Rs 18,19). Os profetas de Iahweh pereceram ou tiveram suas vidas ameaçadas (1Rs 18,4). Elias exortou os israelitas a fazer uma escolha decisiva de lealdades: "Até quando claudicareis das duas pernas? Se Iahweh é Deus, segui-o; se é Baal, segui-o" (1Rs 18,21).

De modo semelhante, o profeta João agora exorta os cristãos a decidir quem é Senhor: "Oxalá fosses frio ou quente!", ele escreve a Laodicéia (Ap 3,15). Roma agora possui hegemonia militar e econômica na bacia mediterrânea, como a antiga Fenícia. As "prostituições" e "magias" do sincretismo religioso, outrora veneno da influência de Jezabel (2Rs 9,22), agora seduzem reis e povos da Ásia Menor (Ap 17,1.2; 18,9).[51] Aserá (1Rs 16,33) e a reverência a Baal deram lugar a uma imagem da "Besta" e ao culto do imperador (Ap 13,14), completado com um sacerdócio próprio. A prisão e a morte aguardam os verdadeiros profetas de Deus.

---

[51] Entre os profetas hebreus a infidelidade sexual era imagem comum do sincretismo religioso. Jeremias e Oséias descrevem o culto de outras divindades como prostituição (Jr 2,20; 3,2.6-10; Os 4,12-14; cf. Is 57,5-10; Ez 16,15-52).

João atribui essas associações indecentes a certo líder em Tiatira, a quem chama "Jezabel". O sincretismo religioso e a idolatria não só tentam a Igreja; criaram raízes dentro da própria comunidade de fé.[52] À medida que a Igreja lida com essas questões, surge conflito dentro da comunidade cristã e vindo de fora dela. Talvez, como opinam alguns estudiosos, João escrevesse o Apocalipse em oposição a um incipiente movimento gnóstico na Ásia Menor.[53] Esse movimento pode ter ensinado os adeptos a permanecerem fiéis a Cristo em um nível espiritual enquanto seus corpos se dedicassem a uma atividade pecaminosa. Talvez seja anacrônico falar de "gnósticos" já no século I. Aliás, uma visão dualista e libertina do envolvimento cristão na sociedade pagã parece realmente ser objeto de preocupação no Apocalipse.[54]

A premência da mensagem de João evidencia-se no uso repetido do termo "vencer".[55] Forma-se uma batalha que vai testar "a perseverança e a fé dos santos" (13,10). Como a preocupação de João com a idolatria parece estar estreitamente relacionada com assuntos econômicos, precisamos buscar um ambiente em que o culto pagão tenha implicações financeiras.

---

[52] Fiorenza conclui que, dentro das sete Igrejas, havia rivalidade entre as "escolas" de João e Jezabel. Talvez seja exagero falar de "escolas", mas, com certeza, entre as Igrejas havia pontos de vista conflitantes a respeito do nível aceitável de envolvimento cristão na sociedade greco-romano. FIORENZA, *Revelation*; Justice and Judgment, pp. 115-117.

[53] FREND, W. H. C. The Gnostic Sects and the Roman Empire, *JEH* 5, 1954, pp. 25-37.

[54] Fiorenza diz que, nas sete Igrejas, os nicolaítas "expressam sua liberdade no comportamento libertino, o que lhes permite fazer parte de sua sociedade pagã sincretista e participar da religião civil romana". Apocalyptic and Gnosis, p. 570.

[55] Uma forma de νικάω ocorre 17 vezes no Apocalipse, mais que em todos os demais livros do NT juntos.

Judas, 2 Pedro e o erro de Balaão

Quando condena as pessoas da Igreja de Pérgamo que "seguem a doutrina de Balaão", João enfatiza a questão de comer das carnes sacrificadas aos ídolos (2,14). A questão sobre comida reaparece em sua censura a "Jezabel, esta mulher," em Tiatira (2,20).

Diversos autores neotestamentários esclarecem o ambiente e a motivação para o tipo de heresia associado ao nome Balaão na Igreja primitiva. A epístola de Judas[56] aborda o problema de "uns ímpios" na Igreja que "convertem a graça de nosso Deus num pretexto para licenciosidade e negam[57] Jesus Cristo, nosso único mestre e Senhor" (Jd 4). Aqui, a proclamação exclusiva de Jesus como "único mestre e Senhor"[58] aparece tão claramente quanto no livro do Apocalipse[59] e talvez se refira aos cristãos que participam de cerimônias pagãs ou do culto imperial.[60]

---

[56] R. J. Bauckham diz que a mensagem de Judas encontra seu contexto mais plausível em uma comunidade judeu-cristã em um ambiente gentio. "A Ásia Menor, com suas grandes comunidades judaicas [...] e movimentos antinomianos atestados por Ap 2,14.20, é um lugar muito provável [...]". *Jude, 2 Peter* (Waco, Word, 1983, WBC, 50), p. 16.

[57] ἀρνούμενοι — a palavra que João usa em cartas para Pérgamo e Filadélfia a fim de descrever o que os fiéis cristãos *não* faziam (Ap 2,13; 3,8).

[58] τὸν μόνον δεσπότην καὶ κύριον.

[59] Cf. Ap 1,5.

[60] Bauckham descreve os ímpios mencionados em Judas como "carismáticos itinerantes" que forneciam um ensinamento antinomiano. Em sua conduta sexual imprópria, eles "talvez escarnecessem dos padrões aceitos de moralidade judaica e se adaptassem à permissividade da sociedade pagã" (*Jude, 2 Peter*, p. 11). Talvez Judas não tivesse especificamente o culto imperial em mente. Contudo, o ensinamento antinomiano trazido pelos "ímpios", em Judas, esclarece um problema maior de compromisso com a sociedade entre algumas Igrejas do fim do século I.

Judas afirma que os que injuriam o Evangelho *"seduzidos por um salário*, entregaram-se aos desvarios de Balaão" (Jd 11).[61] Ele diz que essas pessoas "se derramam" ao pecado de Balaão e usa uma palavra (ἐξεχύθησαν) que, às vezes, se refere a libações cultuais (cf. Lv 4,7, LXX). Talvez essa seja uma referência ao culto pagão ou mesmo ao culto imperial com suas libações de vinho e incenso ao imperador.[62] Algumas pessoas da Igreja participam de rituais pagãos com objetivos financeiros. O autor teme que esses indivíduos corrompam os ágapes da Igreja (Jd 12).

A questão dos mestres heréticos volta à tona em 2 Pedro, com paralelos significativos com a epístola de Judas.[63] "Entraram na Igreja "falsos profetas", "negando (ἀρνούμενοι) o Senhor que os resgatou"[64] (2Pd 2,1). Essas pessoas abandonam o Senhor por ambição, motivadas pela avareza (2,3.14). Seguem o caminho de Balaão, que "se deixou levar por uma recompensa (μισθὸν) injusta" (2,15). Eles

---

[61] A palavra "salário" é μισθοῦ, entendida como "genitivo de propósito" (em inglês, *genitive of purpose*: a fim de, para, em busca de etc.). T. Fornberg observa que Balaão era associado à cupidez e, no fim do século I d.C., em partes da Ásia Menor, era considerado o herético por excelência. *An Early Church in a Pluralistic Society* (Lund, Gleerup, 1977), p. 40.

[62] Plínio escreve a Trajano que soltou acusados de serem cristãos quando eles "repetiram uma invocação que fiz aos deuses e ofereceram adoração com vinho e incenso a tua imagem [...] junto com as dos deuses e, finalmente, amaldiçoaram Cristo — e dizem que não se pode forçar os que são realmente cristãos a realizar nenhum desses atos". *Ep* 10,94. Cf. *OrSib* 8,487-495.

[63] O atraso da parusia está entre as preocupações de 2 Pedro, o que indica uma data lá para o fim do século I, ao lado de outras obras que abordam o mesmo tema (Lc 12,45; Mt 24,48). Bauckham data a epístola de por volta de 80-90 d.C. 2 Peter, in MAYS, org., *Harper's Bible Commentary*, p. 1288; *Jude, 2 Peter*, pp. 157-158.

[64] Observe o paralelo com "Jezabel", como falsa profetisa em Ap 2,20.

"julgam uma delícia o prazer do dia" — talvez em cerimônias de outros cultos — e depois querem juntar-se às festas cristãs (2,13).[65]

Judas e 2 Pedro abordam questões que poderiam se relacionar com o culto imperial[66] e incluem: (1) os mestres heréticos; (2) a negativa pelos cristãos do domínio exclusivo de Cristo; (3) a dedicação dos fiéis à idolatria "por um salário";[67] e (4) as preocupações com festas cultuais.

Seria difícil argumentar que esses dois escritores se preocupavam *primordialmente* com o culto imperial; a questão poderia ser a de um envolvimento cristão maior com qualquer número de cerimônias pagãs. Contudo, essas epístolas refletem desafios enfrentados pela Igreja em uma época em que a participação nas instituições políticas, econômicas e sociais muitas vezes envolvia refeições cultuais pagãs e comida oferecida aos deuses.[68]

---

[65] Bauckham diz que a prática ética de adversários em 2 Pedro, em que a imoralidade sexual parece proeminente, "é, de modo plausível, vista como adaptação à permissibilidade da sociedade pagã, uma tentação perene na Igreja primitiva, em especial quando a moralidade cristã impedia a participação na vida social das cidades". *Jude, 2 Peter*, p. 156.

[66] Parece haver alguma relação literária entre Judas e 2 Pedro. Ou um dos textos foi o original do outro, ou têm um protótipo comum. A respeito disso, veja FORNBERG, *An Early Church*, p. 34.

[67] Observe a correlação de cupidez e idolatria em Cl 3,5. Em linguagem paralela ao Apocalipse, o autor de Efésios diz: "Nenhum fornicário ou impuro ou avarento — que é um idólatra — tem herança no Reino de Cristo" (Ef 5,5).

[68] Fiorenza cita ambientes da sociedade greco-romana onde o alimento oferecido aos ídolos pode ter sido servido: celebrações familiares, reuniões de associações particulares e clubes e festividades públicas. FIORENZA, 1 Corinthians, in MAYS, org., *Harper's Bible Commentary*, p. 1180.

Peregrinos e forasteiros em 1 Pedro

A primeira epístola de Pedro confirma que alguns cristãos se retiraram de associações pagãs. Essa obra do fim do século I dirige-se aos fiéis de cinco províncias da Ásia Menor, que incluem a região das sete Igrejas do Apocalipse (1Pd 1,1). O autor lembra aos leitores que outrora eles viviam como os gentios, "levando uma vida de dissoluções, de cobiças, de embriaguez, de glutonarias, de bebedeiras e de idolatrias abomináveis" (4,3). Paul Achtemeier entende isso como referência ao fato de "os cristãos já não mais participarem dos muitos festivais religiosos celebrados no mundo helenístico".[69] A confissão de Jesus como Senhor separava os fiéis da sociedade tão claramente que eles agiam como "peregrinos e forasteiros" (2,11). Sua separação chamava a atenção de vizinhos e conhecidos que "estranhavam" (ξενίζονται, 4,4) que os cristãos já não se juntassem às atividades costumeiras.

Às vezes, o povo da Ásia Menor difamava os cristãos, talvez por causa do modo de vida separatista desses últimos. O autor de 1 Pedro dá conselhos aos cristãos quanto a "alguma coisa [sobre as quais] sois difamados" (1Pd 3,16). A perseguição é severa o bastante para ser classificada como "incêndio" (4,12), e "a mesma espécie de sofrimento atinge" outros cristãos espalhados pelo mundo (5,9).

Em 1 Pedro, é evidente a tensão entre a lealdade a Cristo e a lealdade às instituições da sociedade humana. Por um lado, os cristãos constituem uma "raça eleita, um sacerdócio real, uma nação santa" (2,9), separados do mundo pagão. Por outro, os fiéis ainda precisam sujeitar-se às estruturas

---

[69] P. ACHTEMEIER, 1 Peter, in MAYS, org., *Harper's Bible Commentary*, p. 1279.

do governo (2,13-17), da escravidão (2,18-25) e do casamento (3,1-7). Embora aconselhe os leitores a aceitar essas instituições, o autor planta as sementes de uma transformação radical de atitudes. Os escravos cristãos devem, com todo o respeito, sujeitar-se a seus senhores como Cristo sofreu e foi crucificado (2,21-24).[70] Esses escravos consideram os senhores parte da mesma estrutura pecaminosa de poder que Cristo superou na morte e ressurreição. Algum dia, aquele "que julga com justiça" (2,23) chamará até mesmo os abusivos senhores de escravos para prestar contas. O dia da prestação de contas não está longe, pois "o fim de todas as coisas está próximo" (4,7).

As sementes de transformação também aparecem quando 1 Pedro fala de casamento. As mulheres devem amorosamente se sujeitar aos maridos, mesmo quando o marido não crê na Palavra. Os maridos pagãos serão "conquistados sem palavras, pelo comportamento de suas mulheres" (3,1-2). Os maridos cristãos devem ser "compreensivos" e tributar "a devida honra" às suas esposas (3,7), expressões de mutualidade nada comuns no mundo antigo.[71]

---

[70] J. H. Yoder descreve o *Haustafeln* [preceitos particulares de moral doméstica] no Novo Testamento (Cl 3,18–4,1; Ef 5,21–6,9; 1Pd 2,13–3,7) como expressões de "subordinação revolucionária". Em vez de reforçar as estruturas sociopolíticas da sociedade, essas instruções elevam os subordinados à posição de agentes morais livres que *decidem* aceitar a autoridade temporal de outra pessoa. Jesus foi modelo e mestre dessa abordagem. Ela "permite a quem está em posição subordinada na sociedade aceitar e viver nessa posição sem ressentimento, ao mesmo tempo que pede a quem ocupa a posição superior que abandone ou renuncie a todo uso dominador de sua posição. J. H. YODER, *The Politics of Jesus* (Grand Rapids, Eerdmans, 1972), p. 190.

[71] R. Scroggs diz: "Ao contrário da posição de subordinação na qual as mulheres em geral viviam na cultura mediterrânea do século I, a posição que elas descobriram nas comunidades cristãs primitivas era a de aceitação e, em especial, nas primeiras décadas, de igualdade". R. SCROGGS, Women in the NT, *IDBSup*, p. 966. Scroggs (p. 968) observa que 1 Pedro já não defende a igualdade total. Entretanto, a epístola atribui às mulheres no casamento cristão um papel maior que o atribuído pela sociedade pagã.

Pela escolha de destinatários do "código de moral doméstica", o autor de 1 Pedro esclarece os papéis na sociedade que ele considera apropriados para os cristãos "peregrinos e forasteiros" (παροίκους, 2,11) adotarem: súditos do rei e do governador (2,13.14), escravos (2,18), esposas e maridos (3,1-7). O autor não menciona a possibilidade de fiéis cristãos ocuparem posições de poder no governo (por exemplo, como governadores) ou na economia (por exemplo, como donos de escravos). Aqui, o "código de moral doméstica" de 1 Pedro difere do de outros autores neotestamentários, os quais presumem que, no presente, os cristãos continuarão proprietários de escravos (Ef 6,9; Cl 4,1).

Em contraste com Efésios e Colossenses, 1 Pedro subentende que os cristãos se afastarão com dificuldade de papéis de poder socioeconômico na sociedade. É provavelmente mais que coincidência o fato de a perseguição da Igreja ser proeminente em 1 Pedro, mas mal se manifestar em Efésios e Colossenses. Talvez esse contraste reflita a diferença na experiência prática entre os fiéis que assumiam posição radical contra o envolvimento na sociedade greco-romana e os que ocupavam uma posição de poder.

Nos comentários a respeito do governo, o autor de 1 Pedro diz: "Sujeitai-vos (ὑποτάγητε) a toda instituição *humana* (ἀνθρωπίνῃ κτίσει), por causa do Senhor, seja ao rei, como soberano [...]" (1Pd 2,13). O ponto crítico aqui é a *humanidade* dos governantes terrenos, ênfase que, implicitamente, torna inaceitável o culto imperial.[72] O autor diz aos

---

[72] Devo essa descoberta a P. Achtemeier, *1Peter*; a comentary on First Peter (Minneapolis, Fortress Press, 1996).

leitores: "Honrai a todos" (πάντας τιμήσατε); depois, propositalmente, usa o mesmo verbo para dizer: "Tributai honra ao rei" (τὸν βασιλέα τιμᾶτε, 2,17). Isso indica que os cristãos devem considerar que o rei está no mesmo nível humano que qualquer outro na sociedade.

A ordem das palavras aqui talvez seja significativa: a exortação "tributai honra ao rei" está imediatamente *depois* de um lembrete do compromisso definitivo do cristão: "Temei a Deus". Os cristãos atuam dentro da estrutura da sociedade "por causa do Senhor", motivação para indicar que Deus é supremo. Todo poder político terreno é mera "instituição", o que possibilita a adoração apropriada, por parte dos cristãos, apenas do Criador de tudo.

Paulo e os alimentos pagãos em Corinto

Já no tempo de Paulo, os cristãos debatiam o problema da participação nas festas pagãs. Em 1 Coríntios, Paulo argumenta contra uma atitude libertina, exemplificada pela expressão "tudo me é permitido" (1Cor 6,12). Ele repete um argumento evidentemente utilizado por fiéis que não viam problema no fato de comer carne oferecida a ídolos: "Um ídolo nada é no mundo" (8,4). Como "não há outro Deus a não ser o Deus único", eles raciocinavam: por que se preocupar com o fato de se comer carne oferecida a uma divindade inexistente? Segundo essa lógica, os cristãos poderiam participar de refeições cultuais em honra de deuses pagãos. Theissen mostra que as pessoas da classe econômica baixa não podiam arcar com as despesas de alimentos caros, e provavelmente só comiam carne em festas religiosas públicas ou em refeições cultuais nas guildas. Para elas havia uma relação muito mais estreita entre carne e culto idólatra do que havia para os membros da camada social mais alta, pois esses últimos regularmente comiam carne em casa.[73]

Paulo muda a discussão para um nível prático, ao fazer uma declaração que tinha implicações para qualquer um tentado a participar do culto imperial. Ele diz que há muitos que são "chamados deuses, quer no céu, *quer na terra* (8,5). Contudo, para os cristãos existe "um só Deus [...] e um só Senhor, Jesus Cristo [...]" (8,6). Na ocasião em que Paulo escreveu essas palavras, em 54 d.C., o culto imperial era bem conhecido.[74] Sua menção dos "chamados deuses" na terra poderia ter incluído qualquer imperador vivo ou morto que fosse objeto de culto. Os cristãos reconheciam um só Senhor; nem deuses pagãos nem imperador romano mereciam culto ou lealdade primordial.[75]

Paulo assume uma posição intermediária na disputa sobre a carne oferecida a ídolos. Reconhecendo que há certa validade no argumento libertino sobre deuses inexistentes, assim mesmo ele afirma que nem todos têm essa "ciência" (8,7). Se cristãos menos amadurecidos virem o libertino realmente "assentado à mesa em um templo de ídolo", podem ser induzidos a voltar ao culto dos ídolos (8,10). Paulo anuncia seu ponto de vista: por causa dos outros fiéis, ele evita festas pagãs (8,13). Mais adiante, ele concorda que os cristãos comam toda carne vendida no mercado. Entretanto, não devem participar de uma festa, caso os anfitriões anunciem

---

[73] THEISSEN, *The Social Setting*, p. 128.

[74] Muitos estudiosos datam 1 Coríntios de aproximadamente 54 d.C. FIORENZA, 1 Corinthians, in MAYS, org., *Harper's Bible Commentary*, p. 1168.

[75] Paulo (ou um discípulo seu) acreditava que um mau soberano do fim dos tempos reivindicaria *status* divino: "O adversário, que se levanta contra tudo que se chama Deus, ou recebe um culto, chegando a sentar-se no templo de Deus, e querendo passar por Deus" (2Ts 2,4).

que estão servindo alimento oferecido em sacrifício (10,25-28). O modelo de Paulo exclui a possibilidade de os cristãos participarem diretamente de cerimônias pagãs em reuniões de guildas ou em outra parte.[76] Diversos autores antigos atestam que Corinto era um próspero centro comercial e financeiro.[77] As cerimônias de associações comerciais e guildas são um provável contexto para os comentários de Paulo em 2Cor 6,14-17:

> Não formeis parelha incoerente com os incrédulos. Que afinidade pode haver entre a justiça e a impiedade? Que comunhão pode haver entre a luz e as trevas? Que acordo entre Cristo e Beliar? Que relação entre o fiel e o incrédulo? Que há de comum entre o templo de Deus e os ídolos? [...] Portanto, saí do meio de tal gente, e afastai-vos, diz o Senhor. Não toqueis o que seja impuro [...].

Essa advertência "expressa o mesmo espírito que o Apocalipse", em especial o imperativo "saí do meio dessa gente" (cf. Ap 18,4).[78] Paulo rejeita "afinidade" (μετοχή) e "associação" (κοινωνία) com incrédulos, usando palavras que em um contexto legal significavam condomínio.[79]

---

[76] A discussão de Paulo em 1Cor 10,14-22 reflete a "crença comum na Antiguidade [...] de que os que participam da refeição cultual tornam-se companheiros do deus". F. HAUCK, 'κοινός', *TDNT*, III, p. 805. Se partilhassem essa opinião e viessem a crer que o imperador era mau, os cristãos recusariam alimento associado ao culto imperial.

[77] Diz Estrabão: "Corinto é considerada 'abastada' por causa de seu comércio, pois situa-se no Istmo e é senhora de dois portos, um dos quais leva diretamente à Ásia e o outro à Itália; e facilita a troca de mercadoria dos dois países [...]", *Geog.* 8,6,20. Em sua discussão de empréstimos de dinheiro, Plutarco menciona primeiro o "usurário ou agiota" de Corinto, seguido por banqueiros de Patras e Atenas, *Moralia* 831a.

[78] SWEET, J. P. M. *Revelation*. Philadelphia, Westminster Press, 1979. p. 268.

[79] C. K. BARRETT, *The First Epistle to the Corinthians* (New York, Harper & Row, 1968), p. 197. Esses termos descrevem uma parceria comercial entre pescadores em Lc 5,7 (μέτοχος) e 5,10 (κοινωνός).

Os membros das guildas eram co-proprietários de templos ou salões de reuniões de suas associações, e se comprometiam com a ajuda mútua.[80] É esse tipo de complicação que Paulo parece rejeitar. O apóstolo expressa uma visão universal apocalíptica, na qual pessoas e instituições aliam-se inevitavelmente ao bem ou ao mal. A justaposição que Paulo faz de "luz e trevas" e sua referência a "Beliar" lembram certos manuscritos de Qumrã nos quais Roma é o principal aliado de "Beliar" e dos poderes das trevas.[81]

Em contraste com João de Patmos e a comunidade de Qumrã, Paulo não considerava o governo romano categoricamente mau (cf. Rm 13,1-7). Ele buscava ansiosamente uma oportunidade de visitar Roma (Rm 1,9-15) e considerava a capital do Império um trampolim ideal para sua missão na Espanha (Rm 15,28). Suas freqüentes preocupações com a idolatria e sua declaração de que "os que governam são [meros] servidores de Deus" (Rm 13,6) praticamente asseguram que ele não teria participado de nenhum ato cultual que tratasse o imperador como divino.[82] Contudo, ele familiari-

---

[80] Em seu estudo de guildas na Óstia antiga, G. Hermansen diz que a guilda "era um grupo estreitamente unido. Era uma verdadeira irmandade: alguns membros de guildas se chamavam de irmão (*frater*) [...]. Todos os irmãos de uma guilda eram donos em comum de toda a propriedade da guilda, partilhavam um culto comum e tinham um cemitério comum. Faziam muitas refeições em comum". G. HERMANSEN, *Ostia*; Aspects of Roman City Life (Edmonton, University of Alberta Press, 1981), p. 110.

[81] Em *1QM* e *1QpHab*, os primeiros aliados mundanos de Beliar são os "Kittim". Em geral é aceito entre os estudiosos que essa é uma referência aos romanos; veja G. VERMES, *The Dead Sea Scrolls in English* (3. ed., London, Penguin Books, 1987), p. 29. *1QpHab* 6,3-5 fala da cupidez e idolatria dos Kittim: "Juntarão sua fortuna com todas as suas pilhagens [...]; oferecem sacrifícios a suas insígnias [estandartes militares imperiais], e suas armas são o objeto de seu culto".

[82] Além das passagens já citadas, veja 1Ts 1,9; 1Cor 12,2; Gl 5,20; Rm 1,21-23. Paulo escreveu aos cristãos de Roma numa época em que o culto ao imperador ganhava força, e lamentou que algumas pessoas tivessem adorado e servido "à criatura em lugar do Criador" (Rm 1,25). Talvez ele quisesse referir-se a estátuas imperiais ou imagens de deuses pagãos, quando escreveu sobre os que "trocaram a glória do Deus incorruptível por imagens do homem corruptível" (Rm 1,23).

zou-se com Erasto, fiel que servia na hierarquia provinciana como administrador (Rm 16,23, talvez a mesma pessoa mencionada em At 19,22 e 2Tm 4,20). É provável que Theissen esteja correto ao dizer que Erasto "teria dado adeus a seu cargo público, caso em princípio, rejeitasse convites a festas nas quais eram inevitáveis ritos pagãos e carne sacrificada a ídolos".[83]

Apesar de sua exortação — "não toqueis o que seja impuro" —, alhures Paulo indica que a disposição de ânimo do fiel é mais importante que o mero ato de comer alimento dedicado em rituais idólatras. "Nada é impuro em si, diz ele. Alguma coisa só é impura para quem a considera impura" (Rm 14,14). A inferência é que os fiéis amadurecidos podem comer alimentos associados de algum modo a cultos pagãos, mas "quem duvida e assim mesmo toma o alimento é condenado, porque não procede de boa-fé" (14,23).

O modo como Paulo trata esse problema não é definitivo. Embora comer alimento oferecido a ídolos seja teoricamente aceitável, os cristãos precisam ser cautelosos no que fazem na prática. Entretanto, não podem ser tão conscienciosos a ponto de se afastarem por completo de qualquer contato com a sociedade pagã. Os fiéis precisam ter alguma interação com os "impudicos deste mundo" e com os "idólatras" — desde que esses últimos também não reivindiquem participação na comunidade cristã (1Cor 5,9-13).

A discussão de Paulo exemplifica ambigüidades que devem ter exasperado a Igreja em Corinto e em outros lugares do Oriente. Evidentemente, alguns cristãos julgavam ter a "ciência exata" (1Cor 8,1.7) e poder comer a carne oferecida aos ídolos até em festas em honra de deuses pagãos ou

---

[83] THEISSEN, *The Social Setting of Pauline Christianity*, p. 98.

do "divino imperador".[84] Isso deixava os fiéis mais conscienciosos com o fardo de decidir em que ponto deveriam afastar "o mau" (1Cor 5,13) da comunidade da Igreja.

Familiarizado com as cartas de Paulo, o autor de 2 Pedro observa: "Em suas cartas se encontram alguns pontos difíceis de entender, que os ignorantes e vacilantes torcem [...] para a sua própria perdição" (2Pd 3,16). O livro do Apocalipse esclarece que questões de envolvimento cristão na sociedade ainda eram difíceis de serem entendidas uma geração depois da morte de Paulo. Collins resume a preocupação de João em relação às sete Igrejas da Ásia Menor: "Estava em jogo aqui a questão de assimilação: que costumes pagãos os cristãos poderiam adotar por amor à sobrevivência econômica, ao ganho ou à simples sociabilidade?[85]

Martírio e ascensão de Isaías

Uma interpolação cristã no *Martírio e ascensão de Isaías* esclarece que João não era o único cristão do século I a crer que a Igreja estava em uma crise de idolatria.[86] Em clara referência a Nero, o autor diz: "Beliar [...] descerá de seu firmamento na forma de um homem, um rei de iniqüidade, um assassino da mãe — esse é o rei deste mundo —, e vai perseguir a planta [a Igreja] que os doze apóstolos do Ama-

---

[84] Fiorenza cita escritos cristãos primitivos e diz: "A direção libertina do gnosticismo expressou seu mais alto conhecimento principalmente na prática da imoralidade e no consumo de alimento sacrificado a ídolos". Esse entendimento de liberdade "permitia ao gnóstico viver em coexistência pacífica com a sociedade pagã". FIORENZA, Apocalyptic and Gnosis, p. 570.

[85] COLLINS, Persecution and Vengeance, pp. 740-741.

[86] O *Martírio e ascensão de Isaías* é obra complexa escrita entre o século II a.C. e o século IV d.C. A passagem cristã citada aqui data provavelmente do século I. Veja a introdução a *Mart. Isa.* por M. A. KNIBB, *OTP*, II, pp. 144-155.

do [Jesus] terão plantado". É inquestionável que as pessoas do mundo vão obedecer a Nero. Todos "vão sacrificar a ele e o servir, dizendo: 'Este é o Senhor, e além dele não há outro'". O que é mais espantoso, "ele desviará para segui-lo *a maioria* dos que se reuniram para receber o Amado. E o poder de seus milagres vai estar em toda cidade e bairro, e ele vai estabelecer sua imagem diante dele em toda cidade" (*Mart Is* 4,2-11).

O texto reflete a onipresença das cerimônias de culto imperial ("em toda cidade") e a espantosa disposição de uma "maioria" de cristãos para demonstrar lealdade a um imperador que reivindicava *status* divino. O autor indica que o lucro motivava um compromisso de lealdade:

> E muitos [cristãos] vão trocar a glória das vestes dos santos pelas vestes dos que amam o dinheiro; e nesses dias haverá muito respeito a pessoas e amantes da glória deste mundo [...]. E nesses dias haverá muitos profetas [...] por causa do espírito de erro e de fornicação, de vanglória e de amor ao dinheiro [...] (3,25-28).

Aqui vemos uma forte combinação de influências na Igreja cristã: materialismo ("amor ao dinheiro"), desejo de aceitação social ("muito respeito a pessoas") e sincretismo ("fornicação"). A referência a vestes nessa passagem esclarece uma alusão semelhante no Apocalipse, na qual João descreve os que permaneceram fiéis sob perseguição como os que "lavaram suas vestes e alvejaram-nas no sangue do Cordeiro" (Ap 7,14). Mais adiante João compara esses fiéis cristãos com certos "impudicos" e "idólatras", presumivelmente pessoas que acharam conveniente evitar a perseguição e preservar sua posição social ou financeira pela participação em cerimônias pagãs. Os últimos ficarão de fora da Nova Jerusalém (Ap 22,14-15).

A carta apostólica

Fornicação e idolatria figuram na carta apostólica escrita por líderes religiosos reunidos em Jerusalém em meados do século I. O assunto em discussão era se os gentios precisavam aceitar a circuncisão antes de entrar para a Igreja cristã, e o grupo reunido decidiu não "impor" aos convertidos esse ritual judaico. No fim, os líderes religiosos exigiram apenas aos convertidos gentios que "se abstenham do que está contaminado pelos ídolos, das uniões ilegítimas, das carnes sufocadas e do sangue" (At 15,20; cf. 15,29).

Muitos estudiosos modernos entendem essa diretriz quádrupla como concessão aos escrúpulos religiosos e cultuais judaicos.[87] Entretanto, uma importante variante textual indica que algumas partes da Igreja primitiva interpretaram essa diretriz como advertência contra a participação em áreas inteiras da sociedade pagã. Irineu[88] e a chamada tradição textual "ocidental"[89] anulam a frase "das carnes sufocadas" e deixam apenas as proibições contra três coisas: idolatria, uniões ilegítimas e sangue. A mesma tradição acrescenta uma forma negativa da regra de ouro imediatamente depois das proibições: os convertidos gentios "não devem fazer aos outros o que não querem que os outros lhes façam". Esse acréscimo faz da rejeição de "sangue" uma proibição de homicídio.

---

[87] Veja a preocupação com os ídolos nas Escrituras hebraicas em Ex 34,13-17 e Lv 26,1; veja as relações sexuais proibidas em Lv 18,6-30; com animais sufocados, veja Gn 9,4; Lv 19,26; Dt 12,16.23-27; 15,23; e com a ingestão de sangue veja Lv 3,17; 17,10-14.

[88] *Adv. Haer.* 12,14. Entretanto, Irineu cita At 15 durante uma discussão da doutrina de Deus, não no contexto da ética nem do relacionamento dos cristãos com a sociedade.

[89] Principalmente o Códice Beza (*Cantabrigiensis*).

Conforme traduzida no texto ocidental, a decisão apostólica de At 15,20(29) faz sentido à luz das categorias figurativas do Apocalipse. "Idolatria" refere-se às cerimônias do culto imperial (ou outras cerimônias pagãs), que estavam onipresentes nas guildas comerciais e associações políticas. "Uniões ilegítimas" talvez seja uma metonímia para todo tipo de laços econômicos ou promíscuos com Roma. A proibição do "sangue" pode ser um chamado implícito para os cristãos evitarem o exército romano que dava aos provincianos uma atraente possibilidade de promoção.

É improvável que a carta apostólica *original* usasse esses termos no sentido figurado que encontramos no Apocalipse. Entretanto, a tradição textual ocidental indica que alguns fiéis primitivos achavam útil ou necessário interpretar At 15,20(29) dessa maneira, proibindo a participação cristã em certos aspectos cultuais, políticos e militares da sociedade imperial romana. Os líderes de Jerusalém haviam enviado suas diretrizes a Antioquia, importante centro comercial que combinava culto e comércio tão bem quanto qualquer cidade da Ásia Menor. Como movimentado porto e fórum político, Antioquia apresentava aos cristãos conscienciosos as mesmas possibilidades de transigência que João chama "idolatria" e "impudicícia".

Hegesipo e o reino "angélico"

O escritor cristão do século II, Hegesipo, fala de uma ocasião quando o imperador Domiciano atacou os judeus e "mandou suprimir os descendentes de Davi".[90] A narrativa revela que, na Palestina, certos "heréticos" acusaram os ne-

---

[90] EUSÉBIO, *Hist. Eccl.* 3,19.

tos de Judas, o irmão de Jesus, de serem judeus, e um funcionário conduziu os parentes de Jesus perante o imperador para responder às acusações. Essa história foi preservada graças à dúbia historiografia do século IV de Eusébio, e não devemos procurar muita exatidão no relato.[91] Contudo, a escatologia da defesa no tribunal é notável e talvez reflita uma postura política que permitia a alguns cristãos da época sobreviver sob o desconfiado domínio romano.

O imperador iniciou a audiência arrancando dos acusados a confissão de que, de fato, eram "da casa de Davi". Em seguida, passou diretamente para questões econômicas: Quantas propriedades os acusados tinham? Quanto dinheiro controlavam? Nesse caso os dois acusados eram empobrecidos e, juntos, possuíam propriedades no valor de 9 mil denários. Pagavam impostos sobre essa terra e a cultivavam com as próprias mãos calejadas. Estabelecida sua posição econômica, o imperador passou para assuntos políticos e "inquiriu a respeito de Cristo e seu reino, sua natureza, origem e o tempo em que surgiu". Os cristãos explicaram que o reino de Cristo

> não era deste mundo nem da terra, mas celeste e angélico, e que chegaria na consumação dos séculos, quando Cristo viria na glória para julgar os vivos e os mortos e para retribuir a cada um conforme as suas obras [...]. Diante disso, Domiciano não os condenou a coisa alguma. Desprezou-os como homens simples, soltou-os e fez cessar por um edito a perseguição contra a Igreja. Uma vez libertados, dirigi-

---

[91] M. Sordi analisa os problemas históricos desse relato e resume como alguns comentaristas modernos avaliam sua exatidão. Ela acredita na veracidade básica da história, mas acha que Hegesipo errou ao datá-la do reinado de Domiciano e não do de Vespasiano ou Tito. SORDI, *Christians and the Roman Empire*, pp. 38-43.

ram Igrejas [...] e, estabelecida a paz, viveram até o tempo de Trajano.[92]

Bem longe como estavam dos ambientes comerciais urbanos do cristianismo asiático, esses pequenos proprietários de terras da Palestina representam, mesmo assim, uma visão espiritualizada da fé cristã que outros podem ter compartilhado no Oriente. Aparentemente, essa história originou-se (e talvez já circulasse) no fim do século I. Falava de cristãos que salvaram suas vidas em um tribunal romano ao convencer o imperador de que a fé cristã não tinha implicações políticas que significativamente ameaçassem ou contestassem a soberania imperial. A lealdade ao reino "celeste e angélico" no "fim do mundo" era um arranjo que permitia a fiéis sem discernimento adotar uma postura libertina quanto à participação na sociedade pagã.

Ao espiritualizarem seu conceito do reino de Jesus e consignarem sua realização a um futuro indefinido, os cristãos sofredores, segundo consta, conseguiram o fim da perseguição e puderam viver em paz. Essa escatologia contrasta totalmente com a de João de Patmos, que escreveu: "A realeza do mundo passou agora para nosso Senhor e seu Cristo, e ele reinará pelos séculos dos séculos" (Ap 11,15). O próprio João pode ter visto a plena expressão do reino como acontecimento futuro, mas era um acontecimento tão próximo no futuro que tornava relativas todas as outras lealdades.

Plínio e a natureza da pressão sobre os cristãos

Mencionei que não há indícios de perseguição de cristãos, orquestrada e em todo o Império, no século I. No en-

---

[92] EUSÉBIO, *Hist. Eccl.* 3,20,3-6.

tanto, há razão para crer que no fim do século I os cristãos sofreram pressão social e política para participar do culto imperial ou de outros rituais pagãos. A recusa de cultuar o imperador ou os deuses romanos tradicionais fazia cristãos (e judeus) parecerem ingratos, desleais e perigosamente ímpios.

Quando descreveu julgamentos de cristãos na Bitínia (aprox. 112 d.C.), Plínio — experiente advogado de Roma — disse que nunca havia assistido a esses julgamentos antes.[93] Isso indica que as autoridades romanas não levavam com freqüência os cristãos de Roma ao tribunal durante os anos que Plínio passou na capital. Mesmo na Ásia Menor, as autoridades romanas não eram agressivas na perseguição aos fiéis. Plínio não iniciou um processo contra os cristãos na Bitínia, e só agiu quando eles foram "denunciados" a ele. "Foi afixado um cartaz", ele relata, "sem assinatura, acusando uma porção de pessoas pelo nome". A pressão sobre os cristãos originou-se de colegas provincianos, não de funcionários romanos.[94] Essa pressão dos pares (com ramificações legais) pesou sobre a Igreja já durante a última década do século I. Plínio relata que cristãos haviam abandonado a fé, "alguns há três anos, outros há muitos anos e uns poucos há vinte e cinco anos".

---

[93] PLÍNIO, *Ep.* 10,96.

[94] Em seu conselho a Plínio sobre como lidar com os cristãos, Trajano diz: "Não deve ser feita nenhuma busca a essas pessoas". Entretanto, "quando são denunciadas e julgadas culpadas, precisam ser punidas, *Ep.* 10,97. Durante todo o século II, os julgamentos dos cristãos originavam-se normalmente de acusações por um *delator* particular, e as autoridades podiam recusar as acusações, caso o acusador não fosse até o fim. No fim do século II, Tertuliano fala de um juiz romano que indeferiu as acusações contra um cristão, quando o acusador não compareceu ao tribunal. *Ad Scap.* 4,4. Veja FREND, *Martyrdom and Persecution*, 167.

A correspondência de Plínio não esclarece muito bem por que os provincianos exerceram tal pressão sobre seus vizinhos cristãos. Talvez houvesse um motivo econômico para limitar a influência cristã. Depois de algumas execuções de cristãos obstinados, Plínio diz:

> [...] os templos, que estavam quase desertos, começam agora a ser freqüentados e, depois de longo intervalo, os festivais sagrados voltaram à moda; há uma demanda geral de animais sacrificais que, há pouco tempo, tinham poucos compradores.[95]

Pelo menos nessas circunstâncias, a fé e a prática cristãs tiveram notável impacto na economia local. Os templos a muitos deuses formavam parte significativa das finanças e dos empregos urbanos.[96] Os "festivais sagrados" — talvez até mesmo os relacionados com o culto imperial — também sofreram. Muitas cidades do Oriente realizavam todos os anos diversas festas imperiais: no dia do aniversário do imperador, no aniversário de sua ascensão ao trono, depois do sucesso na guerra ou em honra de outros membros da família imperial. Alguns festivais incluíam banquetes, distribuições, jogos, procissões e observâncias cultuais.[97] Multidões que

---

[95] PLÍNIO, *Ep.* 10,96.

[96] Isso era verdade a respeito de toda cidade helenística. Pausânias faz referência de passagem ao mercado de Corinto, "onde estão muitos dos santuários". PAUSÂNIAS, *Descrição da Grécia* 2,4,6.

[97] Era difícil para os habitantes das cidades orientais evitar esses festivais. Quando as procissões passavam pelas ruas da cidade, por exemplo, o costume exigia que os chefes de família sacrificassem em pequenos altares do lado de fora de suas casas. Os vizinhos repararriam se um chefe de família não sacrificasse. Veja PRICE, *Rituals and Power*, pp. 108, 123; THOMPSON, *Revelation*; Apocalypse and Empire, p. 162. Um século depois do Apocalipse, Tertuliano lamenta que, em dias de festas imperiais na África, "se encontrassem mais portas sem lâmpadas e coroas de louros pertencentes a pagãos que a cristãos". As lâmpadas, diz ele, não são "em honra a Deus, mas àquele que é honrado em lugar de Deus, por observâncias desse tipo [...]". TERTULIANO, *De Idol.* 15.

representavam todos os níveis da sociedade se reuniam para essas ocasiões e proporcionavam pronto mercado para os artigos de artesãos e mercadores.[98] Se um grande número de cristãos evitasse os festivais, os empresários locais sofreriam.

Quando os cristãos se afastaram do culto imperial, também diminuíram a expressão de lealdade a Roma que muitos provincianos estavam ansiosos por promover. A recusa a honrar o imperador em templos e festivais provocava suspeitas "não só do próprio governo imperial, mas dos povos conquistados que reconheciam Roma como a fonte de sua prosperidade".[99] A recente revolta judaica (66-70 d.C.) salientou o significado político de atos cultuais que envolviam interesses imperiais: os revolucionários assinalaram o início de sua guerra contra Roma ao interromperem os sacrifícios cotidianos pelo bem-estar do imperador no Templo de Jerusalém.[100]

A recusa de qualquer grupo a participar da religião greco-romana tradicional parecia ameaçar a estabilidade do Império, pois a irreverência provocava o desagrado dos

---

[98] Dio Crisóstomo menciona governadores, oradores, prostitutas e artesãos. *Or.* 35,15. Citado por THOMPSON, *Revelation*; Apocalypse and Empire, p. 161.

[99] T. A. ROBINSON, *The Bauer Thesis Examined* (Lewinston, Edwin Mellen, 1988), p. 112. Quando o estóico Peto Trásea recebeu a sentença de morte em Roma em 66 d.C., as acusações incluíam este fato: "No começo do ano, Trásea esquivou-se do juramento costumeiro" e "não tomou parte nos votos nacionais". "Nunca ofereceu um sacrifício pelo bem-estar do imperador". TÁCITO, *Ann.* 16,22. Em sua inteligente crítica da fé e da prática cristãs (escrita por volta de 177-180 d.C.), Celso salientou as implicações políticas da recusa cristã a prestar honras divinas ao imperador: "Se todos fizessem o mesmo que vós, nada o [o imperador] impediria de ficar abandonado, sozinho e desertado, enquanto as coisas terrenas ficariam em poder dos bárbaros mais selvagens e sem lei", ORÍGENES *Contra Celsum* 8,68.

[100] Josefo diz que a suspensão do sacrifício em honra de César "foi o fundamento da guerra com os romanos". *Guerra* II,17,2 (409).

deuses.[101] Cícero louvou a devoção religiosa dos romanos e disse que o Império em si "foi conquistado por esses comandantes que obedeciam aos ditames da religião [romana tradicional]".[102] A própria estrutura da sociedade dependia da devoção contínua aos deuses tradicionais. Cícero acreditava que "o desaparecimento da devoção aos deuses acarrete também o desaparecimento da lealdade e da união social entre os homens e da própria justiça [...]".[103] Em sua popular história do povo romano, Lívio faz um personagem advertir que "todas as coisas davam certo quando obedecíamos aos deuses e errado quando os desprezávamos".[104]

Aos olhos dos pagãos conscienciosos, os cristãos pareciam desprezar os deuses. Embora acusações de ateísmo só viriam à tona no século II,[105] durante o ministério de Paulo, os habitantes de Éfeso temiam que a prática de culto tradicional sofresse com a difusão da fé cristã. Estava em debate, mais que simples devoção, pois o culto idólatra (e, conseqüentemente, o culto ao imperador) gerava renda importante em diversos níveis da sociedade imperial. Um ourives de Éfeso reconheceu as implicações econômicas do cristianismo, quando disse aos companheiros artesãos:

---

[101] Por me orientar quanto às referências clássicas neste parágrafo, sou grato a FREND, *Martyrdom and Persecution*, pp. 105-106.

[102] CÍCERO, *De Natura Deorum* 2,3,8.

[103] CÍCERO, *De Natura Deorum* 1,2,4. No século III d.C., Dio Cássio expressou preocupações semelhantes: "Deveis detestar e castigar os que procuram distorcer a religião, não apenas por causa dos deuses (já que quem os despreza não vai reverenciar nenhum outro ser) [...]. Portanto, não permitais que ninguém seja ateu nem feiticeiro", *Hist. Rom.* 52,36,1-2.

[104] LÍVIO, 5,51,5. Cf. HORÁCIO, *Odes* 3,6.

[105] Por exemplo, ATENÁGORAS, *Legatio* 3. Se Flávio Clemente e sua mulher eram cristãos, então as acusações de ateísmo vieram à tona já em 95 d.C.

Amigos, sabeis que é deste ganho que provém o nosso bem-estar. Entretanto, vedes e ouvis que não somente em Éfeso, mas em quase toda a Ásia, este Paulo tem desencaminhado, com suas persuasões, uma multidão considerável: pois diz que não são deuses os que são feitos por mãos humanas. Isso não só traz o perigo de a nossa profissão cair em descrédito, mas também o próprio templo da grande Ártemis perderá todo o seu prestígio [...] (At 19,25-27).[106]

Os habitantes comuns de Éfeso — não funcionários do governo — enfureceram-se contra os cristãos (At 19,28-41).[107] Esse padrão de assédio popular (não oficial) era típico da experiência cristã na sociedade, nos séculos I e II.[108] Os fiéis que desejavam participar de instituições sociais ou comerciais sofriam pressão de vizinhos e companheiros para se adaptarem às convenções religiosas dos grupos nos quais tentavam entrar.

Por uma carta do imperador Adriano datada de aproximadamente 124 d.C., ficamos sabendo que alguns habitantes da Ásia Menor continuaram a hostilizar outros

---

[106] Cf. Sb 15,8-12.

[107] Os estudiosos debatem a exatidão histórica do relato de Lucas. É possível que At 19 revele mais a respeito das relações cristãs com os governantes provincianos na época em que Lucas escreveu (fim do século I?) que a respeito das circunstâncias do tempo de Paulo. Se isso é verdade, então a obra de Lucas mostra, quando muito, uma crescente tendência dos cristãos da Ásia Menor de fazerem amizade com funcionários do governo. É precisamente isso que João rejeita no Apocalipse.

[108] Ao resumir o período de 70-135 d.C., Frend diz: "Depois de cuidadoso exame, as autoridades trataram os cristãos com indulgência". Contudo, "quase como um desafio à indulgência das autoridades romanas, a época subapostólica marca o longo clímax da primeira onda de apocalíptica cristã, e nesses anseios Roma recebeu o papel da segunda Babilônia [...]". FREND, *Martyrdom and Persecution*, pp. 181-182. A análise de Frend apóia o argumento de que muitos cristãos achavam ser possível ter boas relações com Roma.

provincianos que eram cristãos. Adriano instruiu Minúcio Fundano, governador da Ásia, a evitar que as pessoas fossem "assediadas" e a prevenir-se contra "a patifaria dos informantes". A resposta do imperador indica que a simples profissão de fé cristã não bastava para alarmar os governantes romanos. Adriano diz:

> Se, portanto, alguém os acusar e provar que fazem algo de contrário às leis, decide conforme a gravidade da culpa. Mas, por Hércules! Se alguém a alega por delação, condena este procedimento criminoso e cuide de puni-lo.[109]

A menção de "informantes" e "chantagem" indica a natureza da hostilidade contra os cristãos da Ásia Menor uma geração depois que João escreveu o Apocalipse. O ímpeto para o assédio originou-se de fontes locais, não primordialmente de Roma. Assim como Trajano parecera menos entusiasmado com a perseguição dos fiéis uma década antes, Adriano não demonstrava interesse em conduzir os cristãos ao tribunal só porque carregavam o nome de uma seita religiosa. Precisamos supor que certos provincianos se sentiam ameaçados pelos cristãos, talvez por razões econômicas ou porque a ideologia cristã representava um acorde dissonante em um coro tão unânime de fidelidade a um governo que muitos provincianos desejavam reverenciar.

---

[109] EUSÉBIO, *Hist. Eccl.* 4,9; JUSTINO, *1 Apol.* 68. Veja a discussão desse documento e a política de Adriano em relação aos cristãos em SORDI, *Christians and the Roman Empire*, pp. 66-67; HENGEL, M. Hadrians Politik gegenüber Juden und Christen. *JANESCU* 16/17, 1984-1985, pp. 153-182 (161-170). Hengel (p. 166) menciona que Adriano acabara de voltar de uma viagem pela Ásia Menor e, provavelmente, estava mais bem informado que os predecessores a respeito das circunstâncias daquela região, até mesmo quanto à posição dos cristãos.

A luta contínua a respeito do envolvimento cristão na sociedade

Nossa interpretação do Apocalipse prossegue com a opinião de que muitos cristãos da Ásia atuavam bem na sociedade. Conseqüentemente, João e mais alguns acabaram por entrar em conflito com os companheiros provincianos e com as autoridades romanas; mas outros fiéis gozavam de posição cômoda. Membros das sete Igrejas debateram para decidir qual poderia ser o envolvimento dos cristãos nos assuntos da sociedade pagã que os rodeava.[110] Esse debate a respeito do papel cristão na sociedade começou uma geração antes, durante o ministério de Paulo. Na ocasião em que João escreveu o Apocalipse, habitantes da Ásia Menor notaram que alguns cristãos se afastaram do culto imperial. A recusa de alguns fiéis a fazer *qualquer* concessão ao culto limitou sua participação na vida social e econômica da região. Desconfiados dos motivos desse afastamento da sociedade, alguns provincianos assediaram os fiéis ou os perseguiram nos tribunais sob várias acusações.

Aparentemente, João foi vítima desse assédio e supunha que outros fiéis logo sofreriam o mesmo. Na raiz dessa perseguição ele via Roma e os valores que ela incutia. Para entender como Roma estava envolvida na sociedade asiática e como os provincianos reagiram, farei, a seguir, um estudo das relações imperiais com a região das sete Igrejas.

---

[110] Concordo com Collins, que diz que o Apocalipse "não pode ser entendido como resposta a uma nova iniciativa contra os cristãos tomada pelas autoridades romanas". Antes, "foi escrito para despertar e intensificar a exclusividade cristã, em especial diante do culto imperial". Collins até insinua que o culto imperial "não era um problema objetivamente significativo para a comunidade da Ásia Menor". Isto é, muitos fiéis da região não sentiam nenhuma tensão a respeito do assunto. COLLINS, *Crisis and Catharsis*, pp. 73-74.

Capítulo 2

Ela embriagou as nações com seu vinho

[...] ela embriagou as nações
com o vinho do furor da sua prostituição;
com ela se prostituíram os reis da terra [...]
(Ap 18,3)

As ruínas de uma bela casa no sítio da Éfeso antiga exibiam este grafito: "Roma, rainha de todos, teu poder nunca se acabará".[1] Não sabemos se o autor anônimo escreveu essas palavras com esperança ou em desespero. Entretanto, a idéia de Roma ser eterna não era rara entre os habitantes do mundo mediterrâneo. Até Josefo (reconhecidamente não o judeu comum!) observou a clara amplitude do poder de Roma e concluiu que seu Império era invencível. "Deus", disse ele, "que se transfere de uma nação para outra, dando a hegemonia a cada uma por sua vez, sendo agora a vez da Itália [...]".[2]

Durante vários séculos, Roma foi tão poderosa que parecia controlar os destinos de indivíduos e nações. Por meio

---

[1] Ῥώμα ἡ παμβασίλεια τὸ σὸν κράτος οὔποτ' ὀλεῖται. *I. Eph.* 599.

[2] JOSEFO, *G. J.* V,9,3 (367).

de tratados e conquistas, aos poucos Roma estendeu seus domínios até incluírem toda a bacia do Mediterrâneo. Nações tolas o bastante para resistir ao jugo romano sofriam um destino terrível. Quando os judeus se revoltaram, em 66-70 d.C., Roma forçou a submissão de Jerusalém com um cerco implacável e um massacre horrível.[3] Contudo, em sua maioria, os provincianos não resistiram ao domínio romano, e muitos estavam satisfeitos por fazerem parte do Império. Toda província tinha grupos nativos ansiosos para demonstrar lealdade ao imperador, pois Roma proporcionava segurança e prosperidade aos amigos.

João de Patmos condenava não só o culto imperial, mas também as instituições sociais, comerciais e políticas que promoviam a adoração do imperador. Os provincianos que se aliavam a Roma, dizia ele, ficavam intoxicados "com o vinho do furor da sua prostituição" (Ap 18,3). Empregado por João, o termo "prostituição" refere-se à troca recíproca de benefícios e lealdades que unia os provincianos aos governantes imperiais. Enquanto muitas pessoas do Oriente consideravam positiva e útil essa rede de relações recíprocas, João a condena como imoral, interesseira e idólatra.

1. Os antecedentes do domínio romano na Ásia Menor

Na ocasião em que João relatou sua visão por escrito, o povo da Ásia estava havia mais de dois séculos sob o domínio romano. Os italianos primeiro conseguiram ali uma base de operações em 133 a.C., quando o rei Atalo III de

---

[3] Esse incidente influenciou as atitudes cristã e judaica para com Roma durante décadas e dá o motivo histórico para a visão de uma Nova Jerusalém em Ap 21–22.

Pérgamo morreu e legou a Roma seu rico domínio.[4] Os primeiros anos de domínio italiano empobreceram a região, na medida em que Roma exigiu o reembolso de débitos e saqueou a riqueza acumulada pelos atálidas. A área se tornou província romana, administrada segundo os caprichos de um governador enviado anualmente da Itália.

Durante essa época, grupos de negociantes italianos se instalaram permanentemente em muitas cidades, até mesmo em Pérgamo e Éfeso.[5] Esses empresários exploraram a província, e sindicatos romanos de cobrança de impostos agrícolas exauriam a região de outros rendimentos. A natureza cruel da presença romana primitiva na Ásia Menor foi responsável, em parte, pela revolta sangrenta de Mitrídates, que começou em 88 a.C, durante a qual os rebeldes massacraram cerca de 80 mil italianos.[6]

A revolta durou duas décadas, mas alguns provincianos permaneceram leais, e Roma encontrou meios de recompensá-los. Em 78 a.C., o Senado romano concedeu privilégios a três capitães de navio, chamando-os "amigos de Roma" por sua lealdade e ajuda.[7] Esses homens e seus herdeiros

---

[4] Atalo III era solteiro e não tinha herdeiros. Lutas internas ameaçavam seu reino e talvez ele percebesse que só o braço forte de Roma manteria a ordem. MAGIE, *Roman Rule*, I, pp. 29-33.

[5] Em toda cidade, esses habitantes romanos formavam uma organização chamada *conventus Civium Romanorum*, com freqüência chamada simplesmente de "romanos dedicados aos negócios". MAGIE, *Roman Rule*, I, p. 162.

[6] MAGIE, *Roman Rule*, I, pp. 216-217.

[7] Os capitães de navio eram de Mileto e Clazômenas, na Ásia, e de Caristo, na ilha de Eubéia. MAGIE, *Roman Rule*, I, p. 236. Clazômenas está trinta quilômetros a oeste de Esmirna. Mileto, cinqüenta quilômetros ao sul de Éfeso. Nas décadas anteriores a 78 a.C., formou-se na Ásia Menor uma organização de pessoas "individualmente recebidas em amizade com Roma". MAGIE, *Roman Rule*, I, p. 174. Um habitante de Pérgamo pertencia a esse grupo. *IGR*, IV, p. 291, citado em *Roman Rule*, II, p. 106, n. 48.

gozaram de isenção permanente de todos os impostos locais e imperiais.

Provincianos privilegiados leais a Roma

Os capitães de navio faziam parte de uma classe emergente de "provincianos altamente privilegiados", pessoas que vislumbravam que seus melhores interesses se realizariam na cooperação com Roma.[8] Quando ficou claro que a Itália manteria o domínio da Ásia, algumas cidades que até então haviam lutado contra Roma procuraram aliar-se a ela. Éfeso estava entre as cidades que se rebelaram durante o levante de Mitrídates, e pagou alto preço quando Roma reafirmou seu domínio. Funcionários imperiais julgaram e executaram os líderes locais da rebelião, e a província da Ásia teve de pagar uma multa de 20 mil talentos.[9]

Quando Otaviano (César Augusto) emergiu como governante incontestе do Oriente, em 31 a.C., os asiáticos compreenderam a importância de demonstrar lealdade. Muitos provincianos também apreciavam o valor de ter todo o Mediterrâneo unido pacificamente em um único sistema econômico e político. Os séculos depois de Alexandre Magno trouxeram inúmeras guerras e enorme sofrimento humano. Quando Augusto introduziu a era da *Pax Romana*, ocorreu o maior benefício que muitos de seus súditos podiam imaginar.

---

[8] MAGIE, *Roman Rule*, I, p. 236. A respeito dessa época, Rostovtzeff diz: "Havia uma *élite*, os ricos e influentes magnatas das cidades, que — com servilismo e suborno, e uma escolha judiciosa de amigos e protetores — conseguia conservar e aumentar sua fortuna [...]". M. ROSTOVTZEFF, *The Social and Economic History of the Hellenistic World* (Oxford, Clarendon Press, 1941), II, p. 1018.

[9] MAGIE, *Roman Rule*, I, p. 238.

À medida que os anos passavam, a gratidão entre os provincianos só aumentava, e os benefícios do domínio romano ficavam mais óbvios. A pirataria, durante muito tempo uma praga nos mares, praticamente desapareceu. O banditismo nas estradas diminuiu, e o comércio floresceu.[10] As guerras continuaram a causar ressentimentos em fronteiras distantes do Império, mas a bacia do Mediterrâneo em si conseguiu uma suspensão temporária dos combates. O domínio romano trouxe segurança física e econômica para muita gente da Ásia Menor.

O culto imperial como expressão de gratidão

Alguns orientais responderam com expressões de lealdade que elevaram seus novos governantes a uma posição quase divina. O conselho provinciano (*koinon*) da Ásia estabeleceu um culto de Roma e Augusto em Pérgamo em 29 a.C., e prometeu conceder uma coroa a quem criasse a mais notável honra para "o deus" que agora governava o mundo. Em 9 a.C., um profuso louvor a Augusto apareceu em uma estela em Pérgamo: "Os gregos da província da Ásia" expressavam gratidão pelo "salvador que pôs fim à guerra e estabeleceu a paz". César "superou as expectativas de todos os que haviam previsto boas notícias", e os asiáticos passa-

---

[10] Epicteto, o liberto da Ásia Menor que se tornou importante filósofo estóico em Roma durante o reinado de Domiciano, regozijava-se porque "César obteve para nós uma profunda paz. Não há nem guerras nem batalhas, nem grandes roubos nem pirataria, mas podemos viajar a todas as horas e navegar de leste a oeste". Dio Crisóstomo, *Or.* 3,13,9. Estrabão (*Geog.* 3,2,5) expressou gratidão pela "paz presente, porque toda pirataria foi destruída e por isso os marinheiros sentem-se completamente à vontade". Rostovtzeff fala das "novas oportunidades para a expansão econômica" que Roma oferecia ao Oriente já no século II a.C., "pela abertura da Itália como mercado para seus produtos e pelo rápido aumento da capacidade de compra de seus fregueses italianos". Rostovtzeff, *Hellenistic World*, II, p. 1019.

ram a reverenciá-lo por meio da organização do calendário, que passou a iniciar-se com o aniversário dele.[11]

O culto de adoração ao imperador surgiu espontaneamente entre povos da Ásia Menor, e Roma não o impôs "de cima".[12] Havia muito era comum para os povos helenísticos da Ásia conferir honras divinas a reis do lugar, mas era novo para eles aplicar essa prática a um governante estrangeiro.[13] Os orientais estavam tão ansiosos para prestar homenagem a Augusto que surgiu uma intensa rivalidade entre cidades pelo privilégio de construir templos imperiais. Em 23 d.C., Esmirna tornou-se a segunda cidade da Ásia a conquistar o direito de estabelecer um centro provinciano do culto impe-

---

[11] N. Lewis, & M. Reinhold, orgs., *Roman Civilization*, II (New York, Harper & Row, 1966), p. 64. Uma moeda romana (o tetradracma de Augusto, *BMC*, I, p. 112, nn. 691-693, gravura 17, n. 4), que chegou em Éfeso em 28 a.C., diz: *IMP(erator) CAESAR DIVI F(ilius) CO(n)S(ul) VI LIBERTATIS P(opuli) R(omani) VINDEX* ("Imperador César, filho do divino Júlio, cônsul pela sexta vez, defensor da liberdade do povo romano"). O reverso da moeda representa a figura feminina da *Pax* segurando um *caduceus* — um bastão de arauto tipicamente associado ao deus Mercúrio. Niels Hannestad observa que Mercúrio é o deus do comércio, e considera a moeda uma propaganda que celebrava os benefícios comerciais da paz romana sob Otaviano. N. Hannestad, *Roman Art and Imperial Policy* (Aarhus, Aarhus University Press, 1988), p. 62.

[12] Dio Cássio diz que Augusto deu permissão para o culto imperial em Éfeso, Pérgamo, Nicéia e Nicomédia. Entretanto, "na capital [Roma] em si e na Itália em geral nenhum imperador, por mais digno de renome que tenha sido, ousou fazer isso". *Hist. Rom.* 51,20,6-8. Tácito corrobora outros indícios de que a iniciativa pelo novo culto partiu da Ásia Menor, não de Roma. *Ann.* 4,37. Friesen diz que aspectos do culto provinciano que estavam diretamente sob o controle de Roma eram mais comedidos no uso de títulos divinos para o imperador que as expressões inspiradas localmente: "Não se pode argumentar que o culto dos sebastos era importação estrangeira, impingida à província da Ásia por um tirano em busca de glória divina". Friesen, *Twice Neokoros*, p. 166.

[13] Price diz que a imposição do domínio estrangeiro deu origem a uma crise política e religiosa entre os povos helenísticos da Ásia Menor, que responderam classificando o aparentemente onipotente *imperator* entre os deuses gregos conhecidos que eles sempre tinham cultuado. Price, *Rituals and Power*, pp. 29-30.

rial, este dedicado a Tibério, a sua mãe (Lívia) e ao Senado.[14] Mileto estabeleceu um terceiro culto provinciano durante o reinado de Calígula.[15]

Os templos do culto imperial em Pérgamo, Esmirna e Mileto serviam a toda a província da Ásia. Além desses locais provincianos havia numerosos templos municipais dedicados aos imperadores. Na época em que João escreveu o Apocalipse, pelo menos 35 cidades da Ásia Menor tinham o título de "guardiã do templo" ($\nu\epsilon\omega\kappa\acute{o}\rho o\varsigma$) para os divinos césares.[16] Em geral, os orientais que participavam do culto imperial faziam sacrifícios aos deuses em nome do imperador, não ao próprio imperador.[17] Mas esse aspecto técnico não deve ter feito diferença para alguém como João, pois as imagens imperiais erguiam-se com freqüência em templos pagãos que, de qualquer modo, ele considerava idólatras.[18]

---

[14] TÁCITO, *Ann.* 4,15.

[15] FRIESEN, *Twice Neokoros*, pp. 21-26.

[16] PRICE, *Rituals and Power*, pp. 66-67. Uma passagem cristã do fim do século I em *Mart Is* 4,1-3 retrata Nero como a encarnação de Beliar, rei que perseguiu os apóstolos de Jesus. Ao aludir ao culto imperial, o autor diz que o povo da terra "vai sacrificar a ele e servi-lo [...], e ele vai estabelecer a própria imagem diante dele em todas as cidades". Tal veneração originou-se da gratidão, como indicam as honras conferidas a Vespasiano em diversas partes da Ásia, nomeando-o "Benfeitor" ou até "Benfeitor do mundo e salvador de toda a [human]idade". MAGIE, *Roman Rule*, I, p. 572.

[17] *IGR*, IV, 1398 de Esmirna, por exemplo, traz: "O mundo inteiro sacrifica e reza pela duração eterna e pelo domínio invencível do imperador". Citado em PRICE, *Rituals and Power*, p. 210. Cf. FÍLON, *Leg. Gai.* 349-367.

[18] Thompson diz que "o culto imperial era rejeitado [pelos cristãos] como correlativo à rejeição dos cultos tradicionais. As formas da religião grega tradicional eram centrais, o culto imperial era secundário em relação a isso". THOMPSON, *Revelation*; Apocalypse and Empire, p. 164.

O dinheiro para a construção dos templos imperiais vinha, em geral, de ricas famílias provincianas, e os sacerdotes vinham da elite local.[19] Roma levava a sério a promessa dos provincianos de construir um templo imperial. Quando os cidadãos de Cízico não terminaram a construção de um templo dedicado a Augusto, o insulto contribuiu para Tibério decidir suprimir a "liberdade" da cidade.[20] A disposição de ajudar a financiar o culto caracterizava uma família como pessoas de prestígio local, e podia intensificar seu relacionamento com Roma.

Pérgamo organizou uma associação de coral para "entoar hinos ao deus Augusto nos arredores do templo dedicado pela Ásia".[21] No início do século II d.C., apenas quatro de seus trinta e seis membros tinham cidadania romana, o que exemplifica como os que gozavam benefícios de Roma demonstravam gratidão oferecendo louvor. Os que entravam para a associação de coral eram da elite abastada; a taxa de inscrição era sete vezes maior que a conhecida para qualquer outra guilda.[22]

Se alguns súditos romanos veneravam o imperador por gratidão, outros o faziam por razões menos nobres. Já mencionei ser provável que o próprio Domiciano não exigisse que os súditos se dirigissem a ele como *dominus et deus noster.* Collins diz que o título

---

[19] PRICE, *Rituals and Power*, pp. 62-63.

[20] PRICE, *Rituals and Power*, p. 66.

[21] *I. Eph.* 18d,11-14

[22] PRICE, *Rituals and Power*, p. 90.

parece ter sido usado por pessoas como Marcial, que não faziam parte do círculo íntimo e desejavam obter acesso por meio dele. Era usado, evidentemente, em tentativas espalhafatosas de lisonjear e, assim, ganhar influência.[23]

Embora o próprio Domiciano talvez não quisesse receber títulos divinos, a propaganda estatal apontava nessa direção. Depois que ele patrocinou os Jogos Seculares em 88 d.c., Domiciano lançou uma série de moedas que celebravam os jogos e a chegada de um novo século de ouro, a era flaviana.[24] As moedas representam um Domiciano de proporções exageradas, de pé, ao lado (ou dentro) de um templo (veja a Figura 1, na próxima página). Três figuras ajoelham-se com os braços estendidos em súplica diante do imperador. Abaixo da cena aparece a legenda-padrão S[enatus] C[onsulto] ("por autorização do Senado"). É provável que, nessa imagem, o imperador esteja ditando orações em vez de recebendo ele mesmo veneração, mas essa distinção pode ter passado despercebida pelas pessoas que sabiam que, às vezes, o imperador era reverenciado.[25]

---

[23] *Crisis and Catharsis*, p. 72. Thompson observa que Marcial "procurou, mas nunca conseguiu, entrar na corte íntima de Domiciano [...]. É provável que, como beneficiário em potencial, Marcial usasse títulos extravagantes para demonstrar sua devoção a Domiciano". Thompson reflete que, "ao se aproximarem do poder vindos de baixo, outros beneficiários em potencial provavelmente também usavam títulos como *dominus* e *deus*, e faziam questão de demonstrar seu entusiasmo por Domiciano". THOMPSON, *Revelation*; Apocalypse and Empire, p. 106.

[24] Domitian sestertii, *BMC*, II, pp. 392-398, nn. 419-438, gravuras 78, nn. 3, 5-11 e gravura 79, nn. 1-4. Veja N. HANNESTAD, *Roman Art*, p. 141.

[25] H. MATTINGLY & E. SYNDENHAM, *Roman Imperial Coinage*, II; Vespasian to Hadrian (London, Spink & Son, 1926), p. 201, n. 377.

Figura 1. Reverso de um sestércio de Domiciano. Três figuras ajoelham-se com os braços estendidos em súplica diante do imperador. A inscrição traz LVD[i] SAEC[ulares] FEC[it] CO[n]S[ulatus] XIII S[enatus] C[onsulto] ("Ele conduziu os Jogos Seculares, 13º consulado, por autorização do Senado"). É provável que, nessa imagem, o imperador esteja ditando orações em vez de sendo objeto de devoção. Tal distinção pode ter passado despercebida pelas pessoas que se opunham à veneração do imperador. O anverso da moeda atribui a Domiciano os títulos de P[ontifex] M[aximus] TR[ibunicia] P[otestate] VIII CENS[or] PER[petuus] P[ater] P[atriae]. ["Pontífice Máximo, Tribunício poder. VIII censor perpétuo. Pai da Pátria"].

Sestércio de Domiciano, BMC, *II, p. 393, n. 424, gravura 78, n. 5. Copyright Museu Britânico.*

Embora diversos imperadores do século I gozassem de *status* divino no Império Romano depois da morte, Domiciano, aparentemente, buscava a elevação de si mesmo e de sua família antes do fim de seu reinado terreno. As moedas cunhadas sob Domiciano enfatizam a natureza presente da divindade na família imperial. Diversas moedas aludem ao amado filho do imperador, que morreu na infância. Algumas retratam sua esposa, Domícia, com inscrições que dizem: "Mãe do divino César" — o que indica que a criança morta era agora deus.[26] Uma moeda representa a criança morta como o deus Júpiter nu, sentado sobre um globo com as mãos estendidas; acima e ao redor dele estão sete estrelas, e a inscrição diz: "O divino César, filho do imperador Domiciano".[27] A presença de sete estrelas em algumas moedas domicianas poderia ter motivado João a responder com sua imagem de Jesus, conquistador do mundo e tendo sete estrelas na mão direita (Ap 1,16).[28]

As moedas romanas circulavam em todas as províncias, onde surgiram outros sinais de veneração excessiva. Aparentemente, a prática do *dominus et deus* começou quando Domiciano distribuiu, em nome de seus procuradores, uma carta-circular que trazia o título imponente.[29] Cidades da Ásia Menor buscavam meios de venerar o imperador, e é

---

[26] *DIVI CAESAR MATRI* (Domitian sestertius, *BMC*, II, p. 413, n. 501, gravura 82, n. 3) e *DIVI CAESARIS MATER* (Domitian sestertius, *BMC*, II, p. 413, n. 502). Veja E. P. JANZEN, The Jesus of the Apocalypse Wears the Emperor's Clothes, in E. H. LOVERING JR., org., SBLSP, 1994 (Atlanta, Scholars Press, 1994), pp. 637-661, p. 644, n. 38.

[27] *DIVVS CAESAR IMP DOMITIANI F*. Domitian aureus, *BMC*, II, p. 311, n. 62 (gravura 61, n. 6); Domitian denarius, *BMC*, II, p. 311, n. 63 (gravura 61, n. 7). Veja JANZEN, Jesus of the Apocalypse, pp. 644-645.

[28] JANZEN, Jesus of the Apocalypse, p. 653. Janzen (pp. 656-657) apresenta um argumento plausível ao afirmar que "a propaganda numismática aparentemente interminável e sempre crescente do *imperium*" foi um fator direto para dar origem à mensagem de João e de outros pregadores e profetas da Igreja primitiva.

[29] Suetônio diz: "Com não menos arrogância, ele [Domiciano] iniciou desta maneira a ditar uma carta-circular em nome de seus procuradores: 'Nosso Mestre e nosso Deus ordena que isto seja feito'. E surgiu o costume de, a partir dali, não tratá-lo de outra forma, tanto por escrito quanto em conversa". *Dom*. 13. Assim, Suetônio responsabiliza Domiciano pelo título pomposo. Todavia, o fato de a carta-circular sair em nome de seus procuradores indica que eles mesmos poderiam ter criado o título.

possível que a enorme estátua de Domiciano encontrada em Éfeso seja a própria "imagem da Besta" condenada por João de Patmos (Ap 13,13-15).[30] Nesse clima, o perigo de perseguição aos cristãos originou-se, "não da política imperial, mas do oportunismo popular entre os que buscavam benefícios de Domiciano".[31]

Plínio exemplifica como um funcionário governamental podia usar o culto imperial para tirar vantagem pessoal. Em 98 d.C., ele escreveu ao imperador Trajano, requerendo permissão para ausentar-se de suas responsabilidades como chefe do tesouro durante um mês.[32] Plínio precisava viajar a Tiferno para tratar do aluguel de suas fazendas naquele distrito, propriedades que podiam lucrar "mais de 400 mil" sestércios. Antes de declarar a verdadeira razão da viagem, entretanto, ele externa o entusiasmo pelo culto imperial de três maneiras: (1) refere-se ao pai de Trajano, Nerva, como o "imperador divinizado"; (2) relata como construiu em Tiferno — à própria custa — um templo para estátuas de antigos imperadores; (3) e pede permissão para acrescentar a estátua de Trajano a outras no templo. Juntamente com o último pedido — na mesma sentença! — Plínio insere o pedido para a licença dos deveres oficiais. Promete rápido cumprimento de seu "ato de lealdade" (*pietas*), esperando, obviamente, que Trajano dê resposta favorável.

---

[30] Veja PRICE, *Rituals and Power*, p. 97. Alternativamente, João poderia ter tido em mente a estátua de quase 40 metros de altura (*colossus*) de Nero que outrora se erguia no átrio da *Domus Aurea* (A "Casa Dourada" de Nero) em Roma. A enorme estátua retratava Nero como o Sol, completo com a conhecida *corona radiata* (coroa fulgurante) que Nero usa nas imagens de algumas moedas cunhadas durante seu reinado. Mais tarde, os imperadores flavianos modificaram a estátua e a colocaram ao lado do Coliseu. Veja N. HANNESTAD, *Roman Art*, p. 113.

[31] THOMPSON, *Apocalypse and Empire*, p. 106.

[32] PLÍNIO, *Ep.* 10,8.

2. Ásia, a mais rica das províncias

Não nos surpreende o fato de que Roma pusesse subordinados leais na Ásia Menor, pois a província tinha recursos naturais e humanos que fariam inveja a qualquer império.[33] As montanhas afastadas do mar produziam abundância de minerais e madeira; os vales férteis e as planícies costeiras produziam rica colheita de cereais e frutas. Uma rede de rios e afluentes cobria toda a região, fornecendo água e formando vales ideais para o transporte por terra.

A mais importante fonte de riqueza para as sete cidades mencionadas no Apocalipse era a manufatura de tecidos. Em Éfeso havia prósperas guildas de tecelões de lã e negociantes de mantos. Esmirna era famosa por seus artigos de vestuário de púrpura e Sardes era líder na manufatura de tapetes e corantes. Filadélfia, Tiatira e Laodicéia, todas produziam tapeçarias, artigos de vestuário e tecidos de luxo que iam para cidades de todo o mundo romano.[34] Além de tecidos, a Ásia produzia e exportava cerâmica em larga escala.[35] A indústria de couro prosperava, e Pérgamo manufaturava pergaminho famoso no mundo inteiro. Éfeso, Sardes e Esmirna, todas faziam perfume para o mercado mundial, e diversas cidades da região eram famosas por seus trabalhos em ouro e prata (cf. At 19,23-27).

---

[33] Cf. uma visão geral dos recursos e da indústria da Ásia em MAGIE, *Roman Rule*, I, pp. 34-52, e M. P. CHARLESWORTH, *Trade Routes and Commerce of the Roman Empire* (Cambridge, Cambridge University Press, 1926; reimpr. Chicago, Arcs Publishers, 1974), pp. 76-96.

[34] Grandes centros tecelões, como Laodicéia, Tarso e Alexandria, produziam artigos luxuosos de vestuário para exportação que custavam até vinte vezes mais que os fabricados para as classes mais pobres. JONES, *The Roman Economy*, pp. 352-353.

[35] A respeito de cerâmica, couro, perfume e indústrias metalúrgicas, veja MAGIE, *Roman Rule*, I, pp. 49-50.

Além de produzir seus artigos para o Império, a Ásia desempenhava papel fundamental na coleta de impostos para Roma. Uma longa inscrição do século I, de Éfeso, registra a "lei aduaneira da Ásia para importação e exportação, por terra e por mar", de produtos que vinham da Capadócia, da Galácia e da Bitínia. O documento, endossado pelo Senado romano, autoriza os coletores de impostos asiáticos a cobrar impostos de dois e meio por cento sobre todos os produtos exportados pela região. Esmirna e Éfeso estão entre os portos onde os navios da Ásia Menor podiam parar para pagar o imposto. O relacionamento privilegiado que os mercadores tinham com Roma, principalmente em assuntos cultuais, está evidente na cláusula de que "ninguém está sujeito a pagar imposto pelo que carrega em nome do povo de Roma; nem pelo que transporta ou transfere com propósitos religiosos.[36]

3. Os espólios das nações conquistadas

Roma consumia mais que sua parte de recursos do Império, e os empresários do Oriente muitas vezes ajudavam a produzir os bens e a transportá-los em barco para a Itália.[37] O apetite de Roma por certos produtos agrícolas orientava a província para um mercado de exportação em vez de para as necessidades internas. A Ásia Menor, por

---

[36] H. ENGELMANN & D. KNIBBE, Das Zollgesetz der Provinz Asia; Eine neue Inschrift aus Ephesos, *Epigraphica Anatolica* 14, 1989, par. 1-9, 25. Citado em F. MEIJER & O. V. NIJF, *Trade, Transport and Society in the Ancient World*; A Sourcebook (London, Routledge, 1992), pp. 80-81.

[37] Rostovtzeff observa que mesmo depois de Roma assegurar o controle do Oriente, os negociantes da Ásia Menor, da Síria e do Egito dominavam os serviços de comércio. "Mantiveram a posição de países de passagem e o papel de transportadores para o comércio com o Irã, a Índia e a China." ROSTOVTZEFF, *Hellenistic World*, II, p. 1021.

exemplo, produzia grande quantidade de azeite de oliva[38] e vinho para exportar para Roma e outras cidades em todo o mundo.[39]

As safras de exportação empregavam tanta terra local na Ásia Menor que as cidades da região tinham de regularmente importar cereais do Egito ou da região do mar Negro.[40] Os provincianos que não tinham interesse financeiro nem no transporte de mercadorias por navio nem na agricultura pagavam por essa organização sob a forma de preços mais altos por gêneros de primeira necessidade.[41] Quando os habitantes de Prusa ameaçaram se rebelar porque os preços dos cereais estavam muito altos, Dio Crisóstomo insistiu em que ele não tinha cereal para pôr no mercado. "Raramente, de fato, vendo cereal", disse ele, "mesmo quando a

---

[38] BROUGHTON, T. R. S. Asia Minor under the Empire, 27 B.C.-337 A.D. In: FRANK, T., org. *An Economic Survey of Ancient Rome*. Baltimore, Johns Hopkins, 1938. v. IV, pp. 593-902 (611), 4v.

[39] Broughton cita dezenas de referências antigas à qualidade dos vinhos asiáticos e à sua importância como artigos de exportação. Asia Minor, pp. 609-611. *Periplus Maris Erythraei*, um guia do século I para pilotos e negociantes que viajavam para o Extremo Oriente, relata que os vinhos mediterrâneos iam para a África e a Índia. Veja L. CASSON, *The Ancient Mariners* (2. ed., Princeton, Princeton University Press, 1991), pp. 203-205.

[40] Trales, Samos, Priena e Mileto estavam entre os lugares que tinham de importar cereais. BROUGHTON, Asia Minor, p. 607. Magie diz que "os produtos do território de uma cidade eram suficientes apenas para as necessidades de seus habitantes e, no caso de perda de uma colheita, era necessário importar cereais de outro lugar. Esse processo não só era caro, mas também, com freqüência, difícil. MAGIE, *Roman Rule*, I, p. 580.

[41] Broughton diz: "A inclusão da Ásia no edito de Domiciano que proibia a plantação de vinhedos indica [...] que ela ainda produzia vinho à custa de outros suprimentos para o mercado exportador [...]". Asia Minor, p. 877. Refletindo um ponto de vista aristocrata, Plínio afirma que o comércio de cereais era benigno. Ele cita "preços acordados entre comprador e vendedor; daí, sem provocar fome alhures, temos abundância aqui em Roma. *Pan*. 29,5. A respeito dessa declaração, Wengst diz que Plínio "engana a si mesmo: 'abundância aqui e falta em nenhum lugar' aplicava-se em qualquer época apenas às classes altas". WENGST, *Pax Romana*, 185.

colheita é excepcional". Ele alegou que nunca teve nem mesmo cereal suficiente para as próprias necessidades, pois "a renda de minha terra deriva exclusivamente de vinho e gado".[42]

O destino principal das exportações provincianas era Roma,[43] a cidade que "se concedia [...] luxo" (Ap 18,7).[44] Sêneca, o filósofo da corte de Nero, ficou assustado com o excessivo consumo romano. Amaldiçoou "os patifes cujo luxo excede os limites de um Império que já provoca muita inveja".[45] Censurou a inclinação romana por iguarias dispendiosas que geravam grande parte do comércio mundial. "Que necessidade de comércio (*Quid mercaturis*)?", ele perguntou. "Por que lançais vossos navios? [...] Por que acumulais riquezas sobre riquezas?"[46] Até o comércio de cereais perturbava Sêneca.

---

[42] Dio Cássio, *Hist. Rom.* 46,8.

[43] O *Monte Testaccio* ("Monte dos Fragmentos de Cerâmica"), perto das docas de Roma, formado por milhões de cântaros quebrados de azeite e vinho das províncias, indica o tamanho do apetite da cidade pelos produtos importados. O monte tem 850 metros de circunferência e 35 metros de altura. Embora muitos dos cântaros datem dos séculos II e III d.C., eles confirmam que Roma dependia cada vez mais das importações das províncias. Veja L. Richardson Jr., *A New Topographical Dictionary of Ancient Rome* (Baltimore, Johns Hopkins University Press, 1992), p. 380, e T. Frank, Notes on Roman Commerce, *JRS* 27, 1937, pp. 72-79. Veja uma discussão geral do consumo excessivo de Roma em Wengst, *Pax Romana*, pp. 31-35.

[44] A palavra ἐστρηνίσεν ("viver no luxo" ou "viver sensualmente") é forma verbal de στρῆνος ("sensualidade, luxo"), que em Ap 18,3 é o que gera o enriquecimento dos negociantes. BAGD, p. 771; cf. 2Rs 19,28 (LXX). Sweet diz que a palavra στρῆνος está "mais próxima de arrogância que de lascívia"; foi "o poder arrogante que permitiu aos negociantes de Roma e da Ásia Menor engordarem à custa do camponês e do cidadão". Sweet, *Revelation*, p. 268.

[45] Sêneca, *Ep. Mor.* 10,2.

[46] Sêneca, *De Consolatione ad Helviam* 10,5-7. Sêneca faz esses comentários em uma passagem sarcástica que critica fortemente os romanos por desperdiçarem enormes recursos para trazer comidas exóticas dos confins do Império.

Por quanto tempo continuaremos a encher de cereais os mercados de nossas grandes cidades [italianas]? Por quanto tempo o Povo precisará juntá-los para nós? Por quanto tempo muitos navios transportarão o necessário para uma única refeição, vão trazê-lo de mais de um mar?[47]

Ele queria saber se a natureza dera aos romanos estômagos tão insaciáveis que eles precisavam "superar em ganância os animais maiores e mais vorazes".[48] Condenava o estilo de vida suntuoso das pessoas de Roma e lamentava que "uma exibição profusa demais fosse feita dos espólios de nações conquistadas".[49]

4. A ascensão dos provincianos

Roma pode ter dissipado grande parte do que controlava, mas também deu oportunidade para provincianos condescendentes melhorarem sua posição econômica ou política.[50] Cláudio proporcionou exemplos notáveis disso, ao confiar importantes cargos imperiais a libertos originários do

---

[47] SÊNECA, *Ep. Mor.* 60,2-3.

[48] SÊNECA, *Ep. Mor.* 60,3.

[49] SÊNECA, *Ep. Mor.* 87,41. Plínio, o Velho, diz que a opulência romana se originava diretamente de nações subjugadas: "Foi a conquista da Ásia que introduziu o luxo na Itália". PLÍNIO, *Hist. Nat.* 33,148. Entretanto, em uma sociedade imperial estratificada, só uma pequena parte da população vivia no luxo. K. Hopkins conclui que, até em Roma, os "pobres eram miseravelmente pobres [...]. Muitas pessoas, talvez a maioria, viviam perto do nível de subsistência mínima". K. HOPKINS, Roman Trade, Industry, and Labor, in GRANT & KITZINGER, orgs., *Civilization of the Ancient Mediterranean*, I, p. 771.

[50] Isso era verdade principalmente quanto a líderes políticos que cooperavam com Roma. Dio Cássio conta como Cláudio "restituiu Comagena a Antíoco", enviou Mitrídates, o íbero, "de volta para casa, para reassumir o trono" e concedeu a outro Mitrídates o reino do Bósforo. Cláudio "ampliou o domínio de Agripa da Palestina [...] e concedeu a seu irmão Herodes a dignidade de pretor e um principado". DIO CÁSSIO, *Hist. Rom.* 60,8,1-3.

Oriente.[51] Nero continuou essa tendência e consolidou seu poder ao agradar às elites provincianas. Em geral, eram cavaleiros que preenchiam cargos imperiais provincianos vagos recentemente pela classe senatorial, que diminuía. (Sob Nero, as famílias da ordem senatorial tiveram menos filhos, e seu número caiu precipitadamente por causa dos abusos do imperador.)[52]

Durante todo o período flaviano (69-96 d.C.), um número crescente de orientais ocupou cargos imperiais. Sob Tito e Domiciano, os primeiros orientais serviram como procônsules romanos[53] e, em 92 d.C., um homem da Ásia tornou-se o primeiro cidadão de uma província oriental e de origem não-italiana a servir como cônsul.[54] A partir de 98 d.C., com Trajano (nascido na Espanha), às vezes os provincianos até substituíram os italianos como imperador. A riqueza e o poder permaneceram nas mãos de um pequeno grupo, mas a composição desse grupo mudou radicalmente à medida que provincianos de formação modesta mudaram para posições sociais e políticas outrora reservadas para aristocra-

---

[51] MAGIE, *Roman Rule*, I, p. 540. M. ROSTOVTZEFF, *The Social and Economic History of the Roman Empire*, I (2. ed. Oxford, Clarendon Press, 1957), pp. 82-83. Suetônio ridicularizou a maneira como Cláudio dependia de seus libertos: "Totalmente sob o controle destes [libertos] e de suas esposas [...], ele desempenhava o papel, não de príncipe, mas de servo, dando generosamente honras, o comando de exércitos, perdões ou castigos, segundo os interesses de cada um deles e até de seus desejos e caprichos [...]", *Claud.* 29. Tácito desprezava a maneira como pessoas de posição baixa ascendiam ao poder: "Em tempos ruins, até libertos tomam parte no governo", lamentou. *Hist.* 1,76. Em certo nível da burocracia imperial, esses libertos poderiam estar entre aqueles aos quais Paulo se referiu como "santos [...] da casa do imperador" (Fl 4,22).

[52] ROSTOVTZEFF, *Roman Empire*, I, pp. 101-103.

[53] LEVICK, B. Domitian and the Provinces, *Latomus* 41, 1982, p. 62. JONES, B. W. *Domitian and the Senatorial Order*. Philadelphia, American Philosophical Society, 1979. pp. 28-29.

[54] O homem era Tibério Júlio Celso Polemaianos. FRIESEN, *Twice Neokoros*, p. 159.

tas romanos.[55] Os provincianos com ambição de poder ou riqueza na sociedade imperial procuravam amizade e assistência junto a seus compatriotas bem-sucedidos e bem colocados.[56]

Em Roma, a ascensão dos provincianos exasperou Juvenal, que satirizou as pessoas de origem humilde em posições de poder:

> [...] que os tribunos aguardem a vez; que o dinheiro vença; que a função sagrada dê lugar a alguém que só chegou a nossa cidade ontem, com pés esbranquiçados.[57]

A última frase é referência sarcástica a marcas de cal nos pés de escravos importados. Tantos orientais afluíam a Roma que Juvenal declarou: "Há anos o Orontes sírio despeja seu esgoto em nosso Tibre nativo".[58]

Juvenal ridicularizou os imigrantes da Ásia Menor, até mesmo os da ilha de Samos e das cidades de Trales e Alabanda, perto de Éfeso. Os recém-chegados desses lugares atrasados eram tremendamente ambiciosos, "prontos para infiltrarem-se nas casas dos grandes e se tornarem seus mestres".[59] Os orientais ameaçavam a posição social de romanos de boa

---

[55] No início do século III, os italianos haviam deixado de ser a maioria nas ordens senatoriais e nas eqüestres. P. GARNSEY & R. SALLER, *The Roman Empire*; Economy, Society and Culture (Berkeley, University of California Press, 1987), p. 9. Veja mais discussão a respeito da mobilidade ascendente no século I em: BROUGHTON, Asia Minor, p. 745; MEEKS, *First Urban Christians*, p. 14; e F. MILLAR, *The Emperor in the Roman World* (London, Gerald Duckworth, 1977), pp. 290-291.

[56] SALLER, R. P. *Personal Patronage Under the Early Empire*. Cambridge, Cambridge University Press, 1982. p. 187.

[57] JUVENAL, *Sat.* 1,109-111.

[58] JUVENAL, *Sat.* 3,62.

[59] JUVENAL, *Sat.* 3,69-72.

descendência, o que faz Juvenal questionar: "Um homem que foi soprado a Roma pelo vento que nos traz nossas [ameixas] e nossos figos deve assinar seu nome antes de mim e se reclinar em um divã acima do meu?"[60]

De maneira semelhante, Plutarco fala com sarcasmo de ambiciosos provincianos de Quio, Galácia e Bitínia,

> [...] os quais não se contentam com a parte de renome ou poder que lhes cabe entre seus concidadãos e choram porque não ocupam a posição de patrícios; contudo, se ocupam essa posição, choram porque ainda não são pretores romanos; se são pretores, porque não são cônsules; e se cônsules, porque não foram proclamados antes.[61]

A participação no culto imperial parece ter facilitado o progresso de provincianos ambiciosos em Éfeso, como exemplifica a carreira de certo Tibério Cláudio Arístio. Ficamos sabendo da elevação desse homem a um cargo provinciano primeiro por inscrições relacionadas com a inauguração do novo templo de culto imperial em 89/90 d.C. Depois disso, o nome de Arístio aparece em muitas outras inscrições efésias. Ele, aparentemente, ocupou quase todos os cargos civis importantes da cidade,[62] e Plínio referiu-se a ele como "o principal cidadão de Éfeso [*princeps Ephesiorum*], popular por sua generosidade e politicamente inofensivo".[63]

---

[60] Juvenal, *Sat.* 3,81-83.

[61] Plutarco, *Mor.* 470c.

[62] Friesen, *Twice Neokoros*, p. 162.

[63] Plínio, *Ep.* 6,31,3. É provável que a descrição de Arístio como "politicamente inofensivo" (*innoxie*) signifique que ele não representava, em absoluto, nenhum desafio ou ameaça à ideologia imperial prevalecente. Como *princeps* de Éfeso, Arístio estava no ápice de uma estrutura de poder local, exatamente como o imperador era *princeps* no cume de um império.

5. Os principais caminhos de mobilidade ascendente

À medida que as oportunidades para o progresso das elites surgiam no topo da estrutura imperial, as portas também se abriam para os provincianos comuns. Um provinciano humilde podia escalar a pirâmide social e política por dois caminhos principais.[64]

1) Homens livres podiam entrar para o serviço militar romano, obter cidadania[65] ou até a posição de cavaleiros e usar isso como trampolim para cargos mais altos.[66]

2) Qualquer um — até mesmo um liberto — podia juntar riqueza suficiente, por meio de negócios, para adquirir posição pela compra de uma cargo municipal e pela generosa ostentação de doações (λειτουργοί) à cidade.[67]

---

[64] P. PETIT, *Pax Romana* (Berkeley, University of California Press, 1967), p. 175; GARNSEY & SALLER, *The Roman Empire*, p. 124.

[65] A. N. Sherwin-White descreve a "rapidíssima ampliação dos privilégios romanos nas províncias" que começou no reinado de Cláudio e continuou durante todo o século I. A. N. SHERWIN-WHITE, *Roman Society and Roman Law in the New Testament* (Oxford, Oxford University Press, 1963), p. 173. Lucas mostra como um militar, conseguindo juntar vultoso capital, conseguia adquirir cidadania (At 22,28).

[66] Veja GARNSEY & SALLER, *The Roman Empire*, pp. 23, 124, e G. LA PIANA, Foreign Groups in Rome during the First Centuries of the Empire, *HTR* 20, 1927, p. 222.

[67] Ao escrever a respeito do reinado de Cláudio, Dio Cássio diz que muitas pessoas requeriam a cidadania ao imperador ou a compravam dos libertos imperiais. A cidadania tinha muitos benefícios, e "a princípio, o privilégio só era vendido por altas quantias". Logo, porém, "ficou mais barata graças à facilidade com que era obtida". DIO CÁSSIO, *Hist. Rom.* 60,17,5-6. Garnsey e Saller mencionam a ironia de libertos com freqüência terem melhores perspectivas para ascensão social que o humilde nascido livre. "Na medida em que se podia obter lucros no comércio e na manufatura, os membros mais empreendedores desse grupo estavam bem colocados para obtê-los, tendo seus mestres lhes dado o incentivo, o grau de independência, o capital inicial e, freqüentemente, o treinamento necessário." GARNSEY & SALLER, *The Roman Empire*, p. 124. Thompson diz que o sistema de λειτουργοί (serviço público) ajudava as cidades provincianas, pois "as oportunidades do serviço imperial estimulavam os provincianos abastados a servir suas cidades a fim de obter o reconhecimento do imperador e ser promovidos para os postos imperiais". THOMPSON, *Revelation*; Apocalypse and Empire, p. 157.

As duas estratégias realçavam a posição socioeconômica e aumentavam as oportunidades para os filhos de um provinciano. No tempo de Nero, muitos cavaleiros e até senadores eram descendentes de escravos.[68] Essas pessoas não obtinham privilégios sem ajuda; aprenderam a ter acesso a uma vasta rede de relacionamentos recíprocos que permeava a sociedade romana em todo o Mediterrâneo. Também eram astutos o bastante para participar com entusiasmo da nova expressão religiosa de lealdade ao imperador. Paul Zanker diz:

> Nas províncias, como em Roma, libertos abastados usavam o culto imperial para obter para si reconhecimento público e honras [...]. Para esses "alpinistas sociais", a necessidade de reconhecimento na sociedade era, é claro, muito grande, e eles estavam entre os primeiros a agarrar as novas oportunidades.[69]

6. Vestígios do sistema de patronato

O talento do domínio romano era a capacidade de fazer mais amigos que inimigos, até entre os povos subjugados. Já no início do século II a.C., alguns judeus reconheceram o valor da amizade com Roma. Judas Macabeu "tomara conhecimento da fama dos romanos. Dizia-se que eram poderosos e valentes, que se compraziam em todos os que se aliassem a eles, e concediam sua amizade a quantos a eles se dirigissem" (1Mc 8,1).

---

[68] TÁCITO, *Ann.* 13,27. Veja J. H. D'ARMS, *Commerce and Social Standing in Ancient Rome* (Cambridge, MA, Harvard University Press, 1981), pp. 139-140; LEWIS & REINHOLD, *Roman Civilization*, II, p. 125; e R. MEIGGS, *Roman Ostia* (Oxford, Oxford University Press, 1973), p. 222.

[69] ZANKER, P. *The Power of Images in the Age of Augustus.* Ann Arbor, University of Michigan Press, 1988. p. 316.

Augusto elevou à arte esse costume de construir o Império por meio de relacionamentos recíprocos:

> [Augusto] uniu os reis com quem tinha alianças por laços mútuos, e estava disposto a propor ou favorecer casamentos inter-raciais ou amizades entre eles. Nunca deixava de tratá-los a todos com consideração como partes integrantes do Império [...] e criou os filhos de muitos deles, e os educou com os seus próprios filhos.[70]

Nem todos os imperadores que se seguiram foram tão habilidosos nessa diplomacia como Augusto, mas prevaleceu a mesma estratégia geral.

A cultura romana do século I tinha espírito de classe, com camadas bem definidas de riqueza e posição social. Três ordens aristocráticas tinham precedência, e seus membros preenchiam os cargos imperiais por todo o Império.[71] Eram:

> SENADORES: Ordem de elite, várias centenas de famílias de origem prestigiosa que tinham um censo (valor líquido) de pelo menos um milhão de sestércios. O símbolo legal de seu privilégio era a toga com um larga faixa púrpura.

> CAVALEIROS: Alguns milhares de homens livres com um censo de pelo menos 400 mil sestércios. Os membros desta ordem ocupavam importantes posições militares e administrativas em todo o Império. Muitos eram notáveis locais que a lei autorizava a usar um anel de ouro e estreita faixa púrpura na toga.

> DECURIÕES: Milhares de aristocratas locais que serviam como conselheiros da cidade ou funcionários secundários

---

[70] SUETÔNIO, *Aug.* 48.

[71] O resumo a seguir foi adaptado de GARNSEY & SALLER, *The Roman Empire*, pp. 112-118.

na administração imperial. Seus requisitos censitários eram de 100 mil sestércios. Os filhos de libertos podiam aspirar a entrar nesta ordem.

O imperador e o Senado romano mantinham a autoridade de admitir candidatos a qualquer uma dessas três ordens.

Uma pirâmide elaborada de relações entre patrono e protegido era a ligação que permitia a essas ordens se relacionarem umas com as outras e governar o restante do Império. No topo, o imperador presidia sozinho, como *princeps*, ou "primeiro cidadão".[72] Abaixo dele ficavam o Senado romano e a ordem senatorial, cujos membros muitas vezes serviam como governadores de província ou outros altos funcionários. Os governantes provincianos ("reis da terra" no Apocalipse) estavam no cume das pirâmides sociais regionais.[73] Sob sua autoridade estavam as assembléias regionais e mu-

---

[72] Uma carta de Cláudio aos alexandrinos (aprox. 41 d.C.) exemplifica o papel do imperador como patrono principal. Cláudio cita e reconhece uma lista de membros da elite local que formaram uma embaixada até ele. Dirigindo-se aos habitantes de Alexandria, Cláudio diz que esses homens vieram a Roma "e chamaram minha atenção para a vossa boa vontade em relação a nós". Em especial, Cláudio diz: "Sois por natureza reverente para com o imperador" e "tendes afetuoso interesse — *calorosamente retribuído* [ênfase minha] — em minha casa. [...] Por esse motivo, aceitei alegremente as honras que me concedestes" e "concordo que ergais [...] em seus diversos lugares as estátuas de minha pessoa e de minha família". Em seguida, Cláudio nega permissão para os habitantes de Alexandria designarem um sumo sacerdote e construírem um templo em sua honra. (Imperadores subseqüentes não foram tão modestos!) Para este estudo é significativo que o povo de Alexandria *quisesse* estabelecer o culto imperial do imperador vivo. (No Egito já havia um culto de imperadores mortos.) Em resposta, Cláudio confirma diversos privilégios concedidos por imperadores anteriores e acrescenta outros — inclusive a cidadania para grupos seletos. Veja o Papiro n. 1912 do Museu Britânico; tradução adaptada de LCL por Lewis & Reinhold, *Roman Civilization*, II, p. 366.

[73] "Em suas capacidades oficiais, os governadores podiam ajudar os provincianos a conseguir cidadania, cargos e honras oriundas de Roma e também podiam tomar decisões a favor deles." Os governadores recebiam presentes (subornos?) de provincianos abastados, também como apoio, no caso de instauração de processo por administração incompetente enquanto estavam no cargo. Garnsey & Saller, *The Roman Empire*, pp. 151-152.

nicipais, formadas por cavaleiros e decuriões. Essas elites provincianas, por sua vez, tinham relacionamentos recíprocos com pessoas de posição inferior: os homens livres, os libertos e os escravos.

João de Patmos estava cônscio da estratificação de classes, e em uma sentença realmente menciona quatro categorias reconhecíveis da ordem social imperial.[74] O diagrama da Figura 2 (p. 102) menciona os principais grupos sociais do Império com as palavras gregas correspondentes que João usa em Ap 6,15. O poder, a situação legal, a posição social e (geralmente) a riqueza aumentavam com cada degrau para o alto da pirâmide. A sociedade funcionava tranqüilamente, desde que todos os participantes tivessem relacionamentos recíprocos com os mais poderosos acima e os menos poderosos abaixo.[75]

Plínio entendia como a pirâmide funcionava, com o imperador proporcionando benefícios para o mundo todo. No aniversário da ascensão de Trajano ao poder, Plínio escreveu ao imperador:

> Celebramos com a devida solenidade o dia em que a segurança do gênero humano foi felizmente transferida para o vosso cuidado, recomendando nossos votos públicos e dando graças aos deuses, aos quais devemos vossa autoridade.[76]

---

[74] O imperador era onipresente no pensamento e no mundo social de João, embora ele na verdade não o cite em Ap 6,15. O imperador aparece variavelmente como uma cabeça da Besta (Ap 13,3), a própria Besta (17,8) ou um rei (17,9-11).

[75] Plínio estava disposto a ajudar os amigos a ascender na pirâmide social, mas não tinha paciência com idéias igualitárias. Ao escrever para Tiro, administrador da província da Bética, Plínio confirma o tato do homem para "fazer de todo homem honesto seu amigo e conquistar a afeição dos humildes sem perder o respeito de seus superiores". Plínio acrescenta: "Eu queria congratulá-lo pela maneira como preserva as distinções de classe e posição; quando estas são confundidas e destruídas, nada é mais desigual que a "igualdade" resultante. PLÍNIO, *Ep.* 9,5.

[76] PLÍNIO, *Ep.* 10,102.

Embora Plínio atribua a fonte de autoridade máxima do imperador (*imperium*) aos "deuses", João de Patmos diz que a autoridade imperial romana (ἐξουσία) vinha de Satanás (Ap 13,2).

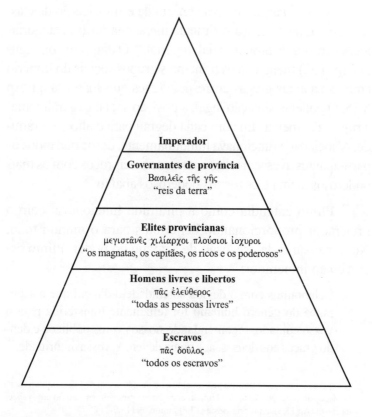

Figura 2. Diagrama das principais classes sociais no Império Romano, mostrando a hierarquia de poder, de imperador a escravo. Os termos gregos correspondentes (aqui com a tradução) aparecem em Ap 6,15. Alguns libertos e homens livres ascendiam, por meio do exército ou do comércio. Pelo fato de seus senhores talvez lhes terem proporcionado treinamento e apoio financeiro, antigos escravos às vezes tinham maior progresso que os indivíduos livres que não tinham esse apoio.

"Amizade" na pirâmide social

O sistema de patronato romano, que alcançou forma clássica durante a República, era "um relacionamento de troca entre [pessoas] de posição social desigual".[77] Essa reciprocidade era comum no mundo romano do século I, embora os termos reais "patrono" e "protegido" tenham diminuído gradualmente na literatura e nas inscrições da época.[78] A convenção social durante o principado preferia a linguagem de "amizade", talvez como um meio de proteger a dignidade do protegido.[79]

Os benefícios conferidos por pessoas proeminentes a seus "amigos" incluíam contratos comerciais, nomeação para cargo político, serviços legais, emprego, doações em dinheiro

---

[77] Saller, Personal Patronage, p. 8. Cf. Garnsey & Saller, *The Roman Empire*, pp. 152-153.

[78] Entretanto, ainda em 190 d.C. uma inscrição erigida pela Associação de Trabalhadores e Negociantes de Pedras Granulosas de Régio, Itália, citou certo Tutílio Juliano como patrono da organização. *CIL* XI, 970. Cf. Lewis & Reinhold, *Roman Civilization*, II, p. 276.

[79] Diz Saller: "Em nenhum dos principais escritores em prosa do Principado pós-augustano (Sêneca, Tácito, Plínio, o Moço, e Suetônio), *patronus* é usado no sentido geral de um "protetor influente". Entretanto, o termo *patronus* aparece freqüentemente entre inscrições do norte da África, com o significado de "protetor" ou "benfeitor". Saller, *Personal Patronage*, pp. 9-10. No Novo Testamento, várias referências parecem apresentar as relações entre patrono e protegido na linguagem de amizade. Jesus fala de um anfitrião que homenageia o "amigo", colocando-o no lugar de honra de um banquete (Lc 14,7-11). Jesus ensinou seus seguidores a desconsiderarem o padrão normal de reciprocidade, convidando aqueles "que não têm com que retribuir", em vez de "amigos", parentes ou vizinhos ricos (Lc 14,12-14). Quando Jesus foi julgado diante de Pilatos, os judeus usaram o relacionamento de protegido que Pilatos tinha com Roma para pressionar um veredicto de culpado: "Se o soltas, não és amigo de César!" (Jo 19,12). Lucas relata que Paulo tinha "amigos" entre os altos funcionários de Éfeso (At 19,31). Tiago classifica alguns de seus ouvintes como "adúlteros", pois eles não sabem que "a amizade com o mundo é inimizade com Deus" (Tg 4,4). Tal "amizade" pode ter incluído relações com o sistema de patrocínio.

ou convites para jantar.[80] Em troca, os destinatários davam apoio político, reuniam-se à porta do patrono para a saudação cotidiana (*salutatio*),[81] aplaudiam seus discursos no tribunal e davam outras demonstrações públicas de gratidão.[82] Aparentemente, a gratidão motivou numerosas inscrições encontradas em Éfeso e outros lugares, nas quais indivíduos homenageiam seus benfeitores.[83]

Sêneca escreveu diversas obras sobre como patrono e protegido deviam trocar "benefícios".[84] O próprio filósofo vinha de uma família provinciana da Espanha que sabia como progredir na pirâmide social: seu irmão Galião foi procônsul de Acaia (At 18,12), e sua tia casou-se com o governador do Egito. Enquanto o imperador Nero ainda era criança, Sêneca foi seu tutor e, mais tarde, serviu como co-regente do Império.

---

[80] Plínio, por exemplo, escreve: "Fui eu que persuadi o imperador a elevar Sexto à posição senatorial e conceder-lhe um questorado, e é por minha indicação que ele agora é candidato ao cargo de tribuno". PLÍNIO, *Ep*. 2,9; cf. 1Rs 4,5 e Bel 2.

[81] A *salutatio* era uma ocasião em que "protegidos e amigos menores dos grandes e poderosos reuniam-se à porta dos patronos de manhã cedo, para prestar-lhes seus respeitos, em troca de comida, dinheiro, roupas e outros favores". GARNSEY & SALLER, *The Roman Empire*, p. 122.

[82] SALLER, *Personal Patronage*, p. 29.

[83] Em Como, Itália, aparentemente a própria cidade ergueu a inscrição (agora fragmentária) que subsiste em honra de Plínio, o Moço. É provável que a inscrição ficasse acima de banhos públicos da cidade, pois reconhece que, em seu testamento, Plínio deu dinheiro para construir os banhos, juntamente com 300 mil sestércios para equipá-los e 200 mil para a manutenção. Ele também deu quantias enormes para sustentar cem de seus libertos, para proporcionar um jantar anual para moradores da cidade e manter a biblioteca. *Pliny*; Letters and Panegyricus, II (London, Heinemann, 1969), apêndice A. 1, pp. 549-551.

[84] Ele resume o código de patrocínio citando uma frase popular: "ille illi gratiam rettulit". SÊNECA, *Ep. Mor*. 81,9. R. M. Gummere (LCL) assim traduz essa frase: "A retribuiu o favor concedido por B".

Sêneca deixa claro que há um contrato implícito entre patrono e protegido. É vergonhoso para os que recebem favores imaginar que tais benefícios "são moeda corrente que podem usar sem juros".[85] Estritamente falando, o benfeitor deve dar sem pensar em retribuição. Na prática, porém, o recebedor que tem respeito próprio não mede esforços para demonstrar apreço e lealdade: "É preciso estar disposto a ir para o exílio ou derramar o próprio sangue, ou suportar a pobreza".[86]

Logo depois da morte de Domiciano, Plutarco aventou a mesma idéia em um ensaio chamado "Preceitos da diplomacia".[87] Endereçou a obra a um homem de Sardes, exemplificando como alguém de poder e influência no Império esperava que seus companheiros orientais prestassem atenção a complexidades do sistema clássico de patrocínio.[88] Natural da Grécia, o próprio Plutarco era um provinciano que subiu pelo sistema de patrocínio. Incumbências diplomáticas levaram-no a Roma, onde fez amigos entre políticos proeminentes. Obteve cidadania romana e talvez posição consular sob Trajano.[89]

Plutarco diz que o aspirante a estadista municipal que se ligar a um bom patrono subirá ao poder "do mesmo jeito

---

[85] Sêneca, *Ep. Mor.* 81,18

[86] Sêneca, *Ep. Mor.* 81,27. Sêneca pagou alto preço por sua lealdade ao demente Nero. Em 65 d.C., Sêneca cometeu suicídio, prevendo violência da parte do jovem imperador. Tácito, *Ann.* 14,52-56; 15,63; Suetônio, *Nero* 35,5.

[87] Plutarco, *Praecepta Gerendae Republicae*. Plutarco (815 D) refere-se a acontecimentos que ocorreram "recentemente, sob Domiciano".

[88] O homem era Menêmaco, compatriota de Pardalas de Sardes. Plutarco, *Praecepta*, 813 F, 825 D. Se Menêmaco não era de Sardes, com certeza era da província da Ásia.

[89] O léxico Suda, dicionário grego de aproximadamente 1000 d.C., afirma que Trajano concedeu a Plutarco a alta posição de ex-cônsul. F. W. Walbank, Plutarch, *Encyclopaedia Britannica* XIV, 15. ed., 1978, pp. 578-580.

com que a hera sobe enrolando-se em volta de uma árvore forte".[90] Uma vez no poder, o estadista precisa recompensar os protegidos em muitas áreas da sociedade:

> Entregue a um amigo um caso jurídico que lhe traga bons honorários [...]; a outro apresente um rico que precise de supervisão e proteção; e ajude outro a obter um contrato ou arrendamento lucrativo.[91]

De modo semelhante, Plínio esclarece como os cargos do poder geravam privilégio para súditos romanos bem relacionados. Ele escreve a Prisco, legado do exército romano:

> O comando de um grande exército lhe dá copiosa fonte de benefícios para conceder, e [...] seu mandato já foi longo o bastante para você ter cuidado de seus amigos. Volte-se para os meus — eles não são muitos.[92]

Em seguida, Plínio descreve um amigo querido e pede que Prisco "lhe conceda o maior cargo que estiver em seu poder". Uma combinação de fatores torna o amigo digno de tal promoção. Seu pai era um cavaleiro e recentemente ocupou o cargo de sacerdote (do culto imperial) na Espanha. Para esse amigo, Plínio já havia obtido do imperador Nerva os privilégios concedidos aos pais de três filhos. A adulação do imperador fez parte da ascensão de Plínio à influência: foi sacerdote do culto imperial na cidade italiana de Como.[93]

---

[90] PLUTARCO, *Praecepta*, 805 F.

[91] PLUTARCO, *Praecepta*, 809 A.

[92] PLÍNIO, *Ep*. 2,13.

[93] Uma inscrição de Como que homenageia Plínio, o Moço, relaciona entre suas funções e habilidades *FL DIVI T AUG*, que significa "flamen divi Titi" ou "sacerdote do [culto imperial] do divinizado imperador Tito". *Pliny*; Letters and Panegyrics, II. LCL, apêndice A. 3. p. 553.

O imperador como principal benfeitor

Uma vasta rede de relações que se originavam da pessoa do imperador distribuía benefícios (*beneficia*) "de superior a inferior" totalmente, até o mais humilde liberto ou escravo. Do mesmo modo, um constante fluxo de gratidão (*gratia*) jorrava das classes sociais inferiores "para cima", conferindo lealdade e honra aos benfeitores. Na Ásia Menor, havia um senso de lealdade ao imperador, como esclarece este juramento feito em 3 a.C. no norte da Ásia Menor:

> No terceiro ano do décimo segundo consulado do imperador César Augusto, filho de um deus [...] o juramento a seguir foi feito pelos habitantes da Paflagônia e pelos negociantes romanos que habitam entre eles: "Juro por Júpiter, pela Terra, pelo Sol, por todos os deuses e deusas e pelo próprio Augusto que serei leal a César Augusto e a seus filhos e descendentes, durante toda a minha vida, em palavras, obras e pensamentos, considerando amigos quem quer que eles assim considerem [...], que em defesa de seus interesses não pouparei corpo, alma, vida, nem filhos [...]".[94]

---

[94] *OGIS*, 532; *ILS*, 8781. Citado por Lewis & Reinhold, *Roman Civilization*, II, p. 34. O próprio Augusto adotou este julgamento que "se tornou um ritual-padrão do principado". *Roman Civilization*, II, p. 34. Inscrição semelhante, de 11 d.C. em Narbona diz: "Voto feito ao espírito divino de Augusto pelo povo dos naturais de Narbona eternamente: 'Que seja bom, favorável e auspicioso para o imperador César Augusto, filho de um deus, pai de seu país, *pontifex maximus* [...] e aos colonos e residentes [desta colônia] [...] que se comprometem a adorar seu divino espírito eternamente!" *CIL*, XII, 4333; Lewis & Reinhold, *Roman Civilization*, II, p. 62.

Quase um século antes de João escrever o Apocalipse, negociantes romanos e outros provincianos da Ásia Menor prometeram ampla lealdade a seu principal patrono.[95]

Augusto e os imperadores subseqüentes não demoraram para derramar benefícios sobre os protegidos leais da Ásia Menor. Augusto restituiu os privilégios financeiros ao templo de Ártemis em Éfeso.[96] Depois do terremoto de 17 d.C., Tibério deu ajuda financeira a Sardes, Filadélfia e Éfeso.[97] Cláudio construiu um aqueduto em Sardes[98] e isentou Cós de impostos em honra de seu médico pessoal (natural da ilha).[99] Nero desobstruiu o porto de Éfeso,[100] e os imperadores flavianos melhoraram significativamente as estradas da Ásia Menor.[101] Domiciano patrocinou numerosas obras públicas, inclusive um estádio em Laodicéia, um aqueduto em Esmirna e um muro reconstruído ao redor do recinto do templo imperial de Éfeso.[102] No século I, inúmeros libertos provincianos receberam a cidadania romana. Se eram antigos escravos da

---

[95] Um julgamento semelhante, feito em 37 d.C. "pelo conselho, pelos negociantes romanos entre nós e pelo povo de Assus", na Ásia Menor, diz: "Juramos por Zeus Salvador e pelo deificado César Augusto [...] ser leais a Gaio César Augusto [...]". Os autores solicitam não-apologeticamente o patrocínio do novo imperador, declarando a intenção de enviar uma embaixada a Roma "para pedir audiência, congratulá-lo e implorar-lhe que se lembre da cidade [de Assus] com solicitude, como ele em pessoa prometeu [...]". LEWIS & REINHOLD, *Roman Civilization*, II, p. 87.

[96] BROUGHTON, Asia Minor, p. 679.

[97] BROUGHTON, Asia Minor, p. 712.

[98] BROUGHTON, Asia Minor, p. 723.

[99] Os habitantes de Cós responderam dando a Cláudio os nomes "Zeus" e "Salvador" e estabelecendo uma festa em sua honra. MAGIE, *Roman Rule*, I, p. 542.

[100] TÁCITO, *Ann*. 16,23.

[101] CHARLESWORTH, *Trade Routes*, pp. 81, 257; MAGIE, *Roman Rule*, I, p. 570; PETIT, *Pax Romana*, p. 182.

[102] MAGIE, *Roman Rule*, I, p. 578.

casa imperial, com freqüência adotavam o nome de família do imperador que possibilitou sua nova posição. Por isso as inscrições e a literatura da época revelam um grande número de pessoas chamadas Cláudio e Flávio.[103]

Os romanos aristocráticos esperavam esses e outros sinais de gratidão ou lealdade dos provincianos por benefícios proporcionados por Roma. Em discurso registrado por Tácito, um funcionário romano diz ao povo da Gália: "Se os romanos forem expulsos — que o Céu não o permita —, o que se seguirá além da guerra universal entre todos os povos?". Os provincianos fariam bem em "não preferir o desafio e a ruína à obediência e a segurança".[104]

Há indicações de que o domínio romano era, de fato, bastante popular até mesmo entre os provincianos empobrecidos. Roma estabilizou a sociedade provinciana e beneficiou as classes baixas, exigindo que as elites abastadas (até mesmo os cidadãos romanos) assumissem a responsabilidade pelos serviços municipais locais ("liturgias") nas cidades em que residiam. Uma vez ou outra, pessoas privadas dos direitos civis — como João de Patmos — criticavam os senhores do Mediterrâneo. Mas esses protestos partiam de uma pequena minoria e perdiam para "uma montanha de provas indiretas da popularidade do Império entre as classes baixas".[105]

---

[103] LEWIS & REINHOLD, *Roman Civilization*, II, p. 130.

[104] TÁCITO, *Hist.* 4,74.

[105] R. MACMULLEN, *Enemies of the Roman Order* (Cambridge, MA, Harvard University Press, 1966), p. 166. Thompson rejeita o argumento de Rostovtzeff (*Roman Empire*, I, p. 117) de que, na Ásia Menor do século I, o conflito de classes entre ricos e pobres chegou a proporções críticas. É provável que Thompson esteja correto ao dizer que o conflito não foi o principal fator que motivou João de Patmos a condenar Roma. Entretanto, ele exagera o caso ao dizer que "graves distinções sociais e conflitos de classe surgiram depois do fim do século I d.C". THOMPSON, *Revelation*; Apocalypse and Empire, p. 155. O Apocalipse reflete a sutil percepção de "graves distinções sociais" antes do fim do século I.

Jesus sabia que as relações de patrocínio se espalhavam pelo mundo romano, e advertiu que o Reino de Deus não se adaptaria a esse sistema baseado em posição social. "Os reis das nações as dominam, e os que as tiranizam são chamados Benfeitores. Quanto a vós, não deverá ser assim; pelo contrário, o maior dentre vós torne-se como o mais jovem, e o que governa como aquele que serve" (Lc 22,25-26).[106]

7. Oportunidade econômica para os provincianos

Para muitos provincianos, o maior benefício proporcionado por Roma foi o ensejo para a prosperidade em uma sociedade estável. No século I d.C., a Ásia Menor tinha uma economia florescente,[107] parte de um crescimento comercial súbito que abrangeu quase todo o Império.[108] Os indícios dessa economia em expansão incluem grande número de navios naufragados que datam de 200 a.C. a 200 d.C., encontrados por arqueólogos mergulhadores. Houve, durante essa época, mais comércio levado por navios do que nunca antes e do que haveria nos mil anos seguintes.[109]

---

[106] O evangelho de Lucas segue imediatamente essa rejeição do sistema de patrocínio com a declaração de Jesus a seus seguidores de que "eu disponho para vós o Reino, como o meu Pai o dispôs para mim [...]" (Lc 22,29). Isso soa exatamente como a pirâmide de patrocínio tão conhecida no mundo romano — exceto pelo fator crítico que, no Reino de Deus, a pirâmide está *de ponta-cabeça*: Jesus está entre seus seguidores "como aquele que serve!" (22,27).

[107] ROSTOVTZEFF, *Roman Empire*, I, pp. 91-93. Collins resume os argumentos de S. Walton, R. MacMullen e F. E. Peters, no sentido de que a nova fortuna da Ásia Menor era mal distribuída. Em resultado, "os pobres estavam mais descontentes em vez de menos". Ela diz que o conflito regional sobre a riqueza foi um fator que contribuiu para a polêmica contra Roma no Apocalipse, em especial no cap. 18. COLLINS, *Crisis and Catharsis*, pp. 88-89, 94.

[108] CHARLESWORTH, *Trade Routes*, p. 224.

[109] HOPKINS, Roman Trade, Industry, and Labor, p. 766.

Dio Crisóstomo, da Bitínia, resume as riquezas econômicas e políticas de seu avô, que prosperou em meados do século I d.C.: "Gastou em benefícios públicos tudo que tinha herdado do pai", diz Dio, "e depois adquiriu uma segunda fortuna proveniente de sua erudição e das boas graças imperiais". Dio não explica o que era a "erudição" do avô, mas apressa-se a enfatizar que as ligações imperiais ajudaram a acumular uma fortuna. O avô de Dio desempenhou respeitosamente seu papel na hierarquia social e política do Império: "preservou e poupou" para o povo de Prusa "a boa vontade do imperador [Cláudio?]".[110]

Quando João escreveu o Apocalipse, quase no fim do século I, a economia tinha passado para outro nível. O número de mercadores romanos no Oriente começou a diminuir no fim do século I a.C, e os empresários provincianos fizeram mais do que preencher o vazio.[111] Os magnatas comerciais da Itália ainda tinham enormes lucros, mas essa riqueza agora se espalhava mais extensamente pelo Império.[112] Gente de praticamente todos os níveis da sociedade imperial afluiu ao comércio: nos artefatos de barro, os selos dos fabricantes trazem os nomes de todos, "desde o imperador até pessoas obscuras de posição incerta e escravos".[113] Em resposta às crescentes demandas comerciais, houve um "aumento enorme" do volume de moedas de prata cunhadas

---

[110] Dio Crisóstomo, *Or.* 46,4.

[111] G. La Piana, Foreign Groups, p. 53; Rostovtzeff, *Roman Empire*, I, p. 169.

[112] Petit, *Pax Romana*, p. 85.

[113] Aubert, J. *Business Managers in Ancient Rome*; a Social and Economic Study of Institores 200 b.c.–a.d. 250 (Leiden, E.J. Brill, 1994), p. 275.

sob os imperadores Vespasiano e Tito.[114] Aparentemente, os mercadores e intermediários provincianos saíram-se tão bem neste período que mais tarde o imperador Adriano se viu forçado a refrear os lucros deles.[115]

Os cristãos da província da Ásia encontravam-se em áreas urbanas que prosperavam na economia imperial. Plínio, o Velho, relacionou Esmirna, Pérgamo, Sardes e Laodicéia entre as dez cidades principais da província.[116] Inscrições em muitos edifícios construídos ou reformados nessas cidades, durante o fim do século I e o início do século II, dão-nos uma idéia da riqueza dessas cidades.[117] Éfeso e Esmirna eram movimentadas cidades portuárias; Laodicéia era rica o bastante para se reconstruir sem ajuda imperial depois do terremoto de 60 d.C.[118]

Éfeso era a residência oficial do procônsul e local do mundialmente famoso templo de Ártemis.[119] No início do século I d.C., Estrabão já dizia que Éfeso "cresce diariamente

---

[114] K. Hopkins, Taxes and Trade in the Roman Empire (200 b.c.–a.d. 400), *JRS* 70, 1980, p. 115. A produção de prata teve enorme custo humano na época romana. É provável que cada tonelada métrica exigisse de quinhentos a mil anos-homem de trabalho. Hopkins, Roman Trade, Industry, and Labor, p. 758.

[115] Em Atenas, por exemplo, Adriano restringiu as exportações de azeite de oliva. Essas exportações haviam enriquecido os produtores e negociantes, mas elevado o custo de vida para o restante da população. Em Pérgamo, ele restringiu grandes bancos em favor de pequenos negociantes. Petit, *Pax Romana*, pp. 9, 86.

[116] Veja um resumo do relato de Plínio em Broughton, Asia Minor, p. 708.

[117] Broughton, Asia Minor, pp. 746-757. Magie, *Roman Rule*, I, pp. 582-583.

[118] Tácito, Ann. 14,27.

[119] O templo da deusa Ártemis tinha a majestade "que toda a Ásia e o mundo veneram" (At 19,27).

e é o maior mercado da Ásia deste lado do Tauro".[120] Em meados do século II, Élio Aristides descreveu Éfeso como "o tesouro comum da Ásia e seu auxílio na necessidade". A cidade tinha recursos adequados "para satisfazer todos os modos de vida que os homens adotam ou preferem".[121]

8. Exemplos de sucesso

Inscrições em Éfeso[122] e em Acmônia,[123] em honra a certo T. Flávio Montano, ilustram como a atmosfera de expansão econômica possibilitava aos provincianos desfrutar o progresso econômico e também social e político. Montano não vinha de família nobre antiga, mas aparentemente ficou rico por meio do comércio.[124] A fortuna que acumulou qualificou-o para a ordem eqüestre, e Domiciano concedeu-lhe a cidadania romana em 96 d.C. Montano adotou um sobrenome romano (Flávio) e coroou sua carreira ocupando o cargo de sumo sacerdote da Ásia para o culto imperial.

Para cada provinciano que alcançava esse sucesso espetacular havia muitos que só obtinham ganhos modestos. Contudo, antigos mercadores juntaram-se às elites provincianas em número suficiente para ter influência como exemplos para seus compatriotas menos afortunados. Os gregos e os romanos aristocráticos tinham pouco apreço pelo comér-

---

[120] ESTRABÃO, *Geog.* 14,1,24.

[121] ARISTIDES, *Para Roma* 23,24.

[122] *I. Eph.* 2061.

[123] *CIG*, III, 3858e. Citado por W. M. RAMSAY, *The Social Basis of Roman Power in Asia Minor* (Aberdeen, Aberdeen University Press, 1941), p. 33.

[124] RAMSAY, *The Social Basis*, p. 162.

cio em si,[125] e o direito romano restringia o envolvimento de senadores no comércio marítimo.[126] Para o povo não aristocrático, entretanto, a riqueza derivada desse comércio proporcionava a alavancagem necessária para obter posição social.[127]

Luciano e a atração do comércio

A sátira do século II de Luciano, *O navio*, resume um sonho de sucesso comercial que deve ter sido compartilhado por milhares de provincianos.[128] Um grego chamado Adimanto imagina que os deuses o abençoam com recursos suficientes

---

[125] Juvenal ridiculariza o homem que passa "a vida toda" em um navio da Ásia Menor, "um pobre negociante desprezível de mercadorias fedorentas, que tem prazer em importar vinho doce das praias da antiga Creta [...]", *Sat.* 14,266-271. Filostrato conta como Apolônio admoestou um jovem de nobre estirpe por se dedicar ao comércio: "[...] há alguma vergonha pior que esta, para um homem que é cidadão de Esparta [...]: segregar-se na prisão de um navio [...] sem pensar em nada além de cargas e insignificantes conhecimentos de carga?" *Vida Apol.* 4,32. Cf. Dio Crisóstomo, *Or.* 36,25. Essas típicas atitudes aristocráticas estavam bem entrincheiradas no pensamento clássico muito antes do Império Romano. Veja D'Arms, *Commerce and Social Standing*, pp. 2-7.

[126] A *Lex Claudia* de 219-218 a.C. "tinha o propósito de tornar ilegal a posse por um senador, ou o filho de um senador, de qualquer embarcação marítima (*maritimam navem*) de capacidade de mais de 300 ânforas, tamanho que se julgava suficiente para levar os produtos de uma propriedade rural, sendo qualquer forma de comércio considerada abaixo da dignidade de um senador". Lívio 21,63,3-4. Essa lei ainda estava em vigor no século III d.C. conforme atesta o jurista Paulus: "Senadores ou seus pais, se estão sob sua autoridade, não têm permissão para coletar impostos ou possuir navios para obter lucros". *Opinions* 5,28a3. Citado por Meijer & Nijf, *Trade, Transport and Society*, pp. 15-16.

[127] É provável que as pessoas de poucos recursos tomassem empréstimos para se iniciar no negócio de navegação. K. Hopkins calcula que um navio completamente carregado de cereais valia pelo menos 500 mil sestércios — mais que o censo mínimo de um cavaleiro. Os investidores provavelmente dividiam os riscos dessa aventura comprando cotas em diversos navios — como em Plutarco, *Vidas Paralelas*, "Catão, o Velho" 21. "Roman Trade, Industry, and Labor", p. 758. Quem financiava o comércio marítimo eram os ricos e poderosos, que se beneficiavam do domínio romano e tinham mais probabilidade de se associar ao culto imperial.

[128] Luciano, *O navio*, 11-25.

para comprar um grande navio mercante. Os lucros da embarcação, somados à descoberta de um tesouro oculto, permitem-lhe comprar escravos, roupas, carruagens, cavalos e uma bela casa em Atenas.[129] O sucesso financeiro traz as marcas da posição social: "Minha roupa será de púrpura, e minha vida o auge do luxo", ele zomba. A riqueza imaginária é um meio de elevar sua fantasiosa condição social: "Amigos virão pedir favores, curvar-se e rastejar [...]. Para alguns, não vou sequer voltar os olhos, mas se houver um pobre ali, como eu era antes de meu tesouro, vou favorecê-lo [...]. Contudo, os outros, os ricos, vão morrer de inveja [...]".[130]

Adimanto imagina que vai dar banquetes em utensílios de ouro, pois "a prata é barata e indigna de mim". No cardápio haverá peixe em conserva da Espanha, vinho da Itália e pavão da Índia. Adimanto realçará seu prestígio com presentes generosos para o povo de Atenas. Esses presentes incluirão cem dracmas para cada cidadão todo mês, juntamente com "teatros públicos e banhos para embelezar a cidade".[131]

A caricatura de Luciano do mercador provinciano traça esboços de mobilidade ascendente por meio do comércio. Mercadores como Adimanto tinham esperança de obter riqueza dos negócios, investir em terras, abandonar o comércio e criar os filhos como aristocratas.[132] Já no século I a.C.,

---

[129] Um marinheiro de um grande navio mercante diz a Adimanto que o navio rende ao armador "o mínimo de doze talentos áticos". LUCIANO, *O navio*, 13.

[130] LUCIANO, *O navio*, 22.

[131] LUCIANO, *O navio*, 23-24.

[132] T. Frank fala de libertos que ficavam ricos no comércio e descobriam "que precisavam lavar as mãos das nódoas dos negócios a fim de alcançar posição social. Mudavam de nome, vendiam o negócio, mudavam-se para vilas campestres, compravam alguns livros e telas e se passavam por fazendeiros diletantes". T. FRANK, *A History of Rome* (New York, Henry Holt, 1923), p. 402.

Cícero explicou como alguém de poucos meios pode usar o comércio como trampolim para uma posição mais alta na sociedade:

> O comércio deve ser considerado vulgar se é um negócio um tanto pequeno. Se é extenso e bem financiado, e importa muitos produtos de todo o mundo e o distribui a muitos fregueses de maneira honesta, não devemos criticá-lo severamente. De fato, até parece merecer o maior respeito, se um mercador que não agüenta mais o comércio ou, devo dizer, está satisfeito com seu lucro retira-se do porto para sua fazenda e suas propriedades, exatamente como navegou tantas vezes do mar para o porto.[133]

Sêneca disse que o homem que aspira à riqueza pensa primeiro em tentar o comércio marítimo.[134] Há indícios de que a estratégia funcionava: no Egito[135] e na Ásia Menor,[136] os navegadores eram as pessoas mais ricas da população. No século II d.C., esses bem-sucedidos empresários provincianos "com muita freqüência dominavam a vida social de suas cidades e eram conhecidos de todos, não só na cidade, mas até em toda a província".[137] Poucos mercadores chega-

---

[133] Cícero, *De Officiis* 1,150-152. Citado por Meijer & Nijf, pp. 16-17.

[134] "Eu já estava olhando em volta, à procura de uma extensão d'água na qual embarcar com propósitos de comércio [...] e alguma mercadoria para adquirir". Sêneca, *Ep. Mor.* 119,5.

[135] Lampe, P. *Die stadrömischen Christen in den ersten beiden Jahrhunderten.* Tübingen, Mohr (Siebeck), 1989. p. 205.

[136] Ao analisar a classe abastada emergente em Lícia, por exemplo, Magie conclui que "parece que o comércio marítimo foi o meio principal para juntar essas fortunas". Magie, Roman Rule, I, p. 538.

[137] Rostovtzeff, *Roman Empire*, I, p. 153.

ram a alcançar a fortuna fabulosa desses magnatas.[138] Entretanto, provincianos em número suficiente, para dar um exemplo que outros procuravam seguir, alcançaram posição e respeitabilidade por meio do comércio.[139]

O comércio proporcionou um meio pelo qual as pessoas das camadas inferiores da sociedade — até mesmo antigos escravos — tinham esperança de melhorar de condição. No século I, em sua maioria, os comerciantes eram, de fato, libertos "ou seja, gente muito insignificante".[140] Plutarco diz que, em geral, as pessoas designavam seus escravos de confiança para agricultores, capitães de barcos (ναυκλήρους), mercadores (ἐμπόρους), mordomos e banqueiros.[141] Se ganhavam a liberdade, esses escravos competentes estavam em boa posição para se tornarem mercadores independentes.

O comentário de Plutarco indica a variedade de investimentos que atraía os aristocratas ricos: agricultura, marinha mercante, comércio e negócios bancários. Até Catão (234-149 a.C.), paladino dos valores romanos tradicionais, achava o investimento marítimo uma atração irresistível:

---

[138] PLEKET, H. W. Urban Elites and Business in the Greek Part of the Roman Empire. In: GARNSEY, P.; HOPKINS, K.; WHITTAKER, C. R., orgs. *Trade in the Ancient Economy*. London, Chatto & Windus, 1983. p. 139.

[139] As incrições registram numerosos mercadores que alcançaram posição social juntamente com fortuna. O sarcófago de certo M. Aurélio Alexandre Mosquiano, de Hierápolis (a alguns quilômetros de Laodicéia), por exemplo, identifica-o como "vendedor de púrpura" e "vereador". PLEKET, Urban Elites, p. 141.

[140] D'ARMS, *Commerce and Social Standing*, p. 15. É irônico que uma grande proporção de mercadores de escravos eram eles mesmos libertos. PLEKET, Urban Elites, p. 139.

[141] PLUTARCO, *Mor., De Liberis Educandis* 7.

Ele também costumava emprestar dinheiro da forma de especulação que é certamente a mais infame, isto é, a subscrição de navios. Os que desejavam tomar dinheiro emprestado dele eram obrigados a formar uma grande associação, e quando esta alcançava o número de cinqüenta, o que representava o mesmo número de navios, ele ficava com uma das ações da companhia. Quíncio, um de seus libertos, que costumava acompanhar os clientes de Catão em suas viagens e gerir seus negócios, era quem cuidava dos interesses dele. Dessa maneira, ele tinha um belo lucro e, ao mesmo tempo, limitava o risco e nunca punha em jogo mais que uma fração de seu capital.[142]

Como o comércio tinha um estigma, era comum os aristocratas seguirem o exemplo de Catão e usarem agentes — escravos ou libertos — para gerir seus negócios.[143]

Quem tinha meios modestos e queria realizar um importante empreendimento comercial precisava do apoio de um rico financiador. Filostrato (início do século III d.C.) dá um vislumbre das providências necessárias para navegadores com poucos recursos financeiros conseguir empréstimos:

> [...] você conhece gente mais desditosa e malfadada que mercadores (ἐμπόρων) e capitães de barcos (ναυκλήρων)? Em primeiro lugar, vagam de mar a mar, em busca de algum mercado que esteja mal abastecido; e, então, vendem e compram, associam-se a feitores e intermediários e emprestam seu capital à mais escorchante taxa de juros, na pressa de receber de volta o principal; [...] mas se seus ganhos não equilibram seus débitos, eles [...] colidem os navios com

---

[142] Catão, o Antigo 21,5-6; Meijer & Nijf, *Trade, Transport and Society*, p. 69.

[143] Veja Aubert, *Business Managers in Ancient Rome*, pp. 1-39.

os rochedos e, como marinheiros, não hesitam em roubar os outros de seus recursos.[144]

Dio Crisóstomo da Bitínia diz que as propriedades que herdou do pai incluíam vários empreendimentos comerciais estrangeiros, com empréstimos significativos pendentes.[145] Os financiadores comerciais, como a família de Dio, eram pessoas que haviam prosperado na economia imperial; faziam parte de uma elite que, em geral, era a favor de Roma. Dessa mesma elite saíam indivíduos que tinham recursos para comprar cargos governamentais ou uma vaga de sacerdote no culto imperial.

9. Mobilidade ascendente entre judeus e cristãos

Embora alguns judeus cristãos se ressentissem do domínio romano, muitos outros prosperaram durante o século I e não se queixavam. Teoricamente, os dois principais caminhos para a mobilidade ascendente — o exército e o comércio — estavam abertos para eles. Todavia, os membros das duas comunidades religiosas demonstravam nítida preferência pelo segundo.

A via militar para a mobilidade ascendente

O aumento espetacular do número de orientais que serviam no exército romano durante o fim do século I e o início do século II indica que o exército era um caminho popular para a mobilidade ascendente. Na época de Cláudio e Nero, cerca de 23 legiões vinham de províncias orientais. Dentro de uma geração, o número aumentou para 110, e os

---

[144] Filostrato, *Vida Apol.* 4,32.

[145] Dio Crisóstomo, *Or.* 46,6.

orientais formavam o maior grupo dentre a população militar.[146] Não havia recrutamento, havia voluntários.[147] Alguns estudiosos argumentam que os cristãos quase não tinham oportunidade de entrar para o exército, pois os recrutas para as legiões tinham de ser cidadãos romanos, e poucos cristãos tinham a cidadania. Entretanto, mesmo se supusermos que poucos cristãos eram cidadãos, ainda precisamos levar em conta o fato de que as tropas auxiliares eram freqüentemente formadas por escravos e outros não-cidadãos.[148]

Nessa época, os cristãos em geral evitavam o serviço militar,[149] em parte porque Jesus instruiu seus seguidores a

---

[146] Durante o período de Vespasiano até Trajano, as províncias orientais forneceram 110 legiões; a Itália, 73; as províncias ocidentais, 90; e a região do Reno-Danúbio, 61. PETIT, *Pax Romana*, p. 22. Veja ROSTOVTZEFF, *Roman Empire*, I, p. 89 e II, pp. 573-574, n. 8.

[147] L. J. Swift diz que "o recrutamento involuntário não está atestado nas fontes antes do século IV, e quem quer que tivesse escrúpulos a respeito de uma carreira militar facilmente evitava se envolver". L. J. SWIFT, *The Early Fathers on War and Military Service* (Wilmington, Michael Glazier, 1983), p. 27. Domiciano tornou o exército mais atraente elevando significativamente o soldo pela primeira vez desde os dias de Júlio César. HANNESTAD, *Roman Art*, p. 136.

[148] Indícios disso aparecem em um edito de Domiciano (88-89 d.C.) que afirma: "Os soldados veteranos entre vocês vão ser libertados e ficarão isentos de todos os impostos [...]; suas mulheres, seus filhos e seus pais [...] serão cidadãos romanos com plenos direitos legais". *ILS*, 9059. LEWIS & REINHOLD, *Roman Civilization*, II, p. 527. Em essência, esse edito restabelece privilégios concedidos a veteranos por Otaviano em 31 a.C. Cf. Papiro berlinense n. 628, em LEWIS & REINHOLD, *Roman Civilization*, I, p. 392.

[149] Excetuando-se At 10, não há indícios de envolvimento cristão no exército romano antes do lendário episódio da "Legião trovejante" (aprox. 173 d.C.). TERTULIANO, *Apol.* 5,6; *Ad Scap.* 4,6; EUSÉBIO, *Hist. Eccl.* 5,4,3-5,5,7; DIO CÁSSIO, *Hist. Rom.* 72,8-10; R. H. BAINTON, The Early Church and War, *HTR* 39, 1946, pp. 189-212; H. F. VON CAMPENHAUSEN, *Tradition und Leben Kräfte der Kirchengeschichte* (Tübingen, J. C. B. Mohr, 1960), pp. 203-215; J. -M. HORNUS, *It Is Not Lawful For Me to Fight* (Scottdale, Herald Press, 1980), p. 129. O centurião romano Cornélio tornou-se cristão (At 10,1-48), mas Lucas não revela se Cornélio continuou no exército. Lucas descreve o centurião como homem disposto a cultuar outro ser humano: Cornélio prostrou-se aos pés de Pedro, adorando-o. Pedro protestou: "Levanta-te, pois eu também sou apenas um homem" (At 10,26; cf. Est 4,17e; Br 6,7; Ap 19,10; 22,8-9). Essas palavras tinham um significado especial para um militar acostumado a adorar o imperador.

amar os inimigos (Mt 5,43-46; cf. Rm 12,20-21) e a "embainhar a espada" (Mt 26,52; Jo 18,11).[150] Entretanto, além do amor pelos inimigos, outra questão também mantinha os cristãos fora do serviço militar: o culto imperial e outras cerimônias pagãs desempenhavam papel proeminente na vida militar.[151] Os oficiais tinham de oferecer sacrifícios, e os soldados rasos tinham de participar.[152] Tertuliano diz: "A religião romana, apropriada para os acampamentos [militares], venera as insígnias, jura pelas insígnias, coloca as insígnias diante de todos os deuses".[153] Os cultos entrincheirados no exército incluíam os dedicados à águia romana, a imagens do imperador e a virtudes personificadas, como Disciplina e Virtus.[154] Já no tempo de João, a propaganda

---

[150] Autores da Igreja primitiva que tratam de questões de guerra tendem a repetir o ensinamento de Jesus sobre o amor aos inimigos. Justino Mártir diz: "Nós que nos deleitávamos na guerra, na matança mútua [...] convertemos, em todas as partes do mundo, nossas armas de guerra em instrumentos de paz", *Trifão* 110,3; cf. *1 Apol* 39; Irineu diz que os cristãos não estão acostumados a lutar e, quando feridos, oferecem a outra face (Mt 5,39), *Adv. Haer.* 4,34,4. Tertuliano pergunta "como [um cristão] vai guerrear, mais ainda, como vai servir, mesmo na paz, sem uma espada, que o Senhor levou embora?" *De Idol.* 19; cf. *De Cor.* 11. Veja ATENÁGORAS, *Legatio pro Christianis* 1,4; ORÍGENES, *Contra Celsum* 7,25; HIPÓLITO, *Tradição apostólica* 17-19.

[151] O desenvolvimento completo do calendário religioso militar é evidente no documento "Feriale Duranum", encontrado em Dura-Europos no Eufrates. Provavelmente originário do início do século III, o documento cita mais de quarenta festas anuais do exército, muitas delas relacionadas ao culto do imperador. J. Helgeland, que traz o texto completo, diz: "A conclusão de muitos estudiosos é que uma cópia deste documento foi enviada a todas as unidades do exército, pelo menos até o nível das coortes [...]". J. HELGELAND, Roman Army Religion, *ANRW*, II, 16, 2, 1978, p. 1481.

[152] BAINTON, The Early Church and War, pp. 200-201. G. R. Watson declara com franqueza: "A religião do exército e a religião do Estado eram idênticas". G. R. WATSON, *The Roman Soldier* (Ithaca, Cornell University Press, 1969), p. 128.

[153] TERTULIANO, *Apol.* 16,8.

[154] WATSON, *The Roman Soldier*, pp. 127-133. Helgeland diz que no centro de todo acampamento do exército havia um santuário. O santuário abrigava as insígnias da legião, a poupança do regimento, a águia, uma efígie do imperador e sua imagem. HELGELAND, Roman Army Religion, p. 1476, cf. p. 1491.

imperial elevava a lealdade das tropas a alta visibilidade: as moedas romanas freqüentemente comemoravam a FIDES EXERCITVVM ("lealdade dos exércitos").[155]

Aos olhos de muitos judeus[156] e cristãos, o exército imperial era um baluarte de idolatria. Um manuscrito de Qumrã declara que os romanos ("Kittim") "oferecem sacrifícios a suas insígnias, e suas armas são o objeto de seu culto".[157] Tal visão era natural: Josefo relata que, depois de atacarem o Templo de Jerusalém em 70 d.C., tropas romanas "carregaram suas insígnias (σημαίας) para dentro do pátio do Templo e erguendo-as defronte da porta leste, ali sacrificaram a elas".[158] Tertuliano ilustra como os cristãos faziam coro à preocupação judaica a respeito da idolatria. Ele considerou as insígnias (signa) militares romanas ídolos pagãos e declarou inaceitável para os cristãos o juramento de lealdade incondicional ao imperador.[159]

---

[155] HANNESTAD, *Roman Art*, p. 118.

[156] Quando Tibério reprimiu os judeus em Roma e tentou forçá-los a entrar para o exército como castigo, muitos "se recusavam a servir no exército para observar as leis de seus pais". *Ant.* XVIII,3,5 (84). Especificamente, a "superstição" judaica incluía a preocupação com o Sábado e as leis alimentares (Ant. XIV,10,12 [225]; XIV,10,13 [228]; XIV,10,14 [231]; XIV,10,18 [237]).

[157] *1QpHab* 6,3-5.

[158] JOSEFO, *G. J.* VI,6,1 (316).

[159] A respeito do serviço militar, Tertuliano escreveu: "Não há harmonia entre a insígnia (*signo*) de Cristo e a insígnia (*signo*) do diabo. [...] Uma alma não pode pertencer a dois senhores — Deus e César," *De Idol.* 19. Alhures, Tertuliano diz: "Não chamarei o imperador de Deus, ou porque não sei mentir ou porque não ouso ridicularizá-lo ou porque nem mesmo ele quer ser chamado Deus". *Apol.* 33,3. Um autor das epístolas pastorais estava cônscio da lealdade inabalável exigida no exército [romano]: "Ninguém, engajando-se no exército, se deixa envolver pelas questões da vida civil, se quer dar satisfação àquele que o arregimentou", 2Tm 2,4. Embora alguns cristãos aparecessem no exército romano nos séculos II e III, o culto do imperador continuou a ser uma preocupação. Eusébio fala de um soldado chamado Marino, a quem foi negada promoção para o posto de centurião e que em seguida foi executado em Cesaréia na Palestina por volta de 260 d.C. "por ser cristão e não sacrificar aos imperadores". EUSÉBIO, *Hist. Eccl.* 7,15,1-3.

Representações do imperador em forma de medalhão apareciam com freqüência em insígnias militares, juntamente com a águia romana ou outros animais heráldicos.[160] Josefo conta como Pôncio Pilatos certa vez teve a idéia de introduzir na cidade de Jerusalém "efígies de César que figuravam nas insígnias".[161] A Lei judaica proibia fabricar imagens[162] e Josefo interpreta a ação de Pilatos como esforço deliberado para abolir a religião judaica. Quando judeus de Jerusalém e do campo afluíram a Cesaréia e pediram a Pilatos que retirasse as imagens, o governador ameaçou-os de morte. Os reclamantes "lançaram-se com o rosto em terra e, descobrindo o pescoço, declararam-se prontos a sofrer a morte com prazer" antes de aceitar a profanação do Templo. Pilatos mudou de idéia e tirou as "imagens" ($\epsilon\iota\kappa\acute{o}\nu\alpha\varsigma$, cf. Ap 13,14) de Jerusalém.

---

[160] M. RADIN, *The Jews Among the Greeks and Romans* (Philadelphia, Jewish Publication Society, 1915), pp. 280-281. C. H. Kraeling diz que todas as insígnias militares romanas "eram, em certo sentido, sagradas". C. H. KRAELING, The Episode of the Roman Standards at Jerusalem, *HTR* 35, 1942, p. 265.

[161] *Ant.* XVIII,3,1 (55). Cf. *G. J.* II,9,2-3 (169-174). Josefo também relata um incidente com judeus que derrubaram e destruíram a "grande águia dourada" que Herodes colocou acima da porta do Templo de Jerusalém. Os judeus envolvidos disseram que sofreriam a morte "com prazer" antes de ver o Templo profanado. *Ant.* XVII,6,2-3 (152-163).

[162] A LXX usa a palavra $\epsilon\ddot{\iota}\delta\omega\lambda o\nu$ em Ex 20,4 e Dt 5,8, mas Josefo fala de uma $\epsilon\iota\kappa\acute{\omega}\nu$, quando alude ao segundo mandamento — talvez refletindo uma herança judaica na qual a imagem imperial ($\epsilon\iota\kappa\acute{\omega}\nu$) era idólatra. João refere-se repetidamente à imagem ($\epsilon\iota\kappa\acute{\omega}\nu$) da Besta (Ap 13,14.15; 14,9.11; 15,2; 16,2; 19,20; 20,4). Os evangelhos sinóticos traduzem a referência de Jesus à imagem imperial em moedas como uma $\epsilon\iota\kappa\acute{\omega}\nu$ (Mt 22,20; Mc 12,16; Lc 20,24). Paulo usa $\epsilon\iota\kappa\acute{\omega}\nu$ para descrever ídolos como "imagens" semelhantes a um ser humano mortal (Rm 1,23). Na Igreja primitiva, às vezes, $\epsilon\iota\kappa\acute{\omega}\nu$ tinha um sentido positivo e se referia a seres humanos conformes à imagem divina (Rm 8,29; 1Cor 11,7; 15,49; 2Cor 3,18; Cl 3,10) ou a Cristo como a imagem de Deus (2Cor 4,4; Cl 1,15).

O comércio como via preferível

Como a aversão à idolatria (ou à violência) mantinha a maioria dos judeus[163] e cristãos fora do exército romano,[164] os que queriam melhorar de posição provavelmente o faziam por meio dos negócios e do comércio. Os judeus e os cristãos assemelhavam-se em suas atitudes em relação ao comércio, talvez porque o cristianismo primitivo tenha-se originado de comunidades judaicas da diáspora. Embora nenhuma das duas tradições fosse contrária aos negócios, ambas reconheciam os perigos associados à busca de riqueza.

Em linguagem que antevê as preocupações do livro do Apocalipse, um autor judeu do século II a.C. escreveu:

> Meus filhos, o amor ao dinheiro leva à idolatria, porque quando [as pessoas] são desencaminhadas pelo dinheiro, designam como deuses os que não são deuses. Ele enlouquece quem o tem (*TJudá* 19,1).[165]

Em tom semelhante, Jesus ben Sirac adverte: "Aquele que ama o ouro não escapa do pecado, o que persegue o lucro ilude-se" (Eclo 31,5). No entanto, o mesmo autor reconhece que alguns membros de sua comunidade são ricos, e não os reprova:

---

[163] Josefo relata que já em meados do século I a.C., os judeus da Ásia gozavam de isenção oficial do serviço militar. *Ant.* XIV,10,13 (228). Outro documento da mesma época isenta do serviço militar "os judeus que sejam cidadãos romanos e estejam acostumados a praticar os ritos judaicos". Esse privilégio era dado "em consideração a seus escrúpulos religiosos. *Ant.* XIV,10,18 (236-237).

[164] Aparentemente, a preocupação com a idolatria também mantinha os cristãos fora de cargos políticos proeminentes. Ao escrever no século II, Élio Aristides observa que os cristãos "não adoram os deuses, nem tomam parte nas câmaras de vereadores" (*Orationes* 46,2,404).

[165] Para a discussão de autoria e data, veja a introdução em H. C. Kee, *Testaments of the Twelve Patriarchs, OTP*, I, pp. 775-781.

Feliz é o rico que foi encontrado irrepreensível e que não correu atrás do ouro. Quem é este para que o felicitemos? Porque fez maravilhas no meio de seu povo (Eclo 31,8-9).[166]

Esse sentimento está em sintonia com a noção conhecida da literatura sapiencial judaica de que o trabalho árduo e o modo de vida justo levam à riqueza legítima: "Tesouros injustos não aproveitam, mas [...] o braço diligente enriquece" (Pr 10,2-4). Em contraste com essa visão positiva da riqueza na literatura sapiencial, entretanto, a atitude dos autores apocalípticos judaicos era, em geral, severa: "Ai de vós, ó ricos! Pois depositastes vossa confiança em vossa riqueza [...]. Nos dias de vossa abundância, praticastes a opressão" (*1Hen* 94,8-9).[167]

Embora às vezes o Novo Testamento reflita a atitude positiva em relação à riqueza que encontramos na literatura sapiencial, é mais proeminente uma visão negativa característica do pensamento apocalíptico. A parábola dos talentos em Mateus e Lucas (Mt 25,14-30 = Lc 19,12-27) aceita implicitamente o motivo do lucro, mas os dois evangelistas tecem em seus livros uma crítica severa da riqueza: "Ninguém pode servir a dois senhores", Jesus adverte em Mateus: "Não podeis servir a Deus e ao Dinheiro (μαμωνᾶς)" (Mt 6,24 = Lc 16,13). No evangelho de Lucas, Jesus proclama: "Ai de vós, ricos" (Lc 6,24) e fala de um homem rico que sofreu tormentos no inferno depois de insensivelmente ignorar a

---

[166] Hengel diz que o estudioso "procura em vão o louvor direto dos pobres ou da pobreza na literatura judaica: ele se encontra pela primeira vez no Evangelho. HENGEL, *Property and Riches*, p. 16.

[167] Cf. *1Hen* 97,8-10; *Sib* 2,132-134 diz: "O lucro abundante não é boa coisa para os mortais. Muito luxo arrasta para desejos excessivos. A grande riqueza é orgulhosa e favorece a arrogância".

pobreza de Lázaro (16,19-31). "É mais fácil um camelo passar pelo fundo da agulha do que um rico entrar no Reino de Deus!", Jesus diz alhures (Mc 10,25 par.). O autor de Hebreus afirma sem rodeios: "Que o amor ao dinheiro não inspire a vossa conduta. Contentai-vos com o que tendes" (Hb 13,5).

Se comentários negativos a respeito da riqueza fossem tudo que o Novo Testamento teria a dizer sobre o assunto, concluiríamos que a Igreja primitiva era, em grande parte, ascética ou uniformemente pobre. Com certeza, alguns membros das primeiras comunidades eram pobres, ou por escolha ou pelas circunstâncias (p. ex., 2Cor 8,2). Contudo, no Novo Testamento, há indícios de que a Igreja primitiva abarcava praticamente todos os níveis sociais e econômicos da sociedade, até mesmo os moderadamente ricos e a classe mercantil. Apesar de suas palavras cáusticas sobre a riqueza, até Jesus confraternizava-se com as elites bem-sucedidas na comunidade judaica (Lc 14,1-14). Ele se relacionava com publicanos (notadamente Zaqueu, Lc 19,1-10).[168] Na Palestina, os publicanos eram judeus que obtinham riqueza cooperando com as estruturas do poder romano. Se os seguidores de Jesus continuaram esse padrão de relacionamento com todos os níveis da sociedade, é provável que algumas pessoas de considerável posição social ou econômica freqüentassem a Igreja com regularidade.[169] Os autores neotesta-

---

[168] Outras referências a publicanos nos evangelhos sinóticos incluem Mt 9,9-13; 11,19; 21,31; Mc 2,13-17; Lc 3,12-13; 5,27-32; 7,34; 15,1-2.

[169] Hengel diz: "Cada vez mais membros das classes altas entravam em contato com a Igreja, e os cristãos não podiam nem queriam excluí-los". Hengel indica Lucas para exemplos tirados do Novo Testamento: "ilustre" Teófilo (Lc 1,1-3; At 1,1); Joana, mulher de Cuza, procurador de Herodes Antipas (Lc 8,3); o centurião Cornélio (At 10,1-48); Dionísio, o Areopagita (At 17,34); e Sérgio Paulo, procônsul de Chipre (At 13,4-12). HENGEL, *Property and Riches*, p. 64.

mentários acharam necessário advertir sobre o acúmulo de riquezas,[170] indicação de que o acúmulo de capital continuava sendo um tema de interesse para a Igreja primitiva.[171]

A epístola de Tiago realça as tensões que surgiram dentro de uma comunidade primitiva entre ricos e pobres. O autor sugere que "glorie-se o irmão de humilde condição na sua exaltação, mas o rico na sua humilhação" (Tg 1,9). Aos poucos a carta fica mais sutil, à medida que Tiago critica a Igreja por demonstrar favoritismo pelos que comparecem às reuniões com anéis de ouro e com ricas vestes (2,2-3). Sem acusar os cristãos ricos de abuso, Tiago descreve os membros da classe endinheirada em geral como predadores: "Não são os ricos que vos oprimem, os que vos arrastam aos tribunais? Não são eles os que blasfemam contra o nome sublime que foi invocado sobre vós?" (2,6-7). A referência aos ricos que "blasfemam contra o nome sublime" é coerente com Judas, 2 Pedro e outros escritos cristãos primitivos que associam a busca da riqueza à transigência blasfema (veja pp. 53-56).

Tiago tem uma preocupação particular com os perigos do comércio. Ao repetir a frase: "E agora [...]", o autor junta o comércio, a avareza, a injustiça e a violência em uma só estrutura:

> E agora, vós os que dizeis: "hoje ou amanhã iremos a tal cidade, passaremos ali um ano, negociando e obtendo bons lucros". [...] Pois bem, agora vós, ricos, chorai e gemei por

---

[170] Mt 6,19-21.24; 13,22; 19,16-30 e par.; Lc 1,53; 12,13-21; Tg 1,11; 2,6; 5,1-6.

[171] As instruções de Paulo para a celebração da Ceia do Senhor (1Cor 11,17-34) refletem uma comunidade que incluía pessoas de diversas condições econômicas.

causa das desgraças que estão para vos sobrevir. [...] O vosso ouro e a vossa prata estão enferrujados e a sua ferrugem testemunhará contra vós. [...] Lembrai-vos de que o salário, do qual privastes os trabalhadores que ceifaram os vossos campos, clama. [...] Vivestes faustosamente na terra e vos regalastes. [...] Condenastes o justo e o pusestes à morte; ele não vos resiste (Tg 4,13–5,6).[172]

A seqüência argumentativa de Tiago desloca-se de conversa sobre comércio (4,13) para a administração de uma propriedade (5,1-6). Isso talvez reflita o julgamento que Tiago faz da conhecida estratégia de provincianos ambiciosos que usavam o comércio como trampolim financeiro para a classe proprietária mais dignificada.[173]

---

[172] Veja HENGEL, Der Jakobusbrief als antipaulinische Polemik, in G. F. HAWTHORNE & O. BETZ, orgs., *Tradition and Interpretation in the New Testament* (Grand Rapids, Eerdmans, 1987), pp. 248-265. Hengel aventa a hipótese de o livro de Tiago ser uma polêmica contra a teologia e o estilo missionário de Paulo. Por isso, devemos entender as referências a viagens de negócios em Tg 4,13-16 como linguagem *metafórica* que se refere às viagens missionárias de Paulo e seus companheiros em vez de ser um comentário sobre transações comerciais comuns (pp. 255-259). Hengel diz que não há praticamente nenhum indício de grandes homens de negócios (*Großkaufleute*) entre os cristãos do fim do século I, assim, é improvável que Tiago se dirija a eles. Além disso, alhures no NT, o verbo traduzido por "obter bons lucros" (κερδαίνειν, Tg 4,13) às vezes tem o sentido de "ganhar" as pessoas para o Evangelho. Talvez Hengel esteja certo em interpretar partes de Tiago como resposta a Paulo, mas indícios internos ainda exigem que entendamos 4,13-16 como referência a transações comerciais literais. Tiago tem grande interesse em questões econômicas (2,1-7), e a referência a viagens de negócios em 4,13-16 está logo antes de outra passagem que só faz sentido como discussão de riqueza material (5,1-6). O autor liga as duas últimas passagens repetido a frase "E agora [...]". Independente de os cristãos realmente serem ou não grandes homens de negócios (*Großkaufleute*) no fim do século I, com certeza os cristãos das cidades portuárias da Ásia Menor tiveram oportunidade de dedicar-se a algum tipo de transações financeiras ou sociais com grandes empreendedores. Isso deve ter bastado para João de Patmos se preocupar com a "prostituição" com o sistema econômico imperial.

[173] Veja a discussão de Luciano nas pp. 114-119.

10. Missões cristãs entre mercadores e comerciantes

As repetidas advertências sobre riqueza contidas no Novo Testamento relacionam-se com a atração especial que o Evangelho parecia exercer sobre mercadores e comerciantes.[174] Durante a primeira incursão missionária paulina na Europa, uma negociante chamada Lídia foi a primeira fiel naquele continente. Era "negociante de púrpura da cidade de Tiatira" (πορφυρόπωλις, At 16,14).[175] Ela era rica o bastante para ser proprietária e receber hóspedes (16,15). É provável que devesse sua ascensão econômica e social ao comércio[176] e tivesse laços profissionais com a Roma imperial.[177] Não sabemos se Lídia continuou no comércio depois de se tornar cristã.

---

[174] MEEKS, *First Urban Christians*, pp. 18, 44.

[175] Lucas chama Lídia de uma πορφυρόπωλις, alguém que negocia com a mesma "púrpura" (πορφύρα) mencionada em Ap 18,12. Originalmente, a palavra πορφύρα significava certo molusco, depois passou a significar um corante derivado dele. Na época neotestamentária, indicava apenas o tecido púrpura feito com o corante, BAGD, p. 694. Em Lc 16,19, o rico empedernido que ignorava o sofrimento de Lázaro "se vestia de púrpura e linho fino". Os soldados que ridicularizaram Jesus como "rei dos judeus" vestiram-no de púrpura (Mc 15,16-20). Josefo descreve como púrpura a veste real colocada em Mardoqueu na história de Ester, *Ant.* XI,6,10 (256).

[176] Ernst Haenchen diz: "Os materiais de púrpura eram artigo marcadamente de luxo para os ricos. Lídia teria sido rica". E. HAENCHEN, *The Acts of the Apostles*; A Commentary (Philadelphia, Westminster Press, 1971), p. 494. G. H. R. Horsley diz: "Algumas inscrições latinas de Roma mencionam pessoas que exerciam esse negócio (de púrpura). [...] Uma característica desses textos é que diversos envolvidos nesse negócio são explicitamente mencionados como ex-escravos. Essa pode ser perfeitamente a categoria mais apropriada na qual situar Lídia; o fato de estar na posição de liberta é consoante com sua ocupação e também com seu nome, pois 'Lídia' indica uma posição servil, já que o nome de muitos escravos refletia sua origem geográfica". G. H. R. HORSLEY, *New Documents Illustrating Early Christianity*, II (North Ryde, Macquarie University, 1982), p. 27.

[177] Uma inscrição fragmentária de Mileto indica que o monopólio imperial remonta no mínimo a Nero, e sugere ainda que os comerciantes de púrpura eram membros da *familia Caesaris*. Veja *AE* 800, citado por HORSLEY, *New Documents*, II, p. 28. Cf. BAUCKHAM, Economic Critique, p. 63.

Sua história, porém, corrobora a impressão de que mercadores juntaram-se ao movimento cristão primitivo.[178]

Lucas relata que, durante sua pregação missionária em Atenas, Paulo disputava com os judeus na sinagoga e também "na ágora, a qualquer hora do dia, com os que a freqüentavam" (At 17,17). O próprio Paulo era fabricante de tendas e ficou hospedado na casa de Priscila e Áquila, em Corinto, porque exerciam a mesma atividade. Áquila era um judeu natural do Ponto que se estabeleceu em Roma e mais tarde se mudou para Corinto (At 18,1-3). Ele e Priscila tinham meios suficientes para viajar (At 18,18-19) e para que uma Igreja se reunisse em sua casa (1Cor 16,19). Aparentemente, mais tarde voltaram a Roma e ali tiveram uma propriedade (Rm 16,3-5). Priscila e Áquila foram proeminentes líderes religiosos e missionários, e comerciantes que tinham grande mobilidade em Roma e no Oriente. Sua esfera de influência mais natural estava entre os fregueses e outros mercadores.

Paulo indica que havia uma Igreja em Cencréia, porto marítimo para a cidade de Corinto e movimentado centro comercial (Rm 16,1).[179] Uma mulher chamada Febe era diaconisa daquela comunidade, e o apóstolo diz que ela foi uma benfeitora ($\pi\rho\sigma\tau\acute{\alpha}\tau\iota\varsigma$) para muitos, até mesmo para ele (Rm 16,2).[180] Não sabemos se Febe exercia o comércio, mas ela estava cercada por esse ramo de negócios e era rica o

---

[178] Uma inscrição tumular cristã, de Tiro, posterior ao século I, marca a sepultura de "João, tintureiro de púrpura e banqueiro". *I. Tyre* I,137, citado por HORSLEY, *New Documents*, II, p. 26.

[179] Como muitos portos do Mediterrâneo, Cencréia estava repleta de símbolos religiosos pagãos. Veja p. 173.

[180] BAGD, p. 718, relaciona "protetora, benfeitora, auxiliar", como possíveis significados.

suficiente para ser benfeitora de Paulo e de muitos outros. Paulo incentiva os leitores a ajudá-la "em tudo o que ela de vós precisar" (ἐν ᾧ ἂν ὑμῶν χρῄζῃ πράγματι). Theissen observa que πρᾶγμα freqüentemente significa "negócio" no sentido econômico, e a declaração de Paulo "poderia ser entendida como recomendação para apoiar Febe em seus 'negócios temporais'".[181]

Apesar de sua perspectiva apocalíptica, Paulo reconhecia a importância de ganhar a vida. Em uma carta a Corinto, o apóstolo põe a atividade comercial em um contexto apocalíptico:

> [...] o tempo se fez curto. Resta, pois, que aqueles [...] que compram [sejam] como se não possuíssem; aqueles que usam deste mundo, como se não usassem plenamente. Pois passa a figura deste mundo (1Cor 7,29-31).

Em vez de proibir o comércio, essas instruções pressupõem que os cristãos continuarão a se dedicar ao comércio e a usar "deste mundo". A preocupação de Paulo é que os fiéis não se sintam tão atraídos pelo materialismo a ponto de perder de vista o reinado iminente de Deus no fim dos tempos.

Essas alusões ao comércio e aos negócios fazem sentido à luz do que conhecemos a respeito dos níveis sociais e econômicos multiformes dos cristãos do século I na Grécia e na Ásia Menor. Enquanto Meeks e outros mencionam indícios de que os cristãos vinham de muitos níveis da socie-

---

[181] Theissen diz que "a oração relativa generalizadora insinua ainda que estão envolvidos mais que simples assuntos comunitários". O apoio ao negócio de Febe "retribuiria o serviço de Febe para Paulo e outros". THEISSEN, *The Social setting of Pauline Christianity*, p. 88.

dade, os indícios arqueológicos indicam que o mesmo era verdade quanto a membros de guildas e associações comerciais.[182] A inscrição de uma alfândega construída em Éfeso durante o reinado de Nero por uma associação de "pescadores e peixeiros" traz o nome de cem membros.[183] Horsley analisou os nomes e a posição aparente desses membros. Esse grupo, ele conclui, "fornece a primeira indicação realmente ilustrativa de que a composição das Igrejas paulinas reflete exatamente a mesma variedade de categoria cívica [de escravo a cidadão romano] encontrada em uma associação contemporânea na metrópole da Ásia".[184] Esse paralelo não prova que os cristãos eram membros das associações comerciais, mas fortalece o argumento de que alguns cristãos estavam em posição social ou política suficiente para se juntar a elas.

Comércio e transigência em Hermas

João de Patmos não foi o único membro da Igreja a escrever a respeito dos cristãos no mercado imperial. Enquanto João escrevia na Ásia a outros companheiros provincianos, Hermas estava do outro lado do eixo comercial Ásia–Itália. Como João, Hermas questionou a participação dos cristãos em atividades comerciais que envolviam concessões à prática idólatra.[185]

---

[182] MEEKS, *First Urban Christians*, pp. 51-73.

[183] *I. Eph.* 20. Veja, a seguir, pp. 156-157.

[184] HORSLEY, *New Documents*, V, p. 113; cf. p. 110.

[185] Veja uma análise completa dos temas econômicos em Hermas em C. OSIEK, *Rich and Poor in the Shepherd of Hermas* (Washington, Catholic Biblical Association, 1983).

Escravo libertado por seu senhor em Roma, Hermas é exemplo clássico do liberto que alcançou sucesso por meio do comércio.[186] Em mais de uma ocasião ele visitou Cumas, a apenas alguns quilômetros do porto de Putéoli.[187] Navegadores e mercadores do Oriente freqüentavam essa área, e talvez Hermas adquirisse fortuna por meio de algum ramo do comércio marítimo. Ele (ou seus companheiros cristãos) enriqueceu o bastante para obter "terras, estabelecimentos, edifícios caros e habitações desnecessárias".[188] A composição final de sua obra data provavelmente de meados do século II,[189] mas ele pode ter escrito o primeiro esboço no fim do século I.[190] Se, de fato, escreveu parte de sua obra já velho, ele devia ser um jovem adulto quando João esteve em Patmos.[191]

Hermas comenta a influência perniciosa da riqueza e também as transigências necessárias para obtê-la. Fala de empresários cristãos bem-sucedidos, gente "que tem fé, mas também tem as riquezas deste mundo".[192] Parece aprovar o

---

[186] Os libertos podem ter sido comuns entre as Igrejas cristãs da Itália. Frend diz que os membros mais importantes da comunidade de Clemente em Roma, como Clemente e seus amigos Cláudio Éfebo e Valério Vito, "pareciam ser libertos das casas da aristocracia romana (*1Clem* 65,1)". FREND, *The Rise of Christianity*, p. 132.

[187] HERMAS, *Vis.* 2,1,1.

[188] HERMAS, *Sim.* 1,1.

[189] Se o Clemente mencionado em *Sim.* 2,4,3 é o bispo de Roma, então Hermas escreveu realmente no fim do século I. Muitos estudiosos de hoje aceitam a perspectiva do cânon de Muratori de que Hermas era irmão do papa Pio, o que indica uma data entre 140 e 155. Hermas, *ODCC*, pp. 640-641.

[190] D. E. AUNE, in *Encyclopedia of Early Christianity*, pp. 421-422.

[191] HERMAS, *Sim.* 9,11,5.

[192] HERMAS, *Vis.* 3,6,5.

envolvimento limitado nos negócios,[193] mas teme que o ambiente comercial leve os fiéis a abandonar sua lealdade a Jesus Cristo: "Por causa de sua riqueza e por causa de seus negócios (πραγματείας), na hora da perseguição, eles negam o Senhor".[194]

No que talvez seja uma referência a cerimônias de guildas ou mesmo ao culto imperial, Hermas condena os cristãos "irresolutos" que, "quando ouvem falar em atribulações, tornam-se idólatras por covardia" e "envergonham-se do nome do Senhor".[195] Os fiéis são conduzidos "sob as ordens da autoridade" (ἐπ' ἐξουσίαν), questionados e têm oportunidade de negar a fé.[196] Hermas não especifica se essas autoridades representam Roma, o governo provinciano ou as guildas. Seja como for, o motivo do lucro levou alguns negociantes cristãos ao sacrilégio; pela "avidez do ganho, eles agiram como hipócritas".[197]

Hermas fala de fiéis que "por causa de seus negócios, blasfemaram contra (ἐβλασφήμησαν) o Senhor" — linguagem similar aos "títulos blasfemos" (ὀνόματα Βλασφημίας) da Roma idólatra (Ap 17,3; cf. 13,1.5).[198] Embora a blasfêmia fosse tema comum na literatura cristã primitiva, Hermas e João lhe dão sentido especial, ao enfatizarem o perigo da blasfêmia ou idolatria no contexto do comércio. Os dois au-

---

[193] "Mas quem se ocupar de apenas um negócio também servirá ao Senhor." HERMAS, *Sim.* 4,7.

[194] HERMAS, *Vis.* 3,6,5. Cf. *Man.* 10,1,4-5.

[195] HERMAS, *Sim.* 9,21,2-3.

[196] HERMAS, *Sim.* 9,28,4.

[197] HERMAS, *Sim.* 9,19,3.

[198] HERMAS, *Sim.* 8,8,2-3.

tores falam de conflito com autoridades, de perseguição iminente e dos perigos da riqueza. Os dois lamentam o fato de muitos cristãos se sentirem confortáveis e seguros, seduzidos a transigir com uma sociedade pagã.

A preocupação com o lucro e a idolatria reaparece em uma carta de Policarpo († 155 d.C.). Quem "não se abstiver da avareza — ele adverte — se corromperá pela avareza e será julgado como se estivesse entre os gentios [...]" (Pol. Phil. 11,2). Essa palavra de advertência segue-se à maldição sobre qualquer indivíduo "por meio do qual o nome do Senhor sofra blasfêmias" (10,3) e à menção de um antigo membro da Igreja chamado Valente. Policarpo expressa profunda tristeza porque Valente "não entende" o cargo que ocupava como ancião na comunidade de Filipos (11,1). Aparentemente, a Igreja expulsou Valente e sua mulher (11,4) porque a busca do ganho financeiro levou-os a ultrapassar os limites e praticar idolatria.

A preocupação de Hermas e Policarpo com o lucro e a idolatria talvez esclareça um comentário obscuro atribuído a Paulo. O autor de 1 Timóteo lamenta que o desejo do ganho econômico tenha levado alguns cristãos a comprometer ou mesmo abandonar a fé:

> Ora, os que querem se enriquecer caem em tentação e cilada, e em muitos desejos insensatos e perniciosos, que mergulham os homens na ruína e na perdição. Porque a raiz de todos os males é o amor ao dinheiro, por cujo desenfreado desejo alguns se afastaram da fé, e a si mesmos se afligem com múltiplos tormentos (1Tm 6,9-10).

No fim do século II, Justino indica que o problema de cristãos envolvidos em cultos pagãos não desapareceu.

Trifão[199] mencionou a Justino que "há muitos que professam a fé em Jesus e são considerados cristãos, contudo alegam não haver mal em comer carne sacrificada a ídolos".[200]

Marcião, rico navegador cristão

No ano de 139 d.C., um rico navegador cristão da Ásia Menor doou 200 mil sestércios à Igreja de Roma e pediu para fazer parte dela.[201] O homem era Marcião, natural de Sinope e bem-sucedido mercador, que viajou a Roma em seu navio. Ficamos sabendo de sua experiência no comércio marítimo graças a comentários feitos por seus adversários. No fim do século II, Rodão sarcasticamente referiu-se a Marcião como "o próprio Marcião, o nauta" (αὐτὸς ὁ ναύτης).[202] Do mesmo modo, Tertuliano apelidou-o de "piloto de navio de Ponto"[203] e retoricamente perguntou se Marcião era tão consciencioso com assuntos espirituais como o era com a carga marítima.[204]

Marcião nasceu em 85 d.C. ou logo depois, o que significa que provavelmente era um garoto quando João escre-

---

[199] Eusébio situa a discussão entre Trifão e Justino em Éfeso. EUSÉBIO, *Hist. Eccl.* 4,18,6. Justino diz que Trifão vivia em Corinto. JUSTINO, *Trifão* 1.

[200] JUSTINO, *Trifão* 35,1. Veja citações similares em IRINEU, *Adv. Haer.* 1,6,3.1,24,5.1,26,3.1,28,2 e EUSÉBIO, *Hist. Eccl.* 4,7,7. Citado por THEISSEN, *The Social Setting of Pauline Christianity*, pp. 132-133.

[201] TERTULIANO, *De Praesc.* 30,2; *Adv. Marc.* 4,4. Veja a interpretação do conteúdo desses textos em LAMPE, *Die stadtrömischen Christen*, pp. 207-208, n. 295.

[202] EUSÉBIO, *Hist. Eccl.* 5,13,3.

[203] "*Ponticus nauclerus*". TERTULIANO, *De Praesc.* 30,1.

[204] "Por essa razão [...], se você nunca levou a bordo de sua pequena embarcação mercadorias contrabandeadas nem carregamentos de contrabandistas, se nunca adulterou nem se livrou de mercadorias, você será ainda mais atento [...] a coisas divinas e consciencioso com elas [...]" TERTULIANO, *Adv. Marc.* 5,1.

veu o Apocalipse.[205] De acordo com a antiga tradição, Marcião era filho de um bispo de Sinope.[206] Se, de fato, seu pai era membro proeminente da Igreja, o envolvimento de Marcião com a marinha mercante indica que o comércio marítimo era carreira aceitável para os cristãos da Ásia Menor. Diversos padres da Igreja mencionam a marinha mercante como profissão de Marcião, mas nada dizem que indique ser essa atividade incomum ou imprópria para os fiéis. A própria existência dele como rico navegador que se dirigia para a Itália fortalece o argumento de que João de Patmos tinha em mente empresários cristãos verdadeiros quando escreveu a respeito de "pilotos e navegadores" (Ap 18,17) que negociavam com Roma.[207]

Não temos de imaginar que esses pilotos cristãos precisassem ser aristocratas ou abastados. Embora evidentemente Marcião conduzisse seus navios, era possível para um piloto de navio (*magister navis*) de parcos recursos conseguir financiamento de um navegador ou mandante (exercitor) de maiores recursos. Quando a lei romana foi codificada no século III, tornou-se possível a navegador e piloto serem dependentes ou independentes, livres ou escravos.[208] Talvez Celso, o grande adversário do cristianismo do século II, refletisse uma realidade sociológica de sua geração na desdenhosa observação de que Jesus só atraía discípulos entre "co-

---

[205] HARNACK, A. von. *Marcion*; Das Evangelium vom Fremden Gott. Darmstadt, Wissenschaftliche Buchgesellschaft, 1960. p. 21.

[206] EPIFÂNIO, *Panarion* 42,1. Veja FREND, *The Rise of Christianity*, p. 127.

[207] Como Marcião rejeitou a maioria dos escritos apostólicos e centralizou sua teologia em Paulo, não nos surpreende que tenha repudiado também o livro do Apocalipse. TERTULIANO, *Adv. Marc.* 4,3,5. Só podemos imaginar qual foi sua resposta à polêmica de João contra navegadores que negociavam com Roma.

[208] AUBERT, *Business Managers*, pp. 58-64.

bradores de impostos e marinheiros", gente "que não adquiriu nem mesmo os mais simples elementos do saber".[209]

Os cristãos não eram imunes às tentações de Roma

O domínio romano na Ásia Menor proporciona o cenário para a imagem de Babilônia e seus aliados, em Ap 18. À luz do contexto histórico, reconhecemos o perfil que John traça de reis, mercadores e navegadores. Eram provincianos cooperantes que usavam o sistema romano de patrocínio para progredir social e economicamente. Não admira que chorem e se enlutem (Ap 18,9.11.15) pela ruína de Roma; ao sucesso da cidade imperial, confiaram suas vidas, honra, lealdade e riqueza. Numa só hora tudo foi reduzido a nada (18,17).

Os cristãos e os judeus não eram imunes às tentações de Roma. Como o exército romano promovia rituais pagãos ofensivos a judeus e cristãos, em geral quem era de uma das duas comunidades de fé evitava o serviço militar como via de mobilidade ascendente. Agora João de Patmos identifica o comércio — a segunda via principal para o progresso — como igualmente infestado pela influência idólatra.

Muitos estudiosos consideram os mercadores e os navegadores mencionados em Ap 18 pessoas de fora da comunidade cristã.[210] Collins diz que "é provável que aqui João

---

[209] ORÍGENES, *Contra Celsum* 1,62.

[210] M. E. Boring diz que a frase "Saí dela, ó meu povo" (18,4) refere-se a cristãos que moram realmente em Roma. "Contudo, o principal sentido dessa ordem não é literal — quem a ouve são os ouvintes-leitores de João nas Igrejas da Ásia, não os cristãos romanos. O chamado 'saí dela' não é uma questão de relocação geográfica, mas de reorientação íntima [...]", M. E. BORING, *Revelation* (Louisville, John Knox, 1989), p. 189. Caird diz ser provável que João não tivesse em mente os fiéis, quando fez o chamado "saí dela", pois a Igreja "recebeu as duas asas da grande águia para voar ao deserto (Ap 12,14) [...]". CAIRD, *Commentary*, p. 23. Ford, que interpreta "Babilônia" no Apocalipse como referência a Jerusalém, supõe que os mercadores, negociantes e navegadores do cap. 18 incluíam empresários judeus. FORD, *Revelation*, pp. 304-306.

tivesse em mente cidadãos das cidades do oeste da Ásia Menor que haviam acumulado grande fortuna proveniente do comércio". Ela diz que o chamado para exultar pela queda de Roma (18,20) provavelmente se originou do

> [...] sentimento de ser intruso, da falta de sentimento de identificação com a elite provinciana e de simpatia por ela, ou até pelas cidades que essa elite dirigia. A combinação de hostilidade em relação à elite local e às autoridades romanas não surpreende, pois elas cooperaram e se apoiaram mutuamente [...].[211]

Talvez João se sentisse um "intruso", mas há razão para crer que alguns cristãos das sete Igrejas faziam o possível para se tornarem "membros". Longe de não terem "sentimento de identificação" ou "de simpatia" pelas elites, alguns fiéis procuravam ansiosamente laços com pessoas proeminentes.

Em suma, diversos fatores nos levam a concluir que João falava para (ou sobre) cristãos realmente ocupados com o comércio marítimo e internacional: (1) há indícios de significativo envolvimento judaico no comércio (veja o capítulo 5), e a Igreja cristã primitiva surgiu de comunidades da diáspora judaica; (2) indícios no Novo Testamento e em outra literatura primitiva mostram que havia cristãos entre a classe mercantil; (3) e o livro do Apocalipse não só alude, do começo ao fim, a questões econômicas, mas também menciona mercadores, navegadores e marinheiros.

O próximo capítulo examina algumas das atividades e instituições em que esses empresários tomaram parte.

---

[211] COLLINS, *Crisis and Catharsis*, p. 123.

Capítulo 3

Os mercadores ficaram ricos

Os mercadores desses produtos, que se enriqueceram graças a ela,
postar-se-ão a distância, por medo do seu tormento;
e chorando e enlutando-se dirão:
"Ai, ai, ó grande cidade, vestias linho puro, púrpura e escarlate,
e te adornavas com ouro, pedras preciosas e pérolas:
numa só hora tanta riqueza foi reduzida a nada!" (Ap 18,15-17).

João tinha certeza de que a ruína iminente de Roma significava desgraça para mais que apenas a própria capital imperial. Em todo o mundo conhecido, uma vasta rede de artérias comerciais supriam o sangue de vida econômica do qual dependia a Besta imperial. João acreditava que, em muitos níveis da sociedade, as pessoas veriam sua riqueza ou posição política virar fumaça junto com Roma.

Uma relação simbiótica ligava Roma a milhares de mercadores provincianos. A Itália do século I dependia cada vez mais de provincianos para obter e transportar alimentos, matérias-primas e grande variedade de bens de consumo. De modo inverso, um crescente setor da população provinciana dependia de Roma como mercado lucrativo para produtos de exportação. Os que trabalhavam na rede de suprimentos e dela obtinham o sustento incluíam agricultores, mineiros, fabricantes, banqueiros, estivadores, mercadores, marinheiros e os de outras ocupações subsidiárias.

Este capítulo examina os cenários e as instituições do comércio internacional no século I. Aqui no domínio de portos, sedes de guildas, escritórios comerciais e bancos, encontramos a expressão mundana do que João considerava presunção, ganância e idolatria romanas. Na esfera de atividade econômica, João encontrou um híbrido virulento de materialismo, pressão social e culto imperial que ameaçava a própria essência da fé cristã.

1. O objeto e a natureza do comércio marítimo

Para um provinciano marginalizado, que não lucrava com a vasta rede comercial romana, o comércio internacional assemelhava-se a uma orgia de extravagância.[1] João diz que Roma, destino final de inúmeras rotas comerciais, vivia no "luxo" (18,3.7) e dissipava "opulência" (18,14). Vestia "linho puro, púrpura e escarlate", e se adornava "com ouro, pedras preciosas e pérolas" (18,16).[2] São palavras amargas de um homem que não compartilhava dessas riquezas nem aprovava os que o faziam.

---

[1] Em *Sifre* 354, um autor judeu fala do que acontece "quando um navio se perde no Grande Mar [o Mediterrâneo] com um tesouro de prata, ouro, pedras preciosas, pérolas, artigos de vidro e todos os outros tipos de cargas preciosas".

[2] O autor de 1Mc 8,14 desdenha o uso de púrpura como sinal de orgulho. Uma inscrição do século I, de Éfeso, revela que o tributo sobre conchas de púrpura, que produziam a tintura régia, era duas vezes maior que o imposto sobre artigos comerciais comuns (a menos que a púrpura fosse enviada a Roma!). ENGELMANN & KNIBBE, Das Zollgesetz der Provinz Asia, par. 1-9.25.

João fornece um conhecimento de carga que põe em evidência a natureza do comércio que ele desdenhava. As embarcações que navegavam pelos mares em direção a Roma transportavam

> carregamentos de ouro e de prata, pedras preciosas e pérolas, linho e púrpura, seda e escarlate, todo tipo de madeira perfumada, de objetos de marfim, de madeira preciosa, de bronze, de ferro, de mármore, canela e cinamomo, perfumes, mirra e incenso; vinho e óleo, flor de farinha e trigo, bois e ovelhas, cavalos e carros, escravos e vidas humanas ... (18,12-13).

João diz que os mercadores desses artigos "se enriqueceram" graças a Roma. Embora lamentem a destruição de uma grande e bela cidade, preocupam-se realmente consigo mesmos: "Ninguém mais compra suas mercadorias" (18,11).

Carregamentos comuns e de luxo

Boa parte dos carregamentos marítimos do século I consistia em produtos comuns, como azeite (18,13, cf. 6,6).[3] Contudo, as elites de Roma e das províncias também gasta-

---

[3] Ânforas de azeite espanhol da era do principado estão presentes em todas as províncias ocidentais. A. J. PARKER, Trade Within the Empire and Beyond the Frontiers, in *The Roman World*, II (New York, Routledge & Kegan Paul, 1987), p. 640. Diz G. Pucci: "A afirmação de que o comércio antigo de longa distância interessava-se apenas por artigos de luxo simplesmente não é verdade". Ele cita indícios arqueológicos de naufrágios antigos que indicam que alguns navios carregavam "artigos comuns", como cerâmicas simples. G. PUCCI, Pottery and Trade in the Roman Period, in GARNSEY et alii, *Trade in the Ancient Economy*, p. 111. Bauckham observa que o azeite e o trigo mencionados no conhecimento de carga de João "não eram caros como tais, mas eram importados em tão vastas quantidades que, no total, deviam custar muito. Assim, essa relação é bastante representativa das importações mais caras de Roma". BAUCKHAM, Economic Critique, p. 75.

vam grandes quantias em produtos exóticos dos confins do Império e até de mais longe.[4] Talvez com um pouco de exagero, Plínio, o Velho, diz que anualmente 50 milhões de sestércios escoavam do Império, só no comércio com a Índia.[5] Muitos navios, alguns levando até mil toneladas de carga, singravam as águas do mar Mediterrâneo e do oceano Índico.[6]

As especiarias, o marfim e a seda mencionados em Ap 18,11-13 vinham, em grande parte, da Índia ou da China. Esses produtos faziam uma longa e difícil viagem oceânica para os portos egípcios no mar Vermelho.[7] Dali, camelos e jumentos os transportavam pelo deserto até o rio Nilo

---

[4] Parker afirma que, no desejo de serem "elegantes", os provincianos abastados adotavam hábitos e gostos romanos caros. PARKER, Trade Within the Empire, p. 642. Plínio, o Velho, cita os "mais caros" produtos do mundo, uma lista singularmente paralela a Ap 18,11-13.16. Esses produtos incluem pérolas, diamantes, esmeraldas, gemas, seda, madeira aromática, canela, cássia, âmbar, bálsamo, mirra, incenso, marfim, carapaças de tartaruga e tinturas de púrpura. O ouro, diz ele, está "apenas em décimo lugar" na lista de preciosidades, e a prata, "quase em vigésimo". PLÍNIO, Hist. Nat. 36,204.

[5] "[...] em nenhum ano a Índia absorve menos de 50 milhões de sestércios da riqueza de nosso Império, enviando de volta mercadoria para ser vendida entre nós por cem vezes o custo original." PLÍNIO, Hist. Nat. 6,26 (101-102). Plínio estima o escoamento combinado para a Índia, a China e a península Arábica em 100 milhões de sestércios por ano: "Essa é a quantia que nossos luxos e nossas mulheres nos custam". PLÍNIO, Hist. Nat. 12,41 (84). M. G. RASCHKE, New Studies in Roman Commerce with the East, ANRW, II,9,2, 1978, p. 634. Independentemente da confiabilidade estatística de Plínio, ele reflete a percepção dos súditos romanos de que o comércio com o Oriente era imenso. João de Patmos compartilhava dessa percepção.

[6] CASSON, L. Ancient Trade and Society. Detroit, Wayne State University Press, 1984. p. 18.

[7] Uma viagem de ida e volta do Egito à Índia abrangia mais de 8 mil quilômetros e levava um ano. CASSON, Ancient Trade, pp. 182-198. Periplus Maris Erythraei (século II d.C.) oferece um notável discernimento desse comércio. Sem equipamento de navegação sofisticado, os pilotos antigos em geral preferiam navegar perto da costa em vez de seguir uma rota mais direta por mares abertos. Veja uma citação judaica do comércio egípcio com a Índia em Sib 11,298-299.

no Alto Egito. Em seguida, barcos levavam as mercadorias preciosas para Alexandria, onde navios maiores as recebiam para entregá-las em portos ao redor do Mediterrâneo. Os navios que negociavam com a costa leste da África continental também vinham ao Egito, depois de uma viagem de ida e volta para o sul até Zanzibar. Ao longo do caminho, compravam marfim, carapaças de tartaruga, mirra e incenso.

Os esforços insólitos necessários para obter esses produtos importados tornavam-nos dispendiosos para os súditos romanos.[8] Plínio diz que meio quilo da canela mais barata custava cinco denários,[9] o preço de 25 quilos de trigo.[10] Em tempos de escassez, o preço da canela chegava a 1.500 denários.[11] Embora não tenhamos provas confiáveis quanto ao preço da seda no Império Romano, uma fonte antiga diz que ela valia seu peso em ouro.[12]

---

[8] Broughton diz que a Ásia Menor produzia praticamente todos os produtos de que precisava para o consumo interno, exceto o trigo. "Por isso, as importações restringiam-se a artigos especiais ou a objetos raros, dependendo do capricho dos especialistas." BROUGHTON, Asia Minor, p. 878.

[9] PLÍNIO, Hist. Nat. 12,97.

[10] CASSON, Ancient Trade, pp. 225-246.

[11] PLÍNIO, Hist. Nat. 12,93. A respeito do uso da canela em cerimônias religiosas, Plínio, o Moço, diz: "Sua Majestade, o imperador Vespasiano, foi a primeira pessoa a dedicar nos templos do Capitólio e da Paz grinaldas de canela rodeada de ouro em relevo. Certa vez vimos no templo do Palatino erigido em honra de sua falecida Majestade Augusto [...] uma pesada raiz de canela colocada em uma tigela dourada [...]" Ep. 12,94.

[12] Vita Aureliani, in Historia Augusta. Raschke reúne provas para demonstrar que o preço da seda era, na verdade, alto, mas não exorbitante. RASCHKE, New Studies, p. 624. Naturalmente, se um preço é ou não "exorbitante" depende da perspectiva e dos recursos do comprador.

A própria corte imperial consumia vastas quantidades de seda[13] e especiarias,[14] compradas ou recolhidas como taxação de mercadores que negociavam com elas.[15] Além de receber produtos do Extremo Oriente, o governo romano tinha uma grande receita proveniente de impostos aduaneiros. Nos postos alfandegários instalados ao longo da fronteira oriental, os mercadores que negociavam com o Oriente chegavam a pagar impostos de 25% sobre os produtos importados.[16] Uma quantidade considerável de artigos de exportação passava pelos mesmos postos a caminho do Extremo Oriente e, provavelmente, gerava mais receita para o Estado.[17]

Os desertos ao leste do Império forneciam muitas das jóias e pedras preciosas[18] que João cita no Apocalipse (18,12; 21,19-21). Algumas pedras, como o berilo (21,20), vinham

---

[13] João talvez soubesse que os soldados romanos usaram túnicas de seda no triunfo celebrado em Roma para Vespasiano e Tito em 71 d.C., depois da guerra judaica. JOSEFO, *G. J.* VII,5,4 (126).

[14] Plínio, o Velho, diz: "As boas autoridades declaram que, em um ano, a Arábia não produz uma quantidade tão grande de perfume quanto a que o imperador Nero queimou em um dia nas exéquias de sua consorte Popéia". Ele também menciona o uso extravagante de perfumes "oferecidos aos deuses" em funerais "no mundo todo". PLÍNIO, *Hist. Nat.* 12,83. Especiarias — a canela, por exemplo — eram usadas como perfumes em vez de temperos de alimentos.

[15] RASCHKE, New Studies, p. 650.

[16] RASCHKE, New Studies, p. 636.

[17] As exportações do Império Romano para o Extremo Oriente incluíam vinho, cerâmica, vidro, escultura, alabastro e bronze. Raschke diz que as cidades da China e da Índia, "com sua riqueza e alto nível de cultura, proporcionavam excelente mercado para mercadorias manufaturadas romanas, em especial, artigos de luxo". RASCHKE, New Studies, p. 632. Os arqueólogos encontraram grande número de moedas romanas no Extremo Oriente.

[18] PARKER, Trade Within the Empire, p. 651.

da Ásia Menor,[19] ou de outras partes do Império. O mármore (18,12) vinha, em grande parte, de pedreiras de propriedade do Estado, principalmente aquelas da Ásia Menor.[20] O imperador adquiria as pedreiras por "conquista, legado ou confisco", e punha escravos ou criminosos condenados para trabalhar nelas.[21] O mármore ocupava um lugar de honra nos edifícios públicos da Roma imperial e serviu para milhares de monumentos públicos e privados. Era comum colunas monolíticas que pesavam mais de cem toneladas cada uma irem da Ásia para Roma.[22]

João reconhece que o apetite de Roma por esse conjunto de bens exóticos ultrapassa o uso comum. O consumo torna-se obsessão espiritual desvirtuada, mania[23] que corrompe completamente Roma: "Os frutos pelos quais tua alma anelava afastaram-se para longe de ti; tudo o que é luxo e esplendor está perdido para ti, e nunca, nunca mais será en-

---

[19] PLÍNIO, *Hist. Nat.* 37,79.

[20] BROUGHTON, Asia Minor, pp. 624, 653.

[21] PARKER, Trade Within the Empire, p. 647.

[22] PARKER, Trade Within the Empire, p. 650. Cf. Estrabão, *Geog.* 12,8,14.

[23] Com a frase "fetichismo de mercadorias", Karl Marx aborda de maneira completa a dimensão espiritual do consumo comercial. Como os seres humanos atribuem valor a determinada mercadoria, ela se torna "uma coisa muito esquisita, cheia de delicadezas metafísicas e sutilezas teológicas". As mercadorias adquirem um valor aparente que pode ser pouco mais que uma construção mental na cabeça de vendedor e comprador. Para encontrar uma analogia a isso, Marx diz: "Precisamos recorrer às regiões envoltas em névoa do mundo religioso. Nesse mundo, as produções do cérebro humano aparecem como seres independentes [i. e., deuses] dotados de vida e que têm relações uns com os outros e também com a raça humana. Assim acontece no mundo de mercadorias com os produtos de mãos humanas". F. ENGELS, ed., *Capital*; a Critique of Political Economy, I (London, Lawrence & Wishart, 1954), pp. 76-77. Sendo ateu, Marx não acreditava que Deus era real nem que as mercadorias adquiriam realmente os valores aumentados atribuídos com freqüência a eles. João de Patmos, em contraste, tinha certeza de que Deus existia. João discernia uma presença espiritual (demoníaca) real à espreita na necessidade instintiva imperial romana de consumo.

contrado!" Como um viciado privado de uma droga demoníaca, Roma não vai demorar a cambalear na agonia da retirada. Os mercadores, cúmplices porque fizeram fortuna abastecendo o viciado, "postar-se-ão a distância, por medo do seu tormento [...]" (Ap 18,14-15).

Cereais, o esteio do comércio marítimo

Embora os navios transportassem grandes quantidades de artigos de luxo, o principal produto que navegadores e mercadores levavam para Roma eram os cereais. Do Egito, do norte da África e da região do mar Negro, eles transportavam para a capital cerca de 400 mil toneladas de grãos por ano.[24] Enquanto os provincianos pagavam altos preços pelos cereais e às vezes não os obtinham, 200 mil famílias de Roma recebiam gratuitamente do governo uma "doação" regular de cereais.[25]

Nunca houve dúvida de que a política imperial favorecia o suprimento de comida de Roma, em detrimento do de todas as províncias. Uma inscrição descoberta em Éfeso dirige-se aos cerealistas, e relata como um imperador do século II[26] põe as necessidades da capital em primeiro lugar:

[...] ajam com prudência no que diz respeito à concessão [para abastecer] Éfeso com cereais do Egito, levando em

---

[24] Casson calcula essa quantidade com a ajuda de declarações de Aurélio Vítor e de Josefo (CASSON, *Ancient Trade*, pp. 96-97). Garnsey dá uma estimativa mais modesta, de 150 mil toneladas: *Roman Empire*, p. 119; Grain for Rome, in *Trade in the Ancient Economy*, pp. 118-130. MEIJER & NIJF (*Trade, Transport and Society*, p. 98) indicam 200 mil toneladas.

[25] Augusto cita o número 200 mil, em *Res Gestae* 15. Em Roma, a doação começou durante a República e, por razões políticas, os imperadores não a aboliram.

[26] Casson sugere essa data em *Ancient Trade*, p. 100.

conta que a primeira necessidade é haver um suprimento abundante para a capital do poder (τῇ βασιλευούσῃ πόλει),[27] do trigo que está pronto para o mercado e que foi recolhido de toda parte; depois disso, do mesmo modo devem as outras cidades suprir suas necessidades.[28]

O privilégio de transportar grãos para províncias famintas era uma "concessão" (συνχωρήσις) feita pelo imperador. Ele supunha que os transportadores de grãos colaborariam para suprir primeiro Roma, mesmo que fosse à custa de cidades provincianas.

Alguns dos que possuíam navios ou ajudavam a controlar o comércio marítimo eram originários de Roma, mas muitos eram provincianos. João distingue entre reis provincianos que "se prostituíram" com Roma (Ap 18,3.9) e os mercadores que "se enriqueceram" graças à cidade imperial (18,3).[29] Alguns mercadores marítimos ativos no comércio mediterrâneo eram originários da Ásia Menor, como ilustra o relato da última viagem de Paulo a Roma. O centurião que mantinha Paulo preso colocou-o "a bordo de um navio de Adra-

---

[27] Cf. Ap 17,18, em que João chama Roma ἡ πόλις... ἔχουσα Βασιλείαν.

[28] *I. Eph.* 211.

[29] Talvez João tivesse em mente os governantes provincianos que se sujeitavam ao poder romano e se curvavam diante do imperador. Augusto vangloriava-se de reis que corriam para ele como "suplicantes", *Res Gestae* 32. A Armênia, território que durante muito tempo foi motivo de contenda entre Roma e Pártia, ficou sob a soberania romana, quando seu governante, Tiridates, viajou a cavalo pela Ásia Menor, para se encontrar com Nero em Roma. Nero estava sentado no trono, diante de enorme multidão, no Fórum, onde Tiridates declarou: "Senhor, sou [...] teu escravo. E vim a ti, meu deus, para adorar-te da mesma forma que adoro Mitra". Nero proclamou-o "rei da Armênia" e, "quando Tiridates obedeceu à ordem para se sentar a seus pés, colocou-lhe o diadema na cabeça". Dio Cássio, *Hist. Rom.* 63,1,2-5,4; adaptado por Lewis & Reinhold, *Roman Civilization*, II, p. 111. É razoável pressupor que João de Patmos ouviu falar da visita de Tiridates a Roma: a capital armênia, Artaxata, recebeu temporariamente o novo nome de Neronéia para comemorar a ocasião.

mítio que ia partir para as costas da Ásia" (At 27,2). Adramítio está a curta distância do norte de Pérgamo. O barco que transportou Paulo talvez fosse um navio mercante, pois planejava entrar em uma série de portos. O armador, o capitão e a tripulação eram provavelmente o tipo de indivíduos que João e os outros das sete Igrejas conheciam em suas comunidades locais. Quando o barco que transportava Paulo ancorou em Mira, no sudoeste da Ásia Menor, o centurião transferiu o prisioneiro cristão para "um navio alexandrino de partida para a Itália" (At 27,6). Esse último talvez fosse um dos inúmeros navios cargueiros que transportavam cereais do Egito para Roma,[30] e sua presença em uma cidade da Ásia Menor explica como os habitantes daquela região tinham contato regular com o comércio imperial de grãos.

Inscrições da Ásia Menor e de todo o Império indicam que era comum os provincianos viajarem extensamente para se dedicar ao comércio. Com sarcasmo característico, Juvenal lamenta que em sua época houvesse mais gente no mar em busca de riqueza do que em terra.[31] A lápide de um mercador de Hierópolis na Frígia diz que ele viajou da Ásia Menor para Roma 72 vezes.[32] Os cidadãos da cidade de Trales,

---

[30] Mira era um "porto importante para os navios alexandrinos que transportavam trigo e precisamente o lugar onde [o centurião] Júlio esperava encontrar um navio de partida para a Itália a serviço do Império". C. J. HEMER, *The Book of Acts in the Setting of Hellenistic History* (C. H. GEMPF, org., Winona Lake, Indiana, Eisenbrauns, 1990), p. 134.

[31] "Olhe para nossos portos, nossos mares, cheios de navios grandes! Os homens no mar são agora em maior número que os na praia. Onde quer que a esperança de ganho chame, para lá irão as frotas [...]." JUVENAL, *Sat.* 14,275-278.

[32] "Flávio Zeuxis, mercador que navegou 72 vezes para a Itália contornando o cabo Maléia, erigiu este túmulo para si e seus filhos [...]." *IGR*, IV, 841. Traduzido em LEWIS & REINHOLD, *Roman Civilization*, II, p. 196, que, experimentalmente, datam a lápide do século II. O nome "Flávio" talvez indique que o mercador ou seu pai foi outrora escravo da família imperial flaviana.

afastada do mar, viajaram para Cós, Rodes, Atenas, Roma e Viena, onde deixaram inscrições.[33] Em Roma e Putéoli, numerosos monumentos citam pessoas de lugares da Ásia Menor. As cidades mencionadas incluem Laodicéia, Tiatira, Éfeso, Pérgamo, Sardes e Esmirna.[34] Quando Pompéia desapareceu, em 79 d.C., muitos frígios haviam-se instalado lá para formar associações.[35]

2. Trimalcião: perfil de um mercador

Trimalcião, personagem do romance *Satiricon* do século I, de autoria de Petrônio, ilustra como pessoas de origem provinciana faziam fortuna na marinha mercante e comércio. Trimalcião era escravo na Ásia Menor quando ele e seu senhor se mudaram para Cumas, cidade do sul da Itália.[36] Posteriormente, ele comprou a liberdade e "adquiriu paixão pelos negócios". Construiu cinco navios, carregou-os com vinho e enviou-os a Roma. Logo seu negócio se expandiu e passou a incluir perfumes e escravos (cf. Ap 18,11-13).

Assim, na linguagem figurada do Apocalipse, Trimalcião começou a "se prostituir" com Roma. Aparentemente, seu caminho para o sucesso também envolvia seduções de natureza mais literal. Quando ainda era escravo, diz ele, não só obedecia ao seu senhor, mas "costumava também entreter

---

[33] BROUGHTON, Asia Minor, p. 875. Pleket cita estudos recentes que esclarecem que os embarcadores da Nicomédia viajavam pelo mundo todo. PLEKET, Urban Elites, p. 134.

[34] BROUGHTON, Asia Minor, p. 875.

[35] *IG* XIV, 701. Citado por BROUGHTON, Asia Minor, p. 876.

[36] O porto de Cumas ficava a alguns quilômetros de Putéoli e recebia navios vindos da Ásia Menor.

minha senhora. Você sabe o que quero dizer".[37] Já nos tempos antigos os marinheiros tinham fama de excelentes sedutores.[38] Estrabão diz que o templo de Afrodite em Corinto tinha outrora milhares de cortesãs. Era "por causa dessas mulheres que a cidade estava cheia de gente e ficou rica; por exemplo, os capitães de navio (ναύκληροι) esbanjavam dinheiro à vontade [...]".[39]

Pinturas e artefatos da casa de Trimalcião davam uma visão geral de sua carreira.[40] Um troféu em forma de uma "proa de navio" estava pendurado na sala de jantar. Nele estava gravado: "Presenteado por Cinamo, o camaroteiro, a Caio Pompeu Trimalcião, sacerdote da corporação de Augusto". Um grande mural retratava Trimalcião presidindo um mercado de escravos. Ele aparecia sentado no "trono oficial" de um *Sevir Augustalis* (sacerdote do culto imperial). E segurava na mão um bastão de Mercúrio, o deus do comércio.

No romance, Trimalcião aproveita toda oportunidade de progresso e demonstra deferência a todo superior, de seu senhor ao imperador. No fim, ele se torna "dono de uma fortuna tão imensa que ele mesmo não sabe o que tem". "O milionário dos milionários", ele tem tantos escravos que nove

---

[37] PETRÔNIO 76.

[38] Por exemplo, Horácio descreve a feiticeira Candina "com freqüência amada por marinheiros e comerciantes", cujo marido "a via levantar-se para satisfazer o pedido de um negociante ou do piloto do navio Hispana, que está pronto para pagar alto preço pela desonra dela". *Carmina* 3,6,29-32. Citado por AUBERT, *Business Managers*, p. 23.

[39] ESTRABÃO, *Geog.* 8,6,20. Aubert menciona que, no mundo romano, pensava-se que gerentes varões de negócios "eram dotados de potência sexual quantitativa e qualitativamente superior, canalizada para atividades ilícitas ou imorais". AUBERT, *Business Managers*, p. 22.

[40] PETRÔNIO 29-30; cf. 57,6; 65,3ss; 71,12.

de cada dez nunca o viram.[41] Ele esbanja dinheiro em luxos absurdos. Em um banquete, meninos de Alexandria despejam sobre as mãos dos convidados água refrigerada com neve. Outros servos ajoelham-se para aparar a cutícula dos pés dos comensais.[42]

Nossa interpretação do romance de Petrônio precisa levar em conta o exagero e a caricatura que o autor faz. Contudo, o romance narra a história de um provinciano que "se vendeu" para Roma de uma forma paralela à dos "mercadores e marinheiros" do Apocalipse. Em sua lápide, Trimalcião quer "navios a todo pano" juntamente com uma imagem de si próprio "sentado com as vestes oficiais [do culto imperial] em meu assento oficial, usando cinco anéis de ouro [...]".[43] Combinado ao culto imperial, o comércio fez dele um homem rico e socialmente proeminente.

3. As guildas na Itália e no Oriente

É provável que as guildas mercantis fossem o cenário em que Trimalcião alcançou sucesso, na confluência do comércio e do culto imperiais.[44] Tais associações eram comuns no mundo antigo, e no livro do Apocalipse há indícios que apontam para guildas profissionais e guildas mercantis como assuntos importantes do debate cristão primitivo sobre o envolvimento em uma sociedade pagã. W. M. Ramsay argumentou que a participação em sociedades e guildas pagãs

---

[41] Petrônio 37.

[42] Petrônio 31.

[43] Petrônio 71.

[44] Em latim, a guilda era chamada *corpus*, *collegium*, *sodalitas* ou *societas*. Os termos gregos incluíam συνέδριον, σύνοδος, συνεργασία e σύστημα.

representava um dilema para os fiéis primitivos.[45] Essas associações, disse ele, eram parte integrante da sociedade greco-romana. Um pré-requisito para a participação "era a disposição declarada e explícita de dedicar-se ao culto de uma divindade pagã",[46] em geral no ambiente de uma refeição cultual ou cerimônia em grupo. "Dificilmente era possível" para os negociantes serem comercialmente viáveis sem pertencerem à guilda de sua profissão.[47] Ramsay acreditava que os nicolaítas (Ap 2,6.15) haviam sido os que diziam ser possível aos cristãos participar de rituais e, portanto, ser membros de guildas profissionais e outras sociedades.[48]

Inscrições remanescentes atestam a proeminência das guildas profissionais na Ásia Menor, em especial as relacionadas com indústrias têxteis e metalúrgicas nas cidades do Apocalipse.[49] Em Tiatira havia guildas de artesãos do bron-

---

[45] RAMSAY, W. M. The Letter to the Church in Thyatira. *The Expositor* 10, 1904, pp. 37-60.

[46] RAMSAY, *Letters to the Seven Churches*, p. 54.

[47] RAMSAY, *Letters to the Seven Churches*, p. 59.

[48] RAMSAY, *Letters to the Seven Churches*, p. 53.

[49] Veja um panorama de inscrições de guildas da Ásia Menor em BROUGHTON, Asia Minor, pp. 841-844. Entre muitas outras guildas representadas por inscrições, Broughton cita estas, nas cidades a seguir:
Tiatira: artesãos do bronze (*IGR*, IV, 1259; séculos I-II d.C.); tintureiros (*IGR*, IV, 1239, 1242 e 1265; séculos I-III d.C.); negociantes de lã (*IGR*, IV, 1252; século III d.C.); tecelões de linho (*IGR*, IV, 1226; século III d.C.); curtidores de couro (*IGR*, IV, 1216; século IV d.C.); artesãos do couro (*IGR*, IV, 1169; século II d.C.); padeiros (*IGR*, IV, 1244; fim do século II d.C.); negociantes de escravos (*IGR*, IV, 1257; período imperial).
Pérgamo: tintureiros (?) (*IGR*, IV, 435; aprox. 150 d.C.).
Esmirna: ourives (*CIG*, 3154; data incerta); estivadores (*AJA*, I [1885], p. 140, fim do século II d.C.); balseiros (?) (*IGR*, IV, 1427; data incerta).
Éfeso: cambistas (*SEG*, IV, 541; aprox. 200 d.C.).
Filadélfia: tecelões de lã (*IGR*, IV, 1632; século III d.C.).
Mitilene: pisoeiros (*IG*, XII, 2, 271; data incerta); artesãos do couro (*IG*, XII, 2, 109, data incerta).
Quio: armadores e mercadores do porto (*REG*, XLII [1929]. p. 36; século I a.C-século I d.C.).

ze, de tintureiros, de negociantes de lã, de tecelões de linho, dos artesãos e curtidores de couro, de padeiros e de negociantes de escravos. Pérgamo tinha uma organização de tintureiros, Esmirna tinha guildas de ourives, de estivadores e de balseiros. Os tecelões de lã organizaram-se em Filadélfia, e os cambistas tinham uma guilda em Éfeso. Conforme Lucas narra a história do ministério de Paulo em Éfeso, os ourives de lá deram à pregação de Paulo uma resposta organizada (At 19,23-41). A inscrição tumular para certo ourives e *neopoios* (construtor de templos), enterrado em Éfeso durante o reinado de Cláudio, confirma que essa guilda existia. O texto declara que a responsabilidade pelo túmulo "cabe à associação dos ourives", à qual quem violasse o túmulo teria de pagar multa de mil denários.[50]

Embora a melhor prova da existência de guildas profissionais na Ásia Menor se origine dos séculos II e III d.C., *algumas* guildas atuaram durante e antes do período neotestamentário. Talvez no século I as associações profissionais ainda não tivessem força institucional suficiente para deixar abundantes indícios epigráficos. Quando João escreveu o Apocalipse, entretanto, as guildas estavam no limiar de seu período de influência máxima no mundo greco-romano.[51] A veneração do imperador — tão onipresente nas organizações sociais e políticas do fim do século I — também deve ter sido proeminente nas reuniões dos profissionais. Talvez a sobrevivência no comércio e na profissão fosse difícil para os que se opunham ao culto (ou a outras cerimônias pagãs).

---

[50] *I. Eph.* 2212. Veja uma análise em Horsley, *New Documents*, IV, p. 7.

[51] Além das inscrições já citadas, as ruínas de sedes elaboradas de guildas encontradas em Óstia, Éfeso e outros lugares provam que as guildas alcançaram seu período de máxima influência no século II d.C. Veja Meiggs, *Roman Ostia*, pp. 67-71.

Durante o reinado de Nero, por exemplo, uma associação de pescadores e peixeiros obteve o direito de construir uma alfândega no porto de Éfeso (veja p. 132). Presume-se que a associação cobrasse impostos sobre artigos exportados e importados e estivesse em posição de controlar todo o tráfego marítimo dos navios que entravam e saíam da cidade. Uma inscrição da alfândega dedica as instalações a Nero, a sua mãe, a sua mulher, ao povo romano e ao povo de Éfeso.[52] Embora essa dedicatória não mencione a posição "divina" de Nero, ela pode ter-se tornado ofensiva a judeus ou cristãos devotos, quando a auto-exaltação de Nero ficou conhecida em todo o Império.

A natureza religiosa da alfândega de Éfeso está claramente manifesta em uma inscrição de meados do século II encontrada em uma estátua de Ísis que pertencia à mesma associação de pescadores. A estátua é dedicada a Ártemis, ao imperador Antonino Pio, "à cidade dos efésios — a primeira e maior metrópole da Ásia e duas vezes *neokoros* [guardiã] dos *Augusti* — e aos que negociam na alfândega da indústria de pesca".[53] Horsley comenta que:

> A dedicação da estátua de Ísis exemplifica a dificuldade enfrentada por judeus piedosos e novos convertidos cristãos para ganhar a vida em uma cidade cosmopolita. Para exercer a profissão de pescador em Éfeso e para vender ali seus produtos, era essencial participar da corporação que

---

[52] "Para Nero Cláudio César Augusto Germânico, imperador, a Júlia Agripina Augusta, sua mãe, e a Otávia, esposa do imperador e ao *demos* [povo] dos romanos e ao *demos* dos efésios, o pescador e os peixeiros, tendo recebido o lugar por decreto da cidade (e) tendo construído a alfândega para a pesca (tributo) à própria custa, dedicaram-na." *I. Eph.* 20. Traduzido em HORSLEY, *New Documents*, V, pp. 95-114.

[53] *I. Eph.* V 1503.

pagava impostos para a divindade padroeira da cidade. Isso não quer dizer que todos os judeus e cristãos evitassem tais envolvimentos: o ecletismo no panorama religioso que levava à incongruência comportamental (de nossa distância no tempo) não era incomum.[54]

A estátua de Ísis no porto de Éfeso, associada à alfândega, pode ser um exemplo mais tardio da mesma mistura de comércio e religião pagã que João de Patmos não queria aceitar no século I.

A função econômica e social das guildas

Os estudiosos modernos esclarecem que as guildas do século I eram associações voluntárias e privadas, não sindicatos profissionais no sentido moderno.[55] Na mesma guilda, era comum encontrar cidadãos romanos, estrangeiros residentes, libertos e até escravos.[56] Mais indícios das inscrições sugerem que elas eram "corporações puramente sociais, indiferentes às atividades profissionais de seus membros".[57] Às vezes, recebiam membros que tinham outra profissão, e

---

[54] HORSLEY, *New Documents*, V, pp. 106-107.

[55] Os *collegia*, principalmente em Roma, muitas vezes começavam como "sociedades mútuas para satisfazer as necessidades básicas de seus membros". Proporcionavam "um enterro decente dos mortos e também jantares festivos periódicos para os vivos". GARNSEY & SALLER, *Roman Empire*, pp. 156-157.

[56] JONES, Economic Life, p. 45.

[57] JONES, Economic Life, p. 43; cf. MEEKS, *First Urban Christians*, p. 31. Malherbe diz que os *collegia* "não existiam para melhorar a condição econômica" de seus membros. Nem era essencial a motivação religiosa, pois o propósito real "das guildas era proporcionar vida social para seus membros". *Social Aspects*, p. 88. Entretanto, uma inscrição fora do comum, de Tebtinis no Egito (47 d.C.), fala da associação de mercadores de sal que, aparentemente, funcionava como cartel. Estabeleciam preços para o produto, rateavam mercados e se reuniam para celebrações cultuais. *Michigan Papyri* 5,245, citado por MEIJER & NIJF, *Trade, Transport and Society*, pp. 75-76.

indivíduos ricos com freqüência pertenciam a diversas guildas simultaneamente.[58] Isso indica que as guildas proporcionavam o ambiente para interação social e comercial em geral, em vez de um fórum para os interesses restritos de determinada profissão. Entretanto, o evidente aspecto social das guildas não diminuía sua importância como locais onde os comerciantes faziam contatos comerciais.[59] O fato de representarem uma amostra de grupos sociais só aumentava sua utilidade potencial para as relações comerciais.[60]

---

[58] WALTZING, J.P. *Étude historique sur les corporations professionnelles chez les Romains*, IV (Louvain, fac-sim., 1895-1900), pp. 248-251.

[59] Paulo confiava em amigos de seu ramo de trabalho, a fabricação de tendas. Em Corinto, ele procurou o casal judeu Áquila e Priscila e ficou na casa deles porque exerciam a mesma profissão (At 18,1-3). O apóstolo também estabeleceu laços com pessoas de proeminência nas cidades onde trabalhou: em Éfeso, tinha amigos entre os "asiarcas" (At 19,31). Lucas retrata o apóstolo tendo o tipo de contatos sociais e de negócios úteis que alguém podia estabelecer rapidamente em um ambiente de guildas profissionais. Mais significativo do que aquilo que realmente aconteceu a Paulo é o fato de Lucas, que escreveu no fim do século I (e talvez escrevesse na Ásia Menor), estar pronto para descrever esse estreito relacionamento entre o apóstolo e os asiarcas — homens que eram, provavelmente, funcionários do governo e talvez tivessem laços com o culto imperial. (Magie, reconhecendo a ambiguidade do termo, diz: "Os asiarcas não eram, em absoluto, funcionários provincianos, mas apenas benfeitores, sem relação com o culto imperial". MAGIE, *Roman Rule*, pp. 449-450. Embora Magie possa estar certo ao afirmar que a função de asiarca não acarretava *necessariamente* responsabilidade no culto imperial, há boas provas de que, de fato, os asiarcas ocupavam cargos governamentais e oficiavam em ocasiões religiosas oficiais. Um dos mais bem comprovados é Tibério Cláudio Aristião, que aparece em pelo menos 25 inscrições de Éfeso. Ele foi asiarca em 92-93 d.C. e em diversas outras ocasiões, e oficiou como sumo sacerdote do templo provinciano do culto imperial em Éfeso. Desempenhou importante papel na administração da cidade. Uma inscrição em sua honra vem da base de uma estátua encontrada no ginásio do porto, instituição que ele ajudou a financiar. *I. Eph.* 235, 427, 461, 508, 1498. Veja HORSLEY, *New Documents*, IV, pp. 49-50 e FRIESEN, *Twice Neokoros*, pp. 92-112.) O desejo de Lucas de mostrar Paulo como amigo dos asiarcas talvez exemplifique a atitude despreocupada para com a sociedade pagã que João considerava tão perigosa.

[60] Veja THOMPSON, *Revelation*; Apocalypse and Empire, pp. 119-120.

A inscrição feita pela associação de pescadores de Éfeso, que construiu uma alfândega durante o reinado de Nero, esclarece como as guildas reuniam pessoas de todos os estratos sociais. Abaixo do texto dedicatório aparecem os nomes de 100 associados que ajudaram a financiar as instalações. Pelos nomes, Horsley calcula que 44 eram cidadãos romanos, 41 ocupavam posições não servis e possivelmente 10 eram escravos. Horsley observa:

> A variação de *status* cívico de cidadãos romanos de origem itálica a escravos [...] proporciona intrigante analogia para essa extensão similar de posição que é atestada nas Igrejas paulinas [...]. Nos grupos religiosos neotestamentários observa-se uma porcentagem igualmente alta de pessoas com nomes latinos e, em especial, entre os que tinham alguma ligação com Paulo.[61]

Essa análise indica que alguns cristãos estavam em grupos sociais em que era possível, e até provável, a participação em uma guilda.

Muitas guildas não tinham laços formais com o governo local ou imperial, e Roma vigiava para que nenhuma associação existente no Império se tornasse uma sementeira para a agitação política. Toda nova guilda (como qualquer associação dentro do Império) precisava de aprovação do Senado ou do imperador romano, que, caso contrário, a classificaria como *illicitum*.[62] Até um corpo de bombeiros proposto em Nicomédia despertou as suspeitas do imperador

---

[61] HORSLEY, *New Documents*, V, p. 108. Cf. MEEKS, *First Urban Christians*, pp. 47-48, 55-73.

[62] MEIGGS, *Roman Ostia*, p. 311. Para as restrições legais nas sociedades em geral, veja em JUSTINIANO, *Dig.* 47,22,1-3. Cf. ORÍGENES, *Contra Celsum* 1,1.

Trajano em 111 d.C., e ele instruiu o governador Plínio para não permitir sua organização.[63]

Com freqüência, as guildas possuíam um ponto de encontro (σχολή) ou oratório/santuário (*templum*)[64] onde realizavam cerimônias religiosas, tratavam de negócios, davam banquetes ou apenas se reuniam para confraternizar. Alguns estudiosos são de opinião que a "escola (σχολή) de Tiranos" onde Paulo pregava em Éfeso (At 19,9) era um desses prédios de guildas. O livro dos Atos descreve Paulo como um trabalhador que convivia com outros artesãos. Era natural o apóstolo ter contatos que lhe permitissem usar a sala de uma guilda profissional.[65]

Ressurgimento das guildas marítimas

As associações de navegadores e mercadores estão entre as mais antigas guildas das quais temos bons indícios.[66]

---

[63] Trajano diz que, às vezes, até mesmo as brigadas de incêndio "perturbam muito a paz" na província. Ele teme que "homens reunidos para um fim comum não demorem a se tornar uma associação política. PLÍNIO, *Ep*. 10,33-34. As únicas associações que Trajano admitia eram as permitidas no tratado original de Roma com uma dada cidade. Além de controlar as guildas, Roma mantinha vigilância nos locais de comércio: para administrar um mercado ou uma feira, os indivíduos e as comunidades precisavam de aprovação do Senado romano ou do imperador. Essa supervisão governamental talvez tornasse mais provável a aceitação, por parte dos mercadores, da ideologia imperial e até dos símbolos cultuais. Inscrições de 138 d.C. registram que o Senado romano deu permissão para um mercado na África. *CIL*, VIII 11, 451 e XXIII, 246. LEWIS & REINHOLD, *Roman Civilization*, II, p. 337.

[64] Em sua análise de associações em Óstia, Meiggs diz que "parece muito provável" que "algumas guildas tivessem uma relação particularmente estreita com certos templos que elas construíam e mantinham". MEIGGS, *Roman Ostia*, p. 327.

[65] MALHERBE, *Social Aspects*, pp. 89-90. THOMPSON, *Revelation*; Apocalypse and Empire, p. 119.

[66] A palavra grega para "armador" é ναύκληρος; a latina, *navicularius*. Nas duas línguas, em geral o termo significa aquele que possui um navio e usa-o diretamente no comércio ou o arrenda para outro mercador. STOECKLE, Navicularii, *PW*, bd. 16,2, col. 1903. Aparentemente, às vezes o termo aplicava-se apenas aos que operavam um navio. Cf. PLUTARCO, *De Liberis Educandis* 7.

Já em 333 a.C., mercadores de Chipre que viviam em Atenas construíram um templo para Afrodite, e mercadores do Egito construíram um para Ísis.[67] Na ilha de Delos, no meio do mar Egeu, uma inscrição de 154-153 a.c. revela que havia uma "associação dos mercadores e navegadores tírios de Hércules"[68] que ali se reuniam regularmente para culto e negócios. Uma associação semelhante de comerciantes e navegadores de Berito também se reunia em Delos para cultuar Poseidon.[69] Em algum período do século I a.C. ou do século I d.C., houve uma guilda de armadores e mercadores em um porto de Quio.[70]

Em sua maioria, essas associações floresceram antes do principado romano e temos indícios limitados de *collegia* marítimos durante o século I d.C. Ainda existe uma inscrição de cerca de 70 d.C., de uma casa dos armadores de Nicomédia, na Bitínia.[71] Os armadores dedicaram esse prédio a Vespasiano e talvez acrescentassem um santuário para ele.[72] Em Amastre no mar Negro, havia outro edifício dos navegadores, embora não tenhamos certeza de sua data.[73]

---

[67] E. Schürer, *The History of the Jewish People in the Age of Jesus Christ*, III,I (M. Black, et alii, orgs., Edinburgh, T. & T. Clark, 1986), p. 110.

[68] κοινὸν τῶν Τυρίων Ἡρακλεϊστῶν ἐμπόρων καὶ ναυκλήρων, I. *Délos*, 1519. Citado por Schürer, *History*, III,I, p. 108.

[69] *OGIS*, 591; I, *Délos*, 1520, 1772-1796, 2323-2327, 2611. Citado por Schürer, *History*, III,I, p. 108.

[70] οἱ ναύκληροι κ[αὶ οἱ] ἐπὶ τοῦ λιμένος ἐργ[ασταί]. Broughton, Asia Minor, p. 841.

[71] *IGR*, III, 4; cf. *CIG*, III, 3778. Citado por Broughton, Asia Minor, pp. 774, 837.

[72] Magie diz que os "proprietários de navios, graças ao porto excelente e às estradas que levavam ao interior — evidentemente um grupo próspero —, ergueram uma 'casa' para ser usada com os propósitos de seu negócio, mas que talvez incluísse um santuário para Vespasiano". Magie, *Roman Rule*, I, p. 588.

[73] Broughton, Asia Minor, p. 777.

Em meados do século II, associações de navegadores eram bem conhecidas em Roma e nas províncias.[74] A data indica que, durante o primeiro principado, as guildas marítimas estavam extintas ou eram insignificantes, mas emergiram com nova vitalidade em meados do século I e no início do século II.[75] Isso significa que João escreveu o Apocalipse na ocasião em que navegadores e mercadores internacionais caminhavam para maior coesão e influência como grupo.

Caráter religioso das guildas

Todas as guildas de Roma e do Oriente tinham caráter religioso,[76] muitas vezes centralizado nos deuses ou deusas padroeiros da associação. No fim do século I ou início do século II, algumas formas do culto imperial também encontraram expressão em quase todas as guildas.[77] Em parte, isso se originou do fato de ser típico das guildas procurar patronos ricos e influentes, justamente as pessoas com maior probabilidade de estarem envolvidas com o sacerdócio imperial.[78] Era comum as guildas profissionais e mercantis reconhecerem o próprio imperador como o patrono mais reverenciado. Por exemplo, a grande corporação de artistas e músicos (*synodus technitorum*) de Éfeso, que organizava festas e es-

---

[74] JUSTINIANO, *Dig.* 3,4,1. Citado por STOECKLE, *Navicularii*, col. 1903. A vasta atestação dessas guildas em meados do século II indica que deve ter havido um período que remontava a cinqüenta ou cem anos, durante o qual as guildas foram criadas e se tornaram eficientes. Em Ap 18, parece que João fala dos mercadores e armadores como um grupo reconhecível.

[75] ROSTOVTZEFF, *Roman Empire*, I, pp. 157-159; 170-171; 178.

[76] LA PIANA, Foreign Groups, p. 225; COLLINS, *Crisis and Catharsis*, p. 97.

[77] MEIGGS, *Roman Ostia*, p. 327.

[78] MEIGGS, *Roman Ostia*, p. 316.

petáculos para a cidade, reconhecia Dionísio e também o imperador reinante como patronos.[79]

O caráter religioso das instituições parece ser o aspecto da sociedade greco-romana que mais inquietava João. "Prostituição" era seu termo depreciativo para toda transigência com a atividade idólatra. "Aqui estava em jogo o problema da assimilação", postula Collins. "Que costumes pagãos os cristãos poderiam adotar pelo bem da sobrevivência econômica, do ganho comercial ou da simples sociabilidade?"[80]

4. Privilégios para os navegadores

O governo imperial tinha mais interesse na indústria marítima do que em qualquer outro empreendimento comercial. Como vimos, Roma não conseguia alimentar a si mesma e dependia cada vez mais da comida vinda das províncias.[81] Além de uma população civil de quase 1 milhão de habitantes, Roma tinha um exército para alimentar. Uma *annona*, ou suprimento de grãos confiável,[82] era essencial

---

[79] PETIT, *Pax Romana*, p. 103. João menciona que o som de um músico e a obra de um artesão (τεχνίτης) nunca mais serão encontrados em Roma. O papel dos músicos e artesãos nos festivais imperiais de Éfeso talvez tenha sido lembrado por João quando ele descreveu a queda de Roma.

[80] COLLINS, *Crisis and Catharsis*, p. 88.

[81] Tácito parafraseia uma carta que Tibério enviou ao Senado em 22 d.C., na qual o imperador lamenta que "a Itália dependa de suprimentos externos" e "a vida da nação romana dependa dia após dia da misericórdia incerta de ondas e ventos". TÁCITO, *Ann.* 3,54. Em sua análise de Cláudio, Tácito acrescenta: "No passado, a Itália exportava suprimentos para as legiões que estavam em províncias remotas [...] [mas agora] cultivamos preferentemente a África e o Egito, e a vida da nação romana depende de navios de carga e acidentes". TÁCITO, *Ann.* 7,43.

[82] O *annona* incluía grãos, carne, azeite e vinho para os cidadãos de Roma e para o exército. LAMPE, *Die stadrömischen Christen*, p. 205.

para o bem-estar e a ordem civil[83] da capital. Já sob Tibério, o "preço excessivo dos cereais levou praticamente à insurreição".[84] A fim de tranqüilizar a população — sem pôr em perigo os lucros dos navegadores —, Tibério fixou o preço dos cereais e garantiu aos mercadores cerealistas o subsídio de dois sestércios *per modius*.[85]

Benefícios acrescentados por Cláudio

Quando Cláudio se tornou imperador em 41 d.C., Roma só tinha em reserva um suprimento de grãos para oito dias.[86] Mais tarde, uma seca ameaçou o suprimento alimentar de Roma, e Suetônio diz que Cláudio "foi interceptado por uma turba no meio do Fórum". Foi "tão bombardeado por insultos e, ao mesmo tempo, pedaços de pão, que quase não conseguiu fugir para o palácio".[87]

Cláudio pouco podia fazer diretamente que assegurasse mais alimentos para a capital. Como o governo não possuía nenhuma frota para trazer cereais das províncias ultrama-

---

[83] Os imperadores davam grande prioridade à manutenção de adequado suprimento alimentar para Roma. Quando houve ameaça de fome, em 22 a.C., o próprio Augusto assumiu o controle da administração de grãos. AUGUSTO, *Res Gestae* 5. O cargo de questor de Óstia foi a primeira etapa importante na vida pública do enteado de Augusto, Tibério. Quase no fim da vida, Augusto instituiu o cargo de *praefectus annonae* para assegurar o suprimento adequado de grãos. MEIGGS, *Roman Ostia*, p. 45. Regularmente, Roma distribuía cereais de graça para os cidadãos, com o objetivo de *quies* [sossego, paz, tranqüilidade] ou nova ordem. Veja PARKER, Trade Within the Empire, pp. 635-657.

[84] TÁCITO, *Ann.* 6,13,1.

[85] TÁCITO, *Ann.* 2,87.

[86] SÊNECA, *De Brevitate Vitae* 18,5. Veja MEIGGS, *Roman Ostia*, p. 54. A preocupação de Cláudio com o suprimento de grãos é evidente em algumas das emissões de moedas de seu primeiro ano, que retratam um *modius* (módio, medida de trigo) e a deusa agrícola da abundância, Ceres. HANNESTAD, *Roman Art*, p. 103.

[87] SUETÔNIO, *Claud.* 28,2.

rinas,[88] Roma confiou em comerciantes particulares das províncias.[89] A coroa e os cidadãos pagavam preços de mercado livre pelos cereais importados.[90] Mesmo quando pertenciam a um *collegium*, os navegadores ainda assim faziam contratos individuais para o transporte de alimentos.[91] A participação em um *collegium* marítimo não era obrigatória durante os dois primeiros séculos d.c.,[92] e as guildas não tinham controle formal das atividades de cada membro.[93]

Cláudio foi o primeiro a oferecer privilégios e benefícios garantidos para os armadores que pusessem seus na-

---

[88] A África fornecia grãos para Roma durante oito meses por ano, e o Egito durante quatro. JOSEFO, *G. J.* II,16,4 (383, 386). Veja CASSON, *Ancient Trade*, p. 97.

[89] O comércio em geral "continuou em grande parte nas mãos dos embarcadores do Egito, da Síria, da Ásia, da Grécia e, até certo ponto, dos italianos do Sul". FRANK, *A History of Rome*, p. 375. Casson diz que "o empreendimento privado desempenhava importante papel" no embarque de grãos, e "o Estado não exercia controle estrito sobre o comércio". CASSON, *Ancient Trade*, p. 108. Petit diz que Roma adotou uma "política oficial de não-interferência na economia do Império, mas controlava a produção e a distribuição de grãos. PETIT, *Pax Romana*, p. 189. Garnsey conclui que os embarcadores de grãos eram agentes autônomos e só se tornaram funcionários públicos que desempenhavam serviços compulsórios no fim do século III ou no início do século IV. GARNSEY, Grain for Rome, pp. 127-128.

[90] Em ocasiões excepcionais, o imperador às vezes intervinha com controles de preços. Depois do grande incêndio de Roma em 64 d.C., Nero abaixou o preço dos cereais "para três sestércios". TÁCITO, *Ann.* 15,39. Garnsey diz que os indícios de controles de preço são fragmentários demais para levar a conclusões cabais GARNSEY, Grain for Rome, p. 127.

[91] No início do século II, Roma ainda comprava grãos de indivíduos no mercado livre. Plínio fala de colheitas produzidas no Egito e diz: "O erário imperial paga publicamente as compras" de trigo, "com preços acordados entre vendedor e comprador". PLÍNIO, *Pan.* 29,4-5.

[92] Stoeckle diz que muitos armadores pertenciam a um *collegium*, embora os privilégios que se estendiam a eles só se prenderiam à participação em guildas no século III. STOECKLE, *Navicularii*, col. 1915.

[93] LAMPE, *Die stadrömischen Christen*, p. 206. Rostovtzeff retrata uma considerável intervenção estatal nas atividades dos armadores. Roma exercia "controle direto" sobre o transporte de *annona*, diz ele. ROSTOVTZEFF, *Roman Empire*, I, p. 145. Tal controle data de época posterior ao século I.

vios a serviço da *annona*.[94] O Estado, ele prometeu, compensaria o custo de todo navio perdido no mar. Essa garantia imperial deve ter sido significativa para os mercadores que se arriscavam em empreendimentos marítimos, pois o naufrágio era comum.[95] Tácito relata a perda de duzentos barcos no porto de Óstia durante uma tempestade em 62 d.C. e outros cem perdidos em um incêndio no Tibre.[96] Trimalcião, rico mercador no romance de Petrônio [Satiricos], perdeu cinco navios durante sua primeira incursão no comércio marítimo. "Em um só dia, Netuno engoliu 30 milhões [de sestércios]", ele se lamenta.[97] Quando um navio mercante levava o apóstolo Paulo preso para Roma, a embarcação encalhou durante uma tempestade e se desconjuntou (At 27). Alhures Paulo relata que sobreviveu três vezes a naufrágio (2Cor 11,25).[98] Destroços de navios espalhavam-se pela costa do Mediterrâneo,[99] e os embarcadores prudentes devem ter ficado gratos ao imperador por garantir seu investimento.

---

[94] SUETÔNIO, *Claud.* 18. Veja GARNSEY, Grain for Rome, p. 123. Quanto ao relacionamento entre Roma e os armadores, Casson diz: "Não há o menor traço de controle ou mesmo supervisão governamental". Cláudio "não recorria ao castigo, mas sim ao agrado". CASSON, *Ancient Trade*, p. 102.

[95] O navio que levou Paulo para Roma como prisioneiro era "um navio alexandrino de partida para a Itália" (At 27,6). Lucas relata que o piloto e o armador dispunham-se a partir para Creta no outono, depois do fim da costumeira estação de navegação, apesar de que "o Jejum [o *Yom Kippur:* a festa da Expiação] já tivesse passado" (At 27,9-12). Na opinião de E. Ferguson, as garantias que Cláudio deu talvez fizessem disso um jogo atraente. E. FERGUSON, *Backgrounds of Early Christianity* (Grand Rapids, Eerdmans, 1987), p. 65.

[96] TÁCITO, *Ann.* 15,18.

[97] PETRÔNIO 76.

[98] Cf. JOSEFO, *Autob.* III,14-15. Os judeus alexandrinos estavam bem a par dos perigos de naufrágio, como atesta o *Tr. Shem* 1,10.2,12.4,5.6,16.10,5.11,6.

[99] PARKER, Trade Within the Empire, p. 636. R. MACMULLEN, *Corruption and the Decline of Rome* (New Haven, Yale University Press, 1988), pp. 8-10.

Cláudio também anunciou que os cidadãos romanos que transportassem grãos por tempo prolongado gozariam os benefícios de impostos e heranças concedidos a quem tinha vários filhos;[100] os que não tinham a cidadania poderiam recebê-la.[101] Cláudio disse que os navegadores que construíssem navios para o transporte de grãos receberiam grandes doações (*magna commoda*) do governo, e imperadores subseqüentes acrescentaram outros benefícios. Nero isentou os mercadores dos impostos sobre navios cargueiros,[102] e Adriano dispensou os navegadores dos serviços públicos compulsórios (λειτουργίαι) em suas cidades.[103]

---

[100] SUETÔNIO, *Claud.* 19. Suetônio acrescenta que "todas essas provisões [privilégios para armadores] estão em vigor hoje". A *Lex Papia Poppaea* (9 d.C.) dava incentivos financeiros e políticos para que os cidadãos tivessem filhos. Veja SUETÔNIO, *Aug.* 34; DIO CÁSSIO, *Hist. Rom.* 55,2,56,10; TÁCITO, *Ann.* 3,25; 15,19; GAIO, *Inst.* 3,42-54; ULPIANO, *Epitome* 29,3-7; TERTULIANO, *Apol.* 4; LEWIS & REINHOLD, *Roman Civilization*, II, pp. 49-52.

[101] Gaio (século II) diz que "por um edito de Cláudio os latinos [júnios] adquirem cidadania romana quando constroem um navio adequado para navegar com capacidade mínima de 10 mil *modii* (módios) de grãos [cerca de setenta toneladas] e se esse navio, ou outro em seu lugar, transportar grãos para Roma durante seis anos". GAIO, *Inst.* 1,32c. Os "latinos júnios" eram uma classe de libertos que gozava liberdade real, mas não estatutária. A lei júnia (aprox. 17 d.C.) regularizou a situação dessas pessoas, que gozavam de direitos cívicos limitados, mas tinham a oportunidade de alcançar cidadania plena. Cf. ULPIANO, *Epitome* 1,10-15. Veja LEWIS & REINHOLD, *Roman Civilization*, II, p. 52.

[102] TÁCITO, *Ann.* 13,51. Magie data o decreto de Nero de 58 d.C. MAGIE, *Roman Rule*, I, p. 563. A respeito da declaração de Vespasiano de privilégios para armadores (75 d.C.) registrada em Pérgamo, veja M. McCRUM & A. G. WOODHEAD, orgs., *Select Documents of the Principates of the Flavian Emperors* (Cambridge, Cambridge University Press, 1961), p. 135, n. 458.

[103] Os benefícios acumulados concedidos aos armadores por diversos imperadores eram significativos o bastante para induzir a abusos. O imperador Marco Aurélio (161-180 d.C.) e Vero escreveram, aparentemente a uma cidade grega, a pessoas que — "sob o pretexto de serem armadoras e de transportarem trigo e azeite para o mercado do povo romano — [...] reivindicam isenção de λειτουργίαι [pagamentos ou serviços à cidade local], embora nem naveguem nem tenham a maioria de seus bens em transporte e comércio marítimo. Que essa imunidade seja retirada! [...]". JUSTINIANO, *Dig.* 50,6,6. Citado por MILLAR, *The Emperor*, p. 428.

Navegadores com dívida de gratidão para com Roma

Enquanto os empreendedores provincianos mantinham uma torrente constante de grãos e outros produtos fluindo para a capital, Roma providenciou para que esse negócio desse lucro. Já nos dias de Augusto, os mercadores internacionais sabiam que suas fortunas pessoais dependiam das boas graças do imperador. Suetônio relata o incidente a seguir, que aconteceu em cerca de 14 d.C.

> Quando ele [Augusto] navegava pelo golfo de Putéoli, aconteceu que, de um navio alexandrino que acabara de chegar ali, os passageiros e a tripulação, vestidos de branco, usando grinaldas e queimando incenso, prodigalizaram-lhe bons augúrios e os maiores elogios, dizendo ser por ele que viviam, por ele que singravam os mares e por ele que gozavam de liberdade e riquezas.[104]

Augusto ficou tão contente que deu quarenta peças de ouro a cada um de seus companheiros de viagem e fê-los prometer gastar o dinheiro em mercadorias de Alexandria.

Esse sentimento de benefício mútuo entre o imperador e os mercadores prevaleceu durante todo o século I. Os mercadores marítimos tinham razão de demonstrar gratidão, pois o imperador concedia benefícios que possibilitavam o transporte marítimo. Cláudio construiu o porto e os canais ancilares em Óstia[105] e ergueu um farol.[106] Em Óstia e em

---

[104] Suetônio, *Aug.* 98. Charlesworth diz que Augusto "era originário de uma família italiana de classe média" e não tinha "o desprezo aristocrático pelo comércio que era inato nos consulares; ele apreciava o ponto de vista do mercador e do homem de negócios da classe média". Charlesworth, *Trade Routes*, p. 10.

[105] *CIL*, XIV, 85. Citado por Meiggs, *Roman Ostia*, p. 55. O título oficial do porto claudiano era *portus Augusti Ostiensis*.

[106] Suetônio, *Claud.* 20,3.

Putéoli, ele postou uma coorte de soldados para proteção contra incêndios.[107] Construiu canais do Tibre até o mar e ligou seu novo porto diretamente a Roma.[108] Nero construiu um porto para sua cidade natal, Âncio,[109] e tentou cortar um canal através do istmo de Corinto.[110] Domiciano reconstruiu o porto de Óstia em mármore[111] e melhorou as estradas que ligavam Putéoli a Roma.[112] Os navegadores do tempo do livro do Apocalipse aguardavam outra grande expansão do porto de Óstia, projeto executado por Trajano.[113]

Além de proporcionar facilidades para os mercadores, com sua presença militar em todo o Império, Roma dava proteção contra a pirataria e o banditismo. Alguns estudiosos argumentam que a proteção imperial para os mercadores era mais coincidente que intencional.[114] Independentemente do motivo, os provincianos reconheciam que a proteção era real.[115] Até Fílon, em 39 d.C., alegrou-se porque

---

[107] SUETÔNIO, *Claud.* 25,2.

[108] *CIL*, XIV, 85. Citado por MEIGGS, *Roman Ostia*, p. 55.

[109] SUETÔNIO, *Nero* 9.

[110] SUETÔNIO, *Nero* 19,2. Calígula planejou fazer o mesmo. SUETÔNIO, *Cal.* 21.

[111] HERMANSEN, *Ostia*, p. 9.

[112] Em 95 d.C., Domiciano construiu a *Via Domitiana*, que proporcionou excelente estrada direta entre Putéoli e Roma. Em seu poema sobre a nova estrada, Estácio acumula louvores ao imperador: "Veja! um deus ele é, por ordem de Júpiter, governa para ele o mundo feliz [...]". ESTÁCIO, *Via Domitiana* 4,3,128-129.

[113] Trajano também construiu portos em outros lugares, como Centocelas. PLÍNIO, *Ep.* 6,31,15-17.

[114] RASCHKE, New Studies, p. 648.

[115] Legionários e auxiliares romanos guardavam as principais rotas comerciais através do Deserto Oriental no Egito. Raschke diz que tropas romanas em cidades egípcias no mar Vermelho "não podiam ter tido outro propósito além de assegurar o comércio, os comerciantes que passavam por esses portos e o amplo interesse imperial no comércio de especiarias". RASCHKE, New Studies, p. 648.

Augusto "esvaziou o mar de barcos piratas e encheu-o com navios mercantes".[116]

O poder romano proporcionava segurança e estabilidade que permitiam ao comércio florescer, e os súditos romanos que prosperavam respondiam com gratidão e cooperação.[117] Não nos surpreende que um navio mercante tenha levado Vespasiano de Alexandria a Roma em 69 d.C., quando exércitos do Oriente aclamaram-no imperador.[118] Em Óstia, o culto a Vespasiano e Tito floresceu por muitos anos depois que esses imperadores morreram.[119] Inscrições ou templos em honra do imperador surgiam em mercados e instalações portuárias onde os mercadores se reuniam. Fílon citou o porto de Alexandria como exemplo das "honras celestiais" que muitas cidades davam a Augusto. Ali, os habitantes construíram um recinto chamado *Sebasteum*, um templo a César de frente para o porto. Fílon diz que a construção era "enorme e proeminente [...], embelezada com pórticos, bibliotecas, gabinetes, bosques [...] e tudo que gas-

---

[116] Fílon, *Leg. Gai.* 146. Cf. Estrabão, *Geog.* 3,2,5. Antes de Augusto controlar o Mediterrâneo, "a fome caiu sobre Roma, pois os mercadores do Oriente não podiam lançar-se ao mar", por temerem os piratas. Apião, *Guerras Civis* 5,8,67. Mais tarde, Augusto alardeou que "trouxe paz aos mares quando os livrou dos piratas". Augusto, *Res Gestae* 25. No século II, Irineu alegrou-se porque, graças à proteção romana, "caminhamos nas estradas sem medo e navegamos onde queremos". Irineu, *Adv. Haer.* 4,30,3.

[117] Trajano governou depois que João escreveu o Apocalipse; a contribuição de Trajano ao comércio é consistente com o padrão de boas relações entre os mercadores e a coroa, evidente em Ap 18. Plínio diz que Trajano "abriu estradas, construiu portos, criou rotas terrestres [...] e ligou povos distantes por meio do comércio, de modo que produtos naturais em qualquer lugar agora parecem pertencer a todos". Plínio, *Pan.* 29,2.

[118] Josefo, *G. J.* VII,2,1 (21).

[119] Não restam indícios de um culto a Domiciano em Óstia. Meiggs atribui isso à maldição que o Senado romano lançou publicamente à memória de Domiciano depois de sua morte. Em todo o Império, centenas de inscrições que traziam seu nome foram alteradas ou destruídas, inclusive muitas em toda a Ásia Menor. Meiggs, *Roman Ostia*, p. 64.

tos generosos podiam produzir para embelezá-la".[120] Era simplesmente bom negócio demonstrar lealdade para com o imperador que possibilitava o comércio marítimo.

Ocasionalmente, um imperador podia até decidir recompensar determinado navegador com benefícios políticos, como ilustra a carta a seguir, de Adriano para a cidade de Éfeso:

> Saudações. L. Erasto é, segundo ele, cidadão de sua cidade, muitas vezes singrou os mares. [...] Especializou-se em transportar dignitários, e duas vezes navegou comigo. [...] Quer ser membro da câmara [de vereadores]. [...] Se não há empecilhos e ele é digno dessa honra, estou disposto a pagar a quantia que os vereadores têm de pagar na entrada.[121]

Adriano inicia essa carta a Éfeso descrevendo-se como "neto do endeusado Nerva" e *"pontifex maximus* [chefe do colégio de pontífices e de outros sacerdotes encarregados do culto formal]".

5. O comércio marítimo e o culto imperial

Desde tempos imemoriais, os marinheiros mediterrâneos combinavam a arte de navegar com rituais de culto. Quando uma terrível tempestade ameaçou o navio que transportava o profeta Jonas, "os marinheiros tiveram medo e começaram a gritar cada qual para o seu deus" (Jn 1,5). Além dessas ocasiões de infortúnio, mercadores e marinheiros também invocavam os deuses em locais de culto permanente em muitos portos. Nos séculos IV e III a.C., mercadores de

---

[120] Fílon, *Leg. Gai.* 151.

[121] *SIG*, III, 838. Meijer & Nijf, *Trade, Transport and Society*, p. 72.

Chipre e Sidônia construíram templos em Atenas.[122] Uma inscrição de Putéoli, de 79 d.C., afirma que "o deus Hélios Saraptenos [isto é, Baal de Sarepta, entre Tiro e Sidônia] veio de navio de Tiro para Putéoli".[123]

Em sarcástica referência aos que suplicam aos deuses a bordo de navios mercantes, a Sabedoria descreve um marinheiro que "invoca uma madeira mais frágil do que o barco que o transporta". Sem condenar o motivo do lucro ou o comércio marítimo, o autor diz:

> [...] A este, concebeu-o a ânsia do lucro [...]; mas é a tua Providência, ó Pai, que o pilota, pois abriste um caminho até no mar [...], de sorte que, mesmo sem experiência, se possa embarcar (Sb 14,1-4).

É possível que os ídolos marítimos condenados no livro da Sabedoria fossem, na verdade, efígies de um rei ou imperador reinante, fenômeno mencionado mais adiante no mesmo livro:

> [...] Sob a ordem dos soberanos, imagens esculpidas receberam culto. Quando as pessoas não podiam honrar os monarcas na sua presença, porque viviam longe, elas imaginavam a presença deles distante, fazendo uma imagem visível do rei que honravam, para assim, mediante esse zelo, adular o ausente como presente. A ambição do artista pro-

---

[122] Schürer, *History*, III,I, pp. 109-110.

[123] A. D. Nock, *Conversion*; The Old and the New in Religion from Alexander the Great to Augustine of Hippo (Lanham, MD, University Press of America, 1988), p. 66. Os arqueólogos encontraram nos Países Baixos um grande número de inscrições religiosas pagãs escritas por mercadores que negociaram com a Grã-Bretanha romana nos séculos II e III d.C. Esses às vezes incluem referências à casa imperial. *AE* (1973), 362, 364, 365, 370, 372, 375; *AE* (1975), 646, 647, 651; *AE* (1980), 658, *AE* (1983), 720, 721. Citado por Meijer & Nijf, *Trade, Transport and Society*, pp. 87-89.

moveu esse culto, atraindo mesmo os que não o conheciam; pois querendo este, talvez, agradar ao soberano, forçou sua arte a fazê-lo mais belo que a natureza, e a multidão, atraída pelo encanto da obra, considera agora objeto de adoração a quem antes honravam apenas como homem. E isso se tornou uma cilada para a vida: homens, escravos ou da desgraça ou do poder, impuseram o Nome incomunicável à pedra e à madeira (Sb 14,16-21).

Indícios intrínsecos indicam que o livro da Sabedoria originou-se em Alexandria no fim do século I a.C.[124] Se essa data está correta, pode ter havido precedentes para o culto do governante no ambiente do comércio marítimo muito antes que o culto ao imperador romano começasse de fato.

Temas pagãos em portos mediterrâneos

Durante o período neotestamentário, símbolos pagãos eram comuns em praticamente toda cidade portuária. Cencréia, porto marítimo egeu para Corinto e local de uma comunidade cristã primitiva (Rm 16,1), recebeu seu nome de Cencreide, filha de Poseidon e Perana. Pausânias (século II) relata que em Cencréia havia "um templo e uma estátua de pedra de Afrodite, depois dela, no molhe que ia em direção ao mar, uma imagem de bronze de Poseidon e, na outra extremidade do porto, santuários de Esculápio e de Ísis".[125] Mercadores marítimos da Ásia Menor freqüentavam esse porto, transportando mercadoria através do estreito istmo para o porto de Lequeu e prosseguindo até Roma.[126]

---

[124] Veja J. M. REESE, Wisdom of Solomon, in MAYS, org., *Harpers's Bible Commentary*, p. 821.

[125] PAUSÂNIAS 2,2,3.

[126] ESTRABÃO, *Geog.* 8,2,1. Estrabão diz que o templo do Poseidon do Istmo ficava perto da rampa de lançamento dos navios (δίολκος), através do istmo. *Geog.* 8,6,4; 8,6,22

Os autores antigos falam de cerimônias religiosas e honras imperiais ligadas ao transporte marítimo. Apuleio (século II) descreve como os adoradores de Ísis celebravam o início da temporada de navegação.[127] Seu líder oferecia "votos propícios para o grande imperador, para o senado, para os *equites*, para todo o povo romano e para os marinheiros e navios sob o controle e a soberania de nosso mundo [romano]". Em seguida, o líder do culto dizia: "*Ploiaphesia* (soltem o navio)!" e se iniciava a temporada da navegação.[128]

O comércio de grãos, em especial, assumia uma aura religiosa, evidente em moedas de Alexandria. As moedas do quarto ano do reinado de Domiciano (84-85 d.C.) mostram Domícia Augusta usando uma coroa de espigas de milho, "pela qual a imperatriz é comparada ou assimilada a" Deméter, deusa da fertilidade.[129] Os reversos das moedas daquele ano retratam frutas, espigas de milho, papoulas e um veleiro.

Quando o culto imperial se desenvolveu, era natural que as cerimônias de navegação incorporassem honras ao imperador. Uma pintura do século I em um muro de Óstia representa dois meninos puxando, em direção a uma cerimônia religiosa, uma carroça de um navio mercante ancorado (veja a Figura 3, p. 176). Na cerimônia, os sacerdotes oferecem sacrifícios sob um estandarte que tem três imagens — talvez

---

[127] A estação de navegação no Mediterrâneo ia aproximadamente de 10 de março a 10 de novembro.

[128] APULEIO, *The Golden Ass*, 11,17.

[129] K. SCOTT, *The Imperial Cult Under the Flavians*. Stuttgart, Kohlhammer, 1936. p. 85. Koester menciona que, durante o período romano, as moedas imperiais "estavam totalmente a serviço da propaganda do Estado" e, com freqüência, retratavam divindades e templos. H. KOESTER, *History, Culture and Religion of the Hellenistic Age*, I (New York, de Gruyter, 1982), pp. 90-91.

as de Augusto, Gaio e Lúcio. A cerimônia parece representar o início da temporada de navegação na primavera.[130]

Símbolos cultuais em portos italianos

Todo navegador provinciano em atividade no comércio com Roma tinha contato regular com os grandes portos imperiais da Itália. Óstia, localizado na foz do Tibre, era o principal porto para a cidade de Roma. Muitos navios também ancoravam em Putéoli, cerca de 220 km ao sul de Óstia. Dali passageiros e carga viajavam por terra até Roma.[131]

Havia nesses portos muitos símbolos religiosos e imperiais, como ilustra uma moeda com detalhes notáveis, cunhada por Nero em 64 d.C. A moeda é um sestércio que retrata o porto de Óstia (veja a Figura 4, p. 177),[132] e dava aos provincianos comuns uma imagem nítida do porto romano onde os mercadores marítimos entregavam carregamentos.[133] Nessa moeda, aparecem o imperador, navios mercantes, um navio de guerra, um indivíduo oferecendo sacrifício, um templo e o deus Netuno. A imagem numismática de Óstia, passada de mão em mão entre inúmeros súditos romanos, combinava os exatos elementos que João de Patmos considerava uma configuração profana: comércio, deuses pagãos, o exército romano e o culto imperial.

---

[130] Veja M. ROSTOVTZEFF, *A History of the Ancient World*. II. Rome (London, Oxford University Press, 1938), p. 267.

[131] Essa foi a rota em que Paulo viajou como prisioneiro para Roma (At 28,13-14).

[132] Veja MEIGGS, *Roman Ostia*, p. 158 (gravura xviii); HANNESTAD, *Roman Art*, p. 111.

[133] As moedas desempenhavam papel importante na ideologia imperial romana. Hannestad observa que "em um tempo quando a mídia de massa a que estamos acostumados não existia" as moedas "formavam o meio mais adequado para fazer propaganda política". HANNESTAD, *Roman Art*, p. 11. Jesus usou uma moeda romana em sua discussão de débito para com Deus e débito para com César (Mc 12,13-17).

Figura 3. Afresco do século I, em Óstia. A cena parece ser uma associação de meninos reunidos para uma cerimônia religiosa, talvez no início da temporada de navegação, na primavera. Dois rapazes puxam uma carroça da praia, onde um navio mercante está ancorado. Outro jovem entrega uma travessa (cerimonial?) a dois sacerdotes que usam grinaldas. Atrás dos sacerdotes está um estandarte com três bustos, provavelmente imagens de imperadores. Aparentemente, a mistura de navegação e culto imperial era importante até para os meninos de Óstia.

Biblioteca Apostolica Vaticana, Roma. Copyright Archivi Alinari, Via Alibert 16, Roma.

Figura 4. Reverso de um sestércio de 64 d.C. que representa o porto de Óstia. No topo da moeda (a embocadura do porto) encontra-se uma estátua colossal do imperador que segura um cetro. À esquerda da estátua, um navio mercante entra no porto a todo pano; um navio de guerra a remo — que simboliza a responsabilidade da frota imperial pelo policiamento dos portos e das rotas marítimas — entra à direita. Logo abaixo da estátua estão três navios mercantes com as velas colhidas; um marinheiro ajusta o cordame da embarcação central. Dois pequenos barcos a remo movimentam-se pelo porto, que está cercado em ambos os lados por grandes molhes que se estendem até a embocadura do porto. No molhe esquerdo, bem ao lado do navio com as velas enfunadas, vê-se um templo de peristilo com uma pessoa de pé na frente (oferecendo um sacrifício?). Uma imagem reclinada de Netuno está abaixo da cena toda, com o remo do leme em uma das mãos e um golfinho na outra. A legenda diz: *AUGUSTI POR[tus] OST[iensis]* ("Porto de Óstia de Augusto"). Parte da legenda aparece na base, entre as letras "S" e "C", que significam *S[enatus] C[onsulto]* ("com autorização do Senado").

Sestércio de Nero, *BMC*, I, p. 222, n. 132, gravura 41, n. 7. Copyright Museu Britânico.

Um baixo-relevo do século II, que representa o porto de Óstia, dá mais indícios da religião marítima (veja a Figura 5, na página ao lado). Um grande navio mercante descarrega seu frete de cântaros de vinho. As velas do navio contêm imagens da loba com os gêmeos e trazem a legenda *V[otum?] L[ibero?]*. Essa última refere-se a uma oração ou voto (*votum*), talvez pelo bem-estar do imperador. No telhado da cabina, três pessoas (talvez o armador, sua esposa e o capitão) realizam um sacrifício. Ao lado do navio encontram-se o deus Netuno e uma pequena balsa. Um farol gigantesco ostenta a estátua de um imperador, um arco triunfal representa uma biga que conduz o imperador em uma celebração de vitória.[134] O culto imperial começou formalmente na vida pública de Óstia logo depois da morte de Augusto, quando a cidade construiu um templo de Roma e Augusto no Fórum.[135] Um sacerdote conhecido como *flamen Romae et Augusti* presidia as cerimônias do culto imperial, que acabaram por reverenciar distintos imperadores divinizados. Vespasiano foi o primeiro imperador conhecido a ter um *flamen* próprio em Óstia.[136]

---

[134] Devo a Rostovtzeff grande parte dessa interpretação. ROSTOVTZEFF, *A History of the Ancient World*, II, p. 274. Meiggs concorda em grande parte com Rostovtzeff. MEIGGS, *Roman Ostia*, pp. 158-159 (gravura xx). Ele cita indícios numismáticos para indicar que o imperador no carro é Domiciano e conjectura que o patrocinador do baixo-relevo era um mercador de vinho. Meiggs diz que a obra pode ser tão tardia quanto o reinado de Septímio Severo (193-211 d.C.), mas parece retratar o porto construído por Cláudio.

[135] Meiggs diz que o templo para Roma e Augusto era magnífico, "e, quase com certeza, ofuscava em suntuosidade todos os outros templos de Óstia da época". MEIGGS, *Roman Ostia*, p. 353, cf. p. 132. Cf. ZANKER, *The Power of Images*, p. 310.

[136] A ausência de inscrições que citem sacerdotes de Augusto, Tibério e Cláudio pode ser mero acaso das provas que restaram. MEIGGS, *Roman Ostia*, p. 178.

Figura 5. Baixo-relevo do século II (severano?) no porto de Óstia, que representa a interação entre religião, comércio e temas imperiais. Um grande navio mercante descarrega seu frete. As velas do navio contêm imagens da loba com os gêmeos e trazem a legenda *V[otum?] L[ibero?]*. No telhado da cabina, três pessoas — talvez o armador, sua esposa e o capitão — realizam um sacrifício. Ao lado do navio encontram-se o deus Netuno e uma pequena balsa. Atrás do navio, um farol gigantesco ostenta a estátua de um imperador; um arco triunfal (no topo, à direita) representa uma biga, puxada por elefantes, que conduz o imperador em uma celebração de vitória. Embora seja do século II, a cena pouco mudou desde o tempo do livro do Apocalipse.

Museu Torlonia, Roma. Copyright Archivi Alinari, Via Alibert 16, Roma.

As guildas de Óstia impregnadas do culto imperial

Os arqueólogos têm informações a respeito de quase quarenta guildas de Óstia, e pode ter havido mais.[137] Todos os locais de guildas parecem ter tido um lugar para o culto,

---

[137] HERMANSEN, *Ostia*, p. 55.

bem como um salão para reuniões e banquetes. Quase metade das casas de guildas conhecidas nesta cidade portuária relacionava-se com a navegação e o comércio de cereais. O prédio da guilda dos armadores, provavelmente construído no século II d.C., é a "maior e mais magnífica sede de todas as guildas possíveis". Inclui um vestíbulo suntuoso, outrora ladeado por colunas de mármore e um pátio monumental.[138]

As ruínas que restaram em Óstia dão indícios abundantes da mistura de culto e comércio. A julgar pelas aparências, um templo de tijolos do século II em Óstia pertencia à guilda de construtores navais;[139] outro talvez estivesse ligado à guilda de medidores de grãos.[140] Uma inscrição cita "uma guilda-irmã dos importadores e mercadores de vinho no templo".[141] O culto do *genius* das guildas e alguma forma de culto imperial eram comuns a todas as guildas de Óstia.[142]

O intérprete do Apocalipse precisa usar esses indícios com cautela, pois muitas ruínas de Óstia vêm do século II.[143] Contudo, o grande incremento das construções em Óstia começou durante o reinado de Domiciano e fazia parte da

---

[138] HERMANSEN, *Ostia*, p. 72.

[139] HERMANSEN, *Ostia*, p. 63.

[140] MEIGGS, *Roman Ostia*, pp. 327-329.

[141] *Corporatus in templo fori vinarii importatorum negotiantium. AE* 54. Citado por HERMANSEN, *Ostia*, p. 60, e MEIGGS, *Roman Ostia*, p. 329.

[142] MEIGGS, *Roman Ostia*, p. 327.

[143] MEIGGS, *Roman Ostia*, pp. 70, 332. Entretanto, há indícios muito antigos de atividade corporativa entre mercadores marítimos: já sob Augusto, os armadores de Óstia (*Ostienses Naviculariei*) atuaram juntos para homenagear um questor romano. *CIL*, XIV, 3603.

rede comercial a que João se refere em Ap 18.[144] É provável que as estruturas que restam do início do século II representem o pleno florescimento de instituições já bem estabelecidas na época em que João estava em Patmos.

A influência dos augustais em muitas guildas

Talvez a guilda mais elaborada na Óstia do fim do século I fosse uma associação que promovia o culto imperial, com membros que eram todos libertos e adotavam o título de augustais.[145] Esses homens faziam parte de uma associação maior que estava presente em muitas cidades em todo o Império, em especial na Itália e no Ocidente. A organização existia para promover o culto imperial, mas também conferia posição e influência a seus membros.[146] Era comum os comerciantes pertencerem a diversas guildas ao mesmo tempo, e libertos de muitas profissões que almejavam ascensão social procuravam associar-se aos augustais.

A participação "melhorava consideravelmente" o progresso de um liberto nos negócios e no comércio.[147] Inscrições em Óstia revelam que os augustais elevaram-se depres-

---

[144] Domiciano reconstruiu a Porta Romana de Óstia em mármore, parte de sua "completa transformação" da cidade. HERMANSEN, *Ostia*, p. 9. Cf. MEIGGS, *Roman Ostia*, p. 64.

[145] A inscrição mais antiga que cita os augustais em Óstia data de pouco antes de 11 d.C., mas a instituição era conhecida em outras partes da Itália já em 12 a.C. MEIGGS, *Roman Ostia*, p. 353. Meiggs identifica experimentalmente a chamada "Cúria de Óstia" como a sede dos *augustais* e data a magnífica estrutura do reinado de Domiciano. MEIGGS, *Roman Ostia*, pp. 219-220. Hermansen rejeita a idéia de que os *augustais* se reunissem na "Cúria" e identifica outra grande estrutura (construída por volta de 150-165 d.C.) como "Sede dos *augustais*". HERMANSEN, *Ostia*, pp. 79-81, 111-113. Nos dois casos, os *augustais* tinham presença primitiva e imponente em Óstia.

[146] MEIGGS, *Roman Ostia*, p. 335.

[147] MEIGGS, *Roman Ostia*, p. 221.

sa a postos de liderança em uma variedade de guildas. De suas fileiras surgiram presidentes dos construtores, dos armadores e dos importadores de vinho. Um presidente dos augustais serviu como "curador dos capitães de navio do mar Adriático" e chefe (*quinquennalis*, "presidente por cinco anos") daquela guilda.[148] Os armadores erigiram uma estátua para homenagear certo sacerdote do culto imperial que era patrono da Guilda dos Supervisores dos Navios Marítimos (veja a Figura 6, p. 184). Inscrição semelhante, erguida por um liberto, homenageia um sacerdote que era presidente da Guilda de Construção de Navios de Óstia (veja a Figura 7, p. 185).[149]

Em Óstia, os augustais eram homens de consideráveis meios financeiros, que podiam fazer empréstimos comerciais a armadores e outros empresários.[150] De fato, Trimalcião diz que depois de sua bem-sucedida carreira como mercador e *Sevir Augustalis*, ele "se aposentou do serviço e começou a financiar libertos".[151] Em Putéoli, certo liberto chamado C. Sulpício de Cina, de meados do século I, emitiu uma série de *mutua* (empréstimos) e *vadimonia* (registros

---

[148] A. Cedício Sucesso era *curator nauclerorum maris Hadriatici, idem quinquennalis*. MEIGGS, *Roman Ostia*, p. 276.

[149] Inscrições de Putéoli fornecem mais indícios. Uma diz: "Para o Espírito morto de Quinto Capitônio Probato, o Velho, da cidade de Roma, *sevir augustalis* em Lião e em Putéoli, *navicularius* marítimo. Seus libertos Nereu e Palemão para seu patrono [...]". *ILS*, 7029. Citado por MEIJER & NIJF, *Trade, Transport and Society*, p. 73.

[150] D'Arms diz que no tempo de Domiciano "tesoureiros dos augustais de Óstia, dos quais havia anualmente não menos de quatro, às vezes até oito, pagavam HS 10 mil pelo privilégio de exercer esse cargo" (HS = sestércio). No século II, a magnífica lápide de um rico funcionário (e *sevir augustalis*) da associação de armadores do Adriático ocupava um lote de 195m^2, quase três vezes o tamanho típico de outros libertos de Óstia. D'ARMS, *Commerce and Social Standing*, pp. 129-130.

[151] PETRÔNIO 76.

de fiança paga para prosseguir com ação legal que foi originada por falta de reembolso).[152]

Não nos surpreende que o culto imperial tivesse pesada influência nos negócios e no comércio em Óstia, pois membros da família imperial eram patronos populares de guildas daquela cidade. Numerosos bustos, cabeças e estátuas homenageavam membros da casa imperial por suas dádivas e patrocínio. Uma cabeça colossal encontrada entre as ruínas parece ser um retrato de Domiciano.[153]

6. Escritórios de comércio marítimo em Óstia

As ruínas de Óstia incluem uma praça cercada por escritórios em cubículos, sessenta e um dos quais foram conservados.[154] Representantes da indústria marítima ou das guildas que cuidavam das necessidades dos mercadores de além-mar ocupavam esses cômodos. As ruínas de um templo do fim do século I estão no centro da praça,[155] um lembrete de que aqui também a religião tinha um papel central e visível.

Os armadores (*navicularii*) eram os principais ocupantes da praça e, freqüentemente, partilhavam os cubículos com os

---

[152] D'ARMS, *Commerce and Social Standing*, p. 107. Por trás do liberto, com recursos financeiros maiores, estava seu patrono, C. Sulpício Fausto — cuja posição é desconhecida. Fausto emprestou dinheiro como fiança de 13 mil módios (mais de oitenta toneladas) de grãos egípcios.

[153] MEIGGS, *Roman Ostia*, p. 66.

[154] Conhecida hoje como *Piazzale delle Corporazioni*.

[155] O templo é "flaviano tardio", tem impressões de tijolos do fim do século I e, provavelmente, foi construído sob Domiciano. MEIGGS, *Roman Ostia*, pp. 65, 286.

M • IVNIO • M • F • PAL
FAVSTO
DECVRIONI • ADLECTO
FLAMINI • DIVI • TITI • DVVMVIRO
MERCATORI • FRVMENTARIO
Q • AERARI • FLAMINI • ROMAE
ET • AUG • PATRONO • COR*p*
CVRATORVM • NAVIVM • MARINAR*um*
DOMINI • NAVIVM • AFRARVM
UNIVERSARUM *ITEM*
SARDORVM
L • D • D • D • P

Figura 6. Inscrição de Óstia em honra de Fausto, sacerdote do culto imperial (*CIL* XIV 4142). O texto diz:

M. Júnio... Fausto, decurião, nomeado sacerdote do divino Tito, duúnviro, mercador de grãos, q[estor?] do tesouro [público], sacerdote de Roma e Augusto, patrono da Guilda dos Supervisores dos Navios Marítimos. Os capitães de todos os navios da África e da Sardenha erigiram esta pedra, com dádivas que fizeram.

Essa tradução lê a última linha como: *L[apidem] D[e] D[onis] D[onatis?] P[osuerunt]*. A menção do "divino Tito" estabelece a data da inscrição depois da morte do imperador, em 81 d.C. O texto ilustra como certos homens de negócios (com freqüência libertos) elevaram-se a posições de poder e influência, no culto imperial e nas guildas marítimas. Também ilustra como os capitães de navio homenageavam corporativa e publicamente um sacerdote imperial proeminente. Cf. inscrições paralelas da Espanha em *CIL*, II, 1180, 1182.

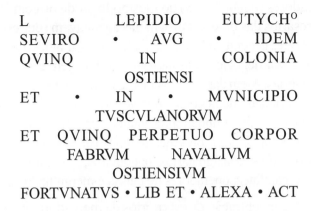

Figura 7. Inscrição de Óstia em honra de Eutico, sacerdote do culto imperial (*CIL* XIV, 372). O texto diz:

L. Lépido Eutico, sacerdote do culto imperial (*SEVIRO AUG [ustalis]*), também funcionário municipal (*QUINQ[ueviro?]*; (*QUINQ[uennalis?]*) na colônia de Óstia e na cidade de Túsculo, e presidente vitalício (*QUINQ[uennalis?] PERPETUO*) da Guilda de Construção de Navios de Óstia.

A última linha da inscrição cita as pessoas que erigiram o monumento: os libertos Fortunato e Alexa. Eutico estava entre a elite do poder em Óstia, tendo responsabilidade no culto imperial e também na indústria de navegação. A inscrição mostra como os libertos tinham dívida de gratidão para com os benfeitores que representavam os interesses do culto e do comércio.

mercadores (*negociantes*) do mesmo lugar de origem.[156] Os empresários das diversas províncias agrupavam seus escritórios por área geográfica.[157] Os cubículos eram grandes o bastante para realizar negócios, mas não para a estocagem e a venda de mercadorias. Além das corporações de comércio marítimo, uma ampla variedade de negócios relacionados com a indústria de navegação também tinha representantes na praça. Mosaicos e inscrições registram a presença de construtores navais, medidores de grãos, consignatários, banqueiros,[158] cambistas, barqueiros, calafates, operadores de balsas e mergulhadores.

A concentração de escritórios de mercadores e guildas em Óstia, cidade portuária onde o culto imperial prosperava, indica que interesses e ideologia imperiais impregnavam a indústria naval.[159] Já durante a República, Roma postou um *quaestor* (questor) em Óstia, para supervisionar a recep-

---

[156] Meiggs conjectura que os *negociantes* mandavam vir mercadorias de seus distritos natais, que os *navicularii* então transportavam para Óstia. Meiggs, *Roman Ostia*, p. 287.

[157] Hermansen, *Ostia*, pp. 84-85.

[158] O caráter religioso da indústria bancária pode ter sido uma das razões para João de Patmos ver o comércio com suspeita. Muitas cidades do Império Romano tinham bancos de templos "estabelecidos para salvaguardar o dinheiro da divindade e [...] levantar dinheiro para financiar festas e outras despesas do culto". Entretanto, a maioria dos empréstimos comerciais vinha de bancos particulares ou de indivíduos, em vez de bancos de templos. W. E. Thompson, Insurance and Banking, in *CAM*, II, pp. 831-832. É provável que os indivíduos ricos o bastante para fazer empréstimos comerciais tivessem laços com instituições religiosas pagãs ou com Roma. Por exemplo, comerciantes fenícios, capitães e agentes marítimos designaram o banqueiro romano privado Marco Minácio como benfeitor. R. Bogaert, org., *Texts on Bankers, Banking and Credit in the Greek World* (Leiden, Brill, 1976), n. 2. Tertuliano escreve a respeito de cristãos que ao "tomar dinheiro emprestado de pagãos sob caução [...] dão uma garantia sob juramento". Tertuliano, *De Idol.* 23.

[159] A respeito das guildas navais, Rostovtzeff diz não haver "dúvida de que o governo imperial jamais teria reconhecido [...] essas associações se elas não tivessem utilidade para o Estado [...]". Rostovtzeff, *Roman Empire*, I, p. 59; cf. II, p. 607 n. 22.

ção, a armazenagem e o reembarque de grãos vindos das províncias. A partir do reinado de Cláudio, funcionários imperiais da confiança do *praefectus annonae* (superintendente do suprimento de grãos para a cidade de Roma) realizavam o mesmo trabalho.[160]

Uma carta escrita por armadores tírios estabelecidos em Putéoli dá algumas indicações do papel dos empresários orientais nos portos imperiais. Embora escrita em 174 d.C. (quando o porto de Óstia já tinha ofuscado o de Putéoli), a carta fala de dias anteriores que provavelmente remontam ao reinado de Domiciano.[161] Os armadores de Putéoli pedem ao Senado de Tiro ajuda financeira para manter os escritórios abertos:

> Pelos deuses e pela prosperidade de nosso senhor imperador. Como quase todos vocês sabem, de todos os postos de comércio em Putéoli, o nosso, em ornamentação e tamanho, é superior aos outros. Outrora os tírios que viviam em Putéoli eram responsáveis por sua manutenção; eles eram numerosos e ricos. Mas agora estamos reduzidos a um pequeno número [...].[162]

Essa invocação dos deuses e do imperador assinala mais uma interseção entre culto e comércio. A carta também confirma que no tempo do Apocalipse alguns armadores orientais de Putéoli, no apogeu, eram "numerosos e ricos" (cf. Ap 18,3.15).

---

[160] MEIGGS, *Roman Ostia*, pp. 298-299.

[161] R. M. Grant descreve uma inscrição encontrada em Putéoli (*OGIS*, 594), que "contém um voto pela segurança do novo imperador Domiciano e se refere ao lugar concedido por decreto — ao deus Hélios, que navegou de Tiro para Putéoli". Grant conclui que o deus "foi enviado por tírios, presumivelmente para tírios do importante centro comercial de Putéoli". R. M. GRANT, *Augustus to Constantine*; the Rise of Christianity in the Roman World (New York, Harper & Row, 1970), p. 20.

[162] *OGIS*, 595. Citado por MEIGGS, *Roman Ostia*, p. 60.

7. O comércio e a marca da Besta

Os indícios históricos do mundo antigo indicam que João de Patmos não exagerou quando disse que Roma vivia "em glória e luxo" (Ap 18,7). Várias centenas de milhares de habitantes de Roma recebiam cereais de graça, enquanto os provincianos pagavam para ter comida e, às vezes, ficavam sem. As elites de Roma consumiam grandes quantidades de artigos de luxo provincianos, bem como produtos exóticos vindos de fora do Império.

Provincianos empreendedores muitas vezes serviam como participantes voluntários nos mecanismos do consumo romano. A fim de se estabelecerem no mercado imperial, esses empresários ligavam-se a uma pirâmide de relações recíprocas que se estendia até o imperador. A participação no culto imperial tornou-se símbolo importante da cooperação de um provinciano com seus benfeitores. A pressão para aceitar o culto também vinha dos companheiros provincianos que estavam ansiosos para continuar as boas relações com Roma. O culto era tão predominante na indústria naval e nas cidades portuárias imperiais que o mercador marítimo não podia evitá-lo.[163]

---

[163] Desde seu início, a publicidade do culto imperial foi muito difundida no Oriente. Em 27 a.C., a cidade de Mitilene, em Lesbos, tributou uma série de homenagens a Augusto, inclusive um templo, sacerdotes, jogos, estátuas e sacrifícios mensais de um touro branco no dia do aniversário de Augusto. Os magistrados locais enviaram cópias do decreto que anunciava essas honras, não só a Roma, mas a outras cidades importantes do Mediterrâneo. Uma inscrição (incompleta) (*IGR*, IV, 39) cita Pérgamo, Áccio, Brundísio, Tarragona, Massília e Antioquia na Síria. A inscrição é citada por Zanker, que observa: "Todas essas cidades eram importantes centros ou portos administrativos ou comerciais, onde a inscrição seria, com certeza, lida por muitos [...]. Havia literalmente centenas de cidades em todo o Mediterrâneo que erigiram altares e templos para Augusto nessa época". ZANKER, *The Power of Images*, pp. 304-305.

A universalidade do culto imperial parece ser o que João tinha em mente quando disse que, para comprar e vender, "todos, pequenos e grandes, ricos e pobres, livres e escravos" tinham de usar a "marca" (χάραγμα) da Besta (13,16-17). A palavra χάραγμα tinha uma série de sentidos que incluía um selo oficial em documentos e a impressão em moedas.[164] João parece usar o termo livremente, como imagem de tudo que se relaciona com o culto imperial.

Precedente literário para a "marca"

Como a "marca" parece ter sentido multifacetado no Apocalipse, é de esperar que João tivesse uma variedade de precedentes e aplicações em mente. Ele poderia ter-se inspirado, por exemplo, em narrativas apócrifas da experiência judaica no Egito helenístico, de uma época em que a marca no corpo significava a participação em um culto pagão e determinava a posição civil. O autor de *3 Macabeus* relata a história do rei Ptolomeu que tentou forçar os judeus de Alexandria ao culto de Dionísio. O rei erigiu uma inscrição que dizia:

> Nenhum dos que não sacrificam [a Dionísio] entrará em seus santuários, e todos os judeus estarão sujeitos tanto a um registro que envolve taxa de votação como à posição de escravos. Os que se opuserem a isso devem ser levados à força e executados; os que se registrarem também terão o corpo marcado a fogo com a folha de hera, símbolo de Dionísio, e também serão reduzidos à sua limitada posição anterior (*3Mc* 2,28-29).

---

[164] BAGD, p. 876.

A inscrição terminava com um incentivo positivo para os judeus participarem do culto oficial: "Mas se alguns [dos judeus] preferirem juntar-se aos que foram iniciados nos mistérios [de Dionísio], terão a mesma cidadania que os alexandrinos". Enquanto a maioria dos judeus recusou-se a obedecer, outros "prontamente se entregaram, pois esperavam melhorar sua reputação por meio da futura associação com o rei" (*3Mc* 2,31-32).

A recusa conscienciosa dos judeus egípcios a se adaptarem a um culto pagão evocou a suspeita popular de deslealdade política e ameaçou sua posição econômica. Apesar de os judeus "continuarem a demonstrar boa vontade e inabalável lealdade à dinastia" (*3Mc* 3,3), muitos de seus vizinhos não se convenceram. Circularam rumores de que os judeus "não eram leais nem ao rei nem às autoridades, mas eram hostis e se opunham bastante ao governo" (*3Mc* 3,7).

Para os judeus em situação tão precária, era decisiva a maneira como reagiam as elites da ordem social e econômica local. Nesse caso, certos "vizinhos e amigos e associados comerciais" secretamente prometeram dar proteção (*3Mc* 3,10). O rei respondeu anunciando que todos os egípcios dispostos a "dar informações [contra os judeus] receberão os bens dos que incorrerem no castigo e também 2 mil dracmas do tesouro real e terão concedida a liberdade" (*3Mc* 3,28). No fim, segundo *3 Macabeus*, Deus milagrosamente frustrou os desígnios do rei Ptolomeu, e os "que antes acreditavam que os judeus seriam destruídos e transformados em comida de aves [...] gemeram quando eles próprios foram dominados pela desgraça" (*3Mc* 6,34; cf. as aves que comem os opressores dos cristãos em Ap 19,17-18).

Se João conhecia essa narrativa, pode ser que tenha usado a expressão "marca da Besta", como paralelo do século I à marcação corporal outrora aceita pelos judeus que cultuavam Dionísio. Os que outrora recebiam a marca de Dionísio tinham acesso ao tipo de benefícios que atraíram alguns cristãos do século I ao culto imperial. Ptolomeu prometeu cidadania (em vez de escravidão) e havia vantagens financeiras para os que cultuassem Dionísio (isenção da taxa de votação). De modo semelhante, na época de João, a participação no culto imperial facilitava o caminho para a cidadania e possibilitava a judeus e cristãos lucrarem no mercado. A narrativa de Alexandria descreve as elites comerciais locais solidárias com a situação difícil dos judeus, e o autor atribui isso à crença de que logo "as coisas mudariam" (*3Mc* 3,8). Na Ásia Menor do fim do século I, havia todas as razões para crer que o culto imperial exerceria pressão durante muito tempo; os cristãos encontraram pouca simpatia por seus escrúpulos religiosos na hierarquia política ou econômica.

A "marca" em moedas e documentos

Teria sido impossível para os mercadores entrarem no mercado internacional, sem lidar com a "marca" em dinheiro, pois muitas moedas romanas tinham impressões que aludiam ao culto imperial.[165] Ernest Janzen diz que a Besta do Apocalipse "tem um componente financeiro definitivo. É feita uma imagem (εἰκων, Ap 13,14-15) da Besta, o que faz

---

[165] Já antes do nascimento de Jesus, um ás (ou "asse", unidade monetária romana de cobre que foi substituída pelo sestércio) de Lugduno representava um altar provinciano de Roma e Augusto. "Este tipo de moeda foi cunhado em grandes quantidades durante um período surpreendentemente longo", observa ZANKER, *The Power of Images*, p. 303.

com que todos sejam marcados (χάραγμα, 13,16-17), se quiserem se dedicar à compra ou à venda". O mundo antigo usava os termos εἰκων (imagem) e χάραγμα (marca) para descrever o processo de cunhar moedas.[166]

João talvez se recusasse a lidar com moedas romanas simplesmente porque era comum elas trazerem a imagem e o nome do imperador da época. Durante o reinado de Nero, as moedas às vezes apresentavam o imperador usando a coroa cintilante em geral associada à divindade.[167] Grande número de desenhos de moedas romanas do século I trazia legendas como *IMP(erator) CAES(ar) DIVI VESP(asiani) F(ilius) DOMITIAN(us) AUG(ustus) P(ontifex) M(aximus)* ("Imperador César Domiciano Augusto, Filho do Divino Vespasiano, Supremo Pontífice").[168] Aos olhos de alguns cristãos e judeus devotos, o imperador passara a ser o exemplo perfeito do culto pagão.[169] "Essa recusa [de usar moedas romanas] é análoga à recusa dos zelotas de carregar, contemplar ou manufaturar moedas com qualquer tipo de imagem",

---

[166] JANZEN, Jesus of the Apocalypse, p. 650.

[167] P. ex., Nero dupondii, *BMC*, I, pp. 240-242, n. 210-224 (gravura 44, n. 1-4). O reverso dessas moedas traz legendas como *SECVRITAS AVGVSTI* e *VICTORIA AVGVSTI*. Cf. o áureo de Domiciano que descreve Vespasiano, *BMC*, II, p. 312, n. 68 (gravura 61, n. 11); e o áureo de Domiciano que descreve Tito, *BMC*, II, p. 313, n. 69 (gravura 61, n. 12).

[168] Domician Sestertius, *BMC*, II, p. 356, n. 272 (gravura 69, n. 3).

[169] O resumo que César Augusto fez da própria carreira ilustra a natureza completamente religiosa de seu cargo: "Sou *pontifex maximus*, áugure, um dos quinze encarregados dos ritos sagrados, um dos sete encarregados das festas religiosas, membro da fraternidade Arval, membro da sociedade ticiana e *fetialis*". AUGUSTO, *Res Gestae* 5. Os orientais entendiam o papel religioso do imperador: a cópia mais bem preservada da *Res Gestae* vem do templo de Roma e Augusto em Ancira, na Ásia Menor. Uma cópia de bronze da *Res Gestae* apareceu originalmente no mausoléu de Augusto em Roma (SUETÔNIO, *Aug.* 101). A cópia conservada originária de Ancira traz o texto em latim e grego.

afirma Collins.[170] No início do século II, Inácio de Antioquia referiu-se a moedas com marcas que simbolizavam a máxima lealdade e até levantavam questões de martírio:

> [...] assim como há duas moedas, uma de Deus e a outra do mundo, e cada uma tem seu selo impresso, assim os incrédulos trazem o selo deste mundo, e os crentes o selo de Deus em amor por intermédio de Jesus Cristo e, a menos que voluntariamente decidamos morrer por meio dele em sua paixão, sua vida não está em nós (*Ign. Magn.* 5,2).

Ruínas artísticas e arquitetônicas revelam que portos antigos da Itália e do Oriente tinham o selo distintivo da religião imperial. Conhecimentos marítimos e outros documentos comerciais também podem ter estampado emblemas imperiais ou cultuais. Com referência à "marca" da Besta em Ap 13,16, Deissmann menciona um selo imperial afixado a documentos encontrados no Egito, do ano 48 d.C. A marca oficial é exemplo, diz ele, do costume "que agora conhecemos por intermédio dos papiros, da impressão em escrituras de compra e venda e documentos similares de um

---

[170] COLLINS, *Crisis and Catharsis*, p. 126. Cf. COLLINS, The Political Perspective of the Revelation to John, *JBL* 96, 1977, pp. 252-254. Hipólito disse que alguns essênios (que ele identifica como zelotas ou *Sicarii*) "sujeitam-se à disciplina acima das regras exigidas da ordem, de modo que nem mesmo eles manuseariam as moedas atuais do país, dizendo que não devem carregar, contemplar nem moldar uma imagem". HIPÓLITO, *Refutatio Omnium Haeresium* 9,21. Veja M. HENGEL, *The Zealots*; Investigations into the Jewish Freedom Movement in the Period from Herod I until 70 A.D. (Edinburgh, T. & T. Clark, 1989), pp. 190-191. C. Roth conclui que a "tendência antiicônica no judaísmo alcançou o clímax na segunda metade do século I da era cristã, por ocasião da grande revolta contra Roma". C. ROTH, An Ordinance against Images in Jerusalem, *HTR* 49, 1956, p. 177.

selo que continha o nome e o ano do reinado do imperador e era chamado, como no Apocalipse, *charagma*".[171]

João se recusa a ser pragmático

Por considerar Roma endemoninhada, João de Patmos aparentemente achava repugnante a mistura de comércio e interesses imperiais. A lealdade a Jesus Cristo era compromisso total que não deixava espaço para um imperador "divino". Contudo, a veneração de um governante divinizado invadia portos, locais de negócios e rituais comerciais do Império Romano do fim do século I. Até as moedas do reino, sem as quais o comércio era quase impossível, faziam alegações blasfemas a respeito da casa de César.

João enfatiza repetidamente sua convicção de que os seguidores de Jesus jamais devem se curvar a ninguém menor que Deus.[172] Os indivíduos fiéis a Cristo têm "o selo de Deus sobre a fronte" (Ap 7,3; 9,4), marca simbólica que talvez se refira ao batismo. Em todo o Apocalipse, os que apresentam o selo de Deus e os que trazem a marca da Besta formam grupos que se excluem mutuamente. João não vê possibilidade de conciliação entre eles.

---

[171] Deissmann reproduz a semelhança virada em sentido contrário do selo imperial de 5-6 d.C. O selo diz: L λε Καίσαρος γρ[αφεῖον?], que Deissmann traduz: "No 35º ano do imperador, câmara do escriba (?)". DEISSMANN, *Light from the Ancient East* (New York, George H. Doran, 1927), p. 341.

[172] Em sua visão, João é repreendido duas vezes por tentar adorar um anjo. Nas duas vezes, o anjo diz: "Não! Não o faças! [...] É a Deus que deves adorar!" (Ap 19,10; 22,8-9). Se os seres celestes não são dignos de adoração, com certeza nenhum ser humano o é. Cf. Est 3,2-6.

Os cristãos e os judeus[173] que adotaram a posição radical de João tinham de se afastar das guildas e de laços religiosos e econômicos com Roma.[174] É provável que, em sua maioria, os cristãos não se sentissem atraídos a participar do culto do imperador pelo culto em si, mas apenas por razões financeiras ou sociais pragmáticas.[175] Os cristãos que se retiravam de todas as atividades cultuais pagãs corriam o risco de perder a posição social e econômica. Também enfrentavam acusações de deslealdade a Roma — acusações que João acreditava serem inspiradas por Satanás, "o acusador dos nossos irmãos" (Ap 12,10). Embora tais acusações

---

[173] Hengel (citando Hipólito) diz que os zelotas eram hostis a imagens, recusavam-se a aceitar dinheiro pagão e não entravam em cidades helenísticas. Assim, "ficavam de fora de uma parte muito grande da vida econômica. Eram incapazes, por exemplo, de se dedicar ao comércio. HENGEL, *The Zealots*, p. 193; cf. p. 203.

[174] Charles diz que as guildas comerciais eram a principal preocupação da carta à Igreja em Tiatira (Ap 2,18-29). Na comunidade cristã, "opiniões divergentes eram sinceramente mantidas quanto à legitimidade de comer alimento sacrificado a ídolos". Havia muitas guildas comerciais em Tiatira, "a uma ou outra das quais todo cidadão pertencia necessariamente, do contrário teria dificuldades para manter seus negócios ou gozar as vantagens sociais inerentes a sua posição". CHARLES, *Commentary*, I, p. 69. Beckwith afirma não haver nada na carta a Tiatira para indicar que o grande problema ali era o afastamento das guildas. BECKWITH, *Apocalypse*, p. 465. Ele está correto em afirmar que a carta em si não é nenhuma prova, mas referências econômicas em outras partes do Apocalipse tornam mais evidente a questão das guildas. Collins diz que "a posição severa de João quanto a comer carne sacrificada a ídolos e suas denúncias de 'prostituição' [...] deixam claro que ele conclamava os cristãos a evitar a participação em guildas ou outras associações pagãs". COLLINS, *Crisis and Catharsis*, p. 124.

[175] W. Barclay menciona que a recusa de comer carne oferecida a ídolos "praticamente excluía o cristão de toda confraternização social com não-cristãos; havia poucas ocasiões sociais e quase nenhum banquete que ele pudesse partilhar com o mundo pagão". Pior ainda, a não-participação do cristão nas guildas "equivalia ao suicídio comercial". W. BARCLAY, *The Revelation of John*, I (Philadelphia, Westminster Press, 1976), p. 107.

fossem graves, alguns fiéis corajosos "desprezaram a própria vida até à morte" (12,11).[176]

Como indica o próximo capítulo, João vinha de uma venerável tradição judaica de resistência radical ao Império idólatra. Usando com freqüência "Babilônia" como símbolo e cifra de maciço mal político, os antigos profetas judaicos e autores apocalíticos da época de João forneciam grande quantidade de munição para um ataque à Roma do fim do século I.

---

[176] Na opinião de Collins, quando fala a respeito dos fiéis de Éfeso que perseveram "por causa do meu nome" (Ap 2,3), João se refere à "interrogação formal ou informal com respeito à fé cristã e, assim, à perseguição ou pressão da opinião pública". COLLINS, *Crisis and Catharsis*, p. 113.

Capítulo 4

Pagai-lhe seus feitos em dobro

Caiu! Caiu Babilônia, a Grande! [...]
seus pecados se amontoaram até ao céu,
e Deus se lembrou das suas iniqüidades.
Devolvei-lhe o mesmo que ela pagou,
pagai-lhe o dobro, conforme suas obras;
no cálice em que ela misturou,
misturai para ela o dobro (Ap 18,2.5.6).

Quando se referiu a Roma como "Babilônia", João tocou em um veio de amargura que se aprofundava na consciência judaica.[1] Antes e depois do exílio, os profetas judeus censuraram a cidade mesopotâmica por idolatria e insolência. Este capítulo analisa a maneira como João, em Ap 17 e 18, apropriou-se dessa tradição literária e a reformulou. Entretanto, invocar a sórdida reputação da antiga Babilônia não proporcionou uma condenação de Roma tão específica quanto João queria. O exame das fontes de João revela que outra cidade — embora não mencionada no livro do Apocalipse — também serviu de protótipo para o retrato que o autor traçou

---

[1] "O conceito de Babilônia como perfeito arquiinimigo do povo de Deus [...] não era invenção de João, mas se tornara um jeito comum de falar nos círculos judaicos. Jean-Pierre RUIZ, *Ezequiel in the Apocalypse*; The Transformation of Prophetic Language in Revelation 16,17–19,10 (Frankfurt am Main, Peter Lang, 1989), p. 386.

de Roma. Essa cidade foi Tiro, o grande poder marítimo que misturou culto e comércio de maneira repulsiva ao profeta Ezequiel. Em Ap 17 e 18, as cidades pecaminosas de Babilônia e Tiro aglutinam-se em perversa mistura de idolatria, violência, exploração econômica e opressão política.

1. Babilônia e Roma na tradição apocalíptica

Babilônia, a grande nêmesis de Judá, humilhou os judeus e destruiu seu templo em 587 a.C. A catástrofe foi a primeira de uma série, quando um Império após outro impôs-se aos judeus nos séculos que se seguiram. Em 333 a.C., Alexandre Magno incorporou a Palestina a seu Império, o início formal de helenização naquela região. A própria sobrevivência do judaísmo na Palestina era incerta, em especial durante o saque cultural e religioso de Judá realizado por Antíoco IV Epífanes (175-164 a.C.). Embora a revolta macabaica (167-164 a.C.) marcasse a volta ao governo judaico autônomo, um século de líderes judaicos corruptos trouxe mais tirania e sincretismo religioso. Com o Estado judaico em uma espiral descendente de guerra civil, os exércitos romanos tomaram Jerusalém sem muita luta, em 63 a.C. Juntamente com as demais partes da bacia do Mediterrâneo, a Palestina permaneceu sob o firme controle romano durante séculos.

Expressão literária de angústia

A reação literária a essa história cruel tomou a forma de elegias,[2] sátiras,[3] hinos de aflição[4] e súplicas pelo castigo

---

[2] P. ex. Sl 44; 74; 79; Lamentações; *4 Esdras* 3,28-36; 7,55-59.

[3] P. ex. Is 14,3-23.

[4] P. ex. Sl 137,1-6.

divino.[5] Os historiadores judeus documentaram os crimes das potências estrangeiras,[6] e os contadores de história relataram contos de resistência heróica.[7] No longo desfile de opressores estrangeiros, cada novo chefe supremo era recebido por brados judaicos de protesto. Contudo, na tradição judaica, Babilônia manteve sua posição simbólica de arquiinimigo.[8] Apesar do fato de 1 milhão de pessoas de sua raça viverem na Mesopotâmia durante o século I d.C.,[9] os judeus palestinos jamais esqueceram a humilhação que sofreram em mãos babilônicas.[10]

Outra onda de angústia estendeu-se sobre a comunidade judaica quando Roma destruiu o segundo Templo em 70 d.C.[11] Entretanto, desta vez os judeus recorreram a um suprimento pronto de lamentações tradicionais para expressar sua tristeza. Os livros de *4 Esdras* e *2 Baruc*, por exemplo, contêm, aparentemente, reflexões teológicas de judeus

---

[5] P. ex. Sl 68,1-2.21-23; 137,7-9.

[6] P. ex. 1Mc 1–2.

[7] P. ex. Dn 1–6; Ester; Judite.

[8] O. Kaiser diz que porque "foi responsável pelo destino de Jerusalém e dos judeus, Babilônia se tornou o símbolo do poder mundial hostil a Deus, e seu rei se tornou o soberano mundial que era igualmente hostil a Deus". KAISER, O. *Isaiah 13–39*. Philadelphia, Westminster Press, 1974. p. 2.

[9] *IDB*, I, p. 855.

[10] Muitos autores de obras do século I ou II que fazem de Babilônia uma grande vilã não viveram na comunidade judaica babilônica. É provável que a Palestina tenha sido a procedência de *4 Esdras* e *2 Baruc*. Veja a introdução por B. M. METZGER & A. F. J. KLIJN, *OTP*, I, pp. 520, 617.

[11] O triunfo celebrado em Roma, em 71 d.C., foi um sacrilégio específico contra os judeus. Vespasiano e Tito ofereceram sacrifícios aos deuses e em seguida desfilaram com o saque da guerra judaica diante de enormes multidões. O saque incluía objetos sagrados do Templo de Jerusalém e uma cópia da Torá. JOSEFO, *G. J.* VII,5,4-5 (123-152). O Arco de Tito, que ainda hoje está em Roma, descreve uma procissão triunfal de soldados romanos carregando a mesa do pão da propiciação e o menorá.

que viram Jerusalém cair em 587 a.C. Na verdade, esses livros apareceram mais ou menos na mesma época que o Apocalipse e expressam o ultraje dos judeus do século I pela queda de Jerusalém em 70 d.C.[12] Às vezes, essas e outras obras do século I usam palavras e frases que podemos remontar a passagens específicas do Antigo Testamento. Todavia, com mais freqüência, os autores judeus simplesmente tiram temas gerais de tristeza, ira e vingança do reservatório antigo de angústia pela queda de Jerusalém sob Babilônia.

Atitudes para com Roma na literatura apocalíptica judaica

A literatura apocalíptica judaica dos séculos I e II d.C. concentra uma torrente de insultos contra opressores, freqüentemente dirigidos contra Roma. O mesmo meio judaico que formou essas obras também deixou sua marca em João e no livro do Apocalipse. Referências à riqueza, ao comércio e à idolatria em outras obras apocalípticas nos dão indícios do ambiente social e teológico da polêmica no Apocalipse.[13]

Muitos autores apocalípticos abordaram temas de injustiça econômica e social. Ao lamentar a destruição do Templo, o autor de *4 Esdras* diz: "Eu vi a desolação de Sião e a riqueza dos que viviam em Babilônia [Roma]".[14] Roma aparece como águia poderosa que sufocava a dissidência e dominava a terra pelo terror: "Ninguém falava contra ela, nem

---

[12] Veja a introdução a *2Br*, por A. F. J. KLIJN, *OTP*, I, pp. 615-620.

[13] Sou grato a H. Fuchs por me indicar algumas das citações seguintes na literatura apocalíptica judaica. H. FUCHS, *Der Geistige Widerstand Gegen Rom in der Antiken Welt* (Berlin, de Gruyter, 1964), pp. 60-83.

[14] *4Esd* 3,2. Cf. *2Br* 11,1-2.

uma só criatura" (*4Esd* 11,6; cf. *TMoisés* 10,8; Ap 13,4). Quando um leão messiânico chama a águia para ser julgada, as acusações incluem opressão, falsidade, insolência e violência. O corpo da águia vai queimar (*4Esd* 11,37–12,3; cf. Ap 17,16). O autor se enfurece contra a fidelidade obsequiosa da sociedade asiática à Roma imperial:

> E tu, ó Ásia, que compartilhas o deslumbramento de Babilônia e a glória de sua pessoa — ai de ti, miserável vilã! Pois te fizeste como ela [...]. Imitas aquela odiosa prostituta em todas as suas façanhas e astúcias (*4Esd* 15,46-48).

Esse relacionamento vulgar entre a sociedade asiática e Roma teve corolário violento nas perseguições dos judeus. O Senhor declara que a Ásia não mereceria castigo tão severo "se não tivesses sempre matado meu povo, exultando, aplaudindo e falando de sua morte quando estavas embriagada" (*4Esd* 15,53).

Ao escrever provavelmente no início do século II, o autor de *2 Baruc* fala de uma visão na qual Roma assume a forma de um cedro arrogante que governa a floresta com desígnios malévolos:[15]

> Por tua causa, a maldade permaneceu e tem sido feita durante todos esses anos, mas nunca a bondade. E possuíste poder sobre o que não te pertencia; nem mesmo demonstraste compaixão para com o que realmente te pertencia. E estendeste teu poder sobre os que viviam longe de ti e manténs os que estão perto de ti nas redes de tua maldade e enalteces tua alma sempre, como alguém que não pode ser erradicado (*2Br* 36,7-9).

---

[15] Veja a introdução a *2Br*, por A. F. J. KLIJN, *OTP*, I, pp. 616-617.

A visão de Baruc dá uma perspectiva geral da história, na qual o julgamento divino destrói uma série de reinos poderosos (presumivelmente os impérios de Babilônia, Pérsia e Grécia). Baseado, evidentemente, em Dn 7, o autor parece ver Roma como o temido quarto reino:

> Depois disso, surge um quarto reino, cujo poder é mais cruel e mais maldoso que os que o antecederam [...], e ele governará os tempos e se exaltará mais que os cedros do Líbano. E a verdade se ocultará nisso, e todos os que estão contaminados pela injustiça correrão para ele (*2Br* 39,5-6).

O desgoverno romano chegará ao fim quando o último imperador for amarrado, carregado ao monte Sião, condenado e executado em um julgamento presidido pelo "Ungido" (*2Br* 40,1-2).

Sib 5, obra do início do século II, contém uma invectiva igualmente amarga contra Roma.[16] Escrito no Egito, por um autor judeu, o livro rivaliza com Ap 18 em sua paixão por vingança. Uma grande estrela virá do céu para destruir "Babilônia" (*Sib* 5,158-159). Cheio de desprezo, o autor se dirige a Roma:

> [...] permanecerás completamente desolada por todos os tempos. Contigo encontram-se adultérios e relações ilícitas com garotos. Efeminada e injusta, cidade má, desgraçada acima de todas [...]. Tens coração assassino e espírito ímpio. Não sabias o que Deus pode fazer, o que ele planeja? Mas disseste: "Só eu existo, e ninguém vai me devastar". Mas Deus, que vive para sempre, vai destruir-te e a

---

[16] Veja a introdução por J. J. Collins, *OTP*, I, pp. 390-392. *Sib* 5,47 alude a Adriano como o imperador mais recente ("Ele terá o nome de um mar" — o Adriático).

todo o teu povo. [...] Em contato com o fogo incandescente, habita a região inferior sem lei do Hades (*Sib* 5,163-178).

O autor condena Roma por reivindicar honras divinas, por alardear: "Só eu existo". O arrogante imperador Nero — arquétipo da decadência — vai recuperar o trono e declarar-se "igual a Deus" (*Sib* 5,33-34; cf. *Mart Is* 4,1-13; 2Ts 2,4). Como na visão de João (Ap 18,11; 21,1), levantes escatológicos põem fim ao comércio marítimo com Roma: "[...] um dia o mar vai ficar seco, e os navios não vão mais navegar para a Itália" (*Sib* 5,447-448; cf. 8,348).

Às vezes, o ressentimento contra Roma gerava um clamor por vingança e por reparações econômicas. *Sib* 3, também de origem egípcia, fala em prol dos povos sofredores da Ásia Menor.[17] Linguagem que lembra a do Apocalipse descreve a embriagada cidade de Roma em um rebuliço temerário de exploração sexual:

> Por mais riquezas que Roma tenha recebido da Ásia pagadora de tributos, a Ásia vai receber três vezes isso de Roma e lhe vai retribuir a arrogância implacável [...]. Ó exuberante fruto dourado do Lácio, Roma, virgem, freqüentemente embriagada com seus enlaces com muitos pretendentes, como escrava serás desposada [...] (*Sib* 3,350-358; cf. Ap 17,1-2; 18,3).

Essa obra mostra sinais de redação no decorrer de muitas décadas, mas provavelmente surgiu em sua forma atual no fim do século I. Como no livro do Apocalipse, é provável que a imagem de promiscuidade sexual indique

---

[17] Veja a introdução por J. J. Collins, *OTP*, I, pp. 354-361.

alianças políticas e comerciais que Roma fez com pessoas poderosas nas nações conquistadas (cf. Ez 16.23).

Às vezes, na apocalíptica judaica, a polêmica contra Roma voltava-se contra as redes comerciais do Império, o que refletia a frustração dos provincianos que não usufruíam os benefícios do comércio. *Sib* 8, obra do século II, satiriza as elites poderosas que monopolizam recursos da terra:[18]

> Se a terra enorme não tivesse seu trono longe do céu estrelado, os homens não teriam luz igual, mas ela seria comercializada por ouro e pertenceria aos ricos, e Deus teria preparado outro mundo para os mendigos (*Sib* 8,33-36).

Imediatamente depois desse escárnio, o autor diz que "a orgulhosa Roma" vai logo ser queimada, e sua "riqueza vai acabar" (*Sib* 8,37-40).

2. A crítica social e econômica no livro do Apocalipse

O Apocalipse está dentro dessa tradição de amarga acusação contra Roma. Como seus contemporâneos judeus, João aborda temas que parecem refletir a frustração de pessoas marginalizadas. Os quatro cavalos de Ap 6,1-8 parecem representar o sofrimento de povos conquistados que não compartilham dos frutos do poder: um cavalo branco de conquista, um cavalo vermelho de guerra civil, um cavalo negro da fome e um cavalo esverdeado da Morte.[19] João tira a

---

[18] Collins data a redação final de *Sib* 8 de mais ou menos 175 d.C. *OTP*, I, pp. 425-417. Partes da obra talvez sejam muito mais antigas.

[19] Os quatro cavalos representam desgraças comuns do fim dos tempos que aparecem em outros apocalipses judaicos e cristãos. Cf. *4Esd* 13,1-58; Mt 24,6-8; Mc 13,7-8; Lc 21,9-11.

visão dos quatro cavalos de Zacarias (Zc 1,8; 6,1-8) e a reformula em novo contexto e propósito. Na visão de Zacarias, os cavalos patrulham a terra a serviço de Deus (1,11; 6,7); no Apocalipse, são agentes malignos da opressão romana.

Talvez o elemento de injustiça social na profecia de Zacarias tenha inspirado João a usar a imagem de quatro cavalos como comentário apropriado a respeito da *Pax Romana*. Ao voltar do patrulhamento, os quatro cavalos de Zacarias relatam que "toda a terra repousa e está tranqüila" (Zc 1,11). Essa declaração reflete a serenidade superficial das relações internacionais depois da derrota de Babilônia pela Pérsia. Entretanto, Deus não está contente, pois a "paz" prevalecente é uma ordem injusta. "Estou sumamente irritado contra as nações tranqüilas", declara Deus, "porque enquanto eu estava apenas um pouco irritado, elas colaboravam com o mal" (Zc 1,15). As nações pagãs descansam com conforto, enquanto o povo de Deus definha em Babilônia (Zc 2,11) ou vive miseravelmente em Jerusalém (Zc 8,10).

Na época de João, o Império Romano trouxe paz aparente para as nações. Todavia, essa tranqüilidade era mais pacificação que paz, pois Roma promovia políticas que às vezes traziam sofrimento para membros vulneráveis da sociedade.[20] O cavaleiro de um dos quatro cavalos do Apocalipse exclama: "Um litro de trigo por um denário e três litros de cevada por um denário. Quanto ao azeite e ao vinho, não causes prejuízo" (Ap 6,6). Aqui o preço do grão parece indi-

---

[20] Até mesmo Tácito registra a opinião de algumas pessoas de que a *Pax Romana* de Augusto era "paz com derramamento de sangue". TÁCITO, *Ann.* 1,10.

car grave inflação,[21] e a exclamação para não causar prejuízo com o azeite e o vinho talvez se relacione com um edito de Domiciano em 92 d.C. Nesse ano, o Império experimentou abundância de vinho e escassez de grãos. Domiciano proibiu todos de plantarem mais vinhas na Itália e ordenou que os provincianos destruíssem pelo menos metade das suas.[22] Se tivessem obedecido à ordem de Domiciano, ricos provincianos que possuíam vinhas teriam perdido renda. Entretanto, os cereais ficariam mais barato para os provincianos, à medida que mais terras revertessem à produção de gêneros de primeira necessidade. Domiciano nunca pôs o edito em vigor, aparentemente por temer a ira dos que investiam na produção de vinho.[23]

João recorre à fonte judaica de angústia

Embora aborde ocasionalmente injustiças sociais e políticas, o enfoque primordial de João permanece em questões mais amplas de poder e idolatria. Ao abordar esses tópicos, João tirou poesia e imagens da mesma fonte literária usada pelos apocaliptistas judaicos.[24] Algumas figuras e

---

[21] Durante uma fome (aprox. 92-93 d.C.) em Antioquia da Pisídia, o governador ordenou aos negociantes que não vendessem cereais a mais de um sestércio o módio (em vez dos dois sestércios que os aproveitadores exigiam). Veja W. M. Ramsay, Studies in the Roman Province of Galatia, VI — Some Inscriptions of Colonia Caesarea Antiochea, *JRS* 14, 1924, pp. 179-184. Também J. Court, *Myth and History in the Book of Revelation* (Atlanta, John Knox, 1979), pp. 59-60. O preço do trigo em Ap 6,6 é cerca de vinte vezes mais alto que o preço estabelecido pelo governador de Antioquia da Pisídia, em 92-93 d.C.

[22] Suetônio, *Dom.* 7,2. Charles, *Commentary*, I. p. 167.

[23] Suetônio, *Dom.* 14,2.

[24] Muitos estudiosos comentam o uso abundante que João faz do Antigo Testamento. H. B. Swete diz que muitas das alusões que João faz ao Antigo Testamento vêm dos seguintes livros, em ordem descendente: Isaías (46 referências), Daniel (31 referências), Ezequiel (29 referências) e Salmos (27 referências). H. B. Swete, *The Apocalypse of St. John* (London, Macmillan, 3. ed., 1911), pp. cxix-cxxxviii.

associações do passado deslizam inconscientemente para sua obra, como se estivessem profundamente inseridas em seus padrões de pensamento.[25] Outras imagens, como a da Besta ou de Babilônia pecaminosa, desempenham papel tão proeminente que João deve ter conscientemente tomado essas figuras emprestadas, porque continham um conjunto útil de associações. Em vez de aludir brevemente em Ap 18 a uma série de passagens veterotestamentárias, por exemplo, João escreve um verdadeiro *midrash* a respeito de partes específicas de Isaías e Ezequiel. Essas passagens dos grandes profetas lidam com a interação entre Império, comércio e idolatria; ajudam a explicar a atitude de João em relação a Roma e sua razão para rejeitar o envolvimento econômico com ela.

Paralelos entre Roma e Babilônia antiga

Há paralelos históricos gerais entre Babilônia e Roma que podem ter feito João se lembrar da cidade antiga. Roma destruiu o Templo e agora persegue o povo de Deus (Ap 13,10; 18,24) — exatamente como Babilônia massacrou os judeus e os fez prisioneiros (2Rs 24,10–25,21). Aos povos da terra agora Roma parece onipotente (Ap 13,4; 17,18), exatamente como outrora Babilônia parecia nos negócios mundiais (Is 47,7; Dn 4,22).

João não identifica explicitamente esses paralelos entre as duas cidades imperiais. Entretanto, ele desabafa sua

---

[25] Cf. SWETE, *The Apocalypse*, p. cliii. É comum João combinar as ilusões em nova configuração tão livre que é impossível remontar suas imagens a um único texto veterotestamentário. As notas marginais para Ap 19,1-2 (Nestle-Aland, 26. ed.), por exemplo, relacionam alusões a *Salmos de Salomão*, Daniel, Tobias, Salmos, Jeremias, Deuteronômio e 2 Reis. Essa eloqüente apropriação de material tradicional reflete um pensamento mergulhado no Antigo Testamento — e por ele moldado.

indignação contra Roma em linguagem que lembra as antigas maldições judaicas contra Babilônia. João quer que Deus devolva a Roma "o dobro, conforme suas obras" (Ap 18,6), muito parecido com o que os exilados judeus disseram outrora de Babilônia: "Feliz quem devolver a ti o mal que nos fizeste!" (Sl 137,8).

Roma agora domina a terra (Ap 14,8; 18,3), exatamente como Babilônia foi "vencedor(a) das nações" (Is 14,12). O Império Romano assume "um nome blasfemo", e seus súditos o adoram (Ap 13,1.4.12; 17,3), repetindo a ofensa de Babilônia de dizer: "Tornar-me-ei semelhante ao Altíssimo" (Is 14,14). As carnes dos reis e de outros leais a Roma se tornarão um banquete para abutres (Ap 19,17-18) da mesma maneira que Isaías fez o cadáver do rei de Babilônia tornar-se "ramo abominável" (Is 14,19; cf. Ez 39,17-20). João espera a destruição do culto imperial romano exatamente como Isaías esperava que as imagens dos deuses de Babilônia fossem despedaçadas "no chão" (Is 21,9). A cidade imperial da época de João merecia castigo por arrogância e sedução (Ap 18,7.23) tão certamente quanto a antiga Babilônia.

João retrata Roma como confidente e rainha desprezível que declara: "Não sou viúva e nunca experimentarei luto [...]" (Ap 18,7). Isso recorda a profecia de Isaías na qual Babilônia anuncia orgulhosamente: "Não me tornarei viúva" (Is 47,8). Com sarcasmo, Isaías chamou Babilônia de "virgem, filha" (Is 47,1), talvez porque ela ainda não havia sido conquistada. "Por todo o sempre hei de ser senhora" (Is 47,7), ela declarou; "Eu sou, e fora de mim não há nada" (47,8.10). Para sua segurança, Babilônia confiava na religião pagã e na astrologia, o que Isaías repudia como "sortilégios" e "encantamentos" (Is 47,9.12-13). Quando a cidade finalmente encontra a ruína, todos os vassalos e aliados com quem Babilônia se fatigou vão abandoná-la (Is 47,15).[26]

João intensifica a descrição que Isaías faz de um desacordo entre a capital imperial e seus aliados. Os aliados de Roma, diz ele, vão acabar fazendo pior que abandoná-la: os "dez chifres" (talvez governantes provincianos, Ap 17,12) e a "Besta [o Império] odiarão a Prostituta [Roma] e a despojarão, deixando-a nua: comerão suas carnes e a entregarão às chamas" (Ap 17,16; cf. Br 4,35).[27]

O veneno do oráculo contra Babilônia em Isaías 13,1-22 impregna passagens importantes do Apocalipse.[28] Isaías disse que Deus vai fazer um julgamento tão severo que Babilônia

nunca mais será habitada, de geração em geração não será povoada. [...] Antes, ali farão o seu pouso os animais do deserto, e as suas casas ficarão cheias de bufos [...]; os bodes ali dançarão. As hienas uivarão nas suas torres, os chacais, nos seus palácios suntuosos [...] (Is 13,20-22).

---

[26] O texto massorético usa um particípio do verbo סחר, que significa "viajar (como comerciante)". BDB, p. 695.

[27] Ser queimada no fogo era o castigo para a filha de um sacerdote que "se desonra, prostituindo-se" (Lv 21,9). Hengel observa que na tradição pseudepígrafa a morte pelo fogo era o castigo para idólatras. HENGEL, *The Zealots*, p. 188, n. 222. A descrição do destino de Roma em Ap 17 é apropriada para as ofensas de prostituição e também de idolatria.

[28] Além de Ap 18, outras partes do Apocalipse ecoam Is 13: as nações da terra se reúnem para uma grande batalha (Is 13,4; Ap 16,12-16; 17,16.17); todos na terra tremem na hora do castigo divino (Is 13,7.8; Ap 6,15-17); fenômenos estranhos afetam o sol, a lua e as estrelas (Is 13,10; Ap 6,12.13; 8,12); o céu e a terra estremecem (Is 13,13; Ap 6,12-14); e há um massacre generalizado pela espada (Is 13,15; Ap 6,8; 13,10).

Essa terrível dose de vingança, preservada entre os judeus que amavam Jerusalém, revela-se nos versos iniciais da nênia de João sobre Roma (Ap 18,2; cf. Br 4,31-35).[29]

Forças e limitações na equiparação de Roma com Babilônia

A equiparação de Roma com Babilônia deu a João e seus leitores um paradigma conhecido de poder opressor, bem como modelos heróicos para resistir a ele. Há tantas alusões ao livro de Daniel no Apocalipse que precisamos supor que João conscientemente procurou inspiração naquele livro.[30] A principal metáfora do Apocalipse, que representa Roma como Besta (Ap 13,1-10), por exemplo, é inequívoca amalgamação das quatro criaturas em Daniel (Dn 7,1-28).[31]

---

[29] João dá a Jerusalém um papel proeminente no Apocalipse, mas não sente afeição pela cidade real na Palestina. Em Ap 11,8, ele se refere a ela como a "Grande Cidade que se chama simbolicamente Sodoma e Egito, onde também o Senhor delas foi crucificado". Com sua formação judaica e sua familiaridade com o Antigo Testamento, João absorveu a amargura que os judeus sentiam contra Babilônia por causa da destruição de Jerusalém. No Apocalipse, ele descarrega essa amargura contra Roma, por sua idolatria e arrogância.

[30] As notas marginais de Nestle-Aland para o Apocalipse citam mais de sessenta alusões possíveis a Daniel, a maioria dos capítulos apocalípticos (Dn 7–12). Embora não tenham representação explícita no Apocalipse, mesmo assim as narrativas da corte de Daniel (caps. 1–6) podem ter ajudado a moldar a linguagem e a teologia de João. Cf. Dn 1,12.14 e Ap 2,10; Dn 5,4.23 e Ap 9,20; Dn 3,4 e Ap 10,11; Dn 2,44 e Ap 11,15; Dn 2,28 e Ap 22,6.

[31] G. K. Beale conta vinte e uma alusões veterotestamentárias em Ap 13, dois terços das quais vêm de Daniel. Ele acha um "padrão teológico comum que se repete em Dn 7 e Ap 13". Beale conclui ser provável que Daniel seja "a influência mais formativa no pensamento e na estrutura do Apocalipse". Beale vê ambos, Daniel e João, "criticando o *status quo* da apostasia, da transigência e do sincretismo". No Apocalipse, as circunstâncias incluem "governantes que reivindicam divindade" e "os supostos cristãos que concordam em participar das exigências condescendentes do culto ao imperador e da sociedade pagã. G. K. Beale, *The Use of Daniel in Jewish Apocalyptic Literature and in the Revelation of St. John* (Lanham, MD, University Press of America, 1984), pp. 244-245, 297-298.

João usa mais material de partes apocalípticas de Daniel (caps. 7–12) do que usa das narrativas da corte (caps. 1–6). Entretanto, pelo menos em espírito, as narrativas da corte estão por trás da posição radical que João assume, de não-cooperação com o governo corrupto. Outrora, três corajosos hebreus recusaram-se a se prostrar e adorar uma estátua erigida por Nabucodonosor (Dn 3,1-30), do mesmo modo que João agora não faz concessões à imagem da Besta (Ap 14,11; 15,2; 16,2; 19,20). Todos "os povos, nações e línguas" curvaram-se às exigências idólatras do rei babilônio (Dn 3,7), exatamente como as províncias do Império Romano agora aceitavam o culto imperial (Ap 13,7.8). João não esperava que Deus livrasse os cristãos do martírio (Ap 6,9-11; 20,4), como outrora Deus poupou os três hebreus (Dn 3,19-30; cf. 6,16-24). No entanto, João esperava que Deus justificasse os santos que sofriam e os colocasse em posições de poder no reino de Cristo (Ap 20,4-6).

Apesar de todos os paralelos entre Babilônia e Roma vistos por João, certos aspectos da tradição judaica a respeito da cidade antiga não reforçaram a estratégia de João de separação do poder imperial. Jeremias, por exemplo, registra um oráculo no qual Deus se refere ao rei de Babilônia como "meu servidor" (Jr 27,6), e o profeta incentivou os exilados judeus a buscar o bem-estar de Babilônia. Exortou os judeus: "Rogai por ela a Iahweh, porque a sua paz será a vossa paz" (Jr 29,7). Em contraste, João não via razão para buscar o bem da Roma imperial e ansiava por um julgamento implacável da capital imperial (Ap 16,17-21; 18,6-8).

Talvez nem mesmo a narrativa de Daniel fosse inteiramente satisfatória como precedente, pois Daniel e seus companheiros serviam na corte do rei babilônio (Dn 1,3-21; 2,49; 3,30).

Essa estreita cooperação com o poder idólatra era impensável para João, que mostrou aos companheiros cristãos a direção oposta: "Saí dela, ó meu povo, para que não sejais cúmplices dos seus pecados" (Ap 18,4).

3. Tiro como símbolo para Roma em Ap 18

A analogia entre Roma e Babilônia não era perfeita e, em Ap 18, João considera outra cidade vilã quando se concentra em aspectos econômicos do domínio romano. Na lista que João organiza de velhacos imperiais,[32] agora é a vez da antiga Tiro, com sua vasta rede de comércio marítimo. Embora João nunca mencione Tiro pelo nome, partes de Ap 18 assemelham-se muito a oráculos contra a cidade em Is 23 e Ez 27–28.[33] João parece ter tirado das ruínas da própria Tiro sua descrição da Roma caída com poeira e fuligem.

---

[32] A condenação de Tiro entre os judeus aparece já no século VIII a.C. Amós diz que a cidade entregou "populações inteiras de cativos a Edom e não se [lembrou] da aliança de irmãos (ברית אחים)". Em conseqüência, Deus mandaria fogo contra Tiro para devorar "os seus palácios" (Am 1,9-10). Amós não cita o parceiro do tratado prejudicado por Tiro. Talvez tivesse em mente o pacto entre Salomão e Hiram, rei de Tiro (1Rs 5,1-12; 9,10-14), ou a amizade entre Tiro e Israel na ocasião em que Acab se casou com Jezabel. Veja J. L. Mays, *Amos* (Philadelphia, Westminster Press, 1969), p. 34; E. Hammershaimb, *The Book of Amos*; A Commentary (New York, Schoken Books, 1970), p. 34. A ligação entre Jezabel e a Fenícia ajuda a explicar por que João evoca Tiro no Apocalipse. No tempo de Davi (1Rs 5,1) e na época de Jezabel, os judeus tinham relações de amizade com os fenícios. Finalmente, sob a rainha Jezabel, essas relações trouxeram a religião pagã para Jerusalém (1Rs 16,31-34). Da mesma forma, os cristãos do século I interagiam com Roma, e João acredita que essas relações tragam práticas pagãs à Igreja.

[33] Em todo o livro do Apocalipse, João apóia-se fortemente em Ezequiel. M. E. Boismard demonstra haver até mesmo estreita correspondência entre a seqüência do texto no Apocalipse e a seqüência de Ezequiel. M. E. Boismard, "L'Apocalypse", ou "Les Apocalypses" de Saint Jean. *RB* 56, 1949, pp. 530-532. J. M. Vogelgesang diz que há tanta semelhança entre o Apocalipse e Ezequiel que "isso prova, sem sombra de dúvida, que João utilizou Ezequiel diretamente. J. M. Vogelgesang, *The Interpretation of Ezekiel in the Book of Revelation* (Ann Arbor, University Microfilms, 1986), p. 132; sobre Ap 18 e Ez 27: pp. 32-34.

É surpreendente encontrar essa imagem da Tiro antiga sobreposta à imagem maior que João nos dá da Babilônia pecaminosa. As duas visões em Ap 17 e 18 relacionam-se estreitamente em tema e estrutura, e, do começo ao fim, Babilônia é o centro.[34] Vimos que havia muitas tradições judaicas a respeito de Babilônia, às quais João podia recorrer. Ele não precisava tomar emprestado vinhetas de Tiro apenas para mostrar que Babilônia (Roma) era má e idólatra. Alguns aspectos da tradição judaica a respeito de Tiro eram importantes para a polêmica de João contra Roma.

A natureza comercial da antiga Tiro

A combinação de destreza econômica e arrogância idólatra de Tiro tornou-a útil para o propósito de João. O livro de Isaías ilustra como o império comercial de Tiro aparecia na tradição judaica: "Uivai, navios de Társis, porque tudo está destruído" (Is 23,1). Em uma única sentença, Isaías relata a queda de Tiro, a tristeza sentida por seus mercadores e o longo alcance de seu império marítimo.[35] Tiro era "a distribuidora de

---

[34] O próprio capítulo 17 mistura duas importantes tradições proféticas: a Prostituta como um tipo de degeneração moral e espiritual, e Babilônia como a epítome de uma cidade pecaminosa. Essas duas tradições fundem-se aqui como a Babilônia Prostituta. Ruiz afirma que Ap 17,1 "serve de introdução à visão completa do julgamento da Babilônia Prostituta, que compreende os dois capítulos". Ruiz, *Ezekiel in the Apocalipse*, p. 379.

[35] Társis é de "localização desconhecida, famosa por associações com o tráfego marítimo". Achtemeier, org., *Harper's Bible Dictionary*, p. 1018. A história de Jonas indica que Társis ficava no Mediterrâneo (Jn 1,3), e muitos estudiosos a localizam no sul da Espanha. 1Rs 10,22 diz que a frota de Társis pertencente a Salomão voltava carregada de ouro, prata, marfim, macacos e pavões — o que leva a crer que Társis estava relacionada com rotas comerciais no oceano Índico ou ao longo da costa da África. Talvez "navios de Társis" simplesmente designasse "barcos marítimos maiores, independentemente de sua origem ou portos de escala". *IDB*, IV, pp. 517-518. De qualquer modo, Isaías estabeleceu precedente para a nênia de Ap 18, quando condenou o comércio marítimo ("todos os navios de Társis", Is 2,16), na mesma unidade de profecia que descreve Judá contaminada com "adivinhos, [...] estrangeiros, [...] prata e ouro, [...] ídolos" (Is 2,5-17).

coroas", seus mercadores eram "príncipes", e seus negociantes eram "nobres do mundo" (Is 23,8). A grande cidade coletava grãos do Egito como fonte de renda e tornou-se o "mercado das nações" (Is 23,3). Todavia, o poder levou ao orgulho presunçoso. Isaías fala irado da cidade que é "orgulho" (Is 23,7), insiste que Deus vai "humilhar o orgulho de toda a majestade" (23,9) e repete o aviso da destruição de Tiro (23,14).

Até mesmo a promessa de Isaías da restauração futura de Tiro proporcionou material para João censurar Roma. Setenta anos depois de sua queda, diz Isaías, Tiro "voltará ao seu ofício de prostituta e se prostituirá com todos os reinos existentes sobre a face da terra" (Is 23,17). Isaías reconhece a íntima ligação entre comércio e aliança política e diz que a relação agora degenerou em forma de prostituição. Todavia, em seu dia de restauração, o intercurso de Tiro com as nações não vai gratificar sua concupiscência:

> Mas o seu lucro e o seu salário acabarão consagrados a Iahweh. Eles não serão amontoados nem guardados; antes, o seu ganho pertencerá àqueles que habitam na presença de Iahweh, para o seu alimento e a sua saciedade e para que se vistam ricamente (Is 23,18).

Na tradição de Isaías, João agora rejeita as alianças comerciais políticas romanas como prostituição (Ap 17,1-2; 18,3). Mais uma vez ele repete Isaías quando descreve a Nova Jerusalém: os santos da cidade viverão na presença de Deus (Ap 21,3), e "os reis da terra trarão a ela sua glória [...], lhe trarão a glória e o tesouro das nações" (21,24-26).[36] O prestí-

---

[36] A conversão das nações à fé javista tornou-se tema comum do judaísmo pós-exílico. Zacarias menciona "habitantes de cidades grandes" e "nações poderosas" que virão cultuar em Jerusalém (Zc 8,20-23); Tobit espera que os gentios convertidos "abandonarão seus falsos deuses que os extraviaram no erro" (Tb 14,6-7).

gio e os recursos outrora monopolizados por Roma serão devolvidos aos santos sob o iminente domínio de Deus.

A pecaminosidade lendária de Tiro

Depois do exílio, os judeus transformaram Tiro em exemplo de ganância voraz. No livro de Joel, Iahweh diz a Tiro e Sidônia: "Vós que tomastes minha prata e meu ouro, vós que carregastes para os vossos palácios os melhores tesouros, vós que vendestes aos filhos de Javã os filhos de Judá e de Jerusalém" (Jl 4,5-6; cf. Ez 27,13).[37] Tais ofensas não ficarão impunes. Em um caso clássico de inversão de papéis, Deus venderá os filhos e as filhas de Tiro e Sidônia como escravos a Judá (Jl 4,8).[38]

Tiro não se sai melhor em partes apocalípticas de Zacarias.[39] Com sua forte situação defensiva, a cidade "construiu para si uma fortaleza e amontoou prata como pó e ouro como lama das ruas".[40] A avareza de Tiro provoca a ira de

---

[37] É provável que o livro de Joel tenha alcançado sua forma final entre 500 e 350 a.C. J. W. WHEDBEE, in MAYS, org., *Harper's Bible Commentary*, pp. 716-717.

[38] Além de Tiro, diversos temas importantes de Jl 4 reaparecem no Apocalipse. Entre eles estão a guerra santa entre os guerreiros de Iahweh e os exércitos das nações (Jl 4,11-12.14; Ap 16,12-16), a foice e o lagar como símbolos do julgamento divino (Jl 4,13; Ap 14,17-20), sinais no sol, na lua e nas estrelas (Jl 4,15; Ap 6,12-13; 8,12), e a habitação de Deus em uma Jerusalém restaurada (Jl 4,17-18; Ap 21 22). O desejo ardente que Joel tem de castigo dos inimigos também encontra eco em Ap 18.

[39] É provável que Zc 9–14 date dos séculos V ou IV a.C. D. L. PETERSON, in MAYS, org., *Harper's Bible Commentary*, p. 747.

[40] Essa fortaleza era um quebra-mar de 750 metros de comprimento e 8 metros de espessura, construída no tempo de Hiram, rei de Tiro, para defender os castelos da ilha. J. G. BALDWIN, *Haggai, Zechariah, Malachi* (London, Tyndale Press, 1972), p. 160.

Deus, que "se apoderará dela, precipitará no mar a sua força, e ela será devorada pelo fogo" (Zc 9,3-4; cf. Ap 18,8-9.21).[41]

O autor de 2 Macabeus mancha ainda mais a reputação de Tiro, designando-a como local de idolatria judaica durante o reinado de Antíoco IV Epífanes. Com seu programa de helenização a todo vapor, Antíoco foi a Tiro para celebrar os jogos qüinqüenais. Jasão, sumo sacerdote de Jerusalém, comprometeu-se tão completamente com a religião pagã que enviou mensageiros a Tiro com trezentas dracmas de prata para o sacrifício a Hércules (2Mc 4,18-20). Menelau, o sumo sacerdote seguinte, aumentou o sacrilégio, ao roubar objetos de ouro do Templo e vendê-los a Tiro para obter ganho pessoal (2Mc 4,32). Os judeus que procuraram Antíoco para protestar contra esse ultraje morreram como mártires em Tiro (2Mc 4,43-50).[42]

A literatura cristã primitiva aumenta a visão proverbial de Tiro como lugar pecaminoso. Quando verbera as cidades galiléias por não se arrependerem, Jesus enfatiza sua obstinação, declarando: "Porque se em Tiro e em Sidônia tivessem sido realizados os milagres que em vós se realizaram, há muito se teriam arrependido". O julgamento que aguarda as cidades é tão terrível que Jesus o descreve dizendo apenas que será pior que o destino reservado para as pecaminosas Tiro e Sidônia (Mt 11,20-22; Lc 10,13-14).

---

[41] A palavra traduzida como "riqueza" (חיל) em Ap 18,17 tem uma série de significados, inclusive "força", "eficiência" e "exército". BDB, p. 298. A LXX prefere o significado de "força" (δύναμις). Mas em Ap 18,17, João enfatiza o aspecto econômico de Roma, especificando que sua "riqueza" (πλοῦτος) desaparecerá.

[42] 1Mc 5,15 cita o povo de Tiro coligado no esforço para aniquilar os judeus.

Um incidente relatado nos Atos deu a Tiro associações que talvez reforçassem a impressão que João tinha da cidade. Lucas narra como Herodes Agripa fez um discurso a mensageiros de Tiro e Sidônia. Os fenícios puseram-se a aclamar: "É a voz de Deus e não de um homem!" A divinização de um governante era tão abominável que "no mesmo instante, porém, feriu-o o Anjo do Senhor, pelo motivo de não haver dado glória a Deus. Assim, roído de vermes, expirou" (At 12,20-23). Josefo dá uma versão similar da morte de Herodes Agripa, mas não menciona os mensageiros de Tiro e Sidônia.[43] Lucas apresenta os mensageiros talvez porque o louvor idólatra a um governante combinava com os estereótipos cristãos primitivos do paganismo fenício e da lealdade mal orientada.[44]

Ezequiel e o bom navio Tiro

Vindas de uma variedade de fontes, essas associações negativas aderiram como crustáceos à fama de Tiro entre judeus e cristãos. O precedente mais claro para a nênia em Ap 18 vem da descrição de Tiro como imponente navio mercante em Ez 27.[45] O bom navio Tiro outrora navegou nas

---

[43] *Ant.* XIX,8,2 (343-352). Josefo localiza o incidente em Cesaréia e diz que Herodes foi saudado como deus durante uma festa em honra a César. Herodes Agripa morreu em 44 d.C.

[44] Entretanto, os evangelistas enfatizam que Jesus levou seu ministério de cura até para a região de Tiro. Jesus aparentemente cita (satiriza) o estereótipo dos tírios, quando faz uma pausa antes de curar a filha de uma siro-fenícia: "Deixa que primeiro os filhos [os judeus] se saciem porque não é bom tirar o pão dos filhos e atirá-lo aos cachorrinhos [gentios, neste caso fenícios]" (Mc 7,27; Mt 15,26).

[45] Vogelgesang demonstra que João tomou por empréstimo temas, frases e até seqüência de idéias de Ezequiel. Ele conclui que "não só João dependia de Ezequiel, mas [...] ele modelou seu livro pelo de Ezequiel". VOGELGESANG, *Ezekiel in the Book of Revelation*, p. 69.

águas do Mediterrâneo com serena autoconfiança. "Eu sou um navio de beleza perfeita", declarou ela (Ez 27,3), deleitando-se em sua construção e decoração requintadas. Suas pranchas, seu mastro e seus remos vieram da Palestina. O convés de marfim veio de Chipre, as velas bordadas, do Egito (Ez 27,5-7). A força e a função de Tiro dependiam dessas delicadas importações, e Tiro defendia-se com mercenários da Pérsia, do oeste da Ásia Menor ("Lud") e da Líbia ("Put") (27,10).[46]

Essa dependência dos recursos de aliados prenunciava o Império Romano de cinco séculos mais tarde. Como as redes comerciais de Tiro e Roma cobriam, em grande parte, a mesma área geográfica, não nos surpreende que lidassem com os mesmos produtos.[47] As mercadorias relacionadas em Ez 27,12-24 que reaparecem em Ap 18,11-13 incluem ouro, prata, ferro, bronze, escravos, cavalos, marfim, púrpura, linho, pedras preciosas, trigo, azeite, vinho e especiarias.[48] Entretanto, apesar das semelhanças, João não copiou des-

---

[46] W. Zimmerli observa que Lud aparece e Gn 10,22 "e está ali certamente para ser igualado aos lídios da Ásia Menor", isto é, um povo da região das sete Igrejas do Apocalipse. Zimmerli, W. *A Commentary on the Book of the Prophet Ezekiel*, II. Philadelphia, Fortress Press, 1983. p. 59. Zimmerli também entende "Javã" (Ez 27,13) como referência aos jônios. Zimmerli, *Commentary*, II, p. 65.

[47] Nem nos surpreende que João tenha usado as notas de Ezequiel a respeito do comércio marítimo, pois a lista da carga em Ezequiel "revela um conhecimento admiravelmente exato do comércio do mundo de sua época, o que se confirma por várias informações provenientes de outras fontes antigas". W. Eichrodt, *Ezekiel*; a Commentary (Philadelphia, Westminster Press, 1970), p. 387.

[48] Zimmerli diz que a lista de mercadorias de Ezequiel enfatiza o consumo de Tiro. "A lista em si é simplesmente uma lista de produtos importados. Em nenhum sentido ela tem o propósito de dar uma imagem completa do comércio tírio em todas as suas idas e vindas, mas descreve apenas [...] o que Tiro compra por intermédio de seus agentes comerciais". Zimmerli, *Commentary*, II, p. 70.

cuidadamente a lista de Ezequiel.[49] Antes, mudou a ordem dos produtos e acrescentou artigos de interesse especial para Roma: pérolas, mármore, seda, incenso e flor de farinha.

Depois de enumerar os produtos que Tiro comerciava com lugares distantes, Ezequiel concentra-se em comerciantes e marinheiros que administravam o mercado marítimo.[50] Um mau vento afunda o bom navio Tiro e com ele afundam a carga, os marinheiros, os comerciantes e os soldados (Ez 27,26-27). A notícia do desastre faz tremer as praias (Ez 27,28). Tristes lamentos levantam-se entre todos os que têm negócios no mar (Ez 27,29-32). A perda é um desastre econômico para os que investiram em Tiro, pois "com as tuas riquezas, as tuas mercadorias [...] enriqueceste os reis da terra" (Ez 27,33). Os aliados de Tiro apavoram-se, "seus reis [ficam] de cabelos arrepiados" e os comerciantes "urram!"[51] Os prenúncios da iminente ruína de Tiro devem ter persuadido os que levavam Ezequiel a sério, pois Judá e Israel comerciavam com a cidade-Estado (Ez 27,17). Em 594 a.C. Judá chegou a pensar em formar uma aliança política com Tiro, em um esforço para impedir que Babilônia avançasse para o oeste (Jr 27,3).[52]

---

[49] Não há dúvida de que Ap 18,11-13 é estreitamente paralelo a Ez 27,12-24. Vogelgesang identifica pelo menos vinte mercadorias que aparecem nas duas listas, inclusive a frase característica φυχὰς ἀνθρώπων (almas de seres humanos). VOGELGESANG, *Ezekiel in the Book of Revelation*, pp. 33-34. Não é surpreendente que a antiga Tiro e a Roma do século I mostrassem interesse em muitos dos mesmos itens comerciais. Bauckham está correto ao dizer que "João apresentou uma descrição própria altamente eficaz" que "dá proeminência especial à mercadoria" importada por Roma. BAUCKHAM, *Economic Critique*, p. 51; cf. p. 59.

[50] Veja uma análise da rede comercial pré-helenística de Tiro em HENGEL, *Judaism and Hellenism*, I (London, SCM Press, 1974), p. 32.

[51] Tradução de ZIMMERLI, *Commentary*, II, p. 53. Em geral, o verbo שׁרק significa "assobiar", quase sempre com conotação de escárnio. BDB, p. 1056.

[52] EICHRODT, *Ezekiel*, p. 367.

Reivindicações idólatras de Tiro e Roma

Quando João evocou a tradição judaica a respeito de Tiro para exprimir sua acusação de Roma, talvez ele tivesse em mente as acusações de divinização da própria pessoa esboçadas por Ezequiel.[53] Em Ez 28, o oráculo começa com palavras que João poderia ter escrito a respeito do imperador de sua época.

Filho do homem, dize ao príncipe de Tiro: Assim diz o Senhor Iahweh: Pois que teu coração se exalta orgulhosamente e dizes: "Eu sou deus, ocupo um trono divino no mar". Apesar de seres homem e não Deus [...] (Ez 28,2).[54]

Ezequiel segue essa acusação de auto-idolatria com uma referência às explorações comerciais de Tiro: "Tão notável é a tua sabedoria nos negócios que multiplicaste a tua riqueza" (Ez 28,5).

Uma combinação de sucesso econômico e auto-exaltação levou Tiro a julgamento. Da perspectiva de João, a mesma mistura profana vai trazer fogo a Roma. As redes comerciais do século I e o culto imperial centralizado na cidade de Roma com seu "príncipe" orgulhoso. Quando diz

---

[53] Eichrodt observa que "documentos ugaríticos atestam a reivindicação do rei para receber reverência e ser em sua pessoa a garantia da salvação do povo", a "personificação terrena do deus que morre e ressuscita". EICHRODT, *Ezekiel*, p. 390. João com certeza não estava familiarizado com esses documentos ugaríticos, mas reconheceu as acusações de divinização da própria pessoa na profecia de Ezequiel. Talvez João conhecesse a história de Judite, que resistiu com sucesso quando atribuíram *status* divino a Nabucodonosor (Jt 6,2; 8,1–16,25).

[54] Cf. Ez 28,6. Veja a longa tradição de protesto judaico contra governantes que alegam *status* divino em Is 14,13-14 (Nabucodonosor?); Ez 29,1-12 (o Faraó; Ezequiel estabelece um precedente ao chamar o Faraó de "grande dragão"; cf. Ap 12,3); Dn 11,36-37 e 2Mc 9,12 (Antíoco IV Epífanes); *Sl Sal* 2,29 (Pompeu); Fílon *Leg. Gai.* 85-118 (Calígula); *Mart Is* 4,6 e *Sib* 5,33-34 (Nero).

que Roma "se concedia em glória" (Ap 18,7), João usa uma palavra (ἐδόξασεν) que só aparece uma vez em outra passagem do Apocalipse.[55] Nesse caso, os santos que conquistaram a Besta estão ao lado do mar de vidro e entoam o cântico do Cordeiro:

> Grandes e maravilhosas são as tuas obras, ó Senhor Deus, todo-poderoso; teus caminhos são justos e verdadeiros, ó Rei das nações. Quem não temeria, ó Senhor, e não glorificaria (δοξάσει) o teu nome? (Ap 15,3.4).

A grande ofensa de Roma foi tomar a glória que pertencia a Deus, o "Rei das nações", e reivindicá-la para si mesma. Ela "se concedia glória" (ἐδόξασεν αὐτὴν)[56] e exultava: "Estou sentada como rainha" (18,7). Toda ilusão de imunidade régia logo desmoronará sob a vitória escatológica de Cristo, o "Senhor dos senhores e Rei dos reis" (Ap 17,14).

Ezequiel disse que Deus usaria outras nações para julgar Tiro:

> [...] eu trarei contra ti estrangeiros, a mais terrível das nações. [...] Far-te-ão descer à cova e morrerás de morte violenta no coração dos mares (Ez 28,7-8).

---

[55] Alhures no Novo Testamento, em geral a palavra δοξάζω significa louvor a Deus ou Jesus. Nove entre dez vezes que Lucas usa a palavra, ele escreve em seguida τὸν θεὸν; uma vez Lucas faz de Jesus o objeto de louvor (Lc 4,15). Uma passagem em Marcos e vinte e duas em João referem-se todas a Deus ou a Jesus. Mateus usa a palavra apenas uma vez com referência a seres humanos, quando cita a condenação que Jesus faz dos hipócritas que buscam o louvor dos outros (Mt 6,2). Paulo é menos meticuloso, chegando a afirmar que honrava seu ministério (Rm 11,13) e a falar de membros da Igreja que eram honrados (1Cor 12,26).

[56] Veja Ruiz, *Ezekiel in the Apocalypse*, p. 380. Ruiz observa que, em Ezequiel, "glória" indica a presença de Deus, e δόξα é atributo divino no Apocalipse, com muita freqüência no contexto de adoração.

Os "estrangeiros" que executam o julgamento de Tiro vêm, aparentemente, de Babilônia (Ez 30,10-11). Do mesmo modo, o livro do Apocalipse prevê um tempo em que Deus usará outras nações para castigar Roma. Reis e nações do Império Romano ("dez chifres" e "a Besta") "odiarão a Prostituta" Roma e "a despojarão, deixando-a nua; comerão suas carnes e a entregarão às chamas" (Ap 17,12-13.16; cf. Ez 28,18).

Injustiça econômica e social de Tiro e Roma

Parte da culpa de Tiro era que sua expansão comercial levou ao sofrimento pessoas que não compartilhavam sua riqueza e seu poder. "Em virtude do teu comércio intenso te encheste de violência e caíste em pecado", declara Ezequiel. A injustiça econômica cortou o relacionamento de Tiro com Iahweh, que lançou do monte de Deus a cidade culpada "como [se ela fosse] um profano" (Ez 28,16).[57] A injustiça social ou econômica manchava o império de Tiro: "Em virtude da tua grande iniqüidade, por causa da desonestidade do teu comércio, profanaste os teus santuários" (Ez 28,18).[58]

---

[57] Eclo 10,7-8 ilustra o precedente na literatura sapiencial para a visão que João tem do julgamento divino sobre o orgulho e a ganância dos governantes: "O orgulho é odioso tanto ao Senhor como aos homens, e ambos têm horror da injustiça. O poder passa de uma nação a outra pela injustiça, pela violência e pela riqueza". Outras autoridades antigas acrescentam aqui: "Nada é pior que aquele que ama o dinheiro, pois tal pessoa põe à venda a própria alma". Cf. Eclo 10,14-18.

[58] Bauckham diz que "é para centralizar sua acusação de Roma por sua exploração *econômica* [...] que João reaplica a Roma o oráculo de Ezequiel contra Tiro. [...] Tiro era o intermediário pelo qual passava todo o comércio e que se enriqueceu com os lucros de seu comércio. Por outro lado, Roma era onde iam parar todas as mercadorias caras que João relaciona". BAUCKHAM, *The Bible in Politics*, pp. 92, 94.

João compartilha o sentimento desse oráculo quando vê uma grande mó atirada ao mar.[59] Com os olhos em Roma, João diz: "Com tal ímpeto será lançada Babilônia, a grande cidade" (Ap 18,21; cf. Ez 28,16; Jr 51,63-64). João segue essa profecia com uma referência à vibrante vida cultural e comercial de Roma: músicos, artífices, moleiros, casamento e mercadores deixarão de existir na capital imperial (Ap 18,22-23). O fim violento de Roma combina com os crimes que ela perpetrou contra os cristãos e outras vítimas infelizes. Em Roma, "foi encontrado sangue de profetas e santos, e de todos os que foram imolados sobre a terra" (Ap 18,24).

Mais cedo ou mais tarde, a cidade pecaminosa cairá

Mergulhado na história e na profecia judaicas, João com certeza sabia que Tiro não caiu tão depressa como Ezequiel esperava. O próprio Ezequiel conta como Nabucodonosor impôs ao seu exército uma grande estafa em um longo e fracassado cerco à cidade fortificada (Ez 29,18-20).[60] Embora, depois de treze anos, fizesse concessões a Babilônia e perdesse suas colônias mais tarde, no século VI, Tiro ainda permanecia ativa no comércio e na marinha mercante.[61]

---

[59] Com referência a alguns artigos no conhecimento de carga em Ap 18, Bauckham diz que "muitos provincianos que, como João, não se beneficiavam com o comércio, achavam-no diretamente explorador, levando para Roma recursos que eram necessários nas províncias (como trigo e escravos) ou usando a mão-de-obra local para extrair produtos caros sem vantagem para o povo local (por exemplo, mármore)". BAUCKHAM, Economic Critique, p. 78.

[60] Os babilônios sitiaram Tiro de 586/5 a 573/2 a.C.

[61] Os tírios trouxeram madeiras de cedro para ajudar a construir o segundo Templo de Jerusalém (Esd 3,7). Para Jerusalém reconstruída eles trouxeram "peixes e mercadorias de toda espécie para vendê-las" em Judá (Ne 13,16).

Com sua incomparável posição defensiva em uma ilha rochosa próxima da costa, Tiro era arrogante quanto a sua segurança.[62] Poucos inimigos tentavam um cerco, e, em 332 a.C., Alexandre Magno tornou-se o primeiro a derrotar Tiro por completo.[63] Com esforço extremo, seu exército macedônio montou um cerco com a construção de um passadiço entre Tiro e o continente.[64] Finalmente, os tírios sofreram terrível derrota: 6 mil mortos em combate, 2 mil crucificados[65] e 30 mil vendidos como escravos.[66] Com as colônias de Tiro "distribuídas quase pelo mundo todo", a notícia da catástrofe espalhou-se por toda parte.[67] A lembrança da ruína de Tiro estendeu-se pelo mundo greco-romano, exemplo proeminente de cidade "inconquistável" que acabou por encontrar um inimigo à sua altura. Todos que conhecessem a história de Tiro reconheceriam a lógica de João ao usar a cidade antiga como protótipo de Roma. As duas cidades usurparam o lugar de Deus e algum dia ambas se curvariam sob o julgamento divino.

---

[62] Quando Tiro se recusou a recebê-lo, Alexandre Magno disse: "Na verdade, confiando em vossa situação, porque viveis em uma ilha, desprezais este exército de soldados de infantaria. [...]". QUINTO CÚRCIO, *Historiae* 4,2,5. Cf. ARRIANO, *Anab.* 2,18,2.

[63] EICHRODT, *Ezekiel*, pp. 367-368.

[64] ARRIANO, *Anab.* 2,18,1-24,6 e QUINTO CÚRCIO, *Historiae* 4,2,1-4,21.

[65] QUINTO CÚRCIO, *Historiae* 4,4,17.

[66] ARRIANO, *Anab.* 2,24,5.

[67] Entre elas estavam colônias em "Cartago na África, Tebas na Beócia, Gades no oceano". QUINTO CÚRCIO, *Historiae* 4,4,19.

4. Nero redivivo como agente de julgamento

Como se extraísse veneno de todas as fontes possíveis para seu ataque a Roma, João parece ultrapassar as tradições bíblicas e apocalípticas para incorporar o mito do *Nero redivivo* que circulava amplamente no Oriente.[68] Como é natural, se João escreveu o Apocalipse na última década do século I, já fazia quase trinta anos que Nero cometera suicídio. Entretanto, alguns orientais ainda alimentavam a idéia de que Nero voltaria à vida (ou sairia de seu esconderijo) e retomaria o trono imperial à testa de um exército parteno.

Tendo sido admirador da cultura grega e favorecido certos setores da sociedade oriental com presentes e atenção, Nero permaneceu popular entre alguns gregos muito depois de sua morte. Isso ajudou a alimentar fantasias de que Nero reapareceria para tomar o trono. Historiadores romanos falam de impostores que fingiam ser Nero em tentativas efêmeras de revolta.[69] Alguns autores judaicos e cristãos do fim do século I e do começo do século II aludem a esse tema popular e chamam o fantasma de Nero para desempenhar papel proeminente em sua visão do fim dos tempos. Uma tradição judaica afirmava que Nero voltaria como encarnação de Beliar para "desencaminhar os homens", até mesmo "muitos fiéis, hebreus escolhidos (*Sib* 3,63-70).[70]

---

[68] Veja tanto o argumento de que o tema de *Nero redivivo* já havia influenciado Marcos como comentários gerais sobre o assunto, em M. HENGEL, *Studies in the Gospel of Mark* (London, SCM Press, 1985), pp. 14-28. Hengel afirma (p. 21) que Mc 13 preocupa-se mais com a apostasia dentro da Igreja que com perseguições de fora. Uma geração depois, João de Patmos compartilha a mesma preocupação de que falsos mestres e a apostasia eram importantes ameaças à Igreja (Ap 2,2.20-24).

[69] TÁCITO, *Hist.* 2,8.9; DIO CÁSSIO, *Hist. Rom.* 64,9; SUETÔNIO, *Nero* 57.

[70] Cf. *Sib.* 2,167; *Mart Is* 2,4; 4,2.

A lendária aliança de Nero com exércitos do Oriente

João de Patmos parece evocar diversas vezes essa idéia popular da volta de Nero, como mencionam muitos comentaristas modernos.[71] A Besta do Império "que subia do mar" tem sete cabeças (imperadores; cf. Ap 17,9.10), e "uma de suas cabeças parecia mortalmente ferida, mas a ferida mortal foi curada (Ap 13,3); essa talvez seja uma referência ao *Nero redivivo*. Outras passagens do Apocalipse parecem refletir a crença de que a rebelião desastrosa e a destruição cairão sobre o Império Romano vindas do Oriente. A sexta trombeta da visão de João marca a libertação de "quatro Anjos que estão presos sobre o grande rio Eufrates". Esses anjos, talvez padroeiros celestes da nação partena, vão matar uma terça parte dos homens com cavaleiros do exército em número de 200 milhões (9,13-19; cf. 16,12).

O papel provável do *Nero redivivo* na queda de Roma torna-se um pouco mais evidente perto do fim do Apocalipse de João. A "Besta", que representava um império em Ap 13, agora parece representar um líder carismático:

> A Besta que viste, existia, mas não existe mais; está para subir do Abismo, mas caminha para a perdição. Os habitantes da terra [...] ficarão admirados ao ver a Besta (Ap 17,8).

Aparentemente, a Besta agora é Nero reencarnado que vai convocar as forças de outros dez líderes políticos para

---

[71] Charles diz que João esperava que Nero voltasse como "monstro sobrenatural das profundezas do inferno, não como simples mortal". CHARLES, *Commentary*, I, p. xcvii. De modo semelhante, Caird fala de um "novo monstro, Nero", que sairá da linhagem imperial reinante para infligir terrível perseguição. CAIRD, *Commentary*, p. 219. A melhor análise recente do tema de Nero no Apocalipse é a de BAUCKHAM, *The Climax of Prophecy*, pp. 384-452.

encenar um golpe bem-sucedido contra Roma depois de não conseguir conquistar o Cordeiro:[72]

> Os dez chifres que viste são dez reis que ainda não receberam um reino. Estes, porém, receberão autoridade como reis por uma hora apenas, juntamente com a Besta. Tais reis têm um só desígnio: entregar seu poder e autoridade à Besta. Farão guerra contra o Cordeiro, mas o Cordeiro os vencerá. [...] Os dez chifres que viste e a Besta, contudo, odiarão a Prostituta [Babilônia/Roma; cf. 17,18] e a despojarão, deixando-a nua: comerão suas carnes e a entregarão às chamas, pois Deus lhes colocou no coração realizar o seu desígnio: entregar sua realeza à Besta, até que as palavras de Deus estejam cumpridas (Ap 17,12-17).

Essa passagem enigmática parece prenunciar um tempo em que a estrutura de patronato imperial será desorganizada, quando as elites provincianas do Oriente vão voltar-se contra Roma. Assim como o próprio mal tomou primeiro a forma de rebelião *dentro* do reino espiritual criado por Deus (Ap 12,7-9), uma praga de insubordinação vai irromper dentro do Império Romano dominado por Satanás. Essa rebelião é, naturalmente, má, pois os conspiradores "farão guerra contra o Cordeiro". Contudo, Deus vai usar como agentes da justiça divina os mesmos reis que bajularam Roma (cf. Is 44,28–45,3; Jr 1,14-19).

Não nos surpreende que João continue tratando o tema do *Nero redivivo* no capítulo 17 com um exame de implicações

---

[72] Bauckham chama a atenção para uma citação de Filostrato (*Vida Apol.* 4,38), em que Apolônio de Tiana chega a Roma durante o reinado de Nero e descreve o imperador como uma "besta" (θηρίον). "Não sei quantas cabeças ela tem", diz Apolônio, "[...] mas até este ponto, é mais selvagem que as bestas da montanha e da floresta [...]". BAUCKHAM, *The Climax of Prophecy*, p. 410.

econômicas no capítulo 18, pois essa mesma combinação aparece alhures na literatura apocalíptica cristã. *Sib* 4, escrito por volta de 80 d.C., menciona o "grande rei" (Nero), que vai "fugir da Itália como um escravo fugitivo, sem ser visto nem ouvido pelo canal do Eufrates" (*Sib* 4,119-120).[73] Depois da erupção do Vesúvio (79 d.C.), Nero vai atravessar o Eufrates com um imenso exército (*Sib* 4,130-139; cf. Ap 9,13-19) para se vingar do abuso praticado por Roma contra a Ásia:

> Grande riqueza virá para a Ásia, que a própria Roma outrora despojou de muitos bens que depositou em sua casa. Ela vai pagar duas vezes mais à Ásia e, então, haverá um excesso de guerra (*Sib* 4,145-148).

Pode ser que João não tenha lido essa passagem em especial, mas ele estava familiarizado com a idéia geral da volta de Nero e reconhece que essa destruição de Roma terá implicações econômicas e políticas dramáticas. Em vez de a riqueza imperial romana retornar à Ásia, como o autor de *Sib* 4 deseja, João aguarda o dia em que "os reis da terra trarão [...] sua glória" à Nova Jerusalém (Ap 21,24).

O uso evidente que João fez da lenda do *Nero redivivo* não deixou dúvida quanto a sua atitude em relação a Roma. Depois de condenar Roma com a linguagem cáustica de "Besta", "Prostituta" e "Babilônia", ele agora descreve a rebelião armada contra o governo imperial como igualmente depravada. Aos olhos de alguns gregos, Nero era um herói, mas a cruel perseguição que ele desencadeou contra os cristãos de Roma em 64 d.C. com certeza transformou seu nome em anátema para todos na Igreja. Se o Domiciano idólatra

---

[73] Quanto à data de *Sib* 4, veja a introdução de J. J. COLLINS, *OTP*, I, pp. 381-383.

ocupava o trono quando João escreveu o Apocalipse e se o único desafio político sério contra Roma viria de alguém como Nero, João não tinha esperança de redenção do grande poder da Itália.

Com suas imagens de dragão e bestas, o Apocalipse pinta uma imagem tão instigante do mal personificado que se tornou ponto-padrão de referência para o tema emergente do Anticristo. Embora João nunca use realmente a palavra "Anticristo" em seu Apocalipse, seu retrato da Besta contém praticamente todas as características básicas do Anticristo que aparecem em obras cristãs dos séculos II e III.[74] O Apocalipse é fusão literária de no mínimo dois temas mitológicos importantes: 1) o clássico "mito de combate" da serpente, tão conhecido no antigo Oriente (conhecido nas Escrituras hebraicas como Leviatã e Beemot; cf. Ap 13)[75] e 2) a nova lenda do *Nero redivivo*. Enquanto grande parte da literatura do século I até o III sobre o Anticristo ataca adversários *internos* da Igreja,[76] o Apocalipse é notável por usar temas do Anticristo para condenar adversários *externos*.[77]

Uma veemente rejeição do domínio romano

Como outros escritores apocalípticos judeus e cristãos, João reformulou uma tradição literária bem conhecida para retratar heróis e vilões do mundo do século I. A escolha de

---

[74] JENKS, *Origins and Early Development*, pp. 248-254. Jenks data o Apocalipse de 68-69 d.C e (p. 256) dá-lhe o crédito por dar "forte estímulo para todo um novo modo de conceber a realidade do mal de uma perspectiva cristã".

[75] Veja uma análise completa deste aspecto em A. Y. COLLINS, *The Combat Myth in the Book of Revelation* (Missoula MT, Scholars Press, 1976, Harvard Dissertations in Religion 9).

[76] P. ex., 1Jo 4,1-6.

[77] JENKS, *Origins and Early Development*, p. 254.

Babilônia como protótipo de Roma enfatiza a profundidade de sua ira contra o Império de sua época. Babilônia era o pior tratante da galeria judaica de inimigos históricos, e poucos dos leitores de João não teriam entendido o insulto pretendido quando ele aplicou o nome a Roma. Nem algum leitor instruído em literatura hebraica teria deixado de reconhecer as alusões de João a Tiro, completas com seu império marítimo e sua ideologia de endeusamento próprio.

Ao igualar Roma a Babilônia, João expressou forte rejeição instintiva da cidade italiana e de sua reivindicação do domínio universal. Ao conjurar o fantasma de Tiro, ele associou Roma à mistura profana de culto, comércio e injustiça social que trouxe terrível castigo para aquela cidade antiga. Parece que, ao incluir a lenda do *Nero redivivo* em sua obra, João esperava que um imperador demente algum dia voltasse para se vingar da própria cidade que outrora o imperador tinha em seu domínio.

Depois de identificar parte da literatura judaica e dos precedentes lendários para a condenação de Roma por parte de João, prossigo para avaliar até que ponto alguns judeus e cristãos do mundo antigo estavam dispostos a se acomodar a um ambiente pagão. Com seu vivo interesse por questões relacionadas à identidade judaica e ao Templo de Jerusalém, parece provável que João estivesse cônscio da ampla série de estratégias judaicas para a sobrevivência econômica, política e social sob o domínio romano. No próximo capítulo, veremos que alguns judeus cooperaram com Roma de um jeito que João deve ter achado inaceitável. Também veremos uma vigorosa tradição de recusa a participar de qualquer forma de idolatria ou sincretismo. João de Patmos adota a segunda posição e apela insistentemente a seus leitores para que façam o mesmo.

Capítulo 5

O sangue de profetas e santos

[...] e nela foi encontrado sangue de profetas e santos, e de todos os que foram imolados sobre a terra (Ap 18,24).

A tradição literária judaica à qual João tanto recorreu é apenas parte do etos que moldou seu Apocalipse. Ele também absorveu a memória viva de duas comunidades religiosas minoritárias que preservavam a fé monoteísta sob um grande poder pagão. Sendo judeu e também cristão,[1] João estava pessoalmente familiarizado com as reações das duas tradições às pretensões e exigências da Roma imperial.

Este capítulo examina o relacionamento de três vias entre judeus, cristãos e Roma, como contexto para entender as preocupações de João com o culto e o comércio. Os cristãos que procuravam um precedente judaico com relação a Roma encontravam uma ampla série de experiências e estratégias, da oposição total à cooperação econômica ou política. A mensagem de João e seu gênero literário (apocalíptica judaica) colocam-no dentro da tradição dos judeus radicais que rejeitavam o domínio romano. Entretanto, é evi-

---

[1] Veja a discussão da autoria nas pp. 31-33.

dente que alguns dos adversários de João nas sete Igrejas seguiram o exemplo de judeus mais pragmáticos, que encontravam meios de colaborar com o grande poder imperial.

Os mercadores judeus que adotaram um contato pragmático com Roma embrenharam-se em ambientes cheios de símbolos pagãos e influência cultual imperial. Este capítulo examina indícios de que, às vezes, funcionários imperiais levavam em consideração os escrúpulos religiosos judaicos contra o sincretismo. O efeito prático dessa atitude no cenário comercial pode ter sido a diminuição da pressão sobre mercadores judeus conscienciosos para que participassem de atividades cultuais que eles achavam repreensíveis. Entretanto, quando o cristianismo separou-se do judaísmo no fim do século I, os mercadores cristãos perderam tais privilégios. É provável que, na ocasião em que João escreveu o Apocalipse, os mercadores cristãos tivessem de participar plenamente de cerimônias religiosas de guildas e portos — ou abandonar por completo o comércio internacional.

1. A experiência judaica na lembrança de João

A experiência judaica com Roma agigantava-se na visão que João tinha do mundo. Ele usou a cidade de Jerusalém (derrotada por Roma em 70 d.C.) como imagem do reinado iminente de Cristo sobre a terra (Ap 21,2.9.10.23). Apesar de ter-se apropriado das esperanças e dos símbolos judaicos, João é sarcástico quando menciona os judeus da Ásia Menor. Refere-se com amargura às "blasfêmias de alguns que se afirmam judeus mas não são — pelo contrário, são uma sinagoga de Satanás!" (2,9; cf. 3,9). No mesmo sentido, ele qualifica a Jerusalém de sua época de a "Grande

Cidade que se chama profeticamente Sodoma e Egito, onde também o Senhor delas foi crucificado" (11,8).

Embora no século I às vezes fosse grande a tensão entre judeus e cristãos, os dois grupos compartilhavam muitas características teológicas e sociológicas.[2] Ambos conservavam-se monoteístas em um ambiente politeísta; ambos rejeitavam a idolatria e sofriam perseguições ocasionais; ambos adoravam o Deus de Abraão e proclamavam as Escrituras hebraicas; ambos tinham reservas quanto ao culto imperial e lutavam para evitar a assimilação à sociedade pagã. A Igreja subapostólica (aprox. 70-135 d.C.) no Oriente assemelhava-se tanto à comunidade judaica que Frend refere-se a ela como a "sinagoga cristã".[3] Essas semelhanças sociológicas e teológicas tornam provável que judeus e cristãos lutassem com os mesmos problemas ao responder ao chamariz — e perigo — do comércio em um ambiente pagão. Entender como os mercadores judeus se relacionavam com a economia imperial ajuda a definir as opções de participação que, provavelmente, os mercadores cristãos também tinham de considerar.

Diversos fatores tornam mais fácil descrever a posição socioeconômica dos judeus no mundo do fim do século I do que fazer o mesmo para os cristãos. Quando João escreveu o Apocalipse, os judeus já se tinham relacionado com Roma

---

[2] Ilustrados por passagens dos evangelhos, inclusive Mt 15,1-9; 23,1-39; e Jo 9,1-41. Veja FREND, *The Rise of Christianity*, p. 144.

[3] FREND, *The Rise of Christianity*, pp. 119-160. Frend resume o período: "Entre 70 e 135, o cristianismo se tornou uma religião baseada em grande parte na geografia e na organização da sinagoga helenística". Diz ele: "Só entendemos a vida, o pensamento e a organização da Igreja dentro da estrutura do judaísmo helenístico". *The Rise of Christianity*, p. 120. Tg 2,2 refere-se à reunião para o culto cristão como "sinagoga" (συναγωγή).

por quase três séculos. Ainda existem importantes provas literárias e arqueológicas dessa interação, em contraste com escassas evidências da experiência relativamente breve dos cristãos. Os cristãos não só tinham menos tempo no Império, mas também tinham permanecido em grande parte escondidos dentro da subcultura judaica durante várias décadas. Os gregos e os romanos em geral não se importavam com (o que lhes parecia) diferenças mínimas entre judeus e cristãos.[4] Raramente notavam os seguidores de Jesus ou os mencionavam na literatura. Esses fatores contribuem para termos poucos dados diretos a respeito dos cristãos durante o século I, além de documentos produzidos pela própria comunidade cristã.

Proximidade de judeus e cristãos

Os cristãos certamente não seguiam todo precedente judaico em questões de culto e comércio. Entretanto, a proximidade geográfica e sociológica dos dois grupos significava que os cristãos que entravam no mercado de trabalho deviam estar cientes de atitudes e práticas de seus primos teológicos — e às vezes eram influenciados por elas.[5] Quando João escreveu o Apocalipse, a nação judaica da Palestina já tinha experimentado quase todos os tipos de relações po-

---

[4] P. ex., Galião, procônsul de Acaia (aprox. 51 d.C.), tratou a disputa entre judeus e cristãos em Corinto como questão interna judaica (At 18,12-17). Entretanto, aos poucos, os romanos diferenciaram os dois grupos, como atesta a perseguição de Nero voltada para os cristãos, em 64 d.C.

[5] O judaísmo deu origem ao cristianismo (Ap 12,1-6), e o movimento cresceu mais depressa justamente nas cidades onde judeus da diáspora tinham maior representação. As estimativas que os estudiosos fizeram do tamanho da população de Éfeso vão de 7,5 mil a 75 mil. Veja Robinson, *The Bauer Thesis*, pp. 114-115; Meeks, *First Urban Christians*, p. 34. Fílon diz que os judeus eram "muito numerosos em todas as cidades" da Ásia e da Síria. Fílon, *Leg. Gai.* 245.

líticas possíveis com o grande poder da Itália. Outrora amiga e aliada de Roma, a Judéia tornou-se Estado vassalo e, quando se rebelou, acabou por sofrer terrível derrota (66-70 d.C).[6] À medida que os judeus cautelosamente se restabeleciam dentro do Império, os cristãos fora da Palestina precisavam encontrar sua identidade como comunidade de fé distinta do judaísmo. Era um tempo inseguro para os dois grupos. Judeus e cristãos sentiam pressão — dentro e fora — para se adaptarem às convenções políticas, sociais e religiosas do Império Romano.

Como indicam as páginas seguintes, alguns judeus do século I tinham relações comerciais com Roma, reverenciavam o Imperador ou serviam dentro da hierarquia do governo imperial. Outros rejeitavam a reivindicação de autoridade legítima por parte de Roma, evitavam o contato com instituições imperiais e condenavam amargamente Roma por idolatria. O livro do Apocalipse registra reações parecidas contra Roma dentro das Igrejas cristãs da Ásia Menor e aborda as mesmas questões econômicas e políticas enfrentadas pela comunidade judaica. Se nenhum cristão da Ásia Menor tivesse sido atraído ao culto e ao comércio pagãos, é provável que João não abordasse esses temas com tantas minúcias.

---

[6] A longa história das relações judaico-romanas começou durante a revolta macabaica (167-164 a.C.), quando patriotas judeus formaram uma liga de amizade com o poder romano emergente. Josefo, *G. J.* I,1,4 (38). Judas Macabeu enviou mensageiros "para travarem relações de amizade e aliança" (1Mc 8,17-30; cf. 12,1-4. Josefo diz que Hircano, o sumo sacerdote, e Antípater, "o governador dos judeus", apoiaram Júlio César na campanha militar contra Pompeu no Egito em 48 a.C. Josefo, *Ant.* XIV,8,1 (127).

A "sinagoga de Satanás"

A mobilidade e o intercâmbio de idéias e costumes entre comunidades judaicas e cristãs eram comuns no Oriente. Paulo e seus companheiros missionários viajavam extensivamente por toda a diáspora e inúmeras referências rabínicas indicam que esse movimento era comum em círculos judaicos.[7] Outrora, líderes proeminentes da Igreja cristã helenística — particularmente Paulo — desempenharam papéis influentes na comunidade judaica. Crispo, "o chefe da sinagoga" (ἀρχισυυαγωγος) de Corinto, tornou-se cristão (At 18,8; cf. 1Cor 1,14).[8] Diversos escritos da Igreja primitiva da Ásia Menor documentam a preocupação de que alguns cristãos voltassem à prática total do judaísmo.[9]

Os cristãos adotaram grande parte da teologia e ética da tradição judaica e é provável que a experiência judaica influenciasse os cristãos que se dedicavam ao comércio.[10] No início do Apocalipse João se refere duas vezes aos judeus, usando linguagem com implicações econômicas e sociais.

---

[7] P. ex., Apolo era natural de Alexandria, mudou-se para Éfeso e pregou em Acaia (At 18,24-28). Áquila era natural do Ponto, morou em Roma, mudou-se para Corinto com sua mulher, Priscila, e depois se instalou em Éfeso (At 18,1-23; cf. Rm 16,3; 1Cor 16,19; 2Tm 4,19). Depois de anos de viagem no Oriente, Paulo planejava visitar Roma a caminho da Espanha (Rm 15,24.28).

[8] Theissen reúne provas epigráficas para argumentar que os dirigentes das sinagogas eram, em geral, homens de posses que gozavam de alta posição social até mesmo além das fronteiras da comunidade judaica. THEISSEN, *The Social Setting of Pauline Christianity*, pp. 74-75.

[9] Gl 2,14; *Ign. Magn.* 8,1; 10,3; *Ign. Phld.* 6,1.

[10] Os livros sibilinos cristãos que proliferaram durante séculos na Igreja primitiva mostram a contínua influência judaica no pensamento cristão. A. Momigliano diz que o aparecimento dessas obras "provavelmente implica alguma comunicação entre judeus e cristãos e, com certeza, pressupõe um interesse cristão no que os judeus pensavam a respeito do Império Romano". A. MOMIGLIANO, *On Pagans, Jews, and Christians* (Middletown, CT, Wesleyan University Press, 1987), pp. 139-140.

Ao Anjo da Igreja em Esmirna, escreve. [...] Conheço tua tribulação, tua indigência — és rico, porém — e as blasfêmias de alguns dos que se afirmam judeus mas não são — pelo contrário, são uma sinagoga de Satanás! Não tenhas medo do que irás sofrer. Eis que o Diabo vai lançar alguns dentre vós na prisão. [...] Mostra-te fiel até à morte [...] (Ap 2,8-10).

Ao Anjo da Igreja em Filadélfia, escreve: [...] Conheço tua conduta: eis que pus à tua frente uma porta aberta que ninguém poderá fechar, pois tens pouca força, mas guardaste minha palavra e não renegaste meu nome. Vou entregar-te alguns da sinagoga de Satanás, que se afirmam judeus mas não são, pois mentem; farei com que venham prostrar-se a teus pés [...] (Ap 3,7-9).

Pode ser que a linguagem injuriosa a respeito da "sinagoga de Satanás" origine-se da crença de que os judeus ajudavam a perseguir os cristãos.[11] Entretanto, o uso maior de simbolismo por parte de João indica que ele menciona Satanás aqui como um meio de realçar os relacionamentos comerciais ou políticos que alguns judeus tinham com Roma. Isso está implícito mais adiante no Apocalipse, quando João examina a fonte do poder imperial de Roma: a primeira Besta (o imperador ou o Império todo) recebeu "seu poder, seu trono, e uma grande autoridade" do próprio Satanás (13,2). Ao usar o epíteto "sinagoga de Satanás" nas cartas a Esmirna e Filadélfia, João subentende que alguns judeus daquelas cidades estão na mesma categoria que Roma — isto é, compactuando com Satanás.

---

[11] O autor de Atos relata que os judeus atormentavam quem aceitava Jesus como o Messias e fala de um procônsul romano que não tomou nenhuma atitude quando "todos" (provavelmente os judeus) espancaram um simpatizante dos cristãos chamado Sóstenes "diante do tribunal". (At 18,17. Entretanto, note que o texto ocidental — não a leitura preferida — acrescenta "todos *os gregos*" espancaram Sóstenes.)

A própria comunidade judaica foi capaz de formular uma polêmica igualmente sarcástica contra seus membros que haviam cedido à sedução de Roma. Um autor judeu do fim do século I no Egito chamou Nero de "Beliar" e disse que o perverso imperador "vai [...] desencaminhar [o povo] e vai desencaminhar muitos fiéis judeus escolhidos e também outros [indivíduos] sem lei que ainda não ouviram a palavra de Deus" (*Sib* 3,63-70).[12] Se esse devoto judeu egípcio achava que muitos membros de sua comunidade de fé demonstravam lealdade idólatra a Nero, é possível que João chegasse à mesma conclusão a respeito dos judeus da Ásia Menor.

Não há anti-semitismo no livro do Apocalipse. O próprio João era, quase com certeza, judeu e ele conta judeus de todas as tribos de Israel entre o povo de Deus (Ap 7,4-8). A preocupação central do Apocalipse é a transigência com a Roma idólatra, e João condena igualmente judeus e cristãos que mostram sinais de diminuir a fidelidade a Deus. Em Tiatira, por exemplo, os cristãos que comprometerem a fé serão lançados "numa grande tribulação" ou morrerão (2,22.23).

Se o comércio e o culto pagão relacionavam-se estreitamente dentro do Império Romano do século I, não nos surpreende que, em Esmirna, os cristãos conscienciosos sofressem indigência (2,9). É essa exatamente a circunstância que esperaríamos entre pessoas que se recusavam a participar de cerimônias pagãs que faziam parte integrante da economia. Além da tribulação financeira, os cristãos de Esmirna suportam calúnias (literalmente "blasfêmias", βλασφημία) dos que se afirmam judeus. João diz que o Diabo está para

---

[12] Veja a análise da data, autoria e proveniência desta profecia na introdução a *Sibylline Oracles* 3, por J. J. COLLINS, *OTP*, I, pp. 354-361.

lançar alguns fiéis na prisão (2,10), circunstância que se relaciona com as "blasfêmias" de partes da comunidade judaica. Thompson observa que a palavra "blasfêmias" (βλασφημία) é linguagem forte, pois em outras passagens do Apocalipse João usa o termo para atividades da Besta e da Prostituta (13,1.5.6; 17,3).[13] A escolha de palavras por João indica que os cristãos de Esmirna estavam em conflito com os judeus (e talvez companheiros cristãos) que transigiam de algum modo com Roma ou com o culto imperial.[14]

Enquanto a carta a Esmirna realça os custos financeiros da fidelidade radical a Jesus, a carta a Filadélfia revela o preço político. Os fiéis de Filadélfia têm "pouca força" (3,8) — também a condição lógica de monoteístas convictos em um ambiente onde o progresso social e político dependia de laços com o culto imperial. Mesmo o tipo de julgamento que Deus dará aos perseguidores indica que os cristãos de Filadélfia sofriam privação de *status*: "Alguns da sinagoga de Satanás, que se afirmam judeus mas não são, pois mentem", virão "prostrar-se a teus pés" (3,9). Embora excluídos dos poderosos círculos religiosos e políticos da Ásia Menor, os fiéis vão acabar tendo uma posição favorecida no reino escatológico.[15] Cristo diz que o vencedor será "uma coluna no templo do meu Deus" e usará o nome da Nova Jerusalém (3,12).

---

[13] THOMPSON, *Revelation*; Apocalypse and Empire, p. 173.

[14] Os cristãos de Esmirna que escreveram o relato do martírio de Policarpo (aprox. 155 d.C.) puseram toda a culpa nos judeus. Quando Policarpo declarou sua fé cristã na arena, "toda a multidão de gentios e judeus que viviam em Esmirna exclamaram com fúria e em altos brados: 'Este é o mestre da Ásia [...], o exterminador de nossos deuses, que ensina muitos a não oferecer sacrifícios nem cultuar'", *Mart. Pol.* 13,1; cf. 17,2. Se estivesse disposto a "jurar pelo gênio de César", o idoso bispo teria a vida salva. *Mart. Pol.* 8,2; 9,2; 10,1.

[15] THOMPSON, *Revelation*: Apocalypse and Empire, pp. 173-174.

Em outras palavras, os cristãos vão participar plenamente do culto estabelecido da Nova Jerusalém e terão cidadania plena.[16] João e seu círculo de cristãos radicais não desfrutavam nenhum desses sinais de *status* nas cidades da Ásia Menor.

Qual era, então, a posição política e econômica dos judeus com quem os cristãos de Esmirna e Filadélfia se achavam em conflito? Assim como havia grande diversidade na Igreja cristã primitiva, havia também grande variedade de atitudes para com Roma dentro da diáspora judaica. Há indícios de que alguns segmentos do povo judeu do Império relacionavam-se mais estreitamente com Roma do que João considerava aceitável. Uma longa história de relações comerciais com a Itália fez com que fosse difícil para os judeus — e judeus-cristãos — livrarem-se de Roma quando as instituições imperiais promoveram a opressão econômica ou ficaram sob o controle do culto imperial.

2. Relações políticas e econômicas judaicas com Roma

Gerações de laços políticos com Roma permitiram à maioria dos judeus da Ásia Menor estabelecer comunidades e atuar bem na sociedade imperial. Já em 49 a.C., Roma concedeu isenção do serviço militar aos "judeus que são cidadãos romanos, observam rituais judaicos e os praticam em Éfeso".[17] O templo de Roma e Augusto em Pérgamo

---

[16] Cf. Fl 3,20: "Mas a nossa cidade (πολίτευμα) está nos céus [...]". Cf. Hb 11,10.16. Hb 13,14 diz: "Porque não temos aqui cidade permanente, mas estamos à procura da cidade que está para vir". Tertuliano disse a seu leitor cristão: "Você é estrangeiro neste mundo, cidadão de Jerusalém, a cidade no alto". *De Cor.* 13.

[17] JOSEFO, *Ant.* XIV,10,13 (228-230); cf. XIV,10,16 (234); XIV,10,19 (240). Veja SCHÜRER, *History*, III,I, p. 22. O apóstolo Paulo, natural de Tarso, é um exemplo dos judeus que tinham a cidadania romana de nascença (At 22,29).

divulgou um edito de Augusto que concedia direitos aos judeus.[18] A inscrição observava que "a nação judaica foi considerada bem disposta para com o povo romano" e "pode seguir seus costumes", de acordo com a lei de seus antepassados.[19] Josefo recita uma longa litania de privilégios concedidos aos judeus da diáspora, usando a terminologia de benfeitor (εὐεργέτης),[20] amizade (φιλία)[21] e lealdade (εὔνοια).[22] Éfeso, Pérgamo, Sardes[23] e Laodicéia, todas tinham comunidades judaicas que desfrutavam de privilégios especiais,[24] que incluíam o direito de praticar a religião sem impedimento, licença para enviar o imposto do Templo (*didrachmon*) a Jerusalém e isenção do serviço militar.

Tais privilégios estavam sempre na dependência do capricho de Roma, como demonstra a experiência judaica sob Cláudio. Em resposta a perseguições contra os judeus no Egito, o imperador enviou uma carta à cidade de Alexan-

---

[18] Não se tem certeza do verdadeiro local da inscrição original. Schürer diz que muitos estudiosos a localizaram na Galácia "por causa da instrução em seu término para que o texto fosse divulgado em *Ancira*, a capital da Galácia. Entretanto, Ἀγκύρῃ não é mais que uma conjetura [...]. Todos os manuscritos têm αργυρη, e o contexto exige uma referência ao local do templo de Roma e Augusto na Ásia, a saber Pérgamo". Schürer, *History*, III, I, pp. 34-35.

[19] Josefo, *Ant.* XVI,6,2 (162-163). O livro de Ester relata que os judeus já tinham um relacionamento singular com o Império sob o domínio persa: "Amã disse ao rei Assuero: 'No meio dos povos, em todas as províncias de teu reino, está espalhado um povo à parte. Suas leis não se parecem com as de nenhum outro, e as leis reais são para eles letra morta [...]" (Est 3,8).

[20] Josefo, *Ant.* XIV,10,23 (257).

[21] Josefo, *Ant.* XIV,10,6.26 (205, 266).

[22] Josefo, *Ant.* XIV,10,7 (212).

[23] A comunidade judaica de Sardes era poderosa e bem estabelecida desde o século III a.C. Josefo relata que Antíoco III reinstalou em Sardes 2 mil famílias de judeus mesopotâmicos. Josefo, *Ant.* XII,3,4 (148-153).

[24] Josefo, *Ant.* XIV,10,10-26 (219-267); XVI,6,1-7 (160-171).

dria em 41 d.C., solicitando "que os alexandrinos ajam mais bondosa e delicadamente em relação aos judeus [...] e não inflijam indignidades em nenhum dos seus costumes no culto de seu deus". Cláudio declarou de maneira prosaica que os judeus "desfrutam seus negócios e têm o benefício de uma abundância de muitas coisas boas [...]".[25] Entretanto, Lucas relata que alguns anos mais tarde o próprio Cláudio ordenou "que todos os judeus se afastassem de Roma" (At 18,2).[26]

Colaboração entre romanos e judeus

No século I d.C., alguns altos funcionários romanos da Ásia Menor — até mesmo sacerdotes do culto imperial — favoreciam a comunidade judaica com doações. Uma inscrição de Acmônia, na Frígia, menciona "a sinagoga construída por Júlia Severa".[27] Moedas de Acmônia durante o reinado de Nero citam Júlia Severa como "alta sacerdotisa" (do culto imperial).[28] Seu filho entrou para o Senado sob

---

[25] GARNSEY & SALLER, The Roman Empire, pp. 83-86.

[26] Dio Cássio diz que, já em 41 d.C., havia uma proibição contra reuniões de judeus em Roma, mas nenhuma expulsão nessa data. DIO CÁSSIO, Hist. Rom. 60,6,6.

[27] τὸν κατασκευασθέ[ν]τα ο[ἶ]κον ὑπὸ Ἰουλίας Σεουήρας. IGR, IV, 655; MAMA, VI, 264. Citado por SCHÜRER, History, III,I, p. 31. Cf. Lc 7,2-5.

[28] CIG, III, 3858. Citado por S. APPLEBAUM, The Legal Status of the Jewish Communities in the Diaspora, in S. SAFRAI, & M. STERN, orgs., The Jewish People in the First Century, I. (Philadelphia, Fortress Press, 1974), p. 443. As moedas que mencionam Júlia Severa costumam trazer ΕΠΙ [ΑΡΧ] ΣΕΡΟΥΗΝΙΟΥ ΚΑΠΙΤΩΝΟΣ ΚΑΙ ΙΟΥΛΙΑΣ ΣΕΟΥΗΡΑΣ, "durante os sumos sacerdócios de Servenius Capito e Júlia Severa". Veja W. M. RAMSAY, Cities and Bishoprics of Phrygia, I (Oxford, Clarendon Press, 1895), pp. 638-640, n. 530. Uma inscrição da Frígia diz: Ἰουλίαι Σ[εο]υήραι ἀρχιερείαι καὶ ἀγωνοθέτ[ιδι]. RAMSAY, Cities and Bishoprics, I, n. 550; cf. n. 551, p. 647. Tyronius Rapo foi o segundo marido de Júlia Severa (CIG, III, 3858). Diz Applebaum: "Que ele era de origem judaica (embora também sacerdote pagão) parece ser comprovado pela inscrição de seu parente G. Tyronius Clado (CII, II, 771). Além disso, parece que os Julii Severii eram aparentados de longe com os Herodes. Assim, está claro que alguns judeus helenizados da Ásia já tinham nessa data obtido não só a cidadania romana [...], mas haviam alcançado altos postos na cidade no decorrer de um processo de assimilação que evidentemente, em alguns casos, envolviam a apostasia". APPLEBAUM, The Legal Status, p. 443.

Nero e foi legado do procônsul da Ásia.[29] Em vista de sua função religiosa, Júlia Severa não pode ter sido, ela própria, judia praticante.[30] Antes, Schürer indica, ela construiu a sinagoga para os judeus como sua benfeitora. "Portanto, a comunidade judaica de Acmônia tinha amigos nos mais altos círculos sociais da época.[31]

Durante a mesma época, alguns judeus da Palestina aparentemente colaboraram com Roma o bastante para alcançar a posição eqüestre. Em 66 d.C., o governador Floro, em um ato de represália indiscriminada, massacrou cerca de 3,6 mil judeus, homens, mulheres e crianças. Josefo ficou horrorizado porque Floro crucificou muitas de suas vítimas, mas parece assustado principalmente por essa sina atingir judeus de alta posição na ordem social romana:

> Naquele dia, Floro se atreveu a fazer o que ninguém jamais fizera, a saber, açoitar perante o tribunal e pregar na cruz homens de posição eqüestre, homens que, embora judeus

---

[29] TREBILCO, P. R. *Jewish Communities in Asia Minor*. Cambridge, Cambridge University Press, 1991. pp. 59-60. (SNTSMS, 69).

[30] M. Stern diz que não devemos pensar em Júlia Severa como uma prosélita completa, mas sim como "alguém que demonstrava, de certo modo, simpatia pelo judaísmo". Um parente de seu marido entrou para o Senado romano durante o reinado de Nero. M. STERN, The Jewish Diaspora, in S. SAFRAI & M. STERN, orgs., *The Jewish People in the First Century*, I, p. 150, n. 7. Assim também TREBILCO, *Jewish Communities*, p. 59. Collins argumenta que há possibilidade de Júlia Severa ter sido judia. COLLINS. Insiders and Outsiders in the Book of Revelation, in J. NEUSNER & E. S. FRERICHS, orgs., *To See Ourselves as Others See Us*; Christians, Jews, "Others" in Late Antiquity (Chico, CA, Scholars Press, 1985), p. 195.

[31] SCHÜRER, *History of the Jewish People*, III, I, p. 31. Inscrições mais tardias indicam que havia uma tendência geral para a ampla participação judaica na vida política e econômica de Acmônia. No século III, os judeus dali "assumiram as maiores responsabilidades e funções na vida civil e [...] tinham os meios econômicos e a posição social apropriada para cumprir essas obrigações". THOMPSON, *Revelation*; Apocalypse and Empire, p. 140. Já no século I, o autor dos Atos podia dizer que, do centurião romano Cornélio, "toda a nação judaica dá bom testemunho" (At 10,22).

de nascença, estavam pelo menos investidos daquela dignidade romana.[32]

A posição eqüestre devia eximir os que a ocupavam de castigos por açoite ou crucifixão.[33]

Protesto judaico contra a acomodação

A literatura da Palestina do século I indica que as atitudes judaicas em relação a Roma variavam da condenação cáustica ao abraço caloroso. É provável — embora não certo — que o próprio João viesse da Palestina.[34] Ele escreveu em um grego semitizado e tinha vivo interesse em Jerusalém e no Templo (Ap 11; 21; 22).[35] Se não teve experiência pessoal da sociedade judaica na Palestina, João com certeza conheceu na Ásia Menor judeus que tinham. A experiência judaica na Palestina sob o domínio romano explica a série de atitudes para com o Império Romano que encontramos na Ásia Menor no fim do século I.[36]

---

[32] JOSEFO, *G. J.* II,14,9 (305-308).

[33] A simples cidadania propiciava uma medida de proteção, como atesta o relato em Atos da prisão de Paulo em Jerusalém. Quando o tribuno mandou interrogá-lo sob os açoites, Paulo reivindicou seus direitos: "Ser-vos-á lícito açoitar um cidadão romano, ainda mais sem ter sido condenado?", perguntou. O tribuno ficou receoso, "ao reconhecer que era um cidadão romano, e que mesmo assim o havia acorrentado" (At 22,22-29).

[34] Eusébio (citando Pápias) diz que o autor do Apocalipse era ou o apóstolo João ou o presbítero João, um dos "discípulos do Senhor". EUSÉBIO, *Hist. Eccl.* 3,39,4-6. Em ambos os casos, Eusébio considera a Palestina como lugar de origem de João.

[35] Veja THOMPSON, *The Apocalypse and Semitic Syntax* (Cambridge, Cambridge University Press, 1985); e CHARLES, *Commentary*, pp. cxlii-clii.

[36] O Talmude da Babilônia registra uma conversa entre três rabinos (aprox. 135 d.C.) que capta a amplitude das atitudes judaicas para com o Império: "O rabino Judá começou e disse: 'Como são excelentes as façanhas desta nação [romana]. Instalaram mercados, instalaram pontes, instalaram casas de banho'. O rabino José ficou calado. O rabino Simão bem-Yohai respondeu e disse: 'Tudo que eles instalaram, instalaram só para as

Como em outras regiões provincianas, a sociedade judaica da Palestina do século I formava uma pirâmide social na qual a camada superior aliava-se aos dirigentes romanos. As Similitudes de Henoc (*1Hen* 37–71, do fim do século I d.C.) afirmam que as elites judaicas poderosas comprometiam a fé e oprimiam os membros menos afortunados da sociedade.[37] O autor via a Palestina adaptada ao mesmo padrão elitista que prevalecia nas outras províncias do Império. No topo da pirâmide social estavam os "reis da terra" e os "poderosos proprietários de terra" (*1Hen* 48,8),[38] que combinavam idolatria com exploração econômica: "Todos os seus feitos são de opressão. Seu poder (depende) de sua fortuna [...]; sua devoção é para os deuses que eles moldaram com as próprias mãos" (*1Hen* 46,7). Em insensível demonstração de sincretismo, esses idólatras "gostam de se reunir" com os fiéis em casas de culto judaico (*1Hen* 46,8).[39]

---

necessidades deles mesmos. Instalaram mercados para pôr prostitutas neles, casas de banho, para seu prazer; pontes, para cobrar pedágio'. O rabino Judá comunicou a conversa a funcionários do governo, que declararam: 'Judá, que exaltou, será exaltado; José, que permaneceu calado, será banido para Séforis; Simão, que censurou, será executado'". *Sab.* 33b. Lewis & Reinhold, *Roman Civilization*, II, p. 414.

[37] A opinião dos estudiosos sobre a data das Similitudes varia do século II a.C. a 270 d.C. Aceito os argumentos dos estudiosos que datam as Similitudes no fim do século I. Veja Knibb, M. A. The Date of the Parables of Enoch. *NTS* 25, 1979, pp. 345-359; e Mearns, C. L. Dating the Similitudes of Enoch. *NTS* 25, 1979, pp. 360-369. No Seminário dos Pseudepígrafos SNTS (1977-1978), os membros concordaram que as Similitudes "eram judaicas e datavam do século I d.C.". O livro de *1 Henoc* como um todo originou-se na Judéia e estava em uso em Qumrã antes do início da era cristã. *OTP*, I, pp. 6-8.

[38] *1Hen* 63,12 acrescenta à lista de elites "governadores" e "altos funcionários".

[39] Uma variante textual deste versículo na versão etíope de *1 Henoc* subentende que os idólatras não faziam parte da comunidade de fiéis. Veja R. H. Charles, *The Book of Enoch* (London, SPCK, 1917), p. 65; e *OTP*, I, p. 35, nota t.

Não podemos usar essas declarações tendenciosas como prova de que a maioria dos judeus ou mesmo muitos deles comprometiam sua lealdade a Iahweh. Naturalmente, o movimento zelota representava o oposto desses judeus em ascensão social. Embora estudiosos recentes enfatizem a natureza multiforme e específica do movimento de resistência judaica, o livro de Hengel, *The Zealots*, reúne provas convincentes de temas que repetidamente aparecem nos movimentos rebeldes entre 6 d.C. e a grande revolta de 66-70 d.C.[40] O "zelo" por Iahweh e sua lei era a paixão fortalecedora desses lutadores pela liberdade, e o zelo impedia qualquer transigência com os valores, o culto ou as estruturas políticas da Roma pagã.[41] Entretanto, em contraste com a minoria zelota, alguns outros judeus esforçavam-se para subir o mais alto possível na pirâmide da sociedade provinciana — um precedente que João teria considerado inaceitável para seus leitores cristãos.

O talmude e o "governo romano pecaminoso"

Por causa de sua data de publicação relativamente tardia (fim do século II e século seguinte), precisamos ser cautelosos ao recorrer excessivamente à literatura rabínica para delinear os contornos das atitudes judaicas em relação a Roma, no

---

[40] P. ex., R. A. Horsley e J. S. Hanson chegam a dizer que "o antigo conceito 'zelota' [de um movimento rebelde sustentado e monolítico] mostrou-se uma ficção histórica, sem nenhuma base de prova histórica". HORSLEY & HANSON, *Bandits, Prophets, and Messiahs*; Popular Movements at the Time of Jesus, p. xiii; cf. pp. 240-241.

[41] Veja, em especial, HENGEL, *The Zealots*, pp. 146-228. Hengel considera o padrão zelota de retirada para o deserto um meio de os fiéis se separarem de influências e pressões pagãs. Segundo ele, é provável que haja "relação" entre essa prática zelota e a imagem da Mulher em Ap 12 (representante do povo de Deus) que fugiu para o deserto. HENGEL, *The Zealots*, p. 251. Se João de Patmos inspirou-se na prática zelota (o que parece provável), é de esperar que ele compartilhasse a determinação zelota de não se associar a nenhuma instituição política, social ou econômica de Roma.

século I. Contudo, argumenta-se que o talmude e outras fontes rabínicas preservam algumas tradições e atitudes que se cristalizaram durante a época neotestamentária. Precisamos interpretar com cautela até mesmo essas tradições, pois o intento da literatura rabínica inclui uma diversidade de opiniões muito mais ampla do que, por exemplo, o Novo Testamento canônico.[42]

Com essas advertências em mente, ainda é possível delinear contornos amplos de atitudes rabínicas em relação a Roma e apresentar provas interessantes de que as perspectivas judaicas quanto ao Império eram multiformes. Talvez mais revelador que uma visão negativa seja o uso freqüente de nomes como Edom, Esaú, Amalec, Seir e Tiro (todos inimigos desprezados dos judeus), como epítetos para Roma. Outras referências rabínicas comuns ao governantes imperiais são "o governo devasso", "o quarto reino" (cf. Dn 7,7-28) e "o governo romano pecaminoso".[43]

Os rabinos tinham opiniões divergentes quanto a Roma ter sido (ou poder ser) algum dia instrumento de serviço divino. Uma tradição mantinha que Roma nasceu na idolatria: "No dia em que Jeroboão trouxe os dois bezerros de ouro, um para Betel, o outro para Dã, foi construída uma cabana [no local de Roma] e isso se desenvolveu na Itália grega".[44]

---

[42] J. Neusner dá um exemplo valioso para outros estudiosos quando rejeita a idéia de que "para definir o que o 'judaísmo' diz sobre um assunto, simplesmente coligimos, organizamos e, assim, compomos em uma ótima coleção definida pelo tópico à mão todos os ditos tipicamente pertinentes de todos os tempos, lugares e documentos. J. NEUSNER, *The Economics of the Mishnah* (Chicago, University of Chicago Press, 1990), p. xiii. A diversidade do pensamento judaico e a relação com seu contexto de qualquer opinião externada impossibilitam articular uma convicção judaica "típica" em muitas áreas de crença e prática.

[43] Veja M. D. HERR, Rome, in Talmudic Literature. *Encyclopedia Judaica*, XIV, col. 243.

[44] *Sab*. 56b.

Uma lenda semelhante datava a fundação de Roma na época em que um rei de Israel insensatamente estabeleceu elos com a realeza pagã do Egito: "Quando Salomão desposou a filha de Faraó, Gabriel desceu e fincou no mar um caniço e, em volta dele, se formou um banco de areia, sobre o qual se construiu a grande cidade de Roma".[45]

As raízes desse desprezo por Roma baseiam-se em parte em experiências de Roma como parceira não confiável, alternadamente protetora e opressora. O talmude declara que o governo romano publicava leis que ordenavam a morte dos que não matavam os judeus ao encontrá-los e mais tarde ameaçou o mesmo para os que matavam os judeus.[46] Às vezes, determinadas práticas religiosas — como o uso de *tefilin* — incitavam Roma a ameaçar os judeus com a pena capital.[47] Essa natureza inconstante e violenta do Império levou alguns rabinos a descrever Roma como um animal. Em linguagem que lembra a de Ap 13, uma tradição diz: "O Santo, abençoado seja Ele, dirá a Gabriel: [...] 'repreenda a Besta selvagem' [Roma] [...]".[48]

Esse mesmo texto continua com a crítica econômica da opulência de Roma e relata que a cidade tem 365 vias públicas, cada uma com 365 palácios, cada um com 365 pavimentos, cada um com "o suficiente para fornecer alimento ao mundo todo". Com um mal disfarçado plano revolucionário, os rabinos invocam uma profecia de que Deus

---

[45] *Sanh*. 21b.

[46] *Git*. 55b.

[47] *Sab*. 49a. Aparentemente, às vezes Roma proibia os judeus de estudar e praticar a Torá. Rabi Aqiba persistiu e foi executado. *Ber*. 61b.

[48] *Pes*. 118b.

algum dia efetuaria uma distribuição mais justa dessa riqueza: "Mas o seu lucro e o seu salário acabarão consagrados a Iahweh. Eles não serão amontoados nem guardados; antes, o seu ganho pertencerá àqueles que habitam na presença de Iahweh, para o seu alimento e a sua saciedade e para que se vistam ricamente" (Is 23,18).[49] Na declaração de uma escola rabínica de que "dois pesos *státer* de ouro fino desceram ao mundo, um dos quais foi para Roma e o outro para o resto do mundo", há ressentimento quanto à injustiça econômica e também a convicção de que a riqueza vem de Deus.[50]

Além dessa polêmica fervorosa contra Roma no talmude, há exemplos ocasionais de rabinos que insistiam ser a autoridade do Império proveniente de Deus. "Irmão Hanina", entoava um mestre, "não sabes que foi o Céu que ordenou a esta nação [romana] reinar? Pois embora ela tenha devastado Sua Casa, queimado Seu Templo, assassinado Seus devotos e feito perecer Seus melhores, ela ainda está firmemente estabelecida!"[51] Com certeza, esse é um fraco endosso, e o mesmo tratado prossegue imediatamente com exemplos de conselhos contraditórios a respeito do nível apropriado de envolvimento judaico na sociedade romana. Alguns rabinos advertiam os fiéis para evitarem estádios (gladiatórios) e acampamentos (militares) como lugares de

---

[49] Originalmente, a profecia de Isaías referia-se a Tiro.

[50] *Git.* 58a.

[51] *'Abod. Zar.* 18a. Aos olhos dos judeus devotos, a profanação do Templo em 70 d.C. não se justificava nem poderia ser esquecida. O ultraje provocou descrições sombrias da transgressão, inclusive um relato do general Tito praticando o coito no Santo dos Santos em cima de um rolo aberto da Lei. *Git.* 56a. Persistiam rumores de que os romanos mantinham guardados em Roma os vasos do Templo e o véu do Santo dos Santos. *Me'il.* 17b; *Yom.* 57a; cf. *Pes.* 119a. De fato, o Arco de Tito, em Roma, retrata soldados que carregam os vasos do Templo de Jerusalém em procissão triunfal.

feitiçaria e como "sede dos escarnecedores". De modo semelhante, alguns desaprovavam teatros e circos "porque ali são organizados entretenimentos em honra dos ídolos". Outros rabinos, porém, citavam circunstâncias especiais nas quais era aceitável os judeus comparecerem a esses locais.[52]

A fidelidade radical a um único Deus é firme no talmude, e isso nos dá a melhor referência para medir as atitudes rabínicas em relação ao culto imperial. Os rabinos falam de sete irmãos que as autoridades trouxeram um a um perante o imperador: "Trouxeram o primeiro perante o imperador e lhe disseram: sirva ao ídolo. Ele lhes disse: está escrito na Lei: Eu sou Iahweh teu Deus. Assim, levaram-no embora e o mataram". Cada um dos filhos, por sua vez, citou as Escrituras, recusou-se a se curvar diante da imagem e sofreu martírio.[53] Aparentemente, na tentativa de salvar o último irmão, o imperador disse: "Vou jogar meu selo [que trazia a imagem do imperador] à sua frente e você se inclinará e o erguerá, para que eles digam que você obedeceu ao desejo do rei". Mas o último irmão foi executado depois de dizer: "Que vergonha, César [...]; se tua honra é tão importante, quanto mais a honra do Santo, abençoado seja Ele!"[54] Essa história ilustra o desejo de alguns rabinos de dissuadir os judeus de aceitar qualquer compromisso com a idolatria. Essa postura levaria os adeptos a evitar qualquer envolvimento no culto imperial.

---

[52] *'Abod. Zar.* 18b . Nesse texto, um rabino, sem entrar em minúcias, diz: "Há uma diferença no caso de comparecer para fazer negócios". Isso soa como análise racional que justificaria o considerável entrosamento — talvez comércio — em ambientes pagãos.

[53] O primeiro filho citou Ex 20,2, os outros citaram, em sucessão, Ex 20,3; 22,20; 20,5; Dt 6,4; 4,39; 26,17.18.

[54] *Git.* 57b.

Um estudioso resume dizendo que os autores rabínicos, na diversidade de suas opiniões a respeito de Roma, "não são diferentes dos contemporâneos, como se vê pela comparação com as avaliações dos gregos, dos Padres da Igreja e até dos próprios romanos".[55] O ponto principal para esse estudo é que, embora muitos judeus (e talvez muitos cristãos) tivessem uma visão sombria do poder imperial, outros tinham uma opinião positiva e até achavam meios para participar de certas estruturas econômicas e sociais do Império Romano.

Influência romana no culto judaico

Apesar de uma profunda preocupação na tradição judaica com a idolatria e o sincretismo, às vezes Roma influenciava a prática religiosa judaica. Fílon faz este impressionante relato da representação imperial no Templo de Jerusalém:

> Na verdade, [César Augusto] tinha um respeito tão religioso por nossos interesses que, apoiado por quase todos os seus familiares, adornou nosso Templo pela preciosidade de suas dedicações e ordenou que fossem realizados sacrifícios contínuos de holocaustos inteiros todos os dias à sua custa como tributo ao Deus altíssimo. E esses sacrifícios são mantidos até hoje [...].[56]

O envolvimento romano nas instituições religiosas judaicas aparece ocasionalmente em outras obras do século I d.C. Lucas fala de alguns anciãos dos judeus de Cafarnaum que incentivaram Jesus a salvar o servo de um centurião romano: "Ele

---

[55] Herr, M. D. *Encyclopedia Judaica*, XIV, col. 243.

[56] Fílon, *Leg. Gai.* 157 (cf. 317-318). Josefo diz que "toda a comunidade judaica" suportava os custos de sacrifícios diários em nome de César. Josefo, *Apião* II,6 (77).

é digno de que lhe concedas isso", disseram, "pois ama nossa nação, e até nos construiu a sinagoga" (Lc 7,4-5).[57]

Com disposição semelhante, Josefo fala de um discurso provavelmente feito em Jerusalém pelo idoso sacerdote Anás durante a revolta judaica de 66-70 d.C. Anás diz que os judeus devem achar o domínio romano aceitável, pois vêem "nos pátios de nosso Templo as muitas oferendas votivas dos romanos" e recordam que os "romanos nunca ultrapassaram o limite imposto aos profanos" no Templo de Jerusalém.[58]

Inscrições de Roma indicam que alguns judeus dali homenagearam funcionários imperiais dando o nome deles a sinagogas. Na capital havia uma "sinagoga de augustanos" (συναγωγὴ Αὐγουστησίων)[59] e uma "sinagoga de agripenses" (συναγωγὴ ᾿Αγριππησίων).[60] Aparentemente, esses dois nomes de sinagogas originavam-se de César Augusto e de seu genro Marcos Vipsânio Agripa (que César preparava para ser seu sucessor). Augusto e Agripa podem ter sido benfeitores das comunidades em questão; talvez alguns

---

[57] Um crítico talvez duvide da historicidade da versão que Lucas dá aos acontecimentos que envolviam romanos. Todavia, para nossos propósitos, a passagem é suficiente para demonstrar que, no fim do século I, um autor cristão acreditava na existência desses laços estreitos entre representantes imperiais e a comunidade judaica.

[58] JOSEFO, *G. J.* IV,3,10 (181-182). Em *G. J.* V,13,6 (563), Josefo diz: "Os soberanos romanos sempre reverenciaram e acrescentaram embelezamentos ao Templo" de Jerusalém.

[59] *CII*, I, 2, nn. 284, 301, 338, 416, 496. Citado por SCHÜRER, *History*, III,I, p. 96. Cf. E. M. SMALLWOOD, *The Jews Under Roman Rule*; from Pompey to Diocletian (Leiden, E.J. Brill, 1976), p. 138, e MEEKS, *First Urban Christians*, p. 206, n. 161.

[60] *CII*, I, 2, nn. 365, 425, 503. Citado por SCHÜRER, *History*, III,I, p. 96.

judeus dessas comunidades tivessem sido seus escravos.[61] Smallwood diz que pôr o nome de Augusto em uma sinagoga "atesta a gratidão que a diáspora sentia por suas medidas para garantir-lhes a liberdade religiosa".[62]

Josefo enuncia a lógica que permitia a alguns judeus reverenciarem o imperador romano:

> [...] nosso legislador [Moisés], não a fim de impor, por assim dizer, um veto profético às homenagens prestadas à autoridade romana, mas devido ao desprezo por uma prática desvantajosa a Deus e [aos mortais], proibiu a produção de imagens [...] Entretanto, não proibiu que se prestasse homenagem de outro tipo, inferior à prestada a Deus, a [seres humanos] merecedores; tais homenagens conferimos aos imperadores e ao povo de Roma. Por eles oferecemos sacrifícios perpétuos [...].[63]

Os imperadores romanos também receberam reconhecimento em sinagogas de Alexandria. Fílon fala de uma perseguição que os judeus daquela cidade sofreram durante o

---

[61] Schürer cita Fl 4,22 (οἱ ἐκ τῆς Καίσαρος οἰκίας) como paralelo na Igreja cristã. SCHÜRER, *History*, III,I, p. 96. H. J. Leon diz ser "altamente provável que a comunidade [da sinagoga] recebesse o nome do imperador Augusto, que era amigo verdadeiro dos judeus". Entretanto, não há provas de que membros da comunidade fossem escravos ou libertos da casa imperial. "Sabe-se que [Agripa] favoreceu os judeus e pode ter sido o benfeitor da comunidade e até quem construiu a sinagoga. Embora essa opinião não seja improvável, deve ainda continuar a ser conjetura." Talvez a sinagoga recebesse o nome de um rei judeu, Agripa I ou Agripa II. LEON, H. J. *The Jews of Ancient Rome*. Philadelphia, Jewish Publication Society, 1960. pp. 11, 141-142.

[62] SMALLWOOD, *The Jews Under Roman Rule*, p. 138. Augusto chegou a gravar a proclamação a seguir, de direitos judaicos, nas colunas de um templo do culto imperial na Ásia Menor: "Quanto à decisão proposta pelos [judeus] em minha honra a respeito da piedade que demonstro a todos os homens [...], ordeno que ela e este edito sejam colocados na parte mais visível do templo a mim conferido pela federação da Ásia em Ancira". JOSEFO, *Ant.* XVI,6,2 (165).

[63] JOSEFO, *Apião* II,6 (75-77).

reinado de Calígula. Vândalos destruíram sinagogas, inclusive "tributos aos imperadores que foram derrubados ou queimados ao mesmo tempo, os escudos e as coroas douradas e as placas e inscrições [...]".[64]

Apesar desses interessantes indícios de transigência, havia limites para até onde os judeus iam para homenagear César ou Roma. Quando Pilatos trouxe a Jerusalém "imagens (εἰκόνας, cf. Ap 13,14) de César que são chamadas insígnias (σημαῖαι)", muitos judeus ofendidos foram de Jerusalém para Cesaréia exigir que fossem removidas. Quando o governador ameaçou os reclamantes com a morte por rejeitarem as insígnias imperiais, um grande número deles prostrou-se no chão, "estenderam o pescoço e exclamaram que estavam prontos a morrer antes que transgredir a lei" dos antepassados.[65]

De modo semelhante, os judeus de Jerusalém se uniram em oposição quando Calígula exigiu que sua estátua fosse erguida no Templo de Jerusalém como objeto de culto.[66] Cheio de desprezo por Calígula e seu culto, Fílon diz:

> A natureza criada e corruptível do homem foi feita para parecer não criada e incorruptível por uma deificação que nossa nação [judaica] julgou ser a mais horrível irreverência, pois é mais fácil Deus se transformar em homem que um homem em Deus.[67]

---

[64] Fílon, *Leg. Gai.* 20 (133). É evidente que antes as sinagogas não continham estátuas imperiais, pois a profanação de sinagogas durante o massacre incluiu a instalação de imagens de Gaio. Fílon, *Leg. Gai.* 20 (134-135).

[65] Josefo, *G. J.* II,9,2-3 (169-174).

[66] Josefo escreve: "Os judeus lhe responderam que ofereciam a César e ao povo romano dois sacrifícios por dia, mas que se ele quisesse mandar erguer as estátuas em questão, ser-lhe-ia necessário primeiro oferecer em sacrifício a nação judaica inteira; e acrescentaram estar dispostos a se deixar degolar com suas mulheres e filhos". Josefo, *G. J.* II,10,4 (197).

[67] Fílon, *Leg. Gai.* 118.

Fílon entendia que o monoteísmo radical pôs os judeus em uma posição precária quando o culto do imperador se tornou popular. Ele diz que Calígula

> [...] via com desagrado só os judeus porque só eles se opunham a ele por princípio, instruídos como eram, podemos dizer que desde o berço, por pais, tutores e instrutores e pela autoridade muito mais alta das leis sagradas e também pelos costumes não escritos, para reconhecer um só Deus que é o Pai e Criador do mundo.[68]

Esses exemplos de convicção e resistência judaicas ao culto imperial indicam que muitos judeus não tolerariam nenhuma transigência com a idolatria.[69] Para cada mercador judeu que flertava com a idolatria a fim de fazer negócios com Roma, devia haver muitos outros que aceitavam perdas financeiras antes de prestar obediência, mesmo que simbólica, a um imperador "divino".

A grande revolta de 66-70 d.C. poderia ter posto os judeus da diáspora em uma precária posição política, mas, em última instância, pouco mudou em suas relações com Roma.[70] Entretanto, em 71-72 d.C., o imperador Vespasiano fez uma mudança que afetou os judeus de todo o mundo mediterrâneo: ordenou aos judeus que enviassem o imposto

---

[68] FÍLON, *Leg. Gai.* 115.

[69] Hengel diz que uma preocupação primordial de Judas, o Galileu, em seu movimento revolucionário no início do século I, era "restringir e intensificar o primeiro mandamento". No judaísmo tardio, "Senhor" significava praticamente a mesma coisa que "Deus". Assim, a profissão de fé dos zelotas era "Eu sou Iahweh, teu Senhor. [...] Não terás outros senhores além de mim!" Hengel atribui essa preocupação ao culto florescente do imperador. HENGEL, *The Zealots*, pp. 98-99.

[70] Veja SMALLWOOD, *The Jews Under Roman Rule*, pp. 356-388.

anual do Templo (δίδραχμον, cf. Mt 17,24) a Roma em vez de a Jerusalém.[71] O dinheiro que tradicionalmente mantinha o culto de Iahweh em Jerusalém[72] agora ia oficialmente para o templo de Júpiter Capitolino, o deus que, por intermédio dos exércitos romanos, triunfou sobre o Senhor de Israel.[73] Smallwood menciona a importância simbólica dessa mudança:

> O efeito dessa medida foi que o judaísmo continuou sendo uma *religio licita* só para os que declaravam sua fidelidade pelo pagamento da *didrachmon*, logo conhecida como o "imposto judaico" para Roma e, assim, compravam o privilégio de adorar Iahweh e de se recusar a tomar parte no culto imperial por uma contribuição a Júpiter.[74]

Com sua alta sensibilidade ao sentido de símbolos, João de Patmos deve ter achado esse acordo detestável. Tal *modus vivendi* entre os judeus da diáspora e Roma ajudou a criar os comentários mordazes de João a respeito de uma "sinagoga de Satanás" (Ap 2,9; 3,9).

---

[71] Os romanos chamavam essa nova fonte de renda proveniente dos judeus o *fiscus judaicus*. Josefo, *G. J.* VII,6,6 (218). Dio Cássio diz que Roma cobrava o imposto de "judeus que continuavam a observar seus costumes ancestrais". Dio Cássio, *Hist. Rom.* 65,7,2. *CIL*, VI 8604 menciona um funcionário chamado *procurator ad capitularia Iudaeorum*. Veja Juster, J. *Les Juifs dans l'Empire Romain*; leur condition juridique, économique et sociale, I (Paris, Librairie Paul Geuthner, 1914), pp. 282-286, e M. Ginsberg, Fiscus Judaicus, *JQR* 21, 1930-1931, pp. 281-291.

[72] Cf. Ex 30,13-16; Ne 10,32-33; Josefo, *Ant.* XVIII,9,1 (312).

[73] Josefo, *G. J.* VII,6,6 (218).

[74] Smallwood, *The Jews Under Roman Rule*, p. 345. Tertuliano observou que o *fiscus judaicus* conseguiu para os judeus um "tributo-liberdade" que lhes permitia cultuar livremente. Tertuliano, *Apol.* 18.

Como conseqüência de uma catastrófica revolta contra Roma em 66-70 d.C., no fim do século I praticamente todos os judeus deviam saber que o monoteísmo radical criava um sério dilema político. Aparentemente, alguns judeus lidavam com o problema praticando a religião discretamente na esfera particular, ao mesmo tempo que participavam publicamente da vida social e econômica da sociedade pagã. Durante o reinado de Domiciano, "foram perseguidos" certos judeus de Roma "que, sem reconhecer publicamente sua fé, contudo viviam como judeus e também os que ocultavam sua origem e não pagavam o imposto cobrado de seu povo".[75] Assim como alguns escondiam sua identidade a fim de evitar o imposto da didracma, outros talvez ocultassem a identidade a fim de participar das instituições sociais ou comerciais pagãs.

3. O papel judaico no comércio internacional

Embora permanecessem primordialmente um povo agrícola até o início da era cristã, já no início da época asmonéia os judeus da Palestina começaram a desempenhar um papel no comércio marítimo.[76] Em meados do século II a.C., Simão "tomou Jope e dela fez seu porto, abrindo acesso para as ilhas

---

[75] SUETÔNIO, *Dom.* 12,2. O comentário de Suetônio é o inverso da declaração de João: "Os que se afirmam judeus mas não são" (Ap 2,9; 3,9). É possível que os dois autores falassem do mesmo fenômeno, isto é, de judeus que dualisticamente separavam a religião pessoal da vida pública. Vendo-os do lado "público", Suetônio insiste que eram judeus e tinham de pagar o imposto judaico. Ao refletir o diálogo "particular" dentro da comunidade judeu-cristã, João insiste que sua transigência com a sociedade pagã os desqualifica como judeus.

[76] Hengel observa que há alguns indícios de judeus da diáspora envolvidos no comércio atacadista antes de 310 a.C., mas que eles "certamente são exceção". HENGEL, *Judaism and Hellenism*, I, p. 34.

do mar" (1Mc 14,5; cf. 14,34).[77] Mais tarde, Alexandre Janeu ampliou o controle judaico do litoral mediterrâneo de Dor, no norte, até Rinocorura, na fronteira com o Egito.[78] Assim, os judeus dominaram as principais rotas do comércio por terra que ligavam a Mesopotâmia e a Arábia com o Egito e as rotas comerciais mediterrâneas (veja a Figura 8, p. 260).

Esse controle de rotas terrestres e de portos da Palestina significava que as cidades da Ásia Menor e a bacia mediterrânea oriental como um todo "eram forçadas a aceitar mercadorias do mar Vermelho e da Arábia vindas de portos judaicos e talvez de intermediários judaicos que operavam em Delos e em portos asiáticos como Mileto, Éfeso, Esmirna e Tarso".[79] Embora a conquista romana houvesse diminuído o território judaico em 63 a.C., no reinado de Herodes Mag-

---

[77] Já quando Judas Macabeu fez uma aliança com a Itália, os judeus eram um povo marítimo o bastante para Roma fazê-los prometer não suprir os inimigos de Roma com navios (1Mc 8,26). Piratas judeus operavam em todo o Mediterrâneo oriental. JOSEFO, *Ant.* XIV,43; cf. ESTRABÃO, *Geog.* 16,2,28 (759). Hengel menciona que um túmulo em Jerusalém do reinado de Alexandre Janeu mostra uma galera naval que persegue um navio. O capitão está de pé na proa com o arco retesado. HENGEL, *The Zealots*, p. 28, n. 38. Os judeus recomeçaram a pirataria no início da Guerra Judaica. JOSEFO, *G. J.* IX,2 (416). Veja uma análise geral dos judeus no comércio marítimo em R. PATAI, Jewish Seafaring in Ancient Times. *JQR* 32, 1941-1942, pp. 1-26. A bênção de Jacó para Zabulon (Gn 49,13) reflete o interesse duradouro na navegação por parte dos judeus da Palestina.

[78] JOSEFO, *Ant.* XIII,15,4 (395-396).

[79] APPLEBAUM, Economic Life in Palestine, in *The Jewish People in the First Century*, II (Philadelphia, Fortress Press, 1976), pp. 667-668. Applebaum descreve as mercadorias manipuladas por intermediários judeus como "artigos de luxo altamente rentáveis, como incenso, perfumes, especiarias, seda, pedras preciosas, ouro, tecidos caros, peles de animais e madeiras raras" — uma lista de carga muito semelhante a Ap 18,11-13. Ben Sirac (século II a.C.) preocupava-se com os compromissos morais dos negociantes judeus: "Dificilmente um negociante afasta-se da culpa, e o comerciante não está isento de pecado [...]. Entre as junturas das pedras finca-se a estaca, entre a venda e a compra introduz-se o pecado" (Eclo 26,29–27,2; cf. 42,2-5).

no os judeus voltaram a controlar os portos de Gaza, Antédon, Jope e da Torre de Estratão (depois Cesaréia).[80] Por isso, os mercadores judeus "continuaram a desfrutar uma fatia do comércio de artigos orientais de luxo.[81] Com palavras que lembram Ap 18, Applebaum diz que esse comércio de transição de bens de luxo "beneficiava um grupo relativamente pequeno de mercadores especialistas" e também o tesouro imperial, o rei e os portos.[82] O Senado romano apoiava a participação judaica no comércio marítimo, e no século II a.C. declarou que "será lícito" para os judeus de Pérgamo "exportar mercadorias de seus portos".[83]

Durante o início da era imperial romana, os mercadores judeus chegaram aos confins do Império Romano vendendo vinho, especiarias, perfumes e talvez tecidos. Em Alexandria surgiram guildas de artesãos judeus e parece que nessa ocasião surgiram os primeiros banqueiros judeus. "O judaísmo jamais fez nenhuma objeção religiosa ou ética à compra e à venda de mercadorias com lucro", observa um estudioso, "por isso essa diversificação era apenas resultado de diferentes oportunidades econômicas".[84]

---

[80] Josefo, *G. J.* I,20,3 (396-397; *Ant.* XV,7,3 (217). Josefo diz que os judeus até lançaram um grande número de navios piratas, que partiram de Jope durante a revolta de 66-70 d.C. Josefo, *G. J.* III,9,2-4 (414-431).

[81] Applebaum, Economic Life, p. 668.

[82] Applebaum, Economic Life, p. 677.

[83] Josefo, *Ant.* XIV,10,22 (249-250). Uma narrativa do *Midrash* indica que mercadores judeus do século II d.C. continuaram a considerar os romanos protetores. Um negociante judeu, que transportava arcas cheias de dinheiro em um navio operado por gentios, ouviu por acaso os marinheiros planejarem matá-lo e tomar o dinheiro. O negociante lançou o dinheiro ao mar. "Quando atracaram, ele foi acusá-los perante o procônsul do imperador, que os aprisionou". *Eccl. R.* 3,6.

[84] Tamari, M. *With All Your Possessions*; Jewish Ethics and Economic Life (New York, The Free Press, 1987), pp. 65-66.

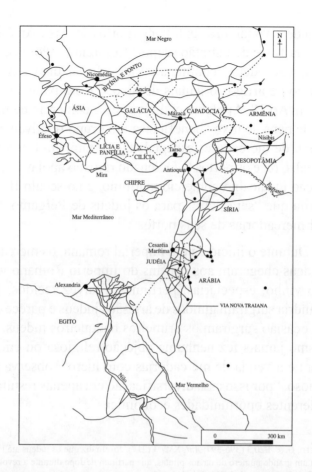

Figura 8. Mapa de rotas terrestres da parte extremo-oriental do Império Romano. Em virtude de sua localização geográfica, a Judéia desempenhava um papel importante no comércio internacional. Os navios mercantes que vinham da China, da Índia ou da costa leste da África tinham de descarregar em um porto do mar Vermelho. Em seguida, a mercadoria viajava por terra para portos mediterrâneos — ou pelo deserto até o Nilo e descendo até Alexandria, ou subindo até Cesaréia Marítima na Judéia. Esse último porto também recebia caravanas da Síria e da Mesopotâmia.

Ilustração conforme WACHER, John. *The Roman World*, I. New York, Routledge & Kegan Paul, 1987. p. 272. Com permissão da Routledge.

Mercadores judeus no Oriente

Fílon nos dá um vislumbre do envolvimento judaico no comércio, quando descreve uma perseguição que desorganizou temporariamente a comunidade judaica de Alexandria. Os comerciantes judeus perderam as mercadorias e "ninguém — agricultor, armador ($\nu\alpha\upsilon\kappa\lambda\acute{\eta}\rho\upsilon$),[85] mercador ($\acute{\epsilon}\mu\pi\acute{o}\rho\upsilon$),[86] artesão ($\tau\epsilon\chi\nu\acute{\iota}\tau\upsilon$)[87] — tinha permissão para praticar seu negócio usual".[88] Fílon relaciona armadores e negociantes entre os que mais sofreram, e isso indica que o comércio internacional era atividade importante entre os judeus alexandrinos.[89]

Alguns judeus provincianos colaboravam estreitamente com o governo romano nos negócios administrativos. O irmão de Fílon, Alexandre, era superintendente alfandegário ("alabarca") no lado árabe do Nilo.[90] Ele também era amigo

---

[85] Cf. At 27,11. No talmude, há muitas instruções para marinheiros, inclusive uma que faz menção ao fato de ficarem longe das mulheres por longos períodos: o rabino Eliezer disse que "homens de independência" tinham de cumprir os deveres conjugais "todos os dias", enquanto os marinheiros tinham a mesma obrigação somente uma vez a cada seis meses. *Ket.* 61b.

[86] Cf. Ap 18,3.11.15.23.

[87] Cf. Ap 18,22 e At 19,24.38.

[88] FÍLON, *Flaccus* 57. Tradução de J. N. Kraybill. Veja H. I. BELL, Anti-Semitism in Alexandria, *JRS* 31, 1941, pp. 1-18.

[89] *B. Bat.* 73a dá instruções para os que vendem navios. Uma inscrição do Alto Egito diz: "Demos graças a Deus! Teodoto, filho de Dório, o judeu que foi salvo do mar". "É preciso supor que [Teodoto] era mercador acostumado a viagens marítimas. V. TCHERIKOVER, *Hellenistic Civilization and the Jews* (Philadelphia, Jewish Publication Society, 1959), pp. 338-339.

[90] JOSEFO, *Ant.* XVIII,6,3 (159); XVIII,8,1 (259). Alexandre era bem-nascido e rico. JOSEFO, *Ant.* XX,5,2 (100). Outro judeu chamado Demétrio também serviu como alabarca. JOSEFO, *Ant.* XX,7,3 (147). Veja SCHÜRER, *History*, III,I, pp. 136-137. Applebaum diz: "A natureza do ilustre posto de alabarca [...] é obscura. Só podemos dizer que era função de um homem rico na administração municipal de Alexandria. Em geral se considera ter sido o controle da alfândega, talvez no Nilo". APPLEBAUM, The Social and Economic Status of the Jews in the Diaspora, in S. SAFRAI et alii, orgs., *The Jewish People in the First Century*, II (Philadelphia, Fortress Press, 1976), p. 705. Cf. ESTRABÃO, *Geog.* 17,1,16. Veja TCHERIKOVER, V. *Hellenistic Civilization and the Jews*, p. 339.

do imperador Cláudio e serviu como "guardião" da mãe do imperador.[91] Tinha relações financeiras com Putéoli e prometeu conseguir um empréstimo dessa cidade para Agripa I.[92] Josefo diz que Alexandre estava entre os mais ricos de seus conterrâneos e era judeu devoto.[93] Talvez o irmão de Fílon participasse do que Applebaum descreve como "comércio marítimo baseado no triângulo Alexandria-Delos-Putéoli".[94]

A tradição rabínica afirma que Iohanan ben-Zakai, luzguia da reorganização espiritual judaica depois do desastre de 70 d.C., "dedicou-se quarenta anos ao comércio".[95] Durante o século II d.C., proeminentes líderes religiosos da comunidade judaica na Palestina dedicaram-se ao comércio com o Extremo Oriente.[96] Com uma grande comunidade de correligionários ainda em Babilônia, convinha aos mercadores judeus da Palestina criar laços comerciais com a Mesopotâmia.[97]

---

[91] JOSEFO, *Ant.* XIX,5,1 (276).

[92] JOSEFO, *Ant.* XVIII,6,3 (160). Applebaum diz que o relacionamento financeiro com Putéoli "só pode significar que uma das fontes de renda da família era o comércio". APPLEBAUM, Economic Life, p. 706.

[93] JOSEFO, *Ant.* XX,5,2 (100).

[94] APPLEBAUM, Economic Life, p. 706.

[95] Iohanan ben-Zakai "dedicou-se quarenta anos ao comércio, foi discípulo de sábios durante quarenta anos e passou quarenta anos como sustentáculo de Israel". *Sifre* 357,14; cf. *Sanh.* 41a. A declaração de *Sifre* soa como lendária, pois compara os cento e vinte anos de Iohanan com as vidas de Moisés, Hillel e rabi Aqiba. Independentemente da exatidão, a referência ao envolvimento no comércio indica que os judeus do século II viam o comércio como trabalho respeitável para o influente rabino.

[96] *Gen. R.* 77,2 relata um incidente que aconteceu quando "R. Huyya, o Velho, R. Simeão b. Rabino e Rabban Simeon b. Gamaliel estavam ocupados no comércio de seda na região de Tiro". *Gen. R.* foi redigido por volta de 400 d.C. J. NEUSNER, *Genesis Rabbah*; the Judaic Commentary to the Book of Genesis, III (Atlanta, Scholars Press, 1985), p. x. No talmude, há diversas referências a rabinos que possuíam ou arrendavam navios: R. Dimi (*B. Bat.* 22a); R. Eleazar b. Harsom recebeu do pai lendários "mil barcos no mar" (*Yom.* 35b).

[97] O próprio rabino Hiyya nasceu em Babilônia, e escritos rabínicos referem-se a ele como "o babilônio". *Ket.* 5a; *Gen. R.* 16,4.

4. Culto e comércio entre mercadores judeus

No início do século I d.C., havia uma comunidade judaica em Putéoli, na época o principal porto para o comércio entre Roma e o Oriente.[98] Quando Paulo chegou à Itália no fim do reinado de Nero, havia também uma comunidade cristã em Putéoli (At 28,13-14). A presença prematura de judeus e cristãos em Óstia e Putéoli indica que estavam cercados pelo comércio marítimo, no qual talvez eles mesmos atuassem.[99] Em Óstia há ruínas de uma sinagoga do século I, prova de uma grande comunidade judaica.[100] Uma inscrição do prédio antigo menciona o "bem-estar de Augusto" e a arca (κειβωτος) para guardar rolos da Torá.[101] A citação da Torá e o imperador em uma única inscrição comprova o desejo de alguns judeus praticantes de demonstrar deferência aos governantes romanos.

---

[98] JOSEFO, *Ant.* XVII,12,1 (328); *G. J.* II,7,1 (104). Smallwood diz que podemos supor com segurança que a comunidade judaica de Putéoli "cresceu ao redor de um núcleo de negociantes, mas não há indícios da data da fundação". SMALLWOOD, *The Jews Under Roman Rule*, p. 129, n. 28. Josefo relata um incidente que parece indicar que alguns judeus de Putéoli tinham laços estreitos com a família imperial. Quando jovem, ele chegou de navio ao porto imperial. Ali ele "travou conhecimento com Alituros, ator de peças e muito querido por Nero, mas judeu de nascimento; e, por seu intermédio, foi apresentado a Popéia, mulher de César. JOSEFO, *Autob.* 3 (16).

[99] Um liberto judeu de Putéoli, chamado Acibas, do século I ou II d.C., erigiu uma lápide a seu mestre pagão P. Cáulio Cérano, *negotiator ferriarum et vinariariae. CIL*, X, 1931; *CII*, I,75. Citado por APPLEBAUM, Social and Economic Status, p. 722.

[100] SCHÜRER, *History*, III,I, p. 8. KRAABEL, A. T. The Diaspora Synagogue; Archaeological and Epigraphic Evidence since Suhenik, *ANRW*, II,19,1, 1979, pp. 497-500. Applebaum diz que a sinagoga do século I em Óstia era "suficientemente grande para manter um elemento abastado da comunidade [judaica], que é natural interpretar como ocupado no negócio de importação e exportação da cidade portuária". APPLEBAUM, Social and Economic Status, p. 722.

[101] Parte da inscrição está em latim, parte em grego: *Pro salute Aug[usti]*, οἰκοδόμησεν κὲ αἰπόησεν (sic) ἐκ τῶν αὐτου δομάτων καὶ τὴν κειβωτὸν ἀνέθηκεν νόμῳ ἁγίῳ Μίνδις φαῦστος με [...]. *AE* 77, 1967. SCHÜRER, *History*, III,I, p. 82.

Sincretismo de Herodes

Herodes Magno estabeleceu um precedente para o sincretismo religioso com o qual todo mercador marítimo que transportava mercadorias para fora da Palestina devia estar familiarizado. Ao mesmo tempo que iniciava uma espetacular restauração do Templo de Jerusalém, alhures na Palestina Herodes financiava diversos projetos ligados ao culto imperial. Josefo diz que "não se pode citar um local apropriado de seu reino que ele tenha deixado desprovido de alguma homenagem a César".[102] Quando construiu um porto na Torre de Estratão (Cesaréia) na costa mediterrânea, o culto e o comércio se misturaram de forma elaborada:

> Em frente da entrada do porto erguia-se, numa colina, um templo de César notável por sua beleza e por sua grandeza. Continha uma estátua colossal do imperador, a qual em tamanho nada perdia em relação ao Zeus do Olimpo [...], e uma de Roma, do mesmo tamanho da Hera de Argos. Herodes consagrou a cidade [...], pois a chamou de Cesaréia.[103]

No século I, havia em Cesaréia uma comunidade judaica grande e abastada, e missionários cristãos logo chegaram à cidade (At 8,40; 12,19).[104] Em Cesaréia, Pedro teve o

---

[102] Josefo, *G. J.* I,21,4 (407). Os judeus de Roma também reverenciavam. Durante o período de luto oficial em Roma por ocasião do funeral de César, "estrangeiros se lamentavam, cada um à maneira de seu país, principalmente os judeus". Suetônio, *Jul.* 84.

[103] Josefo, *G. J.* I,21,7 (414).

[104] Pouco antes da revolta judaica houve um tumulto em Cesaréia entre judeus e sírios. Os judeus "tinham a vantagem de maior riqueza e força física". Josefo, *G. J.* II, 13,7 (268). Os judeus sentiam-se seguros, ganhavam confiança de sua riqueza e, conseqüentemente, desprezavam os sírios" que eram "inferiores em riqueza". Josefo, *Ant.* XX,8,7 (175-176). No início da guerra, em 66 d.C., os gentios de Cesaréia massacraram cerca de 20 mil judeus; outros fugiram da cidade ou se tornaram escravos das galeras. Josefo, *G. J.* II, 18,1 (457). Veja um estudo completo de Cesaréia no século I em L. I. Levine, *Caesarea under Roman Rule* (Leiden, Brill, 1975), pp. 15-33.

famoso encontro com Cornélio, o centurião romano. Cornélio, "homem justo e temente a Deus, de quem toda a nação judaica dá bom testemunho", tornou-se cristão (At 10,22). Essa história descreve graficamente o encontro de influências romanas, judaicas e cristãs em uma cidade portuária helenística.[105] Se mercadores judeus trabalhavam em Cesaréia, um ambiente sincretista em sua terra natal, não havia nada que os dissuadisse de visitar os portos da Itália.

5. Preocupação rabínica com a idolatria no comércio

Justaposta a essa experiência empresarial judaica, existe uma tradição de judeus devotos que se opunham ao comércio internacional, pelo menos até onde isso envolvia o contato com gentios e pagãos. As escolas rabínicas às quais pertenciam Hillel e Shammai declararam ritualmente impura uma ampla variedade de produtos importados comuns e de luxo.[106] A Mixná demonstra preocupação a respeito do estreito relacionamento entre culto e comércio e proíbe os mercadores judeus de fazer qualquer negócio com os gentios durante as festas religiosas pagãs. As festas incluídas

---

[105] Horsley observa que Cornélio "parece não ter tido dificuldade para conciliar os deveres *qua* centurião, que devem ter envolvido a participação nos rituais pagãos que eram parte inevitável da vida no exército romano, com seu comparecimento freqüente à sinagoga local e o culto regular do Deus judaico". G. H. R. HORSLEY & S. R. LLEWELYN, *New Documents Illustrating Early Christianity, II* (North Ryde, Macquarrie University, 1981-1992), p. 104. Talvez mais pertinente, o autor de Atos não hesitou em descrever Cornélio como atuante no exército romano e em uma sinagoga judaica.

[106] Entre esses artigos estavam implementos de metal, o trigo de Alexandria e artigos luxuosos de vidro importados de Alexandria, Tiro e Sidônia. A Mixná proibia a venda aos gentios de gado, milho e vinho. Durante a revolta de 66 d.C., os judeus de Jerusalém proibiram o uso de todos os óleos e víveres estrangeiros sob a alegação de serem impuros. Veja HENGEL, *Judaism and Hellenism*, I, p. 53.

nessa censura rabínica eram as Calendas (o Ano-Novo romano), a Saturnal, a Kratesis (que comemorava a conquista romana do Oriente), o aniversário da ascensão ao trono do imperador, o aniversário do imperador e o aniversário de sua morte.[107] Os rabinos advertiram os mercadores para conduzirem os negócios fora, e não dentro de toda cidade que contivesse ídolos, diretriz que se aplicava a Óstia, Éfeso, Cesaréia e inúmeras outras cidades mediterrâneas.[108] Os negociantes judeus não deviam vender aos gentios nem incenso puro nem outros artigos usados em sacrifícios para ídolos.[109]

Além desse enfoque na pureza cultual existia, havia muito tempo, uma preocupação profética com os riscos espirituais do comércio e da riqueza. Oséias anunciou um tema que outros profetas hebreus repetiram: "Canaã tem em sua mão uma balança falsa, ele gosta de extorquir. Efraim disse: "Em verdade tornei-me rico, consegui uma fortuna" (Os 12,8-9; cf. Am 8,4-6; Jr 6,13; 8,10).

Concessões romanas aos escrúpulos judaicos

Apesar dessas advertências, de sua tradição, os indícios indicam que alguns mercadores judaicos entravam em ambientes pagãos para fazer negócios. Talvez o fizessem porque Roma fazia concessões específicas (*de jure* ou *de facto*) aos escrúpulos religiosos judaicos. Um edito do im-

---

[107] *'Abod. Zar.* 1,8a.

[108] *'Abod. Zar.* 1,11b. Cf. Hipólito, que diz, a respeito dos essênios radicais (que ele identifica como zelotas): "Nenhum deles entra em uma cidade, com receio de (se o fizer) entrar por uma porta onde estão erigidas estátuas, pois consideram transgressão da lei passar sob imagens". Hipólito, *Refutatio Omnium Haeresium* 9,21.

[109] *'Abod. Zar.* 1,13b, 14b. Tertuliano aconselha a mesma coisa aos negociantes cristãos, pois "a idolatria continua mais facilmente sem o ídolo, do que sem o armazém do vendedor de incenso puro". Tertuliano, *De Idol.* 11.

perador Cláudio declara que os judeus de Alexandria sofreram sob Calígula porque "se recusaram a transgredir a religião dos seus [ancestrais] e dirigir-se a ele como a um deus".[110] Cláudio restituiu os privilégios concedidos aos judeus desde a época de Augusto e decretou que os judeus de todo o mundo estavam livres para seguir seus costumes tradicionais.[111] Shürer diz que, a partir do reinado de Cláudio, "não foi feita nenhuma proposta para obrigar os judeus a participar do culto imperial". Os romanos trataram a isenção dessa obrigação como direito antigo dos judeus, "uma circunstância pela qual eles gozavam de vantagem especial em relação aos cristãos".[112] Fílon relata que os judeus de Roma obtiveram concessões que lhes permitiram a observância do sábado. Quando a distribuição gratuita de cereais caía no dia santo judaico, os funcionários públicos retinham a porção reservada aos judeus para que eles a reclamassem no dia seguinte.[113]

Se Roma tinha esse respeito pelas convicções religiosas judaicas, é possível que conscienciosos mercadores judeus entrassem nos portos romanos sem evidente participação em cerimônias do culto imperial. Entretanto, na época

---

[110] JOSEFO, *Ant.* XIX,5,2 (284).

[111] JOSEFO, *Ant.* XIX,5,3 (286-291).

[112] SCHÜRER, *History*, III,I, p. 122. Quando analisa os cristãos em relação ao grande incêndio de Roma em 64 d.C., Tácito os apresenta como seita recente e indesejável que surgiu na Judéia. TÁCITO, *Ann.* 15,44. Ele também demonstra desprezo pelos judeus, mas, ao fazê-lo, dá mais provas de que os judeus gozavam (ou reivindicavam) de dispensa de certas práticas religiosas: "A primeira lição que recebem é desprezar os deuses, para renegar o país [...]; eles não erguem estátuas nas cidades e ainda menos em seus templos; essa lisonja não é prestada a seus reis, nem essa honra dada a César". TÁCITO, *Hist.* 5,5.

[113] FÍLON, *Leg. Gai.* 158.

do Apocalipse, a situação dos mercadores cristãos talvez fosse mais difícil. Em virtude de suas raízes judaicas, os mercadores cristãos primitivos agiam sob privilégios já conquistados pela comunidade judaica.[114] Entretanto, no fim do século I, os romanos entenderam que os cristãos formavam um grupo independente e separado do judaísmo.[115]

Com a evidente tensão entre judeus e cristãos no fim do século I,[116] os mercadores judeus não estavam ansiosos para partilhar com os cristãos nenhuma posição cultual especial que tinham obtido em locais de atividade comercial. Os romanos, que há muito toleravam as peculiaridades religiosas judaicas, não se alegraram ao ver o movimento cristão de conversão surgir do judaísmo. Uma coisa era tolerar uma fé monoteísta que em grande parte permanecia dentro dos confins de uma minoria étnica. Outra coisa era ver um

---

[114] Lucas relata um episódio que ilustra a tendência dos romanos em meados do século I de ver os cristãos como subgrupo do judaísmo: Galião, procônsul da Acaia (aprox. 51 d.C.), tratou a disputa entre judeus e cristãos em Corinto como assunto judaico interno (At 18,12-17).

[115] Ao explicar por que Tito queria destruir o Templo de Jerusalém em 70 d.C., Tácito diz que isso era "necessidade fundamental, a fim de eliminar de maneira mais completa a religião dos judeus e dos cristãos, pois essas religiões, embora hostis uma à outra, tinham as mesmas fontes; os cristãos originaram-se dos judeus: se a raiz fosse destruída, a descendência pereceria facilmente". TÁCITO. Fragments of the Histories 2. in *Tacitus; History*, II (LCL, London, Heinemann, 1931), pp. 220-221.

[116] Os exemplos dessa tensão no NT incluem o relato lucano do sermão de Estêvão no qual Estêvão culpa os judeus por matarem o "Justo" (At 7,52-53) e os relatos no quarto evangelho da expulsão pelas autoridades da sinagoga de membros que reconhecessem Jesus como o Messias (Jo 9,22; 12,42; 16,2). Uma decisiva divergência política ocorreu em 68 d.C., quando seguidores de Jesus fugiram de Jerusalém em vez de apoiarem a revolta judaica contra Roma. EUSÉBIO, *Hist. Eccl.* 3,5,3; cf. Lc 21,20-24. Os judeus farisaicos do fim do século I acrescentaram uma sentença às "dezoito bênções" recitadas nas sinagogas, ao invocar uma maldição sobre os "nazarenos" e os heréticos — categorias que provavelmente incluíam os cristãos. *Ber.* 29a.

movimento como o cristianismo — com sua aparência apocalíptica e visão crítica do poder — atraindo milhares de gregos e romanos nas províncias do Oriente.

A separação do judaísmo tornou os cristãos vulneráveis

Não nos surpreende que uma comunidade religiosa tão grande e dispersa como o judaísmo da diáspora gerasse algumas pessoas que atuavam na área ambígua entre o monoteísmo rigoroso e o politeísmo pagão. Havia séculos que os mercadores judeus negociavam em portos e mercados cheios de templos dedicados a muitos deuses e enfrentavam diariamente as pressões e atrações do politeísmo pagão. Indícios em textos rabínicos indicam que os mercadores conscienciosos buscavam meios de evitar comprometer sua lealdade exclusiva a Iahweh. Os funcionários imperiais romanos entendiam que o judaísmo era religião venerável e sabiam que a recusa a participar de cerimônias de culto imperial não subentendia necessariamente deslealdade ao imperador.

Depois da desastrosa revolta judaica de 66-70 d.C., entretanto, os judeus da diáspora ficaram especialmente vulneráveis a suspeitas de lealdade. Ao escrever no fim do século I, o autor do quarto evangelho relata a preocupação com a fidelidade política que se concentrava em Jesus. "Pilatos procurava soltar Jesus. Mas os judeus gritavam: 'Se o soltas, não és amigo de César! Todo aquele que se faz rei opõe-se a César!'" (Jo 19,12; cf. 19,15). Lucas relata outro incidente em que os judeus apressaram-se em colocar os cristãos sob suspeita de deslealdade: "Estes são os que andaram revolucionando o mundo inteiro. Agora estão também aqui", acusaram os judeus de Tessalônica. "Ora, todos eles agem contra os decretos de César, afirmando que há um outro rei, Jesus" (At 17,6.7).

Talvez refletindo mais as circunstâncias de sua época do que da de Paulo, Lucas enuncia o tipo de acusações que dificultavam a atuação dos mercadores cristãos no mundo romano. Cristãos radicais como João revolucionavam "o mundo inteiro" e invertiam a pirâmide social romana, jurando fidelidade suprema a um galileu crucificado em vez de ao imperador. Os judeus de todo o Mediterrâneo sabiam que era perigoso associar-se ao movimento cristão: segundo Lucas, quando Paulo chegou preso em Roma, os judeus dali relataram que "relativamente a esta seita, é de nosso conhecimento que ela encontra em toda parte contradição" (At 28,22).

Como o cristianismo do fim do século I desenvolveu uma imagem negativa entre judeus e romanos, deve ter sido cada vez mais difícil para os mercadores cristãos conscienciosos ficar no mercado internacional. Não mais protegidos de pressões do culto pagão ou imperial em virtude de serem judeus[117] e talvez enfrentando a hostilidade dos colegas judeus, os mercadores cristãos estavam econômica e politicamente vulneráveis. Alguns cristãos — até mesmo os da cidade industrial de Laodicéia — realmente prosperaram nesse ambiente precário (Ap 3,17). João acreditava que esses cristãos haviam alcançado essa posição confortável pela apostasia e incentivou-os a se arrependerem (3,19).

Embora o arrependimento significasse a perda de posição financeira e política no mundo romano, João não esperava que os cristãos ficassem sem teto. O próximo capítulo analisará a segurança duradoura que João acreditava que os fiéis seguidores de Jesus gozariam na Nova Jerusalém, no presente e no tempo que há de vir.

---

[117] Veja Judge, E. Judaism and the Rise of Christianity; a Roman Perspective. *AJJS* 7, 1993, pp. 82-98.

Capítulo 6

A cura das nações

Vi também descer do céu, de junto de Deus,
a Cidade santa, uma Jerusalém nova,
pronta como uma esposa que se enfeitou para seu marido.

Nisto, ouvi uma voz forte que, do trono, dizia:
"Eis a tenda de Deus com os homens".

[...] A cidade não precisa do sol ou da lua para a iluminarem,
pois a glória de Deus a ilumina, e sua lâmpada é o Cordeiro.

As nações caminharão à sua luz,
e os reis da terra trarão a ela sua glória;
suas portas nunca se fecharão de dia
— pois ali já não haverá noite —,
e lhe trarão a glória e o tesouro das nações (Ap 21,2.3.23-26).

João não termina seu Apocalipse com o fim horrível de Roma, e seria impróprio para este estudo fazê-lo. O ataque cáustico de João a Roma deve ser visto à luz brilhante de uma "Nova Jerusalém" escatológica que ele acredita que logo governará a terra (Ap 21–22). Embora ele não elabore, está claro que esta cidade tem dimensões sociais e econômicas que corrigem as falhas do Império Romano. Em última instância, João anseia "curar as nações" (Ap 22,2), e não suprimir a sociedade humana. Essa esperança triunfa na visão que João tem do futuro, e a Nova Jerusalém talvez seja uma realidade que ele já começou a experimentar dentro da sociedade alternativa dos que chamam Jesus de Senhor. João reivindica a cidadania nessa Nova Jerusalém, não no Império Romano — e conclama os leitores a fazerem o mesmo. A fidelidade a uma nova sociedade sob o domínio de Cristo permite a João e seus leitores suportar as pressões sociais e econômicas da cultura dominante em que vivem.

1. Convergência de pressão sobre os cristãos

Argumentei que as comunidades cristãs da Ásia Menor provavelmente experimentaram mais *desejo* interno de se adaptar à sociedade pagã do que *pressão* externa em forma de perseguição. Com certeza, alguns cristãos — o próprio João, Antipas (2,13) e as vidas sob o altar (6,9-11; cf. 20,4) — sofreram privações ou a morte no conflito com funcionários romanos e a sociedade provinciana. Outros cristãos, no entanto, adaptaram-se o suficiente a normas sociais e políticas para viverem nas cidades da Ásia Menor sem assédio nem sofrimento graves. Com seu desejo de aceitação social e segurança financeira, essas pessoas participavam de vários níveis da vida política e econômica do Império Romano. Algumas talvez evitassem pressões externas de perseguição fazendo concessões à ideologia romana e ao culto imperial. Esses incorriam na ira de João e de outros fiéis radicais que adotavam uma posição dura contra qualquer demonstração de lealdade à "Besta" da Itália.

Afastamento da dificuldade econômica para cristãos

Na visão que João tinha do mundo, o culto imperial veio a ser exemplo perfeito de tudo que era injusto ou idólatra a respeito de Roma. O culto tornou-se uma "bandeira vermelha" que demarcava áreas inteiras da sociedade que, segundo João, os cristãos deviam evitar. O culto não só tinha alta visibilidade em uma colina de Éfeso; também penetrava, cada vez mais, nas instituições econômicas de todo o mundo mediterrâneo. Na perspectiva de João, não bastava os cristãos simplesmente evitarem entrar nos templos imperiais das cidades da Ásia Menor; os cristãos também precisavam se afastar dos locais do comércio internacional, onde o culto do imperador era prática comum.[1]

Esse afastamento econômico era difícil em cidades portuárias e áreas industriais da Ásia Menor ocidental, onde a economia local tirava grande parte de sua força de laços comerciais com Roma. O fato de judeus se terem dedicado ao comércio marítimo durante séculos só aumentava o dilema: a diáspora judaica foi a sementeira do cristianismo primitivo e deu forma a expressões teológicas e sociológicas básicas do movimento cristão. Os judeus do século I eram ativos no comércio marítimo com Roma e era natural que os cristãos fizessem o mesmo. Quando o cristianismo rompeu definitivamente com o judaísmo, no entanto, é provável que os mercadores cristãos perderam todas as dispensas especiais do culto imperial que os judeus gozavam em ambientes comerciais.

---

[1] Outras vozes judaicas e cristãs do tempo de João exigiam a retirada da economia e das instituições romanas. O autor de *4 Esdras* escreveu: "Que aquele que vende seja como o que foge; que aquele que compra seja como o que perde; que aquele que faz negócios seja como o que não tem lucro. [...] Os que administram negócios fazem-no apenas para serem espoliados" (*4Esd* 16,41-47; cf. 1Cor 7,29-31).

Assim, os mercadores cristãos do século I que participavam do comércio marítimo ou exportador sofreram pressões de diversos lados. Para sobreviver no mercado internacional era essencial dar colaboração — se não realmente aderir — às guildas comerciais e às instituições portuárias que apoiavam o culto imperial. Embora as forças financeiras empurrassem os mercadores cristãos para concessões ao culto, a fé monoteísta dos cristãos fazia com que as atividades cultuais das guildas e dos portos fossem anátema. A tensão resultante punha os mercadores cristãos em posição embaraçosa e deve tê-los tornado impopulares entre os mercadores pagãos que eram gratos a Roma por abrir o caminho para o sucesso comercial.

Foi Roma que fez os mares seguros para o comércio, Roma que proporcionou privilégios e serviços para os armadores. Os mercadores cristãos que ganhavam a vida no comércio marítimo, mas que, mesmo assim, recusavam-se a aceitar o culto imperial, devem ter parecido ingratos a seus associados pagãos. Como o culto imperial penetrou *gradualmente* no comércio do século I, deve ter havido mercadores que fizeram o investimento de capital antes que a mistura de culto e comércio se transformasse em problema urgente. Essas pessoas deviam ser donas de negócios, navios ou armazéns. Em que momento o comércio imperial se tornou tão manchado pelo culto imperial que os cristãos tiveram de se afastar? Era uma questão de discernimento teológico sutil; os cristãos (e os judeus) do século I discordavam sobre onde traçar os limites.

Covardes e mentirosos no Apocalipse

Em vista de suas alusões à perseguição e ao martírio, é provável que João tenha escrito o Apocalipse durante um episódio de perseguição local; não há razão para acreditar que ele simplesmente imaginasse sofrimento e violência.

Nem há indícios de que essas privações fossem generalizadas entre os cristãos. O patos do Apocalipse origina-se do profundo desejo de João de fazer a Igreja se dar conta de um conflito de lealdades que, evidentemente, muitos leitores ainda não reconhecem ou nem mesmo vêem no horizonte.[2] Há premência em sua mensagem, pois João e alguns outros fiéis estão sofrendo e até com a vida em perigo. Contudo, alguns cristãos aos quais João escreve, por sua apatia ou falta de percepção espiritual, servem involuntariamente de cúmplices da idolatria e opressão de Roma.

Quando, já perto do fim de seu Apocalipse, João escreveu esta advertência enigmática, talvez tivesse em mente os cristãos acomodados:

> Quanto aos covardes, porém, e aos infiéis, aos corruptos, aos assassinos, aos impudicos, aos mágicos, aos idólatras e a todos os mentirosos, a sua porção se encontra no lago ardente de fogo e enxofre, que é a segunda morte (Ap 21,8; cf. 22,15).

---

[2] A este respeito, o Apocalipse tem paralelos com o contexto sociológico dos contos da corte em Dn 1–6. P. R. Davies argumenta que o historiador "encontra poucas provas de perseguição religiosa ou de culto obrigatório do imperador na diáspora oriental sob os neobabilônios, persas ou selêucidas. Esses contos de conflito foram produzidos por razões ideológicas. Essas razões podem ser bastante complexas, mas supomos que a preservação de valores e identidades diferentes por uma subcultura em um ambiente cultural imperial, hostil ou não, exija conflito para se sustentar; a falta de conflito ajuda a assimilação". P. R. Davies, Daniel in the Lions' Den, in L. Alexander, org., *Images of Empire* (Sheffield, Sheffield Academic Press, 1991), p. 161. Independentemente de serem ou não os contos da corte "produzidos", eles devem ter sido recontados durante gerações por pessoas que, na verdade, não sofriam perseguições. Do mesmo modo, o intenso conflito retratado no Apocalipse pode ter ajudado a formar a identidade e as convicções de fiéis que não experimentavam nenhum conflito evidente com Roma.

Da solitária perspectiva de João como profeta perseguido, os "covardes" (δειλοῖς) podem ser cristãos que não eram bastante corajosos para confessar sua fé publicamente e aceitar as conseqüências.[3] Os "infiéis" seriam os que, sob pressão, mudavam as lealdades; os "corruptos" (ἐβδελυγμένοις), os que se acomodavam de algum modo ao culto pagão.[4] Os que delatavam os cristãos radicais, levando-os à prisão e ao martírio, podem ser os "assassinos" (φονεῦσιν) aos olhos de João.[5] Na tradição da profecia hebraica, "impudicos", "mágicos" e "idólatras" seriam sincretistas, que proclamavam lealdade a Cristo e também a César;[6] "mentirosos" (ψευδέσιν)[7]

---

[3] Em *Mart. Pol.* 4, a forma verbal da mesma raiz (δειλιάω) descreve a reação covarde de um cristão que abjurou quando diante de bestas selvagens na arena de Esmirna.

[4] Os cristãos do século I associavam a palavra βδέλυγμα com a profanação do Templo de Jerusalém (provavelmente pelos romanos, 70 d.C.: Mt 24,15; Mc 13,14). Quando disse que era impossível servir a Deus e ao dinheiro, Jesus concluiu dizendo: "O que é elevado para os homens é abominável (βδέλυγμα) diante de Deus" (Lc 16,15). Em Ap 17,4, a prostituta Roma tinha na mão um cálice de ouro cheio de "abominações" (βδελυγμάτων). Todas essas referências são consistentes com o uso que João faz de βδελύσσομαι ("abominar") para incluir os cristãos que participam de atos de idolatria a fim de obter ganho comercial. Rm 2,22 usa a forma verbal em referência à abominação de ídolos.

[5] A mesma palavra grega para "assassinos" é usada para descrever as autoridades religiosas que mataram Jesus (At 7,52) e outros profetas do Reino dos Céus (Mt 22,7).

[6] É provável que seja no contexto em que João chama a idolatria e o sincretismo de "prostituição" que devemos entender a referência de João a "virgens" em Ap 14,4. Os 144 mil redimidos no monte Sião "são os que não se contaminaram com mulheres: são virgens. Estes seguem o Cordeiro, onde quer que ele vá". É improvável que João fosse misógino, como sugerem alguns críticos modernos, ou que defendesse a abstinência sexual. As mulheres com quem os fiéis se corrompiam eram Roma (representada pela deusa Roma ou a grande prostituta Babilônia) ou Jezabel, que "não quer se converter da sua prostituição" (2,20-23).

[7] Em sua visão do Cordeiro no monte Sião (Ap 14,1-5), João vê milhares de fiéis que "seguem o Cordeiro, onde quer que ele vá" — o que sugere total fidelidade em crença e práxis. "Na sua boca jamais foi encontrada mentira", o que talvez signifique que eles não proclamavam lealdade dual. Veja a longa tradição judaica de ligar feitiçaria e prostituição (freqüentemente relacionada a Balaão) em HENGEL, *The Zealots*, p. 186.

seriam apóstatas que, interrogados, negavam ter algum dia seguido Jesus.[8] João não tinha nenhuma paciência — e pouca compaixão — com quem não demonstrava fidelidade total a Jesus.

2. Resistência não-violenta à injustiça social

Embora este estudo focalize aspectos cultuais do domínio imperial, uma avaliação completa da mensagem de João precisa considerar sua condenação da violência romana e da exploração econômica. O culto imperial dava uma aparência mística fascinante a um império construído à custa de nações conquistadas e de milhões de escravos. Os cristãos eram apenas uma pequena minoria entre inúmeras vítimas da grande Besta imperial. A nênia de Ap 18 termina com João se afastando da cena para ter uma visão panorâmica do massacre: "E nela foi encontrado sangue de profetas e santos, e de todos os que foram imolados sobre a terra" (Ap 18,24).

Não é suficiente dizer que João rejeitava o domínio de Roma unicamente por causa do culto imperial. Nem é suficiente dizer que os cristãos primitivos evitavam participar do exército pela mesma e simples razão. Nos dois casos a religião imperial proporcionava um meio de expressar lealdade a um sistema econômico e político que transgredia os padrões cristãos de amor e justiça. Algo mais que abominação cultural manchava as redes comerciais do Império: o Apocalipse faz repetidas alusões à ganância e à opulência egoísta de Roma e seus mercadores (18,3.7.11-16.19).

---

[8] Cf. Plínio, que diz que, em seu tribunal, alguns réus "negavam ser ou jamais ter sido cristãos". PLÍNIO , *Ep.* 10,96.

Apesar de pragas terríveis que caíram sobre a terra na visão de João, as pessoas "não se converteram de seus homicídios, magias, fornicações e *roubos*" (Ap 9,21). Roma cooptou e recompensou as elites provincianas que subjugavam a população local e dirigiam as economias regionais para os apetites da Itália.[9] No espírito dos grandes profetas hebreus, João poderia ter condenado Roma com base apenas na injustiça social.

Rejeição do modelo zelota

A confiança incondicional de João em Deus é o fundamento de sua resposta estratégica a uma situação de mal sistêmico. Ele anseia pelo fim de Roma, mas jamais faz um apelo à revolução violenta. Em contraste com o modelo zelota de resistência armada,[10] os fiéis cristãos precisam responder com a resistência paciente em vez de violência: "Se alguém está destinado à prisão, irá para a prisão; se alguém deve morrer pela espada, é preciso que morra pela espada" (Ap 13,10).

---

[9] Esse é um arranjo colonial que tem paralelos em quase todos os séculos. Nicholas Wolterstorff examina o papel dos interesses comerciais modernos da América do Norte e da Europa ocidental nas nações em desenvolvimento. "Os lucros desses empreendimentos não voltam inteiramente ao centro. São partilhados com investidores e administradores das classes média e alta na semiperiferia." Os Estados Unidos, argumenta ele, "apóiam regimes repressivos que se declaram a favor do livre empreendimento e se mostram hospitaleiros para empresas norte-americanas. Enquanto os cidadãos dos Estados Unidos gozam de grande liberdade de expressão e ação, seu governo impede efetivamente essa liberdade para muitos outros, ao combater a oposição aos opressores, em Estados amistosos vizinhos". N. WOLTERSTORFF, *Until Justice and Peace Embrace* (Grand Rapids, Eerdmans, 1983), p. 95. Essa talvez seja uma versão moderna da "prostituição" que João condena em Ap 18.

[10] Hengel diz que, na promessa de Jesus de que "os mansos [...] herdarão a terra", talvez haja uma polêmica antizelota. Essas palavras "estavam em contraste muito nítido com a doutrina zelota e devem ter impressionado os zelotas, que clamavam por violência punitiva como resposta a toda injustiça, e como uma forma de zelo e fervor". HENGEL, *The Zealots*, p. 309; cf. p. 379.

Enquanto o mundo segue uma Besta com todo seu poder e violência, os cristãos seguem um Cordeiro dócil e (aparentemente) fraco — confiantes que, no fim, o amor de Deus triunfe. Uma grande multidão de fiéis está de pé no monte Sião com o Cordeiro (Ap 14,1-5), e um anjo proclama do meio do céu: "Caiu, caiu Babilônia, a Grande" (14,8). O colapso de Roma será um ato de Deus, não algo planejado pelos seres humanos.

Como se enfatizasse uma estratégia de obediência paciente a Jesus em vez de revolução, João acrescenta: "Nisto repousa a perseverança dos santos" (14,12). Em seu pacifismo, o Apocalipse separa-se dramaticamente da tradição judaica de heróica revolta armada contra a opressão imperial. Os rebeldes macabeus massacraram os adversários e saquearam o inimigo e depois "subiram ao monte Sião com júbilo e alegria e ofereceram holocaustos, porque tinham podido voltar em paz sem que nenhum deles perecesse" (1Mc 5,48-54). Em contraste com essa tradição de violento heroísmo, no Apocalipse é um Cordeiro "de pé, como que imolado" (Ap 5,6), que leva o povo de Deus para a celebração triunfante no monte Sião. Durante seu ministério terreno, em uma posição de aparente fraqueza e vulnerabilidade, Jesus lutou contra poderes bestiais. Apesar da derrota aparente pela execução política na cruz, Deus justificou a atitude pacífica de Jesus com o poder da ressurreição.

Jesus, exemplo para confrontar o mal

João assumiu uma posição não-violenta em relação ao mal de um império corrupto, mas ele não era passivo. Ao apresentar os 144 mil que "seguem o Cordeiro, onde quer que ele vá" (Ap 14,4), João realçou a vida e o exemplo de Jesus, o Cordeiro. Reunir inimigos e atravessar barreiras sociais, econômicas ou políticas era a própria substância do ministério terreno de Jesus. Em seu círculo de doze discípulos, por exemplo, Jesus contava com um publicano (Lc 5,27) e um zelota (Lc 6,15; At 1,13). Antes de se juntar ao grupo de discípulos, o primeiro era colaborador de Roma, e o segundo, revolucionário armado. Esses dois homens deviam odiar um ao outro, mas algo sobre o Reino de Deus transcendeu sua formação política e reuniu-os para um propósito maior. Jesus não hesitava em censurar líderes políticos (Lc 13,32) e rejeitava decididamente a filosofia romana de governo (Lc 22,25). Entretanto, também teve compaixão do servo de um centurião do inimigo (Lc 7,1-10) e de bom grado perdoou os soldados que o executaram (Lc 23,34).

Longe de ficar passivo em face do mal, Jesus ensinou os seguidores a se defender de forma criativa em uma circunstância de opressão. Os discípulos deviam oferecer a outra face, a andar a segunda milha e amar o inimigo (Mt 5,39.41.44). Todas essas respostas destinavam-se a desorientar o opressor e a proclamar a dignidade e a autoridade moral da vítima.[11] Não há nenhuma indicação de que Jesus procurava humilhar o inimigo; a surpresa que levava à reflexão era um objetivo mais provável. Em última instância, Jesus procurava conquistar quem fazia o mal e redimi-lo para o Reino de Deus. Nas instruções sobre alimentar os inimigos e vencer o mal com o bem, Paulo captou algo dessa estratégia (Rm 12,21).

Para João, isolado na ilha de Patmos, essa estratégia de atrair e subverter os poderes pode ter sido difícil. Geograficamente afastado como ele estava do rompimento na

---

[11] Veja "Jesus" Third Way; Nonviolent Engagement, in W. WINK, *Engaging the Powers* (Minneapolis, Fortress Press, 1992), pp. 175-193.

Ásia Menor entre o reino de Roma e o Reino de Jesus, João pensava mais em amplos termos simbólicos do que em detalhes práticos específicos. Para defender seu ponto de vista sobre a importância da fidelidade a Cristo, ele polarizou toda a humanidade entre os que seguem a Besta e os que seguem o Cordeiro. A Besta enche os seguidores de ganância e idolatria — caminho que leva à morte e a um lago de fogo. O Cordeiro inspira aos seguidores esperança e amor — caminho que leva à vida e à nova Jerusalém.

É importante examinar esse dualismo radical à luz de um futuro quando a harmonia e a integridade serão restauradas. Assim como o autor de Colossenses esperava que Cristo reconciliasse "por ele e para ele todos os seres, os da terra e os dos céus" (Cl 1,20), João prevê o dia em que a humanidade e todo o cosmo serão recriados (cf. At 3,21), Embora covardes, idólatras e outros infiéis dirijam-se com perseverança para o lago de fogo (Ap 21,8), a salvação é, em última instância, amplamente inclusiva (Ap 21,24-26). Estão excluídos "os cães, os mágicos, os impudicos, os homicidas, os idólatras e todos os que amam e praticam a mentira" (Ap 22,15). A escolha da linguagem, aqui, sugere uma rejeição obstinada e persistente do convite de Deus para uma humanidade recuperada.

Para João, a Boa-Nova da salvação está disponível a quem deseja receber "gratuitamente água da vida" (Ap 22,17). Ele jamais sugere que os que colaboraram com instituições pagãs idólatras estejam além da redenção. Ele diz que a Nova Jerusalém é um lugar onde a corrupção não encontra ponto de apoio: "Nela jamais entrará algo de imundo, e nem os que praticam abominação e mentira" (21,27). Os que amam a cobiça e a violência mais do que o Reino de Deus excluem a si mesmos.

Raízes da ira amarga de João contra Roma

Alguns leitores modernos expressam inquietação com a atitude aparentemente vingativa (ou mesmo invejosa!) de João contra Roma e contra os que colaboraram com o império corrupto.[12] O clamor pela irrevogável destruição de Roma em Ap 18–19 é tão intenso que parece impedir a graça de Deus.

Se João era de fato judeu (o que parece quase certo), ele com certeza sentiu a dor da destruição de Jerusalém (70 d.C.) e a humilhação concomitante de seu povo. Pela propaganda onipresente de inscrições em moedas, os romanos fizeram todos no Império saber que os judeus foram humilhados por sua rebelião. Mais de duas dezenas de desenhos de moedas dos reinados de Vespasiano a Domiciano traziam as palavras *IVDAEA DEVICTA* ("Judéia derrotada") ou *IVDAEA CAPTA* ("Judéia cativa").[13] Muitas moedas da série representam a Judéia como uma mulher sentada, que chora sob uma palmeira — com um triunfante soldado romano (às vezes o imperador) de pé ali perto. Algumas moedas também mostram um judeu com as mãos atadas atrás. Além de trazer imagens blasfemas do imperador como divino, essas moedas lembravam constantemente aos judeus o tratamento ruim que receberam das mãos de Roma.

---

[12] Veja, p. ex., a análise de COLLINS, *Crisis and Catharsis*, pp. 168-175.

[13] F. W. MADDEN, *History of Jewish Coinage and of Money in the Old and New Testament* (London, Bernard Quaritch, 1864), pp. 183-197. Em *BMC*, II, veja Vespasian *as*, p. 173: n. 736A (gravura 30, n. 4); Vespasian *sestertii*, pp. 184-185: n. 755 (gravura 32, n. 5); nn. 761-765 (gravura 33, nn. 1-4); p. 196, n. 796 (gravura 37, n. 1); p. 197, n. 800 (gravura 37, n. 7); p. 202, n. 812 (gravura 39, n. 1); p. 206, n. 826 (p. 40, n. 1); Vespasian *asses*, p. 210: n. 845 (gravura 40, n. 11); p. 213, n. 862 (gravura 42, n. 1); Titus *sestertii*, pp. 256-257: nn. 162-170 (gravura 48, nn. 8-10); Titus *as*, p. 294, n. 308 (gravura 57, n. 4).

As circunstâncias históricas dos últimos anos de Domiciano como imperador ajudam a explicar a abundância de sentimentos que fluem da pena de João. Embora seja verdade que ele não era mais tirano que diversos outros imperadores de seu século, apesar disso Domiciano era extremamente cruel com quem atravessasse seu caminho. Suetônio — autor reconhecidamente partidário do imperador — diz que Domiciano executou muitos senadores em Roma e "se tornou objeto de terror, odiado por todos".[14]

Muitos da elite de Roma odiavam Domiciano por sua crueldade e seu governo excêntrico. Alguns anos depois da morte de Domiciano, Plínio descreveu uma catarse de raiva contra o imperador que irrompeu com a notícia de seu assassinato. O tom das palavras de Plínio lembra Ap 19:

> [...] como sacrifício ao regozijo popular, aquelas inumeráveis imagens douradas [de Domiciano] jaziam quebradas e destruídas. Era nosso prazer arremessar ao chão aquelas faces orgulhosas, golpeá-las com a espada e atacá-las com o machado, como se sangue e agonia pudessem se seguir a cada pancada. Nossas demonstrações de alegria — por tanto tempo proteladas — eram incontidas; todos procuravam uma forma de vingança na contemplação daqueles corpos mutilados, os membros cortados em pedaços e, finalmente, aquele semblante maligno, terrível, lançado ao fogo, para ser derretido, a fim de que daquele terror ameaçador surgisse das chamas algo para o uso e o prazer [humanos].[15]

---

[14] Suetônio, *Dom.* 10, 14.

[15] Plínio, *Pan.* 52.

É irônico que um membro da elite imperial desse uma resposta a Domiciano que se assemelha ao clamor de um impotente exilado em Patmos.

Entretanto, apesar de todas as semelhanças, João e Plínio viam o mundo com olhos muito diferentes. A crítica que João faz ao poder romano atingia as raízes do Império; Plínio apenas se alegrou pela poda de um único galho. Plínio viu as estátuas de um mau imperador quebradas e destruídas; João esperava ver a própria Roma lançada ao mar (Ap 18,21). Plínio regozijou-se ao ver pedaços mutilados de uma estátua imperial; João esperava o dia em que toda a hierarquia imperial — de reis e capitães a seus escravos e partidários livres — seria desmembrada e comida pelas aves (19,17-18). No relato de Plínio, "o regozijo popular" explodiu com a morte de Domiciano; na visão de João, uma numerosa multidão aclamou: "Aleluia! A salvação, a glória e o poder são do nosso Deus" (19,1).

A raiva na tradição da elegia judaica

João desabafou sua ira contra Roma em tons que lembram a poesia de lamentação nos Salmos. "Ó devastadora filha de Babel", escreveu o salmista, "feliz quem devolver a ti o mal que nos fizeste! Feliz quem agarrar e esmagar teus nenês contra a rocha!" (Sl 137,8-9). Os poetas de Israel não hesitaram em registrar toda a amplitude da emoção humana, e não há razão para esperar que João — imerso como estava nas Escrituras hebraicas — controlasse a raiva. Bernhard Anderson menciona que os autores dos Salmos de lamentação "clamam a Deus das profundezas na confiança e certeza de ter o poder de fazer a pessoa subir do 'brejo lodoso' e colocar os pés sobre a rocha" (Sl 40,1-2). Por isso, as lamentações são realmente "expressões de louvor — louvor oferecido a Deus durante sua ausência".[16]

Lido à luz da tradição poética hebraica, o Apocalipse entra em foco como resposta instintiva à injustiça em grande escala. A cólera do livro se derrama como uma catarse de emoção, oferecida a Deus, o único capaz de remediar a situação. Os tradicionais salmos hebraicos de lamentação passam por uma progressão que inclui discurso a Deus, queixa, confissão de fé, súplica, palavras de confiança e um voto de louvor.[17] Todos esses elementos aparecem na poesia do Apocalipse, agora em um diapasão apocalíptico. João pode estar zangado, mas ele expressa a raiva em oração e deixa o castigo nas mãos de Deus.

3. Uma sociedade justa na Nova Jerusalém

A narrativa do dilúvio de Noé termina com um arco-íris e a promessa de um novo relacionamento entre Deus e os mortais (Gn 8,20–9,17; cf. Ap 4,3; 10,1). O Apocalipse iguala essa esperança com a descrição de uma nova Jerusalém que vai governar com justiça onde Roma fracassou miseravelmente.[18] João vê a Cidade Santa "descer do céu, de junto de Deus" (Ap 21,2.10) — e enfatiza que ela é uma realidade *terrena*, não um

---

[16] ANDERSON, B. W. *Out of the Depths*. Philadelphia, Westminster Press, 1970. p. 56.

[17] ANDERSON, *Out of the Depths*, p. 57.

[18] Em seu encômio, *Para Roma*, em meados do século II, Élio Aristides usa uma linguagem paralela à escolhida por João: uma cidade como metáfora para o Império Romano. Aristides também descreve o imperador como juiz justo onisciente, em linguagem que João reservou só para Deus no dia do julgamento: "[O imperador] governa o mundo todo como se fosse uma única cidade [...]. Sob o Império Romano, nem o queixoso nem o réu precisam se submeter a uma decisão injusta. Há ainda outro grande juiz, de quem a justiça jamais se esconde. Nesse tribunal há eqüidade profunda e comovente entre pequeno e grande, desconhecido e eminente, pobre e rico, nobre e plebeu". ÉLIO ARISTIDES, *Para Roma* 36-39, citado por LEWIS & REINHOLD, *Roman Civilization*, II. pp. 411-412. Cf. Ap 20,11-15.

lugar aonde os santos vão quando morrem. O uso do particípio presente ativo grego (καταβαίνουσαν, "descendo") indica que João considerava iminente a chegada da cidade, talvez algo que o povo de Deus já experimentava de um modo provisório. A menção de "as nações" (21,24; 22,2) indica que há mais coisas envolvidas que a simples restauração da capital judaica da Palestina: a Nova Jerusalém é metáfora de toda a humanidade vivendo em harmonia com Deus e entre si (cf. 5,9; 14,6).

A presença de Deus por intermédio do Cristo ressuscitado

Em termos práticos, o que João tinha em mente quando previu um futuro de paz universal mediada pela Nova Jerusalém? Como aconteceu uma transformação tão grande do mundo de economia e poder? Fiel à convenção apocalíptica, João esperava uma teofania dramática no fim dos tempos acompanhada de mudança cósmica e reconhecimento universal da soberania de Deus.

Contudo, há razões parar crer que João pensou na nova Jerusalém como sendo, em parte, uma realidade tangível presente. O Cristo ressuscitado aparece de pé entre os candelabros de ouro das sete Igrejas (Ap 1,12). Devido à alta cristologia de João, é possível que ele entendesse essa presença mística de Cristo como realização parcial da profecia da nova Jerusalém: "Eis a tenda de Deus com os homens" (21,3).[19] Cristo já habitava com os fiéis da Ásia Menor; ele entrará para cear com toda Igreja que "abrir a porta" (3,20). As *comunidades* cristãs reais se formaram na Igreja primitiva, constituídas de pessoas que se reuniam na experiência comum de conhecer o Cristo ressuscitado.

---

[19] Veja, p. ex., a quase mistura de Deus e do Cordeiro, em Ap 22,1.

Embora um mundo sem fé não reconhecesse nem reverenciasse Jesus, João entendia que ele era "o Príncipe dos reis da terra" (1,5). Os seguidores de Jesus em todo o Império Romano tomaram isso ao pé da letra e insistiam que sua mais alta lealdade política e religiosa pertencia ao Cristo crucificado e ressuscitado (p. ex. At 17,7; cf. Jo 19,12). Uma verdadeira rede de discípulos de Jesus, que consistia em pessoas que fizeram mudanças reais em sua fidelidade política e suas prioridades econômicas, sobrepunha-se no vasto mundo romano.

João não poderia ter acreditado que a salvação cósmica já estava completa ou que a nova Jerusalém já estava plenamente realizada. Sua declaração de que "nunca mais haverá morte", que "nem luto, nem clamor, e nem dor haverá mais" (Ap 21,4), simplesmente não refletia a realidade de uma Igreja perseguida e de um mundo corrupto. Contudo, frases fundamentais nos últimos capítulos do Apocalipse repetem expressões de escatologia constatada alhures na literatura cristã primitiva.

João ouve o que está sentado no trono dizer: "Eis que eu faço novas todas as coisas" (21,5). O encontro de Paulo com o Senhor ressuscitado levou-o a observar que "se alguém está em Cristo, é nova criatura. Passaram-se as coisas antigas; eis que se fez uma realidade nova" (2Cor 5,17). Para Paulo, a transformação apocalíptica em uma escala cósmica não era só um acontecimento futuro de mudança física; era também uma *mudança radical de perspectiva* que acontece na mente e no coração dos que seguem Jesus. Toda a criação parecia nova depois que Paulo encontrou o Senhor ressuscitado; todos os valores e prioridades menores, todos os temores da morte ou do poder humano desapareceram.

João de Patmos ouviu o que está sentado no trono anunciar: "A quem tem sede eu darei gratuitamente da fonte da água viva" (Ap 21,6). O quarto evangelho relata as palavras de Jesus: "Que ele beba, aquele que crê em mim!" (Jo 7,38; cf. 4,7-15). O evangelista entendeu que a "água viva" da presença divina era uma realidade para todos os que confessavam Jesus como Messias. Bebendo no amor e na esperança que desfrutava pela união mística com Cristo, João de Patmos matou sua sede espiritual e política com águas da nova Jerusalém.

Ezequiel e a justiça econômica no Reino de Deus

Assim como tomou emprestadas de Ezequiel imagens para descrever a ímpia cidade de Babilônia (Roma),[20] João agora usa a Visão do Templo de Ez 40–48 como paradigma para uma nova descrição da cidade redimida de Deus. Ezequiel descreveu uma Jerusalém restaurada na qual reis já não "tornarão a profanar" na idolatria (Ez 43,7), onde príncipes parariam "com as violências" (45,9), onde mercadores usariam "balanças justas" (45,10). Embora João só faça uma breve análise da nova Jerusalém, ele parece compartilhar a esperança que Ezequiel tem de uma ordem política de justiça e direito.

Temos uma noção da idéia que João fazia da justiça econômica segundo sua descrição da Nova Jerusalém recoberta de jóias. As pedras preciosas que adornam os alicerces da cidade equiparam-se estreitamente às do peitoral do sumo sacerdote na Habitação (Ex 28,17-20; veja a Figura 9, p. 290). Talvez João pretendesse dizer que a nova Jerusalém desempenha uma função cultual da antiga Habitação ou Templo. Entretanto, é mais provável que João tenha organizado

---

[20] Veja pp. 156-161.

sua lista de jóias para combinar com as usadas pelo rei de Tiro em seu estado primordial, antes da queda (Ez 28,13).

As referências a Ezequiel proliferam nos últimos capítulos do Apocalipse, e Tiro se destaca no tratamento que João dá a Babilônia.[21] Na descrição de Ezequiel, o rei de Tiro estava outrora "no Éden, jardim de Deus". Carregado de pedras preciosas, o nobre rei estava "no monte santo de Deus" e foi íntegro "até o dia em que se achou maldade em ti" (Ez 28,12-15). Seu pecado insistente era o comércio ligado à violência (28,16), acrescido de pretensão idólatra (28,5.6.9.17).

Agora, na nova Jerusalém, João vê o céu e a terra devolvidos ao estado puro do Éden antes da queda. De seu ponto de observação no monte santo de Deus (Ap 21,10), João testemunha a chegada de uma recém-criada cidade de justiça e paz. Em contraste com os frutos venenosos da violência e ganância que alimentavam as cidades de Tiro, Babilônia e Roma, a nova Jerusalém tem árvores para "curar as nações" (Ap 22,2). Uma medida do enorme alcance da cura é que "os reis da terra" — antes vilãos do Apocalipse — trarão "sua glória" à Cidade santa (21,24). Aparentemente, o rei de Tiro — arquétipo de idolatria e exploração econômica — oferece sua glória na forma de jóias para os alicerces da cidade! Ou, se Deus de fato destruiu o rei ímpio (Ez 28,18-19), pelo menos a fortuna do rei, adquirida desonestamente, agora se torna a herança de todos os povos que afluem à nova Jerusalém.

---

[21] Uma das indicações disso é o número relativo de referências marginais no Novo Testamento grego da editora Nestle-Aland (26. ed.). Nos capítulos 17–22 do Apocalipse, os editores citam mais de 35 referências a Ezequiel. Citam apenas duas referências ao Êxodo (uma delas é Ex 28,17-20).

	Ap 21,19-20	**Ex 28,17-20** *(Septuaginta)*	**Ez 28,13** *(Septuaginta)*
1. jaspe	ἴασπις	ἴασπις	ἴασπιν
2. safira	σάπφιρος	σάπφειρος	σάπφειρον
3. calcedônia	χαλκηδών		
4. esmeralda	σμάραγδος	σμάραγδος	σμάραγδον
5. sardônica	σαρδόνυξ	ὀνύχιον	ὀνύχιον
6. cornalina	σάρδιον	σάρδιον	σόρδιον
7. crisólito	χρυσόλιθος	χρυσόλιθος	χρυσόλιθον
8. berilo	βήρυλλος	βηρύλλιον	βηρύλλιον
9. topázio	τοπάζιον	τοπάζιον	τοπάζιον
10. crisópraso	χρυσόπρασος		
11. jacinto	ὑάκινθος		
12. ametista	ἀμέθυστος	ἀμέθυστος	ἀμέθυστον
carbúnculo		ἄνθραξ	ἄνθρακα
prata			ἀργύριον
ouro			χρυσίον
jacinto		λιγύριον	λιγύριον
ágata		ἀχάτης	ἀχάτην

Figura 9. As doze jóias nos alicerces da Nova Jerusalém (Ap 21,19-20), com paralelos do Êxodo e de Ezequiel. As doze pedras que João menciona (tabela acima, duas primeiras colunas) fazem estreito paralelo com as pedras do peitoral do sumo sacerdote na Habitação (Ex 28,17-20) e com o rei de Tiro em seu estado primordial antes da queda (Ez 28,13). A preponderância de alusões a Ezequiel nos capítulos finais do Apocalipse indica que João tinha em mente Ez 28 quando descreveu as jóias da nova Jerusalém. Ezequiel disse que outrora o rei de Tiro usou essas jóias até que "em virtude de teu comércio intenso te encheste de violência e caíste em pecado". Então Deus a lançou "do monte de Deus como um profano" (Ez 28,16). Na Nova Jerusalém de João, os governantes da terra entram na Cidade santa (Ap 21,24), e as jóias do rei de Tiro são devolvidas ao monte de Deus em uma comunidade de justiça econômica.

Isaías e a reintegração socioeconômica

Além de recorrer bastante a Ezequiel, João parece ter encontrado inspiração para sua visão da criação restaurada na tradição sionista de Isaías. João inicia sua passagem da Nova Jerusalém evocando a declaração de Isaías de que Deus vai fazer "um céu novo e uma nova terra" (Ap 21,1; cf. Is 65,17; 66,22). A visão que Isaías tem do futuro descreve a nova era em termos socioeconômicos: a mortalidade infantil — ruína perene dos pobres — será extinta, e o velho completará a sua idade (Is 65,20). Haverá segurança econômica e política para as pessoas construir casas e aproveitar os frutos da agricultura (65,21-22). Jerusalém será um lugar de alegria, e Iahweh vai "trazer a paz como um rio e a glória das nações como uma torrente transbordante" (Is 66,12).

Depois de ligar sua visão do futuro à poesia de Isaías, João alude a outras passagens desse profeta que incluem fatores econômicos. A declaração de João de que Deus "enxugará toda lágrima" dos olhos de seu povo redimido remonta ao Apocalipse de Isaías (Is 24–27). Nessa empolgante apresentação prévia do julgamento cataclísmico, Isaías cataloga a humanidade de acordo com antagonismos socioeconômicos: o servo e o senhor, a serva e a senhora, o comprador e o vendedor, o que empresta e o que toma emprestado, o devedor e o credor (24,2). O Apocalipse de Isaías segue-se imediatamente a uma seção que trata, mais uma vez, da voraz rede de comércio internacional de Tiro (Is 23). Os terrores de Is 24–27 parecem se originar, pelo menos em parte, da ira de Deus contra a idolatria e a opressão econômica. Deus, que é "um refúgio para o fraco, um refúgio para o indigente na sua angústia" (Is 25,4), intervém para destruir o predador econômico. Depois de eliminar sistemas econômicos exploradores, Deus restabelece as relações internacionais, convidando todos os povos ao monte Sião para um banquete de "carnes gordas" e "vinhos depurados" (25,6).

Isaías esperava que Jerusalém mediasse a salvação para todas as nações (Is 2,2). A própria guerra terminará quando as nações quebrarem "suas espadas, transformando-as em relhas", e não mais trapacearem para obter controle territorial (Is 2,4). Isaías e João de Patmos escreveram a respeito de um glorioso futuro, e ambos consideraram o presente uma triste mistura de idolatria, exploração militar e injustiça econômica. Isaías condenou uma sociedade decaída cheia de alianças ilícitas com outras nações, acúmulo imoral de riqueza, investimento maciço em *equipamento* de guerra e dependência estúpida de ídolos.[22] Em sua visão sombria, Isaías capta "todos os navios de Társis" (Is 2,16) — um enfoque no comércio marítimo que João mais tarde repete na condenação de Roma.

Entretanto, esses sinais de arrogância e pecado depressa se desvanecem para Isaías e João, quando eles prevêem o Reino de Deus que emana de Jerusalém. (O Segundo) Isaías espera que a restauração divina transforme Jerusalém em um paraíso urbano adornado de pedras preciosas (Is 54,11-12; cf. Ap 21,11.18-21). Isaías aguarda um futuro no qual Sião vai deleitar-se com a justiça e a abundância. A respeito de Jerusalém, ele diz: "As riquezas do mar afluirão a ti, a ti virão os tesouros das nações". De boa vontade as nações virão "trazendo ouro e incenso e proclamando os louvores de

---

[22] "[...] no seu meio há muitos filhos de estrangeiros. A sua terra está cheia de prata e de ouro [...]; a sua terra está cheia de cavalos: não há fim para seus carros; a sua terra está cheia de ídolos [...]" (Is 2,6-8).

Iahweh" (Is 60,6). João recorre a esse oráculo, repetindo a insistência de Isaías de que as portas de Jerusalém "estarão sempre abertas" para que as nações tragam sua riqueza (Is 60,11; Ap 21,25).

Incomparavelmente melhor que qualquer cidade romana

A descrição que João faz da Nova Jerusalém sugere que ninguém na terra deixa de notar sua chegada: em ofuscante esplendor, a Cidade santa desce do céu. Por qualquer critério, a Jerusalém restaurada é enorme, medindo 12 mil estádios de comprimento, largura e altura (Ap 21,16). Doze mil estádios correspondem a dois mil e quatrocentos quilômetros, grande o bastante para encher toda a bacia do Mediterrâneo e a maior parte das terras circundantes reivindicadas por Roma. É provável que, quando calcula o tamanho da nova cidade, João não pense em distâncias literais. É melhor deixar as medidas da cidade como "12 mil estádios", pois 12 é o número das tribos de Israel e também dos apóstolos do Cordeiro (21,12.14). A comunidade do povo de Deus, às vezes aparentemente limitada às 12 tribos de Israel ou a um pequeno grupo de discípulos, algum dia há de cobrir a superfície do mundo.

Ao relatar que a Nova Jerusalém tem *mil vezes* doze estádios, João chama a atenção para sua extensão extravagante e sua enorme capacidade. Longe de ser um lugar pequeno, para apenas alguns escolhidos, a cidade redimida acomoda todos os povos do mundo, com espaço de sobra. Se Roma impressionava por seu tamanho e esplendor, o Reino de Deus será infinitamente maior.

Não nos surpreende que a Nova Jerusalém do Apocalipse reflita aspectos importantes da cidade ideal do pensamento grego e romano. O formato quadrangular da Cidade santa (Ap 21,16) satisfaz o padrão de ruas em quadrilátero encontrado com tanta freqüência em áreas urbanas gregas e romanas. Em sua forma mais simples, o planejamento de cidade romana é evidente na povoação de Tamugadi no norte da África (veja a Figura 10, p. 296). Embora date do século II e não possa ter exercido nenhuma influência em João de Patmos, Tamugadi reflete um ideal evidentemente muito difundido no mundo romano.[23]

Como a Nova Jerusalém, Tamugadi era um quadrado perfeito, com uma grande avenida dividindo a cidade em duas partes.[24] A principal via pública era uma rua com colunatas, talvez análoga ao rio cercado de árvores da Nova Jerusalém (22,1-2). Enquanto três portas davam acesso a Tamugadi do lado norte, a Cidade santa de João tem três portas em todos os quatro lados. Como em tantas cidades romanas, havia um fórum e um teatro no centro de Tamugadi. Esses locais públicos padronizados de comércio e cerimônias têm, presumivelmente, correspondentes na Nova Jerusalém, onde Deus e o Cordeiro têm um trono, e as pessoas se reúnem para o culto (22,3.4).

Muito antes de João escrever o Apocalipse, Aristóteles fez uma descrição completa da cidade ideal e enfatizou que a água era fator essencial.[25] É evidente que Tamugadi tinha água abundante, com banhos em diversos locais dentro e

---

[23] OWENS, E. J. *The City in the Greek and Roman World*. London, Routledge, 1991. p. 110.

[24] Segundo Heródoto (1,178), Babilônia era um quadrado. Citado por CHARLES, *Commentary*, II, p. 163.

[25] ARISTÓTELES, Política 1330b-1331b. Citado por OWENS, *The City in the Greek and Roman World*, pp. 4-5.

fora da cidade. Do mesmo modo, a Nova Jerusalém tem abundante suprimento próprio: "Um rio de água da vida" sai do trono divino e flui "no meio da praça" (22,1-2).

Estendendo-se por quase dois quilômetros em todos os lados dos povoados e das cidades romanos havia o *pomerium*, uma fronteira dentro da qual se aplicavam as leis da cidade e nenhum culto estrangeiro ou outras práticas detestáveis podia entrar.[26] O mesmo vale para a Nova Jerusalém: "Nela jamais entrará algo de imundo, e nem os que praticam abominação e mentira. Entrarão somente os que estão inscritos no livro da vida do Cordeiro" (22,27).

Até mesmo as inscrições nos alicerces e nas portas da Nova Jerusalém estão de acordo com o costume romano. Há inúmeros exemplos de inscrições públicas da era imperial romana que registram a filantropia de indivíduos que financiaram obras municipais ou de algum modo serviram como patronos de uma cidade. Da Espanha do século I, por exemplo, vem este memorial:

> Para Quinto Toreu Culeão, filho de Quinto, procurador imperial da província de Bética — porque à própria custa, ele consertou as muralhas da cidade dilapidadas pelo tempo; deu um terreno para construir banhos [...].[27]

De modo semelhante, as muralhas da Nova Jerusalém trazem inscrições que reverenciam patronos e benfeitores da cidade. Cada uma das doze portas da cidade exibe o nome de uma tribo de Israel. Nos doze alicerces das muralhas da

---

[26] Veja Lívio, *History of Rome* 1,44. Citado por Lewis & Reinhold, *Roman Civilization*, I, p. 56.

[27] *CIL*, II, 3270. Citado por Lewis & Reinhold, *Roman Civilization*, II, p. 348.

cidade estão os nomes dos "doze Apóstolos do Cordeiro" (21,12-14). Assim, a Cidade santa reverencia e se lembra dos que deram a vida a serviço ou no martírio ao Deus a quem os cristãos adoram.

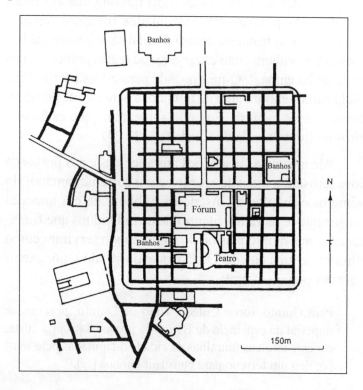

Figura 10. A povoação, do século II, de Tamugadi (Timgad [atual Argélia]) na Numídia, norte da África, oferece um exemplo simplificado do ideal no planejamento de cidades romanas. Como a Nova Jerusalém descrita por João, Tamugadi era uma cidade quadrangular cercada por muralhas (Ap 21,12.16); tinha três portas no lado norte (21,13) e uma via pública principal que a dividia ao meio (22,2); o número de banhos indica que a cidade fornecia aos habitantes água em abundância (21,6; 22,1.14.17).

Ilustração de E. J. OWENS, *The City in the Greek and Roman World* (London, Routledge, 1991), p. 135. Usada com permissão da Routledge.

Ao lado de semelhanças entre a Nova Jerusalém e as cidades romanas típicas, há notáveis diferenças. Nenhuma cidade romana que se respeitasse deixava de ter um ou mais templos, em geral ligados ao fórum ou ao mercado. Os habitantes da Nova Jerusalém não têm necessidade de um templo comum, "pois o seu templo é o Senhor, o Deus todo-poderoso, e o Cordeiro" que realmente ali habitam (21,22). Não há necessidade de um edifício religioso, pois o próprio povo de Deus constitui um "templo" onde Deus habita (3,12; cf. 1Cor 3,16-17; Ef 2,21). Em contraste com a maioria das cidades antigas, que eram mal iluminadas à noite, a Cidade santa é um lugar de luz contínua (Ap 21,23.25; 22,5; cf. Mt 5,14).

Embora seja possível relacionar aspectos da configuração da Nova Jerusalém com a cidade romana ideal, isso não deve diminuir a influência da tradição literária judaica no conceito que João tinha de planejamento urbano. A Cidade santa de João pode ter sido quadrangular (ou mais precisamente cúbica), porque o Santo dos Santos do Templo de Salomão era um cubo perfeito (1Rs 6,20; 2Cr 3,8). Assim como Deus estava completamente presente no Santo dos Santos do Templo de Salomão, Deus agora está completamente presente em toda a Nova Jerusalém. É provável que um rio flua da Nova Jerusalém porque Ezequiel também viu isso (Ez 47,1-12). Havia três portas em cada muralha, com os nomes das doze tribos de Israel, porque foi isso que apareceu na visão de Ezequiel (Ez 48,30-34). Talvez a melhor conclusão seja que João se apoiou fortemente em fontes judaicas, mas descreveu a Nova Jerusalém em linguagem e símbolos que tinham relevância para os cristãos do século I cercados pela cultura urbana romana.

4. A comunidade de fé como amostra da Nova Jerusalém

A metáfora fundamental de João a respeito da comunidade de fé como cidade aprazível encontra paralelo em outras obras da literatura cristã primitiva. O autor de Hebreus diz aos fiéis: "Mas vós vos aproximastes do monte Sião e da cidade do Deus vivo, a Jerusalém celestial" (Hb 12,22; cf. 11,10.16). Embora essa linguagem tenha certa característica sobrenatural, alguma coisa dessa cidade celestial parece remetê-la para o presente: o autor de Hebreus descreve uma *comunidade* religiosa tangível na qual o amor mútuo, a hospitalidade e a fidelidade são soberanos (Hb 13,1-5).

Jesus e a promessa de abundância "neste tempo"

Se João realmente entendeu a Nova Jerusalém como realidade presente de relações de poder radicalmente novas, poderíamos supor que a inspiração para isso veio de uma lembrança de Jesus. De fato, Jesus falou de um novo tipo de sociedade da qual seus seguidores participariam imediatamente. Em contraste com os "reis das nações", que dominavam a sociedade, os discípulos de Jesus deviam servir (Lc 22,25-27; cf. Fl 2,5-11). Ele lhes disse que seria difícil um rico entrar no Reino de Deus, e instruiu seus seguidores: "Não ajunteis para vós tesouros na terra [...]; não vos preocupeis, portanto, com o dia de amanhã" (Mt 6,19-21.34).

Não nos surpreende que, ao seguir essas instruções radicais, os discípulos se sentissem financeira e socialmente vulneráveis. Certa vez Simão Pedro expressou sua preocupação: "Eis que nós deixamos tudo e te seguimos" (Mc 10,28). Jesus respondeu afirmando a Pedro que havia segurança no Reino aqui e agora:

Em verdade vos digo que não há quem tenha deixado casa, irmãos, irmãs, mãe, pai, filhos ou terras por minha causa ou por causa do Evangelho, que não receba cem vezes mais desde agora, neste tempo, casas, irmãos e irmãs, mãe e filhos e terras, com perseguições; e, no mundo futuro, a vida eterna (Mc 10,29-30).

Não temos de pressupor a eventualidade de um *deus ex machina* na tentativa de explicar como os marginalizados possuirão terras e família. Os que seguem Jesus *compartilham o que têm*. Os comentários de Jesus quanto a receber "cem vezes mais desde agora, neste tempo" vêm imediatamente após seu encontro com um rico que poderia ter-se tornado seu discípulo. Jesus disse ao candidato: "Vai, vende o que tens, dá aos pobres [...]" (Mc 10,21).

Longe de oferecer um "evangelho de riqueza" individualista que infesta as comunidades eclesiais do Ocidente moderno, Jesus promoveu um sistema econômico igualitário que funcionava como alternativa para o egoísmo e as injustiças da antiga economia de mercado. Jesus e seus discípulos tinham uma bolsa comum (Jo 13,29; cf. Lc 8,3), e a primeira comunidade cristã tinha tudo em comum (At 4,32). Nada indica que, em sua maioria, as Igrejas neotestamentárias colocavam literalmente os recursos materiais em uma bolsa comum. Contudo, uma prática genuína de participação, até mesmo em um nível internacional, continuou a ser a expectativa. Paulo investiu muito tempo e energia na coleta de fundos de comunidades distantes para a Igreja judaica necessitada, de Jerusalém.[28] Tiago disse que vestir e alimentar os membros necessitados da Igreja era um teste para reconhecer a fé verdadeira (Tg 2,14-17).

---

[28] Gl 2,10; Rm 15,25-28; 1Cor 16,1-4; 2Cor 8–9; cf. At 11,27-30.

Metáforas corporais de 1 Pedro

Ao escrever para cristãos da Ásia Menor, o autor de 1 Pedro entendia os fiéis em sentido corporal, constituindo um "edifício espiritual" construído sobre Jesus Cristo, a pedra angular (1Pd 2,4-8). Na tentativa de responder ao difuso chamariz cultual e político de organizações ligadas à Roma imperial, o autor de 1 Pedro chama os cristãos de "um sacerdócio real, uma nação santa" (1Pd 2,9). John H. Elliott diz:

> O igualitário universal e a forma socialmente determinada de salvação comunal que esses termos subentendiam caracterizavam o cristianismo como alternativa atraente às opções apresentadas pelo judaísmo, pelas corporações, pelos cultos de mistério e pelo lugar teórico de participação que a inclusão em uma *patria* romana universal deveria ter oferecido.[29]

Elliot argumenta que 1 Pedro dirige-se a cristãos que eram, literalmente, "peregrinos e forasteiros" (πάροικοι, 1Pd 2,11) — o termo técnico para uma classe real de marginalizados que não tinha posição social, política nem econômica.

Vimos que nem todos os leitores do Apocalipse eram impotentes; aparentemente, alguns desfrutavam de fortuna e aceitação social. Contudo, os que rejeitavam os valores e instituições de Roma tão resolutamente quanto João de Patmos, logo, com certeza, viram-se despojados de todo *status* e poder econômico na sociedade maior. A Igreja cristã pode ter sido a única base de segurança financeira e social que essas pessoas tinham. Os que se tornavam "peregrinos" por causa

---

[29] ELLIOTT, J. H. *A Home for the Homeless*; a Social-Scientific Criticism of 1 Peter, its Situation and Strategy. Philadelphia, Fortress Press, 1981. p. 134.

da fidelidade a Jesus não precisavam apenas de um futuro seguro no céu: precisavam de um lar aqui e agora.[30]

Não é difícil imaginar essas pessoas marginalizadas respondendo com alegria a "uma voz forte que, do trono, dizia":

> Eis a tenda (σκηνή) de Deus com os homens. Ele habitará com eles; eles serão o seu povo, e ele, Deus-com-eles, será o seu Deus. Ele enxugará toda lágrima dos seus olhos, pois nunca mais haverá morte, nem luto, nem clamor, e nem dor haverá mais. Sim! As coisas antigas se foram! (Ap 21,3-4).

Nessa passagem, a palavra para tenda (σκηνή) também significa, literalmente, habitação. É a mesma palavra que os autores dos evangelhos sinóticos usam para descrever o que os discípulos de Jesus queriam construir no topo da montanha quando almejaram ficar para sempre na presença do Cristo glorificado (Mc 9,5, par.). O que foi negado aos discípulos na transfiguração agora se torna uma realidade no topo da montanha da Jerusalém nova: residência permanente de Deus com seu povo.

Família e casa como temas corolários

Embora a linguagem política predomine no Apocalipse, há também traços de metáfora doméstica e familiar. A noção de casa e família, em especial, é proeminente no fim do Apocalipse, em que há a exuberante celebração nas "núpcias do Cordeiro" (Ap 19,7.9). A esposa é a Igreja, adornada com atos de justiça (19,8; cf. Ef 5,23-32).

A identificação da esposa como o povo de Deus é um discernimento crítico para interpretar a metáfora da Nova

---

[30] Veja ELLIOTT, *A Home for the Homeless*, p. 233.

Jerusalém no Apocalipse. A Cidade santa desce do céu "pronta como uma esposa que se enfeitou para seu marido" (Ap 21,2). Se o povo de Deus é a esposa e a esposa é a Nova Jerusalém, então a Cidade santa não é uma ostentação de arquitetura extraterrestre que cai do céu de repente. O que vem do céu é poder divino para um povo ser santo (ἅγιος 22,11). Os valores e a sujeição da sociedade pagã "ficarão de fora".

Além de descrever a Igreja como a esposa de Cristo, João diz que os fiéis serão filhos de Deus qualificados para a herança (21,7). Isso reforça o tema da metáfora doméstica e realça mais a noção da *casa* como estrutura conceitual para a identidade cristã. Elliott chama a atenção para as implicações políticas e sociais de lealdades familiares:

> A instituição da família, representando relações, papéis, responsabilidades, valores e lealdades consagradas pelo tempo, servia igualmente aos interesses competitivos do Império e da seita cristã. Ambos achavam o conceito de uma família constituída por toda nação, tribo, língua e povo (cf. Ap 14,6) um modelo instigante para a elucidação da almejada integração universal dos povos. Ambos usavam essa imagem da "megafamília" para legitimar invasões nos direitos de grupos de parentesco existentes. E ambos apelavam para as implicações paternas de liderança organizacional: o imperador como *pater patriae* e os anciãos cristãos como legítimas figuras paternas ou representantes de Deus Pai. Para o movimento cristão, a ideologia do lar proporcionava uma base racional social e também religiosa plausível para o estímulo da resistência cristã às pressões sociais estrangeiras e até para a crítica das pretensões paternalistas imperiais.[31]

---

[31] ELLIOTT, *A Home for the Homeless*, pp. 283-284.

Os cristãos que proclamavam Deus como Pai e Jesus como Senhor rejeitavam, implícita ou explicitamente, títulos paternais adotados pelo imperador e reivindicavam a posição de filhos de Deus (Rm 8,14-17).

Ao resumir as façanhas de sua vida, César Augusto escreveu que "o Senado, a ordem eqüestre e todo o povo romano deram-me o título de Pai da Pátria e decretaram que isso fosse inscrito no vestíbulo de minha casa".[32] Os imperadores subseqüentes não hesitaram em desempenhar o papel de pai. Durante o reinado do imperador Tito (79-81 d.C.) houve uma erupção do monte Vesúvio, um incêndio em Roma e uma epidemia terrível. Suetônio relata que Tito demonstrou "não apenas a preocupação de um imperador, mas também o amor insuperável de um pai que ora oferecia consolação em editos, ora prestava ajuda até onde seus meios lhe permitiam".[33]

O tom dessa linguagem paternal combina com o que João diz a respeito de Deus aos cristãos sofredores (Ap 21,3-4). Jesus disse aos discípulos: "A ninguém na terra chameis 'Pai', pois um só é o vosso Pai, o celeste" (Mt 23,9). Embora o contexto imediato dessa declaração seja uma discussão a respeito dos líderes judaicos, a proibição de chamar qualquer homem de "pai" como título honorário estendia-se também ao imperador. Alguns cristãos que pertenciam à vasta rede de empregados e servos imperiais conhecida como "casa do imperador" (Fl 4,22) deviam, supostamente, chamar o imperador de "pai". Para eles, a advertência de Jesus teve complicações imediatas.

---

[32] *Res Gestae* 35.

[33] Suetônio, *Tito* 8,3. Citado por Elliott, *A Home for the Homeless*, p. 176.

5. A Nova Jerusalém no período pós-apostólico

João traçou um curso pelo mundo mediterrâneo que se desviava o mais possível da influência corrupta da Roma imperial. Outros cristãos da Igreja primitiva navegavam — literal ou figurativamente — nas mesmas águas e escolhiam seu curso pelos "baixios e istmos da idolatria".[34] Até onde se difundiam as noções radicais que João tinha de comunidade e fidelidade política? Que impacto duradouro o ensinamento e o exemplo de João tiveram nos cristãos mais tardios dentro do Império?

A Igreja primitiva debateu longamente e com empenho se o Apocalipse devia ou não fazer parte do cânon. Essa indecisão originou-se, em parte, da incerteza sobre a autoria apostólica. Entretanto, a crítica radical que o Apocalipse faz do poder imperial também pode ter sido problema para os cristãos que tinham apreço pela paz que haviam feito com Roma.[35] Alguns cristãos do século II estabeleceram com Roma um *modus vivendi* cauteloso que lhes permitia atuar confortavelmente dentro das estruturas sociais e econômicas da sociedade pagã.

Os cristãos continuaram a se relacionar com Roma

É provável que Thompson tenha razão ao dizer que, já na época de João, "o vidente, e seus ouvintes não viviam em um mundo de conflito, tensão e crise. Os cristãos levavam

---

[34] Tertuliano, *De Idol.* 24.

[35] Frend conclui que "o cristianismo sub-apostólico [70-135 d.C.] estava longe de ser um culto subversivo. Primeiro, era agora uma religião quase inteiramente urbana, com adeptos que aceitavam os privilégios muito reais da sociedade urbana greco-romana". Frend, *The Rise of Christianity*, p. 132.

vida tranqüila, não muito diferente da de outros provincianos".[36] A maioria dos fiéis contentava-se em evitar o exército romano e também a participação pública em cultos pagãos ou imperiais. Com exceção de episódios esporádicos de perseguição local, os cristãos do século II podiam, em geral, levar suas vidas cotidianas dentro da estrutura maior da sociedade romana.[37] Muitos cristãos continuaram a viver na Roma do século II; nas províncias, outros tinham laços comerciais ou políticos com a capital.[38]

Um século depois de João escrever o Apocalipse, Tertuliano disse a seus leitores romanos:

> Assim, não sem vosso fórum, não sem vosso mercado de carne, não sem vossos banhos, lojas, fábricas, vossas estalagens e feiras e o resto da vida de comprar e vender, vivemos convosco — neste mundo. Manobramos navios, tanto nós quanto vós, e ao vosso lado; vamos convosco às guerras, ao campo, ao mercado. Nossas artes e as vossas atuam juntas; nosso trabalho está abertamente a vosso serviço [...].[39]

---

[36] THOMPSON, *The Book of Revelation*, p. 95.

[37] Isso não é menosprezar o sofrimento da minoria, que continuou a resistir às pressões sociais e políticas. Os episódios registrados da perseguição do século II na Ásia Menor incluem os julgamentos de cristãos sob Plínio (*Ep.* 10,96-97); perseguições esporádicas em algumas cidades durante o reinado de Trajano (EUSÉBIO, *Hist. Eccl.* 3,32); provas de acusações contra cristãos durante o reinado de Adriano (JUSTINO, *1 Apol.* 68) e violência da multidão contra eles durante o reinado de Antonino Pio (EUSÉBIO, *Hist. Eccl.* 4,26,10; JUSTINO, *1 Apol.* 68). Onze cristãos foram mortos nos jogos provincianos em Esmirna, entre 161 e 168 d.C. (*Mart. Pol.* 19), o que foi seguido, logo depois, pela execução de Policarpo, bispo de Esmirna.

[38] Eusébio alega que, durante o reinado de Cômodo (180-192 d.C.), "um grande número dentre os romanos mais importantes pela riqueza e o nascimento procurava a salvação [isto é, tornavam-se cristãos] com toda a sua casa e toda a sua família" (*Hist. Eccl.* 5,21,1).

[39] TERTULIANO, *Apol.* 42. Em *Apol.* 37, Tertuliano chega a afirmar que havia cristãos até no palácio e entre senadores. Cf. *Ad Scap.* 4.

Embora talvez Tertuliano exagerasse para obter efeito retórico, mesmo assim seus comentários refletem uma Igreja cristã com membros que haviam chegado a todas as instituições e locais comerciais do Império Romano.

Legado duradouro da comunidade radical

Apesar de haver entre os cristãos sinais de crescente participação na sociedade romana hierárquica, alguns fiéis da época de João e de gerações posteriores continuaram a entender a comunidade de fé como lugar de partilha e igualdade econômica. Clemente Romano disse aos fiéis de Corinto: "Que o forte cuide do fraco e que o fraco reverencie o forte. Que o rico dê ajuda ao pobre e que o pobre dê graças a Deus, que lhe deu [...] alguém para suprir suas necessidades" (*1Clem.* 38,2). De modo semelhante, a *Didaqué* instrui o leitor: "Não rejeite o necessitado. Divida tudo com o seu irmão, e não diga que são coisas suas (*Did.* IV,8). Hermas descreveu a Igreja como o lugar onde o rico "supre o pobre, sem hesitar, com a riqueza [...] recebida do Senhor" (*Sim.* 2,7). Aristides de Atenas (aprox. 125 d.C.) disse a respeito dos cristãos:

> Eles não cultuam ídolos (feitos) à imagem de [mortais] [...] e não comem da comida consagrada a ídolos [...]; fazem o bem aos inimigos [...]. E aquele que tem dá ao que não tem, sem se vangloriar [...]. E se há entre eles alguém que é pobre e necessitado, e se não têm comida de sobra, jejuam dois ou três dias a fim de suprir o necessitado da comida que lhe falta.[40]

---

[40] ARISTIDES, *Apologia* (siríaco) 15. Veja um texto similar sobre o jejum com o intuito de filantropia em HERMAS, *Sim.* 5,4,7. Clemente relata que muitos fiéis "entregam-se à servidão, para resgatarem outros" ou "vão ser escravos e fornecem comida para os outros com o dinheiro que receberam pela venda de si mesmos". *1Clem.* 50,2.

O autor anônimo de uma carta a Diogneto, também do século II, aborda a questão de cidadania e terra natal:

> A diferença entre os cristãos e o resto dos [mortais] não está nem no país, nem na língua, nem nos costumes. [...] Eles moram em suas terras [ancestrais], mas como habitantes temporários. Tomam parte em todas as coisas como cidadãos, enquanto suportam as agruras de estrangeiros [...]. Amam todas [as pessoas] e por todas são perseguidos. [...] São executados, mas ganham vida. São pobres, mas fazem muitos ficarem ricos; são desamparados, mas têm abundância de tudo (*Diogn.* 5,1-6).[41]

Esses testemunhos, de uma geração ou mais depois que João escreveu o Apocalipse, ilustram como alguns fiéis empobrecidos e marginalizados encontraram um lar, segurança material e cidadania em uma cidade que o mundo não apreciava nem compreendia.

Essas sociedades comunitárias em escala modesta podem parecer muito afastadas da transformação universal descrita na Nova Jerusalém de João. Entretanto, pode ser que a partilha comunitária entre os discípulos de Jesus esteja realmente em um *continuum* com a esperança escatológica de uma Cidade santa. Alguma coisa da Nova Jerusalém torna-se realidade material quando pessoas de meios dão aos que pedem e não voltam as costas aos que pedem emprestado (Mt 5,42). A Nova Jerusalém celeste irrompe na realidade

---

[41] *Letter to Diognetus*, de W. A. Jurgens, *The Faith of the Early Fathers*, I (Collegeville, MN, The Liturgical Press, 1970), pp. 40-42.

presente sempre que as pessoas levam a sério o pai-nosso: "Seja feita a tua vontade na terra, como no céu" (Mt 6,10).[42]

6. Deus como o único patrono digno

"A glória e o poder" pertencem a Cristo e ao Deus Iahweh, não ao Imperador! Esse tema recorrente impregna o Apocalipse e aparece em passagens litúrgicas do começo ao fim do livro.[43] Com sua propensão para dividir a humanidade em duas categorias, João parece ter certeza de que todo mundo faz parte de *algum* sistema de patronato — ou o do imperador, ou o de Jesus. Certa vez Jesus disse a seus seguidores: "Ninguém pode servir a dois senhores. [...] Não podeis servir a Deus e ao dinheiro" (Mt 6,24). Agora João esclarece as lealdades para sua geração: ninguém pode servir a dois patronos; não podeis servir a Deus e ao dinheiro (ou ao imperador que tornou possível esse dinheiro).

João analisou o sistema de patronato hierárquico da sociedade romana e extrapolou as estruturas visíveis do supremo patrono imperial, Satanás (Ap 13,2). Em resposta a uma sociedade que com freqüência catalogava os benefícios proporcionados pelo imperador e seus subordinados, João citou os benefícios que os seguidores de Jesus iriam desfrutar algum dia e que incluíam os privilégios políticos mencionados em cartas às sete Igrejas, como "autoridade sobre as nações" (2,26) e o de sentar-se com Cristo no trono de Deus

---

[42] Veja uma análise das dimensões sociais e políticas das comunidades de fé neotestamentárias em G. LOHFINK, *Jesus and Community* (Philadelphia, Fortress Press, 1984), pp. 75-147.

[43] Ap 4,8.11; 5,9-14; 7,15-17; 11,17-18; 12,10-12; 15,3-4; 16,5-7; 19,1-8.

(3,21; cf. 20,4). Outros benefícios seriam de natureza material enigmática: "comer da árvore da vida" (2,7), o "maná escondido" (2,17) e "a Estrela da manhã" (2,28).

Mesmo se a história retardasse a plena compreensão desses benefícios, os cristãos poderiam reverenciar Deus e o Cordeiro como patronos, da mesma forma que os adeptos do culto imperial cultuavam o imperador. Os participantes do culto imperial organizavam associações de corais regionais e entoavam louvores ao imperador. Agora João vê uma vasta sociedade coral de pessoas que adoram a Deus e ao Cordeiro (Ap 7,9-10), por sua generosidade, seu poder e seu amor.

Jesus fez "para nosso Deus, uma Realeza e Sacerdotes; e eles reinarão sobre a terra" (5,10) — resposta a imperadores que conferiam realezas e autorizavam os augustais. Deus proporcionaria comida (7,16) para seu povo de maneira mais confiável do que qualquer imperador jamais havia fornecido grãos para as cidades do Mediterrâneo. Enquanto Roma reprimia nações e poderes por meio de força militar, a realeza de Deus acabaria por incorporar todas as nações (11,15; 15,4) por meio da graça e do amor. Todo cristão tentado a participar do sistema de patronato romano devia reconhecer Deus — Pai, Filho e Espírito — como o único patrono digno e juntar-se à litania de louvor que entremeia o Apocalipse do começo ao fim.

João confia em um futuro no qual as pretensões à divindade cessarão e o próprio Deus habitará entre os mortais (Ap 21,3; cf. Zc 2,14). A morte e a dor — inevitáveis subprodutos de um Império corrupto — já não atormentarão a humanidade na Jerusalém nova (Ap 21,4). Longe de destruir arte, riqueza e beleza, a Cidade santa será um lugar superabundante que dará a todos o mesmo acesso aos recursos da terra.[44] Com sua pirâmide de poder e suas elites econômicas, a sociedade imperial romana desaparecerá para sempre.[45] Em contraste com a Roma orgulhosa e cheia de espírito de classe, a Nova Jerusalém terá três portas de cada lado, para acolher as nações de todas as direções do mundo.[46] As portas nunca se fecharão (21,25) e nenhum grupo privilegiado monopolizará o dinheiro.[47] A esperança da sociedade humana redimida, em todas as dimensões, forma a base da mensagem do Apocalipse de João.[48] Roma cairá e algo melhor para a humanidade tomará seu lugar.

---

[44] Embora não enfatizasse o aspecto igualitário do milênio, Pápias (aprox. 130 d.C.) aparentemente pressentiu essa abundância material no Reino de Cristo que asseguraria copiosa provisão para todos. Bispo da Igreja de Hierápolis, Pápias dá provas de que alguns cristãos do século II na Ásia Menor esperavam um reino bastante tangível. *Fragments of Papias* 4; IRINEU, *Adv. Haer*. 5,33,3-4. Veja a ridicularização dessa interpretação em EUSÉBIO, *Hist. Eccl*. 3,18,2-4.

[45] *Sib*. 2,319-324 tem alguns paralelos com o Apocalipse em suas visões de uma sociedade igualitária depois do julgamento: "A terra pertencerá igualmente a todos, sem muralhas ou cercas. [...] A vida será em comum e a riqueza não terá divisão, pois ali não haverá pobres nem ricos, nem tiranos nem escravos [...]; ninguém será grande nem pequeno. Nenhum rei, nenhum líder. Todos estarão no mesmo nível". Cf. *Sib*. 8,110-121.

[46] Veja a análise da missiologia do Apocalipse em J. N. KRAYBILL, The New Jerusalem as Paradigm for Mission, *Mission Focus Annual Review*, 1994, pp. 123-131.

[47] A visão que João tem de uma Jerusalém restaurada é o inverso do que aconteceu depois da revolta macabaica, quando os rebeldes "construíram, ao redor do monte Sião, uma cinta de altos muros, guarnecidos de torres poderosas, para impedir que os gentios viessem conculcá-lo como no passado" (1Mc 4,60).

[48] O eticista O. O'Donovan insiste que o Apocalipse proporciona uma ideologia para a luta política, não para a retirada. Em sua interpretação, o Apocalipse apresenta uma ordem política de acontecimentos em vez de uma ordem seqüencial. Por exemplo, a cena de julgamento em Ap 20,4-15 representa a necessidade de se sujeitar à autoridade e ao julgamento de Deus antes de esperar desfrutar a sociedade da Jerusalém nova de Ap 21. Críticos radicais de Roma, como João, "não agiam, em absoluto, de modo antipolítico, mas confrontavam uma falsa ordem política com o fundamento de uma verdadeira". O'Donovan diz: "Precisamos reivindicar para João o ponto de vista que considera a crítica, quando fundamentada na verdade, uma ação política genuína". O'DONOVAN, Political Thought of Revelation, p. 90.

Enquanto navega pelas águas traiçoeiras do mundo do século I, João anseia pela Nova Jerusalém — não por Roma. Depois de abandonar a esperança que a sociedade imperial romana seja um veículo para a justiça e a paz, João reivindica a cidadania em uma cidade fundada pelo próprio Deus. Não mais atraído pela luz ofuscante da Roma decadente, ele toma um rumo em direção ao "rebento da estirpe da Davi, a brilhante Estrela da manhã" (Ap 22,16). Seguro de seu destino, convencido da soberania de Deus na história, João está disposto a pagar qualquer preço social, político ou econômico para ser fiel a seu Senhor.

Bibliografia

ACHTEMEIR, P. J. *Harper's Bible Dictionary*. San Francisco, Harper & Row, 1985.

——————. *1 Peter*; a commentary on First Peter. Minneapolis, Fortress Press, 1996.

ALAND, K. The Relation between Church and State in Early Times; a Reinterpretation. *JTS* 19, 1968, pp. 115-127.

ALEXANDER, L., org. *Images of Empire*. Sheffield, JSOT Press, 1991.

ALLO, E. B. *Saint Jean*; L'Apocalypse. 4. ed. Paris, Gabalda, 1933.

ALON, G. *The Jews in their Land in the Talmudic Age (70-640 C.E.)*. Trad. G. Levi. Jerusalem, Magnes Press, 1980-1984.

ANDERSON, B. W. *Out of the Depths*; the Psalms speak for us Today. Philadelphia, Westminster Press, 1970.

APPLEBAUM, S. The Legal Status of the Jewish Communities in the Diaspora. In: SAFRAI & STERN, orgs., *The Jewish People in the First Century*, I, pp. 420-463.

——————. Economic Life in Palestine. In: SAFRAI & STERN, orgs. *The Jewish People in the First Century*, II, pp. 631-700.

——————. The Social and Economic Status of the Jews in the Diaspora. In: SAFRAI & STERN, orgs. *The Jewish People in the First Century*, II, pp. 701-727.

ATTRIDGE, H. W. Hebrews. In: MAYS, org., *Harper's Bible Commentary*, pp. 1259-1271.

AUBERT, J. *Business Managers in Ancient Rome*; a Social and Economic Study of Institores, 200 BC-AD 250. Leiden, Brill, 1994.

AUNE, D. E. The Social Matrix of the Apocalypse of John. *BR* 26, 1981, pp. 16-32.

————. The Influence of Roman Imperial Court Ceremonial on the Apocalypse of John. *BR* 28, 1983, pp. 5-26.

————. Revelation. In: MAYS, org., *Harper's Bible Commentary*, pp. 1300-1319.

————. Hermas. In: FERGUSON, org., *Encyclopedia of Early Christianity*, pp. 421-422.

BAINTON, R. H. The Early Church and War. *HTR* 39, 1946, pp. 189-212.

BALDWIN, J. G. *Haggai, Zechariah, Malachi*. London, Tyndale Press, 1972.

BARCLAY, W. *The Revelation of John*. 2. ed. Philadelphia, Westminster Press, 1976. 2v.

BARNES, T. D. Legislation against the Cristians. *JRS* 58, 1968, pp. 32-50.

————. *Early Christianity and the Roman Empire*. London, Variorlum Reprints, 1984.

BARON, S. W. *A Social and Religious History of the Jews*. 2. ed. New York, Columbia University Press, 1952. 3v.

BARR, D. The Apocalypse as a Symbolic Transformation of the World. *Int* 38, 1984, pp. 39-50.

BARRETT, C. K. *A Commentary on the First Epistle to the Corinthians*. New York, Harper & Row, 1968.

————. *A Commentary on the Second Epistle to the Corinthians*. New York, Harper & Row, 1973.

BAUCKHAM, R. J. *The Bible in Politics*; how to Read the Bible Politically. London, SPCK, 1989.

BAUCKHAM, R. J. *The Climax of Prophecy*; Studies on the Book of Revelation. Edinburgh, T. & T. Clark, 1992.

—————. The Economic Critique of Rome in Revelation 18. In: ALEXANDER, org., *Images of Empire*, pp. 47-90.

—————. *Jude, 2 Peter*. Waco, TX, Word Books, 1983. (WBC, 50.)

—————. 2 Peter. In: MAYS, org., *Harper's Bible Commentary*, pp. 1286-1289.

—————. Jude. In: MAYS, org., *Harper's Bible Commentary*, pp. 1297-1299.

—————. *The Theology of the Book of Revelation*. Cambridge, Cambridge University Press, 1993. (New Testament Theology series.)

BAUER, W. *Ortodoxy and Heresy in Earliest Christianity*. trad. dos membros do Philadelphia Seminar on Christian Origins; STRECKER, G.; KRAFT, R. A.; KRODEL, G., orgs. Philadelphia, Fortress Press, 1971.

—————. *A Greek-English Lexicon of the New Testament and Other Early Christian Literature*. ARNDT, W. F. & GINGRICH, F. W., orgs. 4. ed. Chicago, University of Chicago Press, 1979.

BEAGLEY, A. J. *The "Sitz im Leben" of the Apocalypse with Particular Reference to the Role of the Church's Enemies*. Berlin, de Gruyter, 1987.

BEALE, G. K. *The Use of Daniel in Jewish Apocalyptic Literature and in the Revelation of St. John*. Lanham, MD, University Press of America, 1984.

BEASLEY-MURRAY, G. *The Book of Revelation*. Grand Rapids, Eerdmans, 1974.

BECKWITH, I. T. *The Apocalypse of John*; Studies in Introduction. New York, Macmillan, 1919.

BELL, A. A., Jr. The Date of John's Apocalypse; Evidence of Some Roman Historians Reconsidered. *NTS* 25, 1978-1979, pp. 93-102.

BELL, H. I. Anti-Semitism in Alexandria. *JRS* 31, 1941, pp. 1-18.

BENKO, S. Pagan Criticism of Christianity During the First Two Centuries AD. *ANRW* II 23.2, 1980, pp. 1055-1118.

—————. *Pagan Rome and the Early Christians*. Bloomington, IN, Indiana University Press, 1984.

BOESAK, A. *Comfort and Protest*; Reflections on the Apocalypse of John of Patmos. Edinburgh, St. Andrew Press, 1987.

BOGAERT, R., org. *Texts on Bankers, Banking and Credit in the Greek World*. Leiden, Brill, 1976.

BOISMARD, M. E. "L'Apocalypse", ou "Les Apocalypses" de Saint Jean. *RB* 56, 1949, pp. 530-532.

BORING, M. E. *Revelation*. Louisville, John Knox, 1989.

BOUSSET, *Die Offenbarung Johannis*. Göttingen, Vandenhoeck & Ruprecht, 1906.

BOWE, B. E. *A Church in Crisis*; Ecclesiology and Paraenesis in Clement of Rome. Minneapolis, Fortress Press, 1988.

BOWERSOCK, G. W. The Imperial Cult; Perceptions and Persistence. In: MEYER, B. F. & SANDERS, E. P., orgs. *Jewish and Christian Self-Definition*, III. Self-Definition in the Graeco-Roman World. Philadelphia, Fortress Press, 1982. pp. 171-182.

BROUGHTON, T. R. S. Asia Minor under the Empire, 27 BC-337 AD. In: FRANK, org. *An Economic Survey of Ancient Rome*, v. IV, pp. 593-902.

BROWN, S. The Hour of Trial; Rev. 3:10. *JBL* 85, 1966, pp. 308-314.

BRUCE, F. F. *New Testament History*. London, Nelson, 1969.

—————. *Commentary on the Book of Acts*. Grand Rapids, Eerdmans, 1981.

BRUNT, P. A. The Romanization of the Local Ruling Classes in the Roman Empire. In PIPPIDI, D. M., org. *Assimilation et résistance à la culture gréco-romaine dans le monde ancien*; travaux du VIe congrès international d'études classiques,

316

Madrid, Septembre 1974. Paris, Société d'Edition Les Belles Lettres, 1976. pp. 161-173.

CADBURY, H. J. The Basis of Early Christian Antimilitarism. *JBL* 37, 1918, pp. 66-94.

CAIRD, G. B. *A Commentary on the Revelation of St. John Divine.* New York, Harper & Row, 1966.

CAMPENHAUSEN, H. F. von. *Tradition und Leben Kräfte der Kirchengeschichte.* Tübingen, Mohr, 1960.

CASSON, L. Harbour and River Boats in Ancient Rome. *JRS* 55, 1965, pp. 31-39.

—————. *Ancient Trade and Society.* Detroit, Wayne State University Press, 1984.

—————. *Ships and Seamanship in the Ancient World.* Princeton, Princeton University Press, 1971.

—————. Transportation. In: GRANT & KITZINGER, orgs., *Civilisation of the Ancient Mediterranean,* I, pp. 353-365.

—————. *The Ancient Mariners.* 2. ed. Princeton, Princeton University Press, 1991.

CHARLES, R. H. *A Critical and Exegetical Commentary on the Revelation of St. John.* Edinburgh, T. & T. Clark, 1920. 2 v. (ICC).

—————. *The Book of Enoch.* London, SPCK, 1917.

CHARLESWORTH, J. H., org. *The Old Testament Pseudepigrapha.* Garden City, Doubleday, 1983-1985. 2v.

—————. The SNTS Pseudepigrapha Seminars at Tübingen and Paris on the Books of Enoch. *NTS* 25, 1979, pp. 315-323.

CHARLESWORTH, M. P. Deus noster Caesar. *CRev* 39, 1925, pp. 113-115.

—————. *Trade Routes and Commerce of the Roman Empire.* 2. ed. rev. Cambridge, Cambridge University Press, 1926.

—————. Some Observations on Ruler Cult, Especially in Rome. *HTR* 28, 1935, pp. 5-44.

CHARLESWORTH, M. P. *Pietas* and *Victoria*; The Emperor and the Citizen. *JRS* 33, 1943, pp. 1-10.

—————. Nero; Some aspects. *JRS* 40, 1950, pp. 69-76.

CHISHOLM, K. & FERGUSON, J. *Rome*; the Augustan Age; a Source Book. Oxford, Oxford University Press, 1981.

COLEMAN-NORTON, P. R. *Roman State and Christian Church*. London, SPCK, 1966.

COLLINS, A. Y. The Political Perspective of the Revelation to John. *JBL* 96, 1977, pp. 241-256.

—————. *The Combat Myth in the Book of Revelation*. Missoula, MT, Scholars Press, 1976. (Harvard Dissertations in Religion, 9.)

—————. Revelation 18; Taunt Song or Dirge? In: LAMBRECHT, J., org. *L'Apocalypse johannique et l'Apocalyptique dans le Nouveau Testament*. Gembloux, Leuven University Press, 1980. pp. 185-204.

—————. Dating the Apocalypse of John. *BR* 26, 1981, pp. 33-45.

—————. Early Christian Apocalypticism; Genre and Social Setting. *Semeia* 36, 1986, pp. 1-12.

—————. The Revelation of John; An Apocalyptic Response to a Social Crisis. *CTM* 8, 1981, pp. 4-12.

—————. Persecution and Vengeance in the Book of Revelation. In: HELLHOLM, D., org. *Apocalypticism in the Mediterranean World and the Near East*. Tübingen, Mohr, 1983. pp. 729-749.

—————. *Crisis and Catharsis*; the Power of the Apocalypse. Philadelphia, Westminster Press, 1984.

—————. Insiders and Outsiders in the Book of Revelation and its Social Context. In: NEUSNER, J. & FRERICHS, E. S., orgs. *To See Ourselves as Others See Us*; Christians, Jews, "Others" in Late Antiquity. Chico, CA, Scholars Press, 1985. pp. 187-218.

COLLINS, A. Y. Vilification and Self-Definition in Revelation. *HTR* 79, 1986, pp. 308-320.

COLLINS, J. J. *The Apocalyptic Imagination*; An Introduction to the Jewish Matrix of Christianity. New York, Crossroad Publishing, 1984.

CONZELMANN, H. Miszelle zu Apk 18,17 "alle Kapitäne, Seekaufleute...". *ZNW* 66, 1975, pp. 288-290.

COURT, J. *Myth and History in the Book of Revelation*. Atlanta, John Knox, 1979.

CULLMAN, O. *The State in the New Testament*. London, SCM Press, 1957.

D'ARMS, J. H. Puteoli in the Second Century of the Roman Empire; a Social and Economic Study. *JRS* 64, 1974, pp. 104-124.

—————. *Commerce and Social Standing in Ancient Rome*. Cambridge, MA, Harvard University Press, 1981.

DANIEL, J. L. Anti-Semitism in the Hellenistic-Roman Period. *JBL* 98, 1979, pp. 45-65.

DAVIES, P. R. Daniel in the Lions' Den. In: ALEXANDER, org., *Images of Empire*, pp. 160-178.

DEISSMANN, A. *Light from the Ancient East*. New York, George H. Doran, 1927.

DRI, R. R. Subversión y apocalíptica. *Servir* 19, 1983, pp. 219-250.

EICHRODT, W. *Ezekiel*; a Commentary. Trad. C. Quin. Philadelphia, Westminster Press, 1970 (OTL).

ELLER, V. *The Most Revealing Book of the Bible*. Grand Rapids, Eerdmans, 1974.

ELLIOTT, J. H. *A Home for the Homeless*; a Social-Scientific Criticism of 1 Peter, its Situation and Strategy. Philadelphia, Fortress Press, 1981.

ENGELMANN, H. & KNIBBE, D. Das Zollgesetz der Provinz Asia; Eine neue Inschrift aus Ephesos. *Epigraphica Anatolica* 14, 1989, p. 25.

EPP, E. J. & MACRAE, G. W. *The New Testament and its Modern Interpreters*. Philadelphia, Fortress Press, 1989.

FERGUSON, E. *Backgrounds of Early Christianity*. Grand Rapids, Eerdmans, 1987.

—————. *Encyclopedia of Early Christianity*. New York, Garland Publishing, 1990.

FERGUSON, J. Ruler Worship. In: WACHER, J., org. *The Roman World*, II. London, Routledge & Kegan Paul, 1987. pp. 1009-1025.

—————. Roman Administration. In: GRANT & KITZINGER, orgs., *Civilisation of the Ancient Mediterranean*, I. pp. 649-665.

FIORENZA, E. S. Apocalyptic and Gnosis in the Book of Revelation and Paul. *JBL* 92, 1973, pp. 565-581.

—————. 1 Corinthians. In: MAYS, org., *Harper's Bible Commentary*, pp. 1168-1189.

—————. Redemption as Liberation. *CBQ* 36, 1974, pp. 220-232.

—————. Revelation. In: EPP & MACRAE, orgs., *The New Testament and its Modern Interpreters*, pp. 407-427.

—————. *The Book of Revelation*; Justice and Judgment. Philadelphia, Fortress, 1985.

—————. *Revelation*; Vision of a Just World. Minneapolis, Fortress Press, 1991.

FISCHER, N. R. E. Roman Associations, Dinner Parties, and Clubs. In: GRANT & KITZINGER, orgs., *Civilisation of the Ancient Mediterranean*, II, pp. 1199-1225.

FORD, J. M. *Revelation*; Introduction, Translation and Commentary. AB, New York, Doubleday, 1975.

FORNBERG, T. *An Early Church in a Pluralistic Society*; A Study of 2 Peter. Lund, Gleerup, 1977.

FOX, R. L. *Pagans and Christians*. New York, Alfred A. Knopf, 1987.

FRANK, T. Notes on Roman Commerce. *JRS* 27, 1937, pp. 72-79.

—————. *A History of Rome*. New York, Henry Holt, 1923.

FRANK, T., org. *An Economic Survey of Ancient Rome*, IV. Africa, Syria, Greece, Asia Minor. Baltimore, Johns Hopkins, 1938. 4v.

FREND, W. H. C. The Gnostic Sects and the Roman Empire. *JEH* 5, 1954, pp. 25-37.

————. *Martyrdom and Persecution in the Early Church*. Oxford, Basil Blackwell, 1965.

————. The Persecutions; Some Links between Judaism and the Early Church. *JEH* 9, 1967, pp. 141-158.

————. *The Rise of Christianity*. Philadelphia, Fortress Press, 1984.

FRIESEN, S. J. *Twice Neokoros*; Ephesus, Asia and the Cult of the Flavian Imperial Family. Leiden, Brill, 1993.

FUCHS, H. *Der Geistige Widerstand Gegen Rom in der Antiken Welt*. Berlin, de Gruyter, 1964.

GARNSEY, P. *Social Status and Legal Privilege in the Roman Empire*. Oxford, Clarendon Press, 1970.

————. Grain for Rome. In: GARNSEY; HOPKINS; WHITTAKER, orgs., *Trade in the Ancient Economy*, pp. 118-130

————. HOPKINS, K.; WHITTAKER, C. R., orgs. *Trade in the Ancient Economy*. London, Chatto & Windus, 1983.

————. & SALLER, R., orgs. *The Roman Empire*; Economy, Society and Culture. Berkeley, University of California Press, 1987.

GINSBERG, M. Fiscus Judaicus. *JQR* 21, 1930-1931, pp. 281-291.

GOLDSTEIN, J. Jewish Acceptance and Rejection of Hellenism. In: SANDERS, E. P.; BAUMGARTEN, A. I.; MENDELSON, A., orgs. *Jewish and Christian Self-Definition*, II; Aspects of Judaism in the Graeco-Roman Period. Philadelphia, Fortress Press, 1981. pp. 64-87.

GOPPELT, L. *Apostolic and Post-Apostolic Times*. New York, Harper & Row, 1970.

GORDON, C. H. Tarshish. *IDB* IV, pp. 517-518. (Harper Torchbook)

GORDON, M. L. The Freedman's Son in Municipal Life. *JRS* 21, 1931, pp. 65-77.

GRANT, M. *History of Rome*. New York, Charles Scribner's Sons, 1978.

——————. & KITZINGER, R., orgs. *Civilization of the Ancient Mediterranean*, I. New York, Charles Scribner's Sons, 1988.

GRANT, R. M. *Augustus to Constantine*; The Rise of Christianity in the Roman World. New York, Harper & Row, 1970.

GREENE, K. *The Archaelogy of the Roman Economy*. London, B. T. Batsford, 1986.

GRIFFITHS, D. R. *The New Testament and the Roman State*. Swansea, John Penry Press, 1970.

GRIMSRUD, T. *Triumph of the Lamb*. Scottdale, PA, Herald Press, 1987.

GUNKEL, H. *Schöpfung und Chaos in Urzeit und Endzeit*. Göttingen, Vandenhoeck & Ruprecht, 1895.

HAENCHEN, E. *The Acts of the Apostles*; a Commentary. Philadelphia, Westminster Press, 1971.

HAMMERSHAIMB, E. *The Book of Amos*; a Commentary. Trad. J. Sturdy. New York, Schocken Books, 1970.

HANNESTAD, N. *Roman Art and Imperial Policy*. Trad. P. J. Crabb. Aarhus, Aarhus University Press, 1988.

HANSON, P. D. *The Dawn of Apocalyptic*. Philadelphia, Fortress Press, 1975.

HARNACK, A. von. *Marcion*; Das Evangelium vom Fremden Gott. Darmstadt, Wissenschaftliche Buchgesellschaft, (1920) 1960.

HAUCK, F. κοινός. *TDNT*, III, p. 805.

HELGELAND, J. Roman Army Religion. *ANRW*, II, 16,2, 1978, pp. 1470-1505.

——————. Christians and the Roman Army from Marcus Aurelius to Constantine. *ANRW* II,16,2, 1978, pp. 724-834.

HELLHOLM, D. *Apocalypticism in the Mediterranean World and the Near East*; Proceedings of the International Colloquium on Apocalypticism, Uppsala, August 12-17, 1979. Tübingen, Mohr, 1983.

HEMER, C. J. *The Book of Acts in the Setting of Hellenistic History*. Tübingen, Mohr, 1989.

—————. *The Letters to the Seven Churches of Asian in their Local Setting*. Sheffield, Sheffield Academic Press, 1986.

HENGEL, M. Der Jakobusbrief als antipaulinische Polemik. In: HAWTHORNE, G. F. & BETZ, O., orgs. *Tradition and Interpretation in the New Testament*. Grand Rapids, Eerdmans, 1987. pp. 248-265.

—————. Hadrians Politik gegenüber Juden und Christen. *JANESCU* 16/17, 1984-1985, pp. 153-182.

—————. *Judaism and Hellenism*; Studies in their Encounter in Palestine during the Early Hellenist Period. Trad. J. Bowden. London, SCM Press, 1974. 2v.

—————. *Property and Riches in the Early Church*; Aspects of a Social History of Early Christianity. Philadelphia, Fortress Press, 1974.

—————. *Studies in the Gospel of Mark*. London, SCM Press, 1985.

—————. *The Zealots*; Investigations into the Jewish Freedom Movement in the Period from Herod I until 70 A.D. Trad. D. Smith. Edinburgh, T. & T. Clark, 1989.

HERMANSEN, G. *Ostia*; Aspects of Roman City Life. Edmonton, University of Alberta Press, 1981.

HOPKINS, K. Elite Mobility in the Roman Empire. *Past and Presence* 32, 1965, pp. 12-26.

—————. *Conquerors and Slaves*. Cambridge, Cambridge University Press, 1978.

—————. Taxes and Trade in the Roman Empire (200 B.C.-A.D. 400). *JRS* 70, 1980, pp. 101-125.

HOPKINS, K. Roman Trade, Industry, and Labor. In: GRANT & KITZINGER, orgs., *Civilization of the Ancient Mediterranean*, I, pp. 753-777.

HOPKINS, M. The Historical Perspective of Apocalypse 1–11. *CBQ* 27, 1965, pp. 42-47.

HORNUS, J.-M. *It Is Not Lawful For Me to Fight*. Trad. A. Kreider e O. Coburn. Scottdale, Herald Press, 1980.

HORSLEY, G. H. R. & LLEWELYN, S. R., orgs. *New Documents Illustrating Early Christianity*. North Ryde, Macquarrie University, 1981-1992. 6v.

HORSLEY, R. A. & HANSON, J. S. *Bandits, Prophets, and Messiahs*; Popular Movements in the Time of Jesus. San Francisco, Harper & Row, 1985. [Ed. bras. *Bandidos, Profetas e Messias*; movimento popular no tempo de Jesus.] São Paulo, Paulus, 2000.

JANZEN, E. P. The Jesus of the Apocalypse Wears the Emperor's Clothes. In: LOVERING, E. H. Jr., org. SBLSP, 1994. Atlanta, Scholars Press, 1994. pp. 637-661.

JENKS, G. C. *The Origins and Early Development of the Antichrist Myth*. Berlin, de Gruyter, 1991.

JOHNSON, S. E. Early Christianity in Asia Minor. *JBL* 77, 1958, pp. 1-17.

—————. Unsolved Questions about Early Christianity in Anatolia. In: AUNE, D. E., org. *Studies in New Testament and Early Christian Literature*. Leiden, Brill, 1972.

JOHNSON, S. E. Asia Minor and Early Christianity. In: NEUSNER, J., org. *Christianity, Judaism and Other Greco-Roman Cults*. Leiden, Brill, 1975. pp. 77-145.

JONES, A. H. M. The Economic Life of the Towns of the Roman Empire. In: BRUNT, P. A., org. *The Roman Economy*. Totowa, NJ, Rowman & Littlefield, 1974.

JONES, B. W. *Domitian and the Senatorial Order*. Philadelphia, American Philosophical Society, 1979.

JONES, B. W. *The Emperor Domitian*. London, Routledge, 1992.

JONES, D. L. Christianity and the Roman Imperial Cult. *ANRW* II, 23,2, 1980, pp. 1023-1054.

JUDGE, E. Judaism and the Rise of Christianity; a Roman Perspective. *AJJS* 7, 1993, pp. 82-98.

—————. *The Social Pattern of Christian Groups in the First Century*. London, Tyndale Press, 1960.

—————. *The Social Setting of Pauline Christianity*. Philadelphia, Fortress Press, 1982.

JURGENS, W. A. *The Faith of the Early Fathers*, I. Collegeville, MN, The Liturgical Press, 1970.

JUSTER, J. *Les Juifs dans l'Empire Romain*; leur condition juridique, économique et sociale Paris, Librairie Paul Geuthner, 1914. 2v.

KAISER, O. *Isaiah 13–39*. Trad. R. A. Wilson. Philadelphia, Westminster Press, 1974.

KARRIS, R. J. The Background and Significance of the Polemic of the Pastoral Epistles. *JBL* 92, 1973, pp. 549-564.

KERESZTES, P. The Jews, the Christians, and Emperor Domitian. *Vigiliae Christianae* 27, 1973, pp. 1-28.

—————. The Imperial Roman Government and the Christian Church. *ANRW* II, 23,1, 1979, pp. 247-315.

KIMELMAN, R. *Birkat Ha-Minim* and the Lack of Evidence for an Anti-Christian Jewish Prayer in Late Antiquity. In: SANDERS, E. P.; BAUMGARTEN, A. I; MENDELSON, A, orgs. *Jewish and Christian Self-Definition*. II. Aspects of Judaism in the Graeco-Roman Period. Philadelphia, Fortress, 1981. pp. 226-244.

KLASSEN, W. Vengeance in the Apocalypse of John. *CBQ* 28, 1966, pp. 300-311.

KNIBB, M. A. The Date of the Parables of Enoch. *NTS* 25, 1979, pp. 345-359.

KNIBBE, D. & ENGELMANN, H. Das Zollgesetz der Provinz Asia; Eine neue Inschrift aus Ephesos. *Epigraphica Anatolica* 14, 1989, p. 25.

KOESTER, H. *Introduction to the New Testament*; History, Culture and Religion of the Hellenistic Age. New York, de Gruyter, 1987.

KRAABEL, A. T. The Diaspora Synagogue; Archaeological and Epigraphic Evidence since Suhenik. *ANRW*, II,19,1, 1979, pp. 477-510.

KRAELING, C. H. The Episode of the Roman Standards at Jerusalem. *HTR* 35, 1942, pp. 263-289.

KRAYBILL, J. N. The New Jerusalem as Paradigm for Mission. *Mission Focus Annual Review*, 1994, pp. 123-131.

KREIDER, A. F. *Worship and Evangelism in Pre-Christendom.* Cambridege, Grove Books, 1995. (Joint Liturgical Studies, 32.)

KREITZER, L. J. *Striking New Images*; Studies on Roman Imperial Coinage and the New Testament World. Sheffield, Sheffield Academic Press, 1996. (JSNTSup. 134.)

KÜMMEL, W. G. *Introduction to the New Testament.* Trad. H. C. Kee. ed. rev. Nashville, Abingdon Press, 1975.

LA PIANA, G. Foreign Groups in Rome during the First Centuries of the Empire. *HTR* 20, 1927, pp. 183-403.

LAMBRECHT, J., org. *L'Apocalypse johannique et l'apocalyptique dans le Nouveau Testament.* Gembloux, Leuven University Press, 1980.

LAMPE, P. *Die stadrömischen Christen in den ersten beiden Jahrhunderten*; Undersuchungen zur Sozialgeschichte. Tübingen, Mohr (Paul Siebeck), 1989.

LEON, H. J. *The Jews of Ancient Rome.* Philadelphia, Jewish Publication Society, 1960.

LEVICK, B. Domitian and the Provinces. *Latomus* 41, 1982, pp. 50-73.

LEVICK, B. *The Government of the Roman Empire*; a Source Book. London, Croom Helm, 1985.

LEVINE, L. I. *Caesarea Under Roman Rule*. Leiden, Brill, 1975.

LEWIS, N. & REINHOLD, M., orgs. *Roman Civilization*. New York, Harper & Row, (1951-1955), 1966. 2v. (Harper Torchbooks).

LOHFINK, G. *Jesus and Community*; the Social Dimension of christian Faith. Trad. J. P. Galvin. Philadelphia, Fortress Press, 1984.

LOHMEYER, E. *Die Offenbarung des Johannes*. ed. rev. Tübingen, Mohr (Paul Siebeck), 1953.

LÜDEMANN, G. The Successors of Pre-70 Jerusalem Christianity; A Critical Evaluation of the Pella-Tradition. In: SANDERS, E. P., org., *Jewish And Christian Self-Definition*, I; the Shaping of Christianity in the Second and Third Centuries. Philadelphia, Fortress Press, 1980. pp. 161-173.

MACMULLEN, R. *Enemies of the Roman Order*; Treason, Unrest and Alienation in the Empire. Cambridge, MA, Harvard University Press, 1966.

—————. *Corruption and the Decline of Rome*. New Haven, Yale University Press, 1988.

MACRO, A. D. The Cities of Asia Minor under the Roman Imperium. *ANRW* II, 7,2, 1980, pp. 658-697.

MADDEN, F. W. *History of Jewish Coinage and of Money in the Old and New Testament*. London, Bernard Quaritch, 1864.

MAGIE, D. *Roman Rule in Asia Minor*. Princeton, Princeton University Press, 1950. 2v.

MALHERBE, A. J. *Social Aspects of Early Christianity*. Baton Rouge, L.A., Louisiana State University Press, 1977.

MARX, K. *Capital*; a Critique of Political Economy, I. Trad. S. Moore e E. Aveling. ENGELS, F. ed., London, Lawrence & Wishart, 1954.

MATTHEWS, J. F. The Tax Law of Palmyra; Evidence for Economic History in a City of the Roman East. *JRS* 74, 1984, pp. 157-180.

MATTINGLY, H. *Coins of the Roman Empire in the British Museum.* I. Augustus to Vitellius. ed. rev. London, Trustees of the British Museum, 1976 (1923); II. Vespasian to Domitian. ed. ver. London, Trustees of the British Museum, 1976 (1930). ed. rev.

_____. H. & SYDENHAM, E. A. *Roman Imperial Coinage.* II. Vespasian to Hadrian. London, Spink & Son, 1926.

MAYS, J. L. *Amos*. Philadelphia, Westminster Press, 1969. (OTL.)

_____., org. *Harper's Bible Commentary*. San Francisco, Harper & Row, 1988.

McCRUM, M. & WOODHEAD, A. G., orgs. *Select Documents of the Principates of the Flavian Emperors*. Cambridge, Cambridge University Press, 1961.

MEARNS, L. Dating the Similitudes of Enoch. *NTS* 25, 1979, pp. 360-369.

MEEKS, W. A. *The First Urban Christians*; The Social World of the Apostle Paul. New Haven, Yale University Press, 1983.

MEIGGS, R. *Roman Ostia*. 2. ed. Oxford, Oxford University Press, 1973.

MEIJER, F. & NIJF, O. van. *Trade, Transport and Society in the Ancient World*; a Sourcebook. London, Routledge, 1992.

MILLAR, F. The Emperor, the Senate and the Provinces. *JRS* 56, 1966, pp. 156-166.

_____. *The Emperor in the Roman World (31BC – AD337)* London, Gerald Duckworth, 1977.

MITCHELL, S. The Plancii in Asia Minor. *JRS* 64, 1974, pp. 27-39.

MOMIGLIANO, A. *On Pagans, Jews, and Christians*. Middletown, CT, Wesleyan University Press, 1987.

MORRIS, L. *The Revelation of St. John*. Grand Rapids, Eerdmans, 1969.

MOUNCE, R. T. *The Book of Revelation*. Grand Rapids, Eerdmans, 1977.

NEUSNER, J. *Development of a Legend*; Studies on the Traditions Concerning Yohanan ben Zakkai. Leiden, Brill, 1970.

—————. *Genesis Rabbah*; the Judaic Commentary to the Book of Genesis. Atlanta, Scholars Press, 1985. 3v.

—————. *The Economics of the Mishnah*. Chicago, University of Chicago Press, 1990.

NEYREY, J. H. *The Social World of Luke–Acts*; Models for Interpretation. Peabody, MA, Hendrickson, 1991.

NOCK, A. D. *Conversion*; the Old and the New in Religion from Alexander the Great to Augustine of Hippo. Lanham, MD, University Press of America, (1933) 1988.

—————. Seviri and Augustales. In: STEWART, Z., org. *Essays on Religion and the Ancient World*, I. Cambridge, Harvard University Press, 1972. pp. 348-356.

—————. The Roman Army and Roman Religious Year. *HTR* 45, 1952, pp. 187-252.

O'DONOVAN, O. The Political Thought of the Book of Revelation. *TynBul* 37, 1986, pp. 61-94.

O'ROURKE, J. J. The Hymns of the Apocalypse. *CBQ* 30, 1968, pp. 399-409.

OSIEK, C. *Rich and Poor in the Shepherd of Hermas*. Washington, Catholic Biblical Association of America, 1983.

OWENS, E. J. *The City in the Greek and Roman World*. London, Routledge, 1991.

PARKER, A. J. Trade Within the Empire and Beyond the Frontiers. In: WACHER, J., orgs. *The Roman World*, II. New York, Routledge & Kegan Paul, 1987. pp. 635-657.

PATAI, R. Jewish Seafaring in Ancient Times. *JQR* 32, 1941-1942, pp. 1-26.

PAULY, A. F. von & WISSOWA, G., orgs. *Paulys Real-Encyclopädie der classichen Altertumswissenshaft*. Stuttgart, Metzlersche, 1893-1972. 33v.

PETERSEN, D. L. Zechariah. In: Mays, org., *Harper's Bible Commentary*, pp. 747-752.

PETIT, P. *Pax Romana*. Trad. J. Willis. Berkeley, University of California Press, 1976.

PLEKET, H. W. Urban Elites and Business in the Greek Part of the Roman Empire. In: GARNSEY, P.; HOPKINS, K.; WHITTAKER, C. R., orgs. *Trade in the Ancient Economy*. London, Chatto & Windus, 1983. pp. 131-144.

PRICE, S. R. F. Between Man and God; Sacrifice in the Roman Imperial Cult. *JRS* 70, 1980, pp. 28-43.

—————. *Rituals and Power*; The Imperial Roman Cult in Asia Minor, orgs., Asia Minor. Cambridge, Cambridge University Press, 1984.

PUCCI, G. Pottery and Trade in the Roman Period. In: GARNSEY et alii., orgs., *Trade in the Ancient Economy*, pp. 105-117.

RABELLO, A. M. The Legal Condition of the Jews in the Roman Empire. *ANRW* II, 13, 1980, pp. 662-762.

RADIN, M. *The Jews Among the Greeks and Romans*. Philadelphia, Jewish Publication Society, 1915.

RAJAK, T. Was There a Roman Charter for the Jews? *JRS* 74, 1984, pp. 107-123.

RAMSAY, W. M. *Cities and Bishoprics of Phrygia*. Oxford, Clarendon Press, 1895-1897. 2v.

—————. The Jews in the Graeco-Asiatic Cities. *The Expositor* 5, 1902, pp. 92-109.

—————. The Letter to the Church in Thyatira. *The Expositor* 10, 1904, pp. 37-60.

—————. *The Letters to the Seven Churches of Asia*. New York, Hodder & Stoughton, 1905.

—————. *The Social Basis of Roman Power in Asia Minor*. Aberdeen, Aberdeen University Press, 1941.

RAMSAY, W. M. Studies in the Roman Province of Galatia, VI. Some Inscriptions of Colonia Caesarea Antiochea. *JRS* 14, 1924, pp. 179-184.

RASCHKE, M. G. New Studies in Roman Commerce with the East. *ANRW*, II,9,2, 1978, pp. 605-1361.

REESE, J. M. Wisdom of Solomon. In: MAYS, org., *Harpers's Bible Commentary*, p. 820-835.

RICHARDSON, L. Jr. *A New Topographical Dictionary of Ancient Rome*. Baltimore, Johns Hopkins University Press, 1992.

RISSI, M. The Rider on the White Horse. *Int* 18, 1964, pp. 407-418.

—————. *Time and History*; a Study on the Revelation. Richmond, VA, John Knox, 1966.

ROBINSON, J. M. The Nag Hammadi Library. San Francisco, Harper & Row, 1988.

ROBINSON, J. M. & KOESTER, H. *Trajectories through Early Christianity*. Philadelphia, Fortress Press, 1971.

ROBINSON, T. A. *The Bauer Thesis Examined*; the Geography of Heresy in the Early Christian Church. Lewiston, Edwin Mellen, Press, 1988.

ROGERS, R. S. A Group of Domitianic Treason-Trials. *Classical Philosophy* 55, 1960, pp. 19-23.

ROSTOVTZEFF, M. *A History of the Ancient World*. Trad. J. D. Dreff. London, Oxford University Press, 1938. 2v.

—————. *The Social and Economic History of the Hellenistic World*. II. Oxford, Clarendon Press, 1941. 3v.

—————. *The Social and Economic History of the Roman Empire*. 2. ed. Oxford, Clarendon Press, 1957. 2v.

ROTH, C. An Ordinance against Images in Jerusalem, *HTR* 49, 1956, pp. 169-177.

ROWLAND, C. *The Open Heaven*; a Study of Apocalyptic in Judaism and Early Christianity. London, SPCK, 1982.

ROWLAND, C. *Revelation*. London, Epworth Press, 1993. (Epworth Commentaries.)

RUIZ, Jean-Pierre. *Ezequiel in the Apocalypse*; the Transformation of Prophetic Language in Revelation 16,17–19,10. Frankfurt am Main, Peter Lang, 1989.

RUSSEL, D. S. *The Method and Message of Jewish Apocalyptic*. Philadelphia, Westminster Press, 1964.

SAFRAI, S. & STERN, M., orgs. *The Jewish People in the First Century*, I. Assen, Van Gorcum, 1974. II Philadelphia, Fortress Press, 1976.

SALLER, R. P. *Personal Patronage Under the Early Empire*. Cambridge, Cambridge University Press, 1982.

——————. Roman Class Structures and Relations. In: GRANT & KITZINGER, orgs., *Civilization of the Ancient Mediterranean*, I, pp. 549-573.

SANDERS, J. N. St. John on Patmos. *NTS* 9, 1963, pp. 75-85.

SCHERRER, S. J. Signs and Wonders in the Imperial Cult – Rev. 13:13-15. *JBL* 103, 1984, pp. 599-610.

SCHÜRER, E. *The History of the Jewish People in the Age of Jesus Christ (175 BC-AD 135)*. BLACK, M. et alii, revs. e orgs. Edinburgh, T. & T. Clark, 1973-1987. 3v.

SCOTT, K. *The Imperial Cult Under the Flavians*. New York, Arno Press, (1936) 1975.

SCROGGS, R. Woman in the NT. *IDBSup*, pp. 966-968.

SEAGER, A. R. The Building History of the Sardis Synagogue. *AJA* 76, 1972, pp. 425-435.

SHEA, W. H. Chiasm in Theme and by Form in Revelation 18. *AUSS* 20, 1982, pp. 249-256.

SHEPPARD, A. R. Jews, Christians and Heretics in Acmonia and Eumeneia. *Anatolian Studies* 29, 1979, pp. 169-180.

SHERK, R. K., org. e trad. *The Roman Empire*; Augustus to Hadrian. Cambridge, Cambridge University Press, 1988. (Translated Documents of Greece and Rome, VI.)

SHERWIN-WHITE, A. N. *Roman Society and Roman Law in the New Testament*. Oxford, Oxford University Press, 1963.

————. *The Letters of Pliny*; a Historical and Social Commentary. Oxford, Clarendon Press, 1966.

————. Domitian's Attitude towards the Jews and Judaism. *Classical Philosophy* 51, 1956, pp. 1-13.

SMALLWOOD, E. M. *The Jews Under Roman Rule*; From Pompey to Diocletian. Leiden, Brill, 1976. (Studies in Judaism in late Antiquity, 20.)

SORDI, M. *The Christians and the Roman Empire*. Trad. A. Bedini. London, Croom Helm, 1983.

STAMBAUGH, J. E. & BALCH, D. L. *The New Testament in its Social Environment*. Philadelphia, Westminster Press, 1986. (Library of Early Christianity.)

STAUFFER, E. *Christ and the Caesars*. Trad. R. Smith e R. G. Smith. London, SCM Press, 1955.

STE. CROIX, G. E. M. de. Ancient Greek and Roman Maritime Loans. In: EDEY, H. & YAMEY, B. S., orgs. *Debits, Credits, Finance and Profits*; Essays in Honour of William Threipland Baxter. London, Sweet & Maxwell, 1974.

STERN, M. The Jewish Diaspora. In: SAFRAI & STERN, orgs., *The Jewish People in the First Century*, I, pp. 117-183.

STOECKLE, Navicularii. PW, XVI,II. cols. 1899-1932.

STRAND, K. Two Aspects of Babylon's Judgment in Revelation 18. *AUSS* 20, 1982, pp. 53-60.

————. Some Modalities of Symbolic Usage in Revelation 18. *AUSS* 24, 1986, pp. 37-46.

————. The Eight Basic Visions in the Book of Revelation. *AUSS* 25, 1987, pp. 107-121.

SUTHERLAND, C. H. V. *Roman Coins*. London, Barrie & Jenkins, 1974.

SWEET, J. P. M. *Revelation*. Philadelphia, Westminster Press, 1979.

SWETE, H. B. *The Apocalypse of St. John*. 3. ed. London, Macmillan, 1911.

SWIFT, L. J. War and the Christian Conscience I; the Early Years. *ANRW* II, 23,1, 1979, pp. 835-868.

——————. *The Early Fathers on War and Military Service.* Wilmington, Michael Glazier, 1983.

TAMARI, M. *With All Your Possessions*; Jewish Ethics and Economic Life. New York, The Free Press, 1987.

TAYLOR, L. R. *The Divinity of the Roman Emperor*. Middletown, CT, American Philological Association, 1931.

TCHERIKOVER, V. *Hellenistic Civilization and the Jews*. Trad. S. Applebaum. Philadelphia, Jewish Publication Society, 1959.

TEMPORINI, H. et alii, orgs. *Aufstieg und Niedergang der römischen Welt*. Berlin, de Gruyter, 1972-1979.

THEISSEN, G. *The Social Setting of Pauline Christianity*. Trad. J. H. Schütz. Philadelphia, Fortress Press, 1982.

THOMPSON, L. Cult and Eschatology in the Apocalypse of John. *JR* 49, 1969, pp. 330-350.

——————. *The Book of Revelation*; Apocalypse and Empire. Oxford, Oxford University Press, 1990.

THOMPSON, S. *The Apocalypse and Semitic Syntax*. Cambridge, Cambridge University Press, 1985.

THOMPSON, W. E. Insurance and Banking. In: GRANT & KITZINGER, orgs., *Civilization of the Ancient Mediterranean*, II, pp. 829-836.

TREBILCO, P. R. *Jewish Communities in Asia Minor*. Cambridge, Cambridge University Press, 1991. (SNTSMS, 69.)

VAN HENTEN, J. Dragon Myth and Imperial Ideology in Rev 12–13. In: LOVERING, E. H. Jr., org. *Society of Biblical Literature 1994 Seminar Papers*. Atlanta, Scholars Press, 1994. pp. 496-515.

VERMES, G. *The Dead Sea Scrolls in English*. 3. ed. Harmondsworth, Penguin Books, 1987.

——————. Dead Sea Scrolls. *IDBSup*, pp. 210-219.

VOGELGESANG, J. M. *The Interpretation of Ezekiel in the Book of Revelation*. Ann Arbor, University Microfilms International, 1986.

WACHER, J. *The Roman World*. New York, Routledge & Kegan Paul, 1987.

WAELKENS, M. Phrygian Votives and Tomstones as Sources of the Social and Economic Life in Roman Antiquity. *Ancient Society* 8, 1977, pp. 277-315.

WALBANK, F. W. "Plutarch". *Encyclopaedia Britannica* XIV. 15. ed., 1978, pp. 578-580.

WALTZING, J. P. *Étude historique sur les corporations professionnelles chez les romains*. Louvain, s.n. (fac-sim.), 1895-1900. New York, Arno press, 1979.

WATSON, G. R. *The Roman Soldier*. Ithaca, Cornell University Press, 1969.

WENGST, K. *Pax Romana and the Peace of Jesus Christ*. Trad. J. Bowden. Philadelphia, Fortress Press, 1987.

WHEDBEE, J. W. Joel. In: MAYS, org., *Harper's Bible Commentary*, pp. 716-719.

WILKEN, R. L. The Christians as the Romans (and Greeks) Saw Them. In: SANDERS, E. P., org. *Jewish and Christian Self-Definition*. I. The Shaping of Christianity in the Second and Third Centuries. Philadelphia, Fortress Press, 1980. pp. 100-125.

WINK, W. *Engaging the Powers*; Discernment and Resistance in a World of Domination. Minneapolis, Fortress Press, 1992.

WOLTERSTORFF, N. *Until Justice and Peace Embrace*. Grand Rapids, Eerdmans, 1983.

YADIN, Y. *The Scroll of the War of the Sons of Light Against the Sons of Darkness*. Oxford, Oxford University Press, 1962.

YAMAUCHI, E. M. *New Testament Cities in Western Asia Minor*. Grand Rapids, Baker Book House, 1980.

YODER, J. H. *The Politics of Jesus*. Grand Rapids, Eerdmans, 1972.

ZANKER, P. *The Power of Images in the Age of Augustus*. Trad. A. Shapiro. Ann Arbor, University of Michigan Press, 1988.

ZIMMERLI, W. *A Commentary on the Book of the Prophet Ezekiel*. Trad. J. D. Martin. Philadelphia, Fortress Press, 1983. 2v.

Índice de referências

Antigo Testamento

Gênesis
8,20–9,17 285
9,4 66
10,10 31
10,22 218
11,1-9 31

Êxodo
20,3 250
20,4 123
20,5 250
22,20 250
28,17-20 .... 288, 289, 290
30,13-16 256
34,13-17 66

Levítico
3,17 66
4,7 54
17,10-14 66
18,6-30 66
19,26 66
21,9 209
26,1 66

Números
25,1-3 51
31,16 51

Deuteronômio
4,39 250
5,8 123

6,4 250
12,16 66
12,23-27 66
15,23 66
26,17 250
26,18 250

1 Reis
4,5 104
5,1 212
5,1-12 212
9,10-14 212
10,22 213
16,31 51
16,31-34 212
16,33 51
18,4 51
18,19 51
18,21 51

2 Reis
9,22 51
19,28 92
24,10–25,21 207

Esdras
3,7 223

Neemias
10,32-33 256
13,16 223

Ester
3,2-6 194
4,17 120

Salmos

40,1-2 284
44 198
68,1-2 199
68,21-23 199
74 198
79 198
137,7-9 199
137,8 208
137,8-9 284

Provérbios

10,2-4 125

Isaías

2,2 292
2,4 292
2,5-17 213
2,6-8 292
2,16 .... 213, 292
13,1-22 209
13,4 209
13,7 209
13,8 209
13,10 209
13,13 209
13,15 209
13,20-22 209
14,3-23 198
14,12 208
14,14 208
14,19 208
21,9 208
23 .... 212, 291
23,1 213
23,3 214
23,7 214
23,8 214
23,9 214
23,14 214
23,17 214
23,18 .... 214, 249

24–27 291
24,2 291
25,4 291
25,6 292
44,28–45,3 227
47,1 208
47,7 .... 207, 208
47,8 208
47,9 208
47,10 208
47,12-13 208
47,15 209
48,20 19
54,11-12 292
57,5-10 51
60,6 293
60,11 293
65,17 291
65,20 291
65,21-22 291
66,12 291
66,22 291

Jeremias

1,14-19 227
2,20 51
3,2 51
3,6-10 51
6,13 266
8,10 266
27,3 219
27,6 211
29,7 211
51,45 .... 19, 38
51,63-64 223

Ezequiel

16 204
16,15-52 51
27–28 212
27 .... 212, 217

27,3	218
27,5-7	218
27,10	218
27,12-24	218, 219
27,13	215, 218
27,17	219
27,26-27	219
27,28	219
27,29-32	219
27,33	219
28	220
28,2	220
28,5	220, 289
28,6	220, 289
28,7-8	221
28,9	289
28,12-15	289
28,13	289, 290
28,16	222, 223, 289, 290
28,17	289
28,18	222
28,18-19	289
29,18-20	223
30,10-11	222
39,17-20	208
40–48	288
43,7	288
45,9	288
45,10	288

Daniel

1–6	199, 275
1,3-21	211
1,12	210
1,14	210
2,28	210
2,44	210
2,49	211
3,1-30	211
3,4	210
3,7	211
3,19-30	211

3,30	212
4,22	207
5,4	210
5,23	210
6,16-24	211
7–12	210
7	202, 210
7,1-28	34, 210
7,7-28	247
11,36-37	220

Oséias

4,12-14	51
12,8-9	266

Joel

4	215
4,5-6	215
4,8	215
4,11-12	215
4,13	215
4,14	215
4,15	215
4,17-18	215

Amós

8,4-6	266

Jonas

1,3	213
1,5	171

Zacarias

1,11	205
1,15	205
1,8	205
2,11	205
2,14	309
6,1-8	205
6,7	205
8,10	205
8,20-23	214

9–14 215
9,3–4 216

Tobias
14,6-7 214

Judite
6,2 220
8,116,25 220

Sabedoria
14,1-4 172
14,16-21 173
15,8-12 74

Eclesiástico
10,14-18 222
10,7-8 222
26,29–27,2 258
31,5 124
31,8-9 125
42,2-5 258

Baruc
4,31-35 210
4,35 209
6,7 120

Carta de Jeremias
6,7 88

Bel e o dragão
2 104

1 Macabeus
1–2 199
4,60 310
5,15 216
5,48-54 279
8,1 99
8,14 142
8,17-30 235

8,26 258
12,1-4 235
14,5 258
14,34 258

2 Macabeus ....
4,18-20 216
4,32 216
4,43-50 216
9,12 220

Novo Testamento

Mateus
5,14 297
5,39 .... 121, 280
5,41 280
5,42 307
5,43-46 121
5,44 280
6,2 221
6,10 308
6,19-21 127
6,24 .... 125, 127, 308
9,9-13 126
11,19 126
11,20-22 216
13,22 127
15,1-9 233
15,26 217
17,24 256
19,16-30 127
21,31 126
22,7 276
22,20 123
23,1-39 233
23,9 303
24,6-8 204
24,9 43
24,15 276
24,21 43
24,48 54

25,14-30	125
26,52	121

Marcos

2,13-17	126
7,27	217
9,5	301
10,21	299
10,25	126
10,29-30	299
12,13-17	175
12,16	123
13	225
13,7-8	204
13,14	276
13,19	43
15,16-20	129

Lucas

1,1-3	126
1,51-53	33
1,53	127
3,12-13	126
4,15	221
5,27	280
5,27-32	126
6,15	280
6,20-26	33
6,24	125
7,1-10	280
7,2-5	242
7,4-5	252
7,34	126
8,3	126, 299
10,13-14	216
12,13-21	127
12,45	54
13,32	280
14,1-14	126
14,7-11	103
14,12-14	103
15,1-2	126

16,13	125
16,15	276
16,19	129
16,19-31	126
19,1-10	126
19,12-27	125
20,24	123
21,9-11	204
21,19	43
21,20-24	268
22,25	280
22,25-26	110
22,27	110
22,29	110
23,34	280

João

4,7-15	288
7,38	288
9,1-41	233
9,22	268
12,42	268
13,29	299
16,2	268
18,11	121
18,36	23
19,12	23, 103, 269, 287
19,15	23, 269

Atos

1,1	126
1,13	280
3,21	281
4,32	299
7,52	276
7,52-53	268
8,40	264
10,1-48	120, 126
10,22	243, 265
10,26	120
11,27-30	299
12,19	264

12,20-23	217	28,22	270
13,4-12	126	*Romanos*	
13,50	40	1,9-15	62
15	66	1,21-23	62
15,20	66, 67	1,23	62, 123
15,29	66, 67	1,25	62
16,14	129	2,22	276
16,15	129	5,3	43
17,4-5	40	8,14-17	303
17,6	269	8,29	123
17,7	269, 287	12,20-21	121
17,12	40	12,21	280
17,17	130	13,1-7	62
17,34	126	13,6	62
18,1-3	130, 158	14,14	63
18,1-23	236	14,23	63
18,2	242	15,24	236
18,8	236	15,25-28	299
18,12	104	15,28	62, 236
18,12-17	234, 268	16,1	130, 173
18,17	237	16,2	130
18,18-19	130	16,3-5	130
18,24-28	236	16,3	236
19,9	160	16,23	63
19,22	63		
19,23-27	89	*1 Coríntios*	
19,23-41	155	1,14	236
19,24	261	1,26	40
19,25-27	74	3,16-17	297
19,27	112	5,9-13	63
19,28-41	74	5,13	64
19,31	103, 158	6,12	59
19,38	261	7,29-31	131, 273
22,28	97	8,1	63
22,29	240	8,4	59
27	35, 166	8,5	60
27,2	150	8,6	60
27,6	150, 166	8,7	60, 63
27,9-12	166	8,13	60
27,11	261	10,14-22	61
28	35	10,25-28	61
28,13-14	175, 263	11,7	123
		11,17-34	127

12,2 62
12,26 221
15,49 123
16,1-4 299
16,19 .... 130, 236

2 Coríntios
3,18 123
4,4 123
5,17 287
6,4 43
6,14-17 61
8–9 299
8,2 126
11,25 166

Gálatas
2,10 299
2,14 236
5,20 62

Efésios
2,21 297
3,13 43
4,1 43
5,5 55
5,21–6,9 57
5,23-32 301
6,5-9 40
6,9 58

Filipenses
3,20 240
4,22 .... 94, 253, 303

Colossenses
1,15 123
1,20 281
3,5 55
3,10 123
3,1–84,1 57
4,1 58

1 Tessalonicenses
1,9 62

2 Tessalonicenses
2,4 .... 60, 203

1 Timóteo
6,9-10 135
6,17 40

2 Timóteo
2,4 122
4,19 236
4,20 63

Filemon
2 39
10 39
22 39

Hebreus
11,10 240
11,16 240
12,3 47
12,4 48
12,7 47
13,5 126
13,14 240

Tiago
1,9 127
1,11 127
2,1-7 40
2,2 233
2,2-3 127
2,6 127
2,6-7 127
2,14-17 299
2,17 128
4,4 103
4,13 128
4,13–5,6 128
4,13-16 128
5,1-6 .... 127, 128

343

1 Pedro

1,1	48, 56
2,3	54
2,4-8	300
2,9	56, 300
2,11	56, 300
2,13	55, 58
2,13–3,7	57
2,13-17	57
2,14	54, 58
2,15	54
2,17	59
2,18	58
2,18-25	57
2,21-24	57
2,23	57
3,1-2	57
3,1-7	57, 58
3,7	57
3,16	56
4,3	56
4,4	56
4,7	57
4,12	48, 56
4,16	48
5,9	48, 56
5,13	44, 48

2 Pedro

2,1	54
3,16	64

1 João

4,1-6	229

Judas

4	53
11	54
12	54

Apocalipse

1,1	21
1,5	53, 287
1,9	42
1,12	286
1,16	87
2	42
2,2	225
2,3	196
2,6	154
2,7	309
2,8-10	237
2,8-11	33
2,9	232, 238, 256, 257
2,9-10	43
2,10	45, 210, 239
2,13	43, 50, 53, 272
2,14	50, 53
2,15	50, 154
2,17	309
2,18-29	195
2,20	50, 53, 54
2,20-23	276
2,20-24	225
2,22	43, 238
2,23	238
2,26	308
2,28	309
3	42
3,1	22
3,2	49
3,7-9	237
3,8	33, 53, 239
3,9	232, 239, 256
3,10	45
3,12	239, 297
3,14-19	33
3,15	49, 51
3,17	39, 270
3,19	270
3,20	286
3,21	309
4,3	285
4,8	308
4,11	308
5,6	279

5,9-14	308
5,10	61, 309
6,1-8	204
6,6	143, 205, 206
6,8	209
6,9	49
6,9-10	43
6,9-11	35, 211, 272
6,12	209
6,12-13	215
6,12-14	209
6,13	209
6,15	101, 102
6,15-17	209
7,3	194
7,4-8	238
7,9-10	309
7,10	22
7,14	65
7,15-17	308
7,16	309
8,12	209, 215
9,13-19	226, 228
9,20	210
9,21	278
10,1	285
10,11	41, 210
11	244
11,8	210, 233
11,15	69, 210, 309
11,17-18	308
12,1-6	234
12,3	220
12,3-18	17
12,7-9	227
12,10	195
12,10-12	308
12,11	196
12,14	138
13	210, 226, 229, 248
13,1	134, 208, 239
13,1-8	31
13,1-10	22, 34, 210
13,2	102, 237, 308

13,3	101, 226
13,4	201, 207, 208
13,5	134, 239
13,6	239
13,7	211
13,8	211
13,10	38, 43, 52, 207, 209, 279
13,11-18	18, 34
13,12	208
13,13-15	88
13,14	51, 123, 254
13,14-15	191
13,15	123
13,16	193
13,16-17	189, 192
13,17	33
14,1-5	276, 279
14,4	276, 279
14,8	19, 208, 279
14,9	123
14,11	123, 211
14,12	279
14,17-20	215
15,2	123, 211
15,3	221
15,3-4	308
15,4	221, 309
16,2	123, 211
16,5-7	308
16,6	49
16,12	226
16,12-16	209, 215
16,17-21	211
16,19	19, 32
16,20-21	32
17	35, 197, 198, 209, 213, 227
17–22	289
17,1	51, 213
17,1-2	203, 214
17,1-18	18
17,2	35, 51
17,3	134, 208, 239
17,4	276
17,5	19

17,6 49
17,8 .... 101, 226
17,9 .... 35, 226
17,9-11 101
17,10 .... 22, 226
17,12 209
17,12-13 222
17,12-17 227
17,14 221
17,16 .... 201, 209, 222
17,17 209
17,18 .... 35, 149, 207, 227
18 .... 18, 19, 24, 26, 29,
    32, 34, 35, 38, 110, 138, 162, 197,
    198, 202, 209, 212, 213, 217, 228
18,1 .... 29, 31, 32
18,1-24 22
18,2 .... 17, 19, 31, 32, 197, 210
18,3 .... 17, 33, 35, 77, 78, 92,
    142, 149, 187, 203, 208, 214,
    261, 277
18,4 .... 19, 35, 38, 61, 138, 212
18,5 197
18,6 .... 197, 208
18,6-8 211
18,7 ..... 92, 142, 188, 208, 221, 277
18,7-8 32
18,8-9 216
18,9 .... 35, 51, 138, 149
18,10 19
18,11 .... 138, 143, 203, 261
18,11-13 .... 32, 144, 151,
    218, 219, 258
18,11-16 277
18,12 .... 129, 146, 147
18,12-13 143
18,13 143
18,14 142
18,14-15 148
18,15 .... 138, 187, 261
18,15-17 141
18,15-19 32

18,16 .... 142, 144
18,17 .... 5, 17, 137, 138, 216
18,19 277
18,20 .... 32, 139
18,21 .... 19, 216, 223, 284
18,21-23 32
18,22 261
18,22-23 223
18,23 .... 208, 261
18,24 .... 49, 207, 223, 231, 277
19 283
19,1 284
19,1-2 207
19,1-8 308
19,2 49
19,7 301
19,8 .... 29, 301
19,9 301
19,10 .... 120, 194
19,17-18 .... 190, 208, 284
19,20 .... 123, 211
20,4 .... 35, 43, 49, 123, 211, 272,
    309
20,4-6 211
20,4-15 310
20,11-15 285
21 .... 244, 310
21–22 .... 78, 271, 215
21,1 .... 203, 291
21,2 .... 22, 232, 271, 285, 302
21,3 .... 214, 271, 286, 309
21,3-4 .... 301, 303
21,4 .... 287, 309
21,5 287
21,6 .... 288, 296
21,7 302
21,8 .... 275, 281
21,9 232
21,9-27 33
21,10 .... 232, 285, 289
21,11 292
21,12 .... 293, 296

21,12-14	296	40,1-2	202
21,13	296	67,7	44

1 Henoc

21,14	42, 293	37-71	245
21,16	293, 294, 296	46,7	245
21,18-21	292	46,8	245
21,19-20	290	48,8	245
21,19-21	146	63,12	245
21,20	146	94,8-9	125
21,22	297	97,8-10	125
21,23	232, 297		

4 Esdras

21,23-26	271	3,2	44, 200
21,24	228, 286, 289, 290	3,28-31	44
21,24-26	214, 281	11,6	201
21,25	293, 297, 310	11,3712,3	201
21,27	281	13,1-58	204
22	244	15,46-48	201
22,1	296	15,53	201
22,1-2	294, 295	16,41-47	273
22,2	272, 286, 289, 296		

3 Macabeus

22,3	294	2,28-29	189
22,4	294	2,31-32	190
22,5	297	3,10	190
22,6	210	3,28	190
22,8-9	120, 194	3,3	190
22,9	41	3,7	190
22,11	302	3,8	191
22,14	296	6,34	190
22,14-15	65		

Martírio de Isaías

22,15	275, 281	2,4	225
22,16	311	3,25-28	65
22,17	281, 296	4,1-3	83
22,27	295	4,1-13	203

Outras referências antigas

4,2 225

Pseudepígrafos (Apócrifos)

4,2-11 65

2 Baruc

4,6 220

11,1-2	200	
11,1-3	44	

Salmos de Salomão

36,7-9	201	
39,5-6	202	2,29 220

Oráculos sibilinos

2,15-18 35
2,132-134 125
2,167 225
2,219-324 310
3 238
3,63-70 .... 225, 238
3,350-358 203
4 228
4,119-120 228
4,130-139 228
4,145-148 228
5,33-34 .... 203, 220
5,47 202
5,143 44
5,158-159 202
5,163-178 203
5,447-448 203
8 204
8,33-36 204
8,37-40 204
8,110-121 310
8,348 203
8,487-495 54
11,109-17 35
11,298-299 144
12 46

Testamento de Judá
19,1 124

Testamento de Moisés
10,8 201

Tratado de Shem
1,10 166
2,12 166
4,5 166
6,16 166
10,5 166
11,6 166

Qumrã
1QpHab
6,3-5 .... 62, 122
Mixná
Ber.
29a 268
61b 248

Git.
55b 248
56a 249

Me'il.
17b 249

Pes.
118b 248
119a 249

Sab.
49a 248
56b 247

Sanh.
21b 248
41a 262

Yom.
57a 249

Talmudes
b. 'Abod. Zar.
1,8a 266
1,11b 266
1,13b 266
14b 266
18a 249
18b 250
b. B. Bat.
22a 262
73a 261

b. Git.
57b 250
58a 249
b. Ket.
5a 262
61b 261

b. Yom.
35b 262

Midrashim
Gen. R.
16,4 262
77,2 262

Sifre
354 142
357,14 262

Fílon
Flacc.
57 261

Leg. Gai.
85-118 220
115 255
118 254
133 254
134-135 254
146 170
151 171
157 251
158 267
245 234
317-318 251
349-367 83

Josefo
Ant.
XI,6,10 129
XII,3,4 241
XIII,15,4 258

XIV,6,1-7 241
XIV,8,1 235
XV,7,3 259
XVI,6,2 .... 241, 253
XVII,6,14 123
XVII,12,1 263
XVIII,3,1 123
XVIII,3,5 122
XVIII,6,3 .... 261, 262
XVIII,8,1 261
XVIII,9,1 256
XIV,10,6 241
XIV,10,7 241
XIV,10,10-26 241
XIV,10,12 122
XIV,10,13 .... 122, 124, 240
XIV,10,14 122
XIV,10,16 240
XIV,10,18 .... 122, 124
XIV,10,19 240
XIV,10,22 259
XIV,10,23 241
XIV,10,26 241
XIV,43 258
XIX,5,1 262
XIX,5,2 267
XIX,5,3 267
XIX,8,2 217
XX,5,2 .... 261, 262
XX,7,3 261
XX,8,7 264

Apião
II,6 .... 251, 253

Autob.
3 .... 166, 263

G. J.
I,1,4 235
I,20,3 259
I,21,4 264
I,21,7 264

II,7,1 263
II,9,2-3 .... 123, 254
II,10,4 254
II,13,7 264
II,14,9 244
II,16,4 165
II,17,2 72
II,18,1 264
III,9,2-4 259
IV,3,10 252
V,9,3 77
V,13,6 252
VI,6,1 122
VII,2,1 170
VII,5,4 146
VII,5,4-5 199
VII,6,6 256
IX,2 258

Autores Cristãos

Aristides
Apologia
15 306

Orationes
46,2,404 124

Ad Romam
23,24 113
36-39 285

Atenágoras
Legatio pro Christianis
1,4 121
3 73
1Clem.
5 48
6 48
37,1-4 48
38,2 306

50,2 306
61,1-2 48
65,1 133

Didaqué
IV,8 306

Dio Crisóstomo
Or.
3,13,9 81
36,25 114
45,1 47
46,6 119

Diogneto
5,1-6 307

Epifânio
Panarion
42,1 137

Eusébio
Hist. Eccl.
3,5,3 268
3,18 42
3,18,1 42
3,18,2-4 310
3,18,4 47
3,19 67
3,20,3-6 69
3,32 305
3,39,4-6 244
4,7,7 136
4,9 75
4,18,6 136
4,26,9 45
4,26,10 305
5,4,3-5,5,7 120
5,13,3 136
5,21,1 305
7,15,1-3 122
7,25,1-27 41

Hermas, Man.
10,1,4-5 134

Hermas, Sim.
1,1 133
2,4,3 133
2,7 306
4,7 134
8,8,2-3 134
9,11,5 133
9,19,3 134
9,21,2-3 134
9,28,4 134

Hermas, Vis.
2,1,1 133
3,6,5 .... 133, 134

Hipólito
Tradição apostólica
17-19 121

Refutatio Omnium Haeresium
9,21 .... 193, 266

Inácio
Epistula ad Magnesios
5,2 193
8,1 236
10,3 236

Epistula ad Philadelphenos
6,1 236

Epistula ad Policarpum
8,2 40

Epistula ad Smyrnaeos
13,2 40

Irineu
Adv. Haer.
1,6,3 136
1,24,5 136

1,26,3 136
1,28,2 136
4,30,3 170
4,34,4 121
5,30,3 .... 23, 44
5,33,3-4 310
5,35,3 41
12,14 66

Justino Mártir
I Apol.
39 121
68 .... 75, 305

Trifão
1 136
35,1 136
81 41
110,3 121

Justiniano
Dig.
3,4,1 162
47,22,1-3 159
50,6,6 167

Mart. Pol.
4 276
8,2 239
9,2 239
10,1 239
13,1 239
17,2 239
19 305
19,1 49

Orígenes
Contra Celsum
1,1 159
1,62 138
7,25 121
8,68 72

Pápias
Fragmentos de Pápias
4 310

Policarpo
Filipenses
10,3 135
11,1 135
11,2 135
11,4 135

Tertuliano
Adv. Iud.
9 35

Adv. Marc.
3,14 41
3,24 41
4,3 137
4,4 136
4,5 137
5,1 136

Ad Scap.
4 305
4,4 70
4,6 120

Apol.
4 167
5,3-4 45
5,6 120
16,8 121
33,3 122
37 305
42 305

De Cor.
11 121
13 .... 38, 240

De Idol.
11 266

15 71
19 .... 121, 122
23 186
24 304

De Praesc.
30,1 136

Clássicos

Apião
Guerras Civis
5,8,67 170

Aristóteles
Política
1330b-1331b 294

Arriano
Anab.
2,18,1-24,6 224
2,18,2 224
2,24,5 224

Augusto
Res Gestae
5 .... 164, 192
15 148
25 170
32 149
35 303

Catão, o Velho
21,5-6 118

Cícero
Ad Atticum
6,5 35

De Natura Deorum
1,2,4 73
2,3,8 73

De Officiis
1,150-152 116

Dio Cássio
Hist. Rom.
1,44 295
46,8 92
51,20,6-8 82
52,36,1-2 73
55,2 167
56,10 167
60,6,6 242
60,17,5-6 97
63,1,2-5,4 149
64,9 225
67,13,7 47
67,4,7 47
67,14 47
72,8-10 120

Gaio
Inst.
1,32c 167
3,42-54 167

Heródoto
1,178 294

Horácio
Carmina
3,6,29-32 152

Odes
3,6 73

Juvenal
Sat.
1,109-111 95
3,62 95
3,69-72 95
3,81-83 96
14,266-271 114
14,275-278 150

Lívio
5,51,5 73
21,63,3-4 114

Luciano
O navio
11-25 114
13 115
22 115
23-24 115

Marcial
4,64 35
5,8,1 47

Paulus
Opiniões
5,28a3 114

Pausânias
Descrição da Grécia
2,2,3 173
2,4,6 71

Petrônio
29-30 152
31 153
37 153
57,6 152
65,3 152
71 153
71,12 152
76 .... 152, 166, 182

Filostrato
Vida Apol.
4,32 .... 114, 119
4,38 227

Plínio
Ep.
2,9 104
2,13 106

6,31,3 96
6,31,15-17 169
9,5 101
10,8 88
10,33-34 160
10,94 54
10,96 .... 40, 46, 70, 71, 277
10,96-97 305
10,97 70
12,94 145

Hist. Nat.
6,26 144
12,41 144
12,83 146
12,93 145
12,97 145
33,148 93
36,204 144
37,79 147

Pan.
29,2 170
29,4-5 165
29,5 91
52 283

Plutarco
De Liberis Educandis
7 160

Moralia
470c 96
831a 61

Mor. De Liberis Educandis
7 117

Precepta
805 F 106
809 A 106

813 F 105
825 D 105

Quinto Cúrcio
Historiae
4,2,1-4,21 224
4,2,5 224
4,4,17 224
4,4,19 224

Sêneca
De Brevitate Vitae
18,5 164

De Consolatione ad Helviam
10,5-7 92

Ep. Mor.
10,2 92
60,2-3 93
60,3 93
81,9 104
81,18 105
81,27 105
87,41 93
119,5 116

Estrabão
Geog.
3,2,5 .... 81, 170
8,2,1 173
8,6,4 173
8,6,20 .... 61, 152
8,6,22 173
14,1,24 113
16,2,28 258
17,1,16 261

Suetônio
Aug.
34 167

48	99
98	168
101	192

Cal.
21	169

Claud.
18	166
19	167
20,3	168
25,2	169
29	94

Dom.
7,2	206
10	283
12,2	257
13	87
13,2	47
14	283
14,2	206

Nero
9	169
19,2	169
35,5	105
57	225

Tito
8,3	303

Estácio
Via Domitiana
4,3,128-129	169

Tácito
Ann.
2,87	164
3,25	167
4,15	83
4,37	82
6,13,1	164
7,43	163
13,27	98
13,51	167
14,27	112
14,52-56	105
15,18	166
15,19	167
15,39	165
15,44	49, 267
15,63	105
16,22	72
16,23	108

Hist.
1,76	94
2,8	225
4,74	109
5,5	267
9	225

Ulpiano
Epitome
1,10-15	167
29,3-7	167

Virgílio
Eneida
6,782	35

Índice de autores

A

Achtemeier, P. J. 11, 15, 56, 58, 213
Alexander, L. 28, 172, 275
Anderson, B. W. 284, 285
Applebaum, S. 242, 258, 259, 261, 262, 263
Attridge, H. W. 48
Aubert, J. 111, 118, 137, 152
Aune, D. E. 41, 133

B

Bainton, R. H. 120, 121
Baldwin, J. G. 215
Barclay, W. 195
Barrett, C. K. 61
Bauckham, R. J. 15, 28, 29, 53, 54, 55, 129, 143, 219, 222, 223, 226, 227
Beagley, A. J. 35
Beale, G. K. 210
Beckwith, I. T. 22, 23, 47, 195
Betz, O. 128
Black, M. 46, 161
Bogaert, R. 186
Boismard, M. E. 23, 212
Boring, M. E. 138
Bousset, W. 22, 34
Broughton, T. R. S. 91, 95, 108, 112, 145, 147, 151, 154, 161
Brunt, P. A. 33

C

Caird, G. B. 23, 34, 41, 50, 138, 226
Campenhausen, H. F. von 120

Casson, L. 91, 144, 145, 148, 165, 166
Charles, R. H. 22, 23, 34, 41, 42, 195, 206, 226, 244, 245, 294
Charlesworth, M. P. 12, 89, 108, 110, 168
Collins, A. Y. 24, 25, 32, 33, 43, 46, 49, 64, 76, 84, 110, 138, 139, 162, 163, 193, 195, 196, 229, 243, 282
Collins, J. J. 202, 203, 204, 228, 238

D

D'Arms, J. H. 98, 114, 117, 182, 183
Davies, P. R. 275
Deissmann, A. 39, 193, 194

E

Eichrodt, W. 218, 219, 220, 224
Elliott, J. H. 300, 301, 302, 303
Engelmann, H. 90, 142
Engels, F. 147
Epp, E. J. 23

F

Ferguson, E. 166
Fiorenza, E. S. 23, 34, 43, 46, 52, 55, 60, 64
Ford, J. M. 23, 35, 41, 138
Fornberg, T. 54, 55
Frank, T. 91, 92, 115, 165, 197
Frend, W. H. C. 46, 48, 52, 70, 73, 74, 133, 137, 233, 304
Frerichs, E. S. 243
Friesen, S. J. 36, 37, 82, 83, 94, 96, 158
Fuchs, H. 200

G

Garnsey, P. 95, 97, 99, 100, 103, 104, 117, 143, 148, 157, 165, 166
Gempf, C. H. 150
Ginsberg, M. 256
Gn 23, 43, 52, 64, 258, 319
Grant, M. 93
Grant, R. M. 187
Gummere, R. M. 104
Gunkel, H. 22

H

Haenchen, E. 129
Hammershaimb, E. 212
Hannestad, N. 82, 85, 88, 120, 122, 164, 175
Hanson, J. S. 246
Harnack, A. von 137
Hauck, F. 61
Hawthorne, G. F. 128
Helgeland, J. 121
Hellholm, D. 33
Hemer, C. J. 41, 150
Hengel, M. 15, 39, 75, 125, 126, 128, 193, 195, 209, 219, 225, 246, 255, 257, 258, 265, 276, 278
Hermansen, G. 62, 169, 179, 180, 181, 186
Herr, M. D. 247, 251
Hopkins, K. 91, 92, 93, 110, 112, 114, 117
Hornus, J.-M. 120
Horsley, G. H. R. 129, 130, 132, 155, 156, 157, 158, 159, 265
Horsley, R. A. 246

J

Janzen, E. P. 87, 191, 192
Jenks, G. C. 41, 44, 49, 229
Jones, A. H. M. 33, 89

Jones, B. W. 94
Judge, E. A. 39, 46, 270
Jurgens, W. A. 307

K

Kaiser, O. 199
Kee, H. C. 124
Kitzinger, R. 93
Klijn, A. F. J. 199, 200, 201
Knibb, M. A. 64, 245
Knibbe, D. 90, 142
Koester, H. 174
Kraabel, A. T. 263
Kraeling, C. H. 123
Kraybill, J. N. 15, 261, 310
Kümmel, W. G. 41, 45

L

La Piana, G. 97, 111, 162
Lake, K. 48, 150
Lambrecht, J. 32
Lampe, P. 15, 116, 136, 163, 165
Leon, H. J. 253
Levick, B. 94
Levine, L. I. 264
Lewis, N. 82, 98, 100, 103, 107, 108, 109, 120, 149, 150, 160, 167, 245, 285, 295
Llewelyn, S. R. 265
Lohfink, G. 308
Lovering, E. H. 87

M

MacMullen, R. 109, 110
MacRae, G. W. 23
Madden, F. W. 282
Magie, D. 46, 79, 80, 83, 89, 91, 94, 108, 112, 116, 158, 161, 167
Malherbe, A. J. 25, 39, 157, 160
Mattingly, H. 11, 85

Mays, J. L. 41, 48, 54, 55, 56, 60, 173, 212, 215
McCrum, M. 167
Mearns, C. L. 245
Meeks, W. A. 25, 39, 95, 129, 131, 132, 157, 159, 234, 252
Meiggs, R. 98, 155, 159, 160, 162, 164, 168, 169, 170, 175, 178, 180, 181, 182, 183, 186, 187
Meijer, F. 90, 114, 116, 118, 148, 157, 171, 172, 182
Metzger, B. M. 199
Millar, F. 15, 95, 167
Momigliano, A. 236

N

Neusner, J. 243, 247, 262
Nijf, O. V. 148, 157, 171, 172, 182
Nock, A. D. 172

O

O'Donovan, O. 34, 310
Osiek, C. 132
Owens, E. J. 294, 296

P

Parker, A. J. 143, 144, 146, 147, 164, 166
Patai, R. 258
Peters, F. E. 110
Peterson, D. L. 215
Petit, P. 97, 108, 111, 112, 120, 163, 165
Pleket, H. W. 117, 151
Price, S. R. F. 36, 37, 71, 82, 83, 84, 88
Pucci, G. 143

R

Radin M. 123

Ramsay, W. M. 34, 113, 153, 154, 206, 242
Raschke, M. G. 144, 145, 146, 169
Reese, J. M. 173
Reinhold, M. 82, 98, 100, 103, 107, 108, 109, 120, 149, 150, 160, 167, 245, 285, 295
Richardson, J. Jr. 92
Robinson, T. A. 72, 234
Rostovtzeff, M. 80, 81, 90, 94, 109, 110, 111, 116, 120, 162, 165, 175, 178, 186
Roth, C. 193
Rowland, C. 15, 26, 27, 44, 46, 49
Ruiz, J-P. 197, 213, 221

S

Safrai, S. 242, 243, 261
Saller, R. P. 95, 97, 99, 100, 103, 104, 157, 242
Schürer, E. 161, 172, 240, 241, 242, 243, 252, 253, 261, 263, 267
Scott, K. 120, 174
Scroggs, R. 57
Sherwin-White A. N. 97
Smallwood, E. M. 252, 253, 255, 256, 263
Sordi, M. 47, 68, 75
Stauffer, E. 45
Stern, M. 242, 243
Sweet, J. P. M. 61, 92
Swete, H. B. 23, 206, 207
Swift, L. J. 120
Syndenham, E. 85

T

Tamari, M. 259
Tcherikover, V. 261
Theissen, G. 25, 39, 59, 60, 63, 131, 136, 236

Thompson, L. L. 23, 25, 26, 42, 46, 50, 71, 72, 83, 85, 88, 97, 109, 158, 160, 239, 243, 304, 305
Thompson, S. 244
Thompson, W. E. 186
Trebilco, P. R. 243

V

Vermes, G. 62
Vogelgesang, J. M. 212, 217, 219

W

Wacher, J. 260
Walbank, F. W. 105
Walton, S. 110

Waltzing, J. P. 158
Watson, G. R. 121
Wengst, K. 42, 91, 92
Whedbee, J. W. 215
Wink, W. 27, 280
Wolterstorff, N. 278
Woodhead, A. G. 167

Y

Yoder, J. H. 57

Z

Zanker, P. 98, 178, 188, 191
Zimmerli, W. 218, 219

Índice de assuntos

Acab, 51, 212
Acaia, 104, 234
Áccio, 188
Acmônia, 113, 242, 243
Adimanto, 114
Adramítio, 150
Adriano, 74, 75, 112; deu benefícios a armadores, 167; carta de, a Éfeso, 171
adultério, 43, 202
África do Sul, 27
África, província romana de, 71, 91, 103, 145, 160, 163, 165; armadores da, 185; continente da, 260
Afrodite, 152, 161, 173
agricultura, 141
Agripa, Marcos Vipsânio, 252
água da vida, 288
águia, Roma como, 200
Alabanda, 95
Alexandre Magno, 80, 198; no cerco de Tiro, 224
Alexandre, irmão de Fílon, 261-262
Alexandria, 33, 173; indústria em, 89, 100; porto de, 145, 170; Paulo no navio de, 149-150, 166; judeus em, 166, 189-190, 191, 267; armadores em Putéoli, 168; culto imperial no porto de, 170; moedas de, 174; culto de Dionísio em, 189; rei Ptolomeu de, 189; imperador reconhecido na sinagoga de, 253
altar, no céu, 43, 272
Amalec, epíteto para Roma, 247

Amastre, 161
amizade, 241
Anás (sumo sacerdote), 252
Ancira, templo de Roma e Augusto em, 192
anjo, mensageiro para João, 32; não para ser adorado, 194
annona (suprimento de grãos para Roma), 163-169, 187
Antédon, 259
Anticristo, 229
Antigo Testamento, amplo uso por João, 207
Antíoco IV Epífanes, 198, 216, 220
Antioquia (da Pisídia), 206
Antioquia na Síria, 67, 188
Antipas, 43, 45, 50, 272
anti-semitismo no Apocalipse, 238
Apocalipse, exegese do livro, 22-29; data de composição, 22, 44, 48-49; público a que se destina, 23-24; aplicação ao mundo moderno, 27; autoria, 41-43
Apolo, 236
apostasia, 134, 135, 242, 275-277
apóstolos, depois de sua época, 42; os doze, 64; nomes na nova Jerusalém, 296
Áquila, 130, 158, 236
Aquiléia, 33
arco-íris, 285
Arístio, Tibério Cláudio, 96, 158
Aristóteles, 294
armador(es), títulos dos, 160-162; privilégios dos, 163-167; gratos

a Roma, 168-171; orações no mar, 172-174; envolvimento no culto imperial, 174-179

Ártemis, 108; templo de, em Éfeso, 112

ascensão social, 97-98; via serviço militar, 97, 119, 120; entre judeus e cristãos, 119-128

Asclépio, 173

Aserá, 51

Ásia Menor, cristãos que viviam na, 24-26, 49; judeus que viviam na, 24-26; comércio na, 33; domínio romano na, 78-79; recursos naturais da, 89, 90; exportações da, 91-92; economia da, 110-111

asiarcas, 158

associações de corais, 84, 309

Atálio III, 79

ateísmo, 47, 72-73; acusação contra os cristãos, 73

Atenas, 112, 115, 151; Paulo em, 130; templos em, 172-173

atividade bancária, 61, em Pérgamo, 112; em Óstia, 186; aristocratas envolvidos na, 117-118; relacionada com a marinha mercante, 118, 141-142; cristãos envolvidos na, 129; caráter religioso da, 186

augustales, 152, 309; influentes nas guildas, 181-185; em Óstia, 182-183

Augusto (veja Otaviano)

azeite de oliva, 91, 112, 205; na lista de mercadorias de João, 143

Baal, 51

Baal de Fegor, 51

Babel, 31

Babilônia, nome para Roma, 18, 31, 35, 38, 44, 48, 74, 197; nas Escrituras hebraicas, 31, 199; destruidora do Templo, 198; judeus que viviam em, 199; arquiinimigo, 199; paralelos com Roma, 207-210; alvo do ódio judaico, 284

babilônios, 34

Balaão, 50-54, 276

Balac, 50

banditismo, sob o domínio de Roma acabou, 169

Beemot, 229

Beliar, 61-62, 64, 83; Nero como, 225, 238

benefícios, 103, 104; do imperador para os armadores, 163-171; para os seguidores de Jesus, 308-311

benfeitor(es), 103-104, 110, 241; título proclamado por imperadores, 83; descrição de Febe, 130-131

Berito, 161

Besta, a marca da, 33, 188-194; primeira Besta, 34, 237; a segunda Besta como sacerdócio, 34; imperador como, 101

Bitínia, 40, 90, 96; julgamentos de cristãos em, 70

blasfêmia por participação no culto imperial, 21; no contexto comercial, 134, 135; de Roma, 208; dos que alegavam ser judeus, 238-239

Brundísio, 188

Cafarnaum, 251

Calendas, 266

Calígula, 83, 220; sua estátua no Templo de Jerusalém, 254, 255

canela, 144, 145

cânon de Muratori, 133

cânticos satíricos, 198

Capadócia, 90

Capito, Servenius, 242

carestia (fome), 204

carta apostólica, 66, 67
Cartago, 33
casa, imagem do povo de Deus, 301-303
casamento, 57; do Cordeiro, 301
catarse, 283
cavalos, os quatro do Apocalipse, 204-205
Celso, 72, 137
Cencréia, uma Igreja em, 130; recebeu o nome de uma deusa, 173; um templo em, 173
Centocelas, 169
Cérano, P. Cáulio, 263
César Augusto (veja Otaviano)
Cesaréia Marítima, 123, 259, 264-265
cevada, 205
charagma, 194
China, 90, 105, 260
Chipre, 126, 161, 172
cidadania, 97, necessária para recrutas das legiões, 120; entre os judeus, 124; relação com o culto imperial, 191; na nova Jerusalém, 240, 307, 311; no céu, 239-240, 307; de Paulo, 240, 244; dos judeus, 242
Cina, C. Sulpício de, 182
circuncisão, 66
Cízico, 84
Clado, G. Tyronius, 242
Cláudio (imperador), 93, 97-100, 108-109, 119-120, 164-165, 167; negócios com Alexandria, 241-242, 267
clientes, 100-104
cobiça, 19; relacionada com a idolatria, 131
coliseu, 88
colonialismo, 278
Colossas, 39
comércio, tido em baixo conceito pelos aristocratas, 113-119, 168; meio

de ascensão social, 113-119, 129; meio de ascensão social para judeus e cristãos, 124-128; atitudes judaicas e cristãs para com o, 124; riscos espirituais do, 126-128, 133-134, 147; marítimo, 141-153; papel judaico no, 257-262
Como, 104, 106
comunidades cristãs, 286; antecipação da nova Jerusalém, 298-303; partilha financeira nas, 298, 299, 306, 307
conflito, entre cristãos e judeus, 24, 236-240, 268; entre cristãos e Roma, 24-25, 39; entre cristãos e a sociedade local, 42; dentro da Igreja, 52, 53, 127; conflito de classes, 24-25, 109-110
construtor de templos (*neopoios*), 155
Cordeiro, símbolo de Jesus, 23; o cântico do, 221; fiéis para segui-lo, 276; patrono, 308-309
Corinto, 39, 40, 61, 71, 130, 152, 234, 236; cartas de Clemente a, 48
Cornélio (centurião), 120, 126, 243, 265
corona radiata, 88
Cós, 108, 151
covardes, 274-277
Creta, 166
crise, cenário para o Apocalipse, 24-25; percebida por João, 49, 73
Crispo, 236
cristãos, riqueza e posição social dos, 19, 39-40, 126-128; apatia entre, 49; relacionamento com os judeus, 231-240
cristologia, 286
crítica redacional, 23
crucifixão, 244
culto do imperador, 60, 70; desconhecido em Roma, 82; iniciativa

do Oriente, 82; poucos indícios por parte de neobabilônios, persas e selêucidas, 275

culto imperial, 54; fator provocante para o Apocalipse, 34-37, 45; na marinha mercante, 37, 151, 152, 153; expressão de lealdade ou gratidão, 37, 70, 71-72, 81-85, 188; relacionamento cristão com o, 64, 65, 75-76, 83, 122; meio de ascensão social, 96, 97, 152-153, 154; probabilidade de envolvimento dos ricos, 114; envolvimento de Trimalcião no, 152-153; nas guildas, 155-156, 162-163; em Óstia, 170, 175-181; amplamente conhecido no Oriente, 188; útil para obter cidadania, 190-191; judeus não obrigados a participar, 267

culto judaico, influência romana no, 251-254

Cumas, 133, 151

Cuza, procurador de Herodes, 126

Daniel, usado no Apocalipse, 206, 210-211

Delos, 161, 258

Deméter, 174

demônios, que enfestavam Roma, 32

demonstrações dos adoradores de Afrodite, 36

deuses, necessidade de apaziguar, 73; dos gregos, 82

dezoito bênçãos, 268

diáspora, 139, 236, 241, 253, 255

didrachmon, 241, 256

Dionísio, patrono, 162-163; culto de, em Alexandria, 189, 190-191

doação, em Roma, 148-149, 187

Domícia Augusta, 174

Domiciano, 22, 23, 35-37, 44, 45, 94, 105, 108; sua memória amaldiçoada, 36, 170; estátua de, em Éfeso, 36-37, 84-88; opinião de autores antigos a respeito de, 45-49, 283, 284; título de *dominus et deus*, 46, 87; perseguidor, 46, 47, 67-68; edito que proibia o plantio de vinhas, 91, 206; porto de Óstia reconstruído, 169; culto de, em Óstia, 170; estátua de, em Óstia, 183; morte de, 283, 284

Domínio romano, benefícios do, 108-111, 168-173, 243-244, 245, 274; protesto contra o, 109, 244, 245-246

Domitila, 47

Domus Aurea, 88

Dor, 258

dualismo, 281

Dura-Europos, 121

Edom, epíteto para Roma, 247

Éfebo, Cláudio, 133

Éfeso, 33, 108; culto imperial em, 36-37, 82, 96, 108-109; ourives em, 73; inscrições de, 77, 113; italianos em, 79; importante cidade da província, 112; pescadores constroem alfândega em, 132, 156-159; mercadores de, 149; população de judeus em, 234; privilégios dos judeus em, 241

Egito, grãos provenientes do, 91, 163-164, 165, 214; armadores provenientes do, 116, 161, 165; ponto de passagem para o comércio, 144-145; literatura proveniente do, 202, 203; nome para Jerusalém, 232-233

elegia, forma literária, 198, adotada por João, 284

Elias, 51

elites, que monopolizam recursos, 204
Epicteto, 81
Erasto, 63
Esaú, como epiteto para Roma, 247
escola de Tiranos, 160
escravidão, 57
escravos, 101; propriedade de cristãos, 39-40, 58; cristãos entre, 57; descendentes de, 98; capazes de melhorar a posição social, 117; traficantes de, 117
escritos rabínicos, 246-251; a respeito da idolatria, 250
Esmirna, 108; aprovação da Igreja de, 33; martírio de Policarpo em, 49; culto imperial em 82-83; indústria em, 89; cidade importante, 112; mercadores de, 150; atitude de João para com os judeus em, 237-240; cristãos em, 237-239; na rota comercial, 258
Espanha, 94, 104, 106, 115; azeite de oliva proveniente da, 143; visita planejada de Paulo a, 236; inscrição proveniente da, 295
esposa, a Igreja como, 301-302
essênios, 193, 266
Estados Unidos, 278
Ester, 129
estivadores, 142
eucaristia, 127
Eufrates, rio, 226, 228
Eutico, L. Lépido, 185
evangelho de riqueza, 299
exército romano, 48, como via para a mobilidade ascendente, 119-123; envolvimento cristão em 120-122; culto imperial no, 121-123; dava proteção para o comércio, 169-170; judeus isentos do, 240-241
Ezequiel, usado no Apocalipse, 206-

207, 212, 218-224, 288-291; lista de mercadorias de, 218-219; visão que teve do Templo, 288-292

familia Caesaris, cristãos entre, 301-303; envolvida no comércio de púrpura, 129 ·
Faraó, 220
Fausto, C. Sulpício, 184
Febe, diaconisa em Cencréia, 130-131
Fenícia, 51, 186; Jezabel originária da, 212
festas pagãs, 55-64, 70; no exército, 121; proibidos na literatura rabínica, 265
Filadélfia, 53, 108; aprovação da Igreja de, 33; mártires em, 49; atitude de João quanto a Jesus em, 237, 239; cristãos impotentes em, 239
Filemon, 39
Filipos, 135
fiscus judaicus, 256
Flávio Clemente, 47, 73
Floro, 243

Gabriel, 248
Gaio, 175
Galácia, 90, 96, 241
Galba, 22
Galião, 104, 234, 268
Gaza, 259
gênio de César, 239
gnosticismo, 52, 64
governo, cristãos no, 58-59, 124; atitudes cristãs em relação ao, 58; atitude de Paulo em relação ao, 62, 63
Grã-Bretanha, 172
grãos (cereais), 90-93; provenientes do Egito, 91, 163-164, 165, 214; navios para transportar, 115;

365

regras para transporte, 148-151; monopólio romano de, 148-149; controle imperial do comércio de, 149, 186, 187; provenientes da África, 165; Roma dependente das províncias para, 165; transportados por comerciantes privados, 165; mercadores de, em Óstia, 180; preço inflacionado dos, 205, 206

gratidão dos súditos para com Roma, 80-81

Grécia, 202; cristãos na, 131; mercadores da, 166

gregos, 34, cristãos entre eles, 39; na Ásia Menor, 81, 82-83

guardiã do Templo (*neokoros*), 83, 156

guerra, 204-205; atitudes dos cristãos primitivos em relação à, 120-124

guildas, cerimônias das, 61; em Óstia, 62, 179-185; em Éfeso, 89; nível social dos membros, 132, 157-158, 159; possível referência a elas em Hermas, 133; na Itália e no Oriente, 153-157; vários títulos das, 153; atitudes cristãs em relação a, 153-154; em sete cidades do Apocalipse, 154-155; em Tiatira, 154-155; época de maior influência, 155; função social das, 157; formação de cartel, 157; controle governamental das, 160, 167; relacionadas com a marinha mercante, 160-162; caráter religioso das, 162-163, 179-180, 182-183, 186; culto imperial relacionado com as, 162, 181-182, 183; patronos das, 162-163, 182; patronos da família imperial, 183; afastamento cristão das, 195, 196; alternativa cristã às, 299, 300

Hélios Saraptenos, 172, 187

Hércules, 161, 216

heresia, 54

Hermas, 132-136

Herodes Agripa, erigiu águias douradas em Jerusalém, 123; saudado como deus, 217; morte de, 217

Herodes Magno, 258-259; sincretismo de, 264-265

Hierápolis, 117, um mercador de, 150

Hillel, 265

Hiram, de Tiro, 212

historiadores romanos, 44-48

homens livres, 97-98

homicídio, 66, 275-276

Iahweh, 51

idolatria, abordada nas Escrituras hebraicas, 19, 20, 51, 66; na carta apostólica, 66, 67; no exército, 122-124; na política, 124; no amor ao dinheiro, 124-125; comentários de Hermas a respeito da, 133, 134-135; no sistema de patronato, 138; Roma nascida na, 247-248

ídolos, comida oferecida aos, 59-64, 136, 195; no mar, 172, 173-174; morte nas chamas para os que cultuam, 209

Igreja doméstica, 130

Igrejas paulinas, 39

imagem(ns), 62; da Besta, 88; do imperador em Jerusalém, 122, 123; atitudes judaicas e cristãs em relação às, 122, 123, 249-250, 251, 253-254, 255; de governantes, 172-173, 282, 284

imperador, atitudes cristãs em relação ao, 59; aniversário do, 71, 82, 266; aniversário da ascensão ao trono, 101, 266; benfeitor principal, 107-110; patrono 162-163

imperadores flavianos, 24, 85-88, 94, 108-109, 150
imposto do Templo (*didrachmon*), 241, 255-257
impostos, para Roma, 90
Índia, 90-91, 115, 144, 260; viagem oceânica para a, 144
indústria têxtil, 89, 154-155
inflação, dos preços dos grãos, 205-206
inimigos, mandamento de Jesus para amar os, 120-121
injustiça de Roma, 277, 278
insígnias (do exército romano) em Jerusalém, 122, 123
intrusos, cristãos, 139
Iohanan ben-Zakai, 262
ira, 280, 284-285; motivação para o Apocalipse, 24
Irã, 90
Isaías, usado no Apocalipse, 206-207, 291-293; Apocalipse de, 291-293
Ísis, 156-157, 161, 173
Israel, 51
Itália, símbolos cultuais em portos da, 175-179; armadores provincianos em contato com, 175

Janeu, Alexandre, 258
Jasão (sumo sacerdote), 216
Jeroboão, 247
Jerusalém, tema em Ap 17 e 20, 35; revolta em, 44, 72, 78, 123, 235, 252, 255-256, 257; cristãos em, 66, 67; sacrifícios no Templo em honra do imperador, 72, 254-255; tomada por Roma em 63 a.C., 198; destruição do Templo em 70 d.C., 199-200, 249; atitude de João em relação a, 210
Jesus, exemplo a seguir, 57, 279-280, 281; sua visão de Tiro, 216, 217

Jezabel, 43, 50-54, 212
Joana, mulher de Cuza, 126
João Batista, possível autor do Apocalipse, 23
João de Patmos, identidade, 23, 41-43; em Patmos, 31, 42-43
João, evangelho de, 23, 41
jogos olímpicos, 37
jóias, na nova Jerusalém, 288-293
Jonas, 171, 213
Jope, 257
Judá, aliança com Tiro, 219
judaísmo helenístico, 233; cristianismo enraizado no, 233
Judas Macabeu, 98, 235, 258
Judas, irmão de Jesus, 68
Judas, o Galileu, 255
judeus, revolta contra Roma, 44, 72, 78, 122, 235, 252, 255, 257, 264, 269; perseguições, massacre dos, 201, 243, 253, 264; relacionamento cristão com os, 231-240; relacionamento com Roma, 232-235, 240-257; população de Éfeso, 234; direitos concedidos por Roma, 240, 241-242; isentos do serviço militar, 240; na ordem eqüestre, 243; que escondiam sua origem, 257; papel no comércio internacional, 257-262
Juliano, Tutílio, 103
Júlio César, 235
Júpiter Capitolino, 256
juramento de lealdade, 107

Kittim, 122
koinon, 81
Kratesis, 266

Laodicéia, 108; condenação da Igreja de, 33; riqueza e conforto da Igreja de, 39, 49; indecisão da

367

Igreja de, 51; indústria em, 89; cidade importante, 112; terremoto em, 112; mercadores de, 151; privilégios dos judeus em, 241

Legião trovejante, 120

Lequeu, 173

Lesbos, 188

Leviatã, 229

Lex Claudia, 114

Lex Papia Poppaea, 167

Lião, 182

libertos, 101; no governo, 93; socialmente ascendentes, 97, 115, 181-183; Hermas, exemplo de, 133; membros da Igreja, 132

Líbia, 218

Lícia, 116

Lídia, 129

língua hebraica, influência no Apocalipse, 41

literatura apocalíptica, 20; cristã, 75-76; judaica, 125; atitude para com Roma, 200-204; atitude para com a injustiça, 200-202

literatura sapiencial, 125

liturgias, 109, 167

Lívia, 83

Lúcio, 175

luxo, 32, 33, 125; de Roma, 92, 93, 128, 142, 143, 188, mercadorias de, 258-259

Madiã, mulheres de, 51

magia, 275-276

mantos (vestes), 65

mar Vermelho, 144

marca da Besta, 188-194; em moedas, 191-194; selo imperial, 193

Marcial, 85

Marcião, 136-138

Marco Aurélio, 167

Marino, 122

mármore, 147

martírio, 41-44, 211; na Bitínia, 70; de Policarpo, 239; ensinamento judaico a respeito do, 250

massacres, perseguições, 201; no Egito sob Cláudio, 241-242; no Egito sob Calígula, 253-254

Massília, 188

materialismo, 65

medas, 34

Menelau, 216

mentirosos, 274-277

mercadores, cristãos entre eles, 18-19, 27, 37; da Ásia Menor, 89, 90; da Síria, 90, 165; do Egito, 90-91; de Roma no Oriente, 111; relacionamento com Roma, 141

Mercúrio, 82, 152

metáforas da família, 301-303

milênio, 310

Mileto, 83, 91, 129, 258

Minácio, Marco, 186

mineração, 141-142

Minúcio Fundano, 75

misoginia, 276

missão (cristã) entre mercadores, 129-132; de Paulo, 130-131; para a diáspora judaica, 236; em Cesaréia, 264

missiologia, 310

Mitilene, 188

mito de combate, 229

Mitra, 149

Mitrídates, revolta de, 79

moedas, 37, 82, 85-87, 111-112, 164, 174, 242; usadas para propaganda, 174; com a marca da Besta, 191-193; recusa zelota de carregar, 192, 193

Moisés, 253

monoteísmo, 21, 231, 253, 255, 268, 269

Montano, T. Flávio, 113
Monte Testaccio, 92
mulher, vestida de sol, 246
mulheres, posição na sociedade, 57; no
    Apocalipse, 276

Nabucodonosor, 211, 220, 223
nacionalismo, 27
nações, conversão das, 214
não-violência, estratégia do Apoca-
    lipse, 277-281; ensinada e mode-
    lada por Jesus, 279-281
Narbona, 107
naufrágio(s), 110, 142-143, 166;
    experiência de Paulo de, 166
navegador(es), 79-81; ricos empre-
    sários, 115; Marcião, exemplo
    de, 136-138; prostituição dos,
    151; associações comerciais de,
    em Óstia, 179-180
navio(s), tamanho de, 144; descrições
    de, 175-179
nazarenos, 268
negociantes, 186
negociantes, italianos na Ásia Menor,
    79, 108, 128
neokoros, *83, 156*
Nero, 44, 48-49, 64, 83, 94, 104, 108,
    119; perseguição de cristãos em
    Roma por, 48-49, 228, 234;
    enorme estátua de, 88; encontro
    com Tiridates, 149; inscrições
    em Éfeso para, 156; concedeu
    benefícios aos armadores, 167;
    construiu porto, 169; arquétipo
    do mal, 203; lenda do *redivivus*,
    225-229; impostores que alega-
    vam ser Nero, 225; descrito
    como "Besta" por Apolônio,
    227; nos Oráculos Sibilinos, 228;
    na literatura patrística, 229-230;
    Beliar, 225, 238

Nerva, 22, 88, 106
Netuno, 166, 175, 177; descrições de,
    177
Nicéia, 82
nicolaítas, 50-52, 154
Nicomédia, 82, 151; corpo de bom-
    beiros proposto na, 159; arma-
    dores na, 161
Noé, 285
Nova Jerusalém, os excluídos da, 65,
    274-277, 281; cidadania na, 240;
    realidade terrena, 285-288; jus-
    tiça econômica na, 288-293, 309-
    310; melhor que a cidade romana
    ideal, 293-297; enorme alcance
    da, 293; na época pós-apostólica,
    304-306

ordem dos decuriões, 100-101
ordem eqüestre, 95, 99, 100, 113;
    diminuição da posição dos italia-
    nos na, 94; judeus na, 243
ordem senatorial, 99; restrições para
    se dedicar ao comércio marítimo,
    114; membros executados por
    Domiciano, 283
Óstia, 164; guildas em, 160; tempes-
    tade em, 166; porto reconstruído
    por Domiciano em, 169; culto
    imperial em, 170, 175-185, 186,
    187; pintura de, 174-175; moeda
    que descreve o porto de, 175,
    177; baixo-relevo de, 178-179;
    incremento das construções em,
    180; escritórios de comércio ma-
    rítimo em, 183-187; atividade
    bancária em, 186; *quaestor* ro-
    mano em, 186
Otaviano (César Augusto), 80-84, 99,
    108, 120, 148, 164, 174; de navio
    em Putéoli, 168; mares livres de
    piratas, 169-170; templo de, em

Pérgamo, 240-241; sacrifícios em honra de, em Jerusalém, 251-257; sinagoga que recebeu seu nome, 252; Pai da Pátria, 303
Oto, 22

Paflagônia, 107
pai, título honorário, 302-303
Pai-nosso, 308
Países Baixos, 172
Palestina, judeus na, 243-246; João provavelmente originário da, 41
Palmira, 33
parusia, 54
Pártia, 225
pater patriae, 302
Patmos, 42-43
patronato, 98-110; meio de ascensão social, 138; no Novo Testamento, 103; todos vão participar, 308
patrono, 103; imperador, 100, 101, 162, 182; Iahweh, 308-311
Paulo, apóstolo, 94; morte de, 48; em Éfeso, 73-74; viagem a Roma, 149-150, 175, 270; contato com comerciantes, 160; cidadania de, 240
Paulus, 114
Pax Romana, 80-82, 205
Pedro, morte de, 48; preocupação quanto à segurança financeira e social, 298-299
1 Pedro, relacionamento com o Apocalipse, 48-49
Perana, 173
peregrinos e forasteiros, 58
Pérgamo, 43, 50, 53, 81, 150, 188, 241; Atálo, rei de, 78-79; italianos em, 79; culto imperial em, 82, 83, 240; indústria em, 89; cidade importante, 112; mercadores originários de, 151; privilégios dos judeus em, 241, 259

perseguição, fator no Apocalipse, 25, 42-49, 274-277; na Igreja primitiva, 55; nada comum na época de João, 70, 304, 305; gerada por outros provincianos, 74-75, 88; efeito nos ricos, 134; no século II, 305
perseverança, 43, 52, 279
Pérsia, 34, 202, 205, 218, 241
pescadores, 61; de Éfeso, 156-159
Piazzale delle Corporazioni, 183
Pilatos, 103; insígnias militares em Jerusalém, 122-123, 254; no julgamento de Jesus, 269
Pio, Antonino, 156
Pio, papa, 133
pirataria, desapareceu sob o domínio romano, 81, 169-170; perpetrada pelos judeus, 258
pobres, identificação de João com os, 29; em Roma, 91
pobreza, cristãos que sofriam, 33
poder, abuso de, 27; falta de, 33; abordado por João, 206
Polemainos, Tibério Júlio Celso, 94
Policarpo, carta de, 135; judeus acusados do martírio de, 239
pomerium, 295
Pompéia, 151
Pompeu, 235
pontifex maximus, 171
Ponto, terra natal de Áquila, 130
porto(s), de Éfeso, 37; cheios de símbolos pagãos, 130, 173-181; melhorados por imperadores, 168, 169; da Itália, 175-185
Poseidon, 161, 173
prata, produção de, 112
preceitos de moral doméstica (*Haustafel*), 58
pressão, para se adaptar à sociedade, 271-274

Priena, 91
princeps, 100
Priscila, 130, 158, 236
Prisco, 106
privilégios para navegadores, 163-171
Probato, Quinto Capitônio, 182
profeta, João, 42
prostituição (promiscuidade, união ilegítima, fornicação), metáfora para o relacionamento ilícito com a sociedade pagã, 20, 50, 65, 66-67; descrição do relacionamento dos provincianos com Roma, 35, 77-78, 203; na carta apostólica, 65, 67 relacionada ao comércio, 128, 151, 214
prostituta (Roma), 18, 35, 213
provincianos, riqueza, 24; elites leais a Roma, 80, 81, 82, 277, 278, 279; ascensão social dos, 93-96; gratidão dos, a Roma, 108, 109; voltando-se contra Roma, 227
Prusa, tumulto por comida em, 91-92; riquezas de Dio ali, 111, 119
Ptolomeu, rei do Egito, 189, 190, 191
publicanos, 126; entre os seguidores de Jesus, 137-138, 280
púrpura, 99, 143; vendedores de, 117, 129; monopólio imperial da, 129; mercador cristão de, 129-130
Putéoli, 133, 151, 182; Augusto de navio em, 168; estrada construída por Domiciano, 169; inscrições pagãs em, 172, 187; armadores de Tiro em, 187; judeus e cristãos em, 263; sinagoga em, 263

quarto reino, 202, 247
Quio, 96, 161
Qumrã, 62, 122, 245

rainha, Roma, 32, 77, 208
Rapo, Tyronius, 242
Régio, 103
Reino de Deus, 67-69; espiritualização do, 69
reis da terra, 100; na Palestina, 245; na nova Jerusalém, 289
religio licita, 256
revolta judaica (66-70 d.C.), 44, 72, 78, 122, 235, 252, 255, 257, 264, 269
revolta macabaica, 143, 198, 235, 279, 310
Rinocorura, 258
rio Orontes, 95
riqueza, recompensa pelo trabalho, 125; espiritualmente perigosa, 124-125; comentários de Hermas a respeito da, 133
Rodão, 136
Rodes, 151
Roma (deusa), 81, 192, 240
Roma, destruição de, 18, 31-32, 204, 209, 222; Besta, 21, 248; coisas boas em, 32; poder militar, 51; aquisição de império, 78; "amigos" de, 79-81; enorme consumo de, 91-93, 148-149, 223, 248, 249; a Igreja em, 136, 137, 306; dependente das províncias para comida, 163-167; grande incêndio em, 165, 267; atitude de autores apocalípticos judaicos em relação a, 199-204; águia, 200; cedro, 201; destruidora do Templo de Jerusalém, 207, 249; judeus em, 241; ordenada por Deus, 249
rotas comerciais, 257-260

sacerdócio, cristãos no, 56, 300
Salmos, usados no Apocalipse, 207
Salomão, 212-213, 248; Templo de, 297

salutatio, 104
salvador, título de imperador, 81, 82
Samos, 91, 95
Sardes, 49, 105, 108; indústria em, 89; cidade importante, 112; mercadores de, 151; privilégios dos judeus em, 241; comunidade judaica forte em, 241
Satanás, poder por trás de Roma, 31, 237; "sinagoga de", 236-240
Saturnal, 266
Sebasteum, 170
sebastos, 36
segurança econômica para o povo de Deus, 298, 299
Seir, epíteto de Roma, 247
selo de Deus na fronte, 194; do imperador, 250
Senado romano, 79, 83, 90, 99
Sêneca, 103-105
separação, da sociedade pagã, 24-27, 38, 59-64, 273, 274; de Roma, 138
Septímio Severo, 178
Sérgio Paulo, 126
serviço militar romano, 67, 106; meio de ascensão social, 97, 119, 121; envolvimento cristão no, 119-122; judeus isentos de prestar o, 124, 241; dando proteção ao comércio, 169
sete montanhas, 35
sete reis, 35
Severa, Júlia, 242-243
Shammai, 265
Sião (monte), 279; lugar de julgamento, 202; em Isaías, 292
Sidônia, 172, 215-217
signa (insígnias militares), 62, 121-123
simbolismo no Apocalipse, 22, 27
sinagoga, 39; "de Satanás", 232-240;

de augustanos e de agripenses, 252; Igreja baseada na, 233; posição social dos governantes da, 236; construída por gentios, 243, 253; em Putéoli, 263
sincretismo, na Igreja primitiva, 50-76; na Ásia Menor, 51; condenado pelos profetas hebreus, 51; entre os judeus, 245
Sinope, 136
sociologia como instrumento para interpretar o Apocalipse, 24-29
Sodoma, nome para Jerusalém, 210, 233
Sóstenes, 237
Sucesso, A. Cedício, 182

Talmude, 246-251
Tamugadi, 294-296
Tarragona, 188
Társis, 213, 291
Tarso, 89, 258
Tauro, rio, 113
Távia, 40
templo(s), de Éfeso, 36, 73, 96, 112; de Jerusalém, 44, 122, 244, 249; propriedade de guildas, 62, 160-161; na Bitínia, 71; na Ásia Menor, 82, 83; em Alexandria, 100; em mercados e portos, 170; em Cencréia, 173; em Óstia, 178; reproduzidos em moedas de Óstia, 177; como centros bancários, 183; dedicados a Augusto, 188, 264; fiéis que constituíam, 239; nenhum na nova Jerusalém, 297
terremoto, em Laodicéia, 112
Tessalônica, 39, 269
texto ocidental, 67
Tiatira, 238; indústria em, 89; terra natal de Lídia, 129; mercadores originários de, 151; guildas em, 154-155, 195

Tibério, 83, 108, 163, 164

Tibre, rio, 35, 95, 169

Tiferno, 88

Tiridates, 149

Tiro, 172; modelo para Roma em Ap 18, 212-224; inscrição cristã em, 130; mercadores originários de, 161, 187; natureza comercial de, 213, 214; maldade de, 215-217; prostituta, 214; destruição de, 215-216; aliança com Judá, 219; autodeificação de, 220, 221; injustiça de, 222-223; ajuda para construir o Templo, 223; cerco de, 223; epíteto para Roma, 247; o rei de, 288-293

Tito (imperador), 22, 36, 94, 184, 199; arco de, em Roma, 199; desprezo judaico por, 249; destruiu o Templo de Jerusalém, 268; pai benevolente, 303

Torre de Estratão, 259, 264

Trajano, 40, 54, 68-69, 75, 88, 94, 101, 105, 159-160; melhorou os transportes, 169-170

Trales, 91, 95

transfiguração de Jesus, 301

transporte por navio, lista de mercadorias para, 32, 143, 218, 222; cristãos envolvidos no, 136-138; cerimônias associadas ao, 174, 176

Trifão, 136

trigo (veja grãos)

Trimalcião, 151, 152, 153, 166, 182

Túsculo, 185

Valente, 135

"vencer", 52

Vespasiano, 22, 83, 198-200; homenagens prestadas por armadores, 161; culto de, em Óstia, 178; ordenou que o imposto do Templo fosse enviado a Roma, 255-256

Vesúvio, 228, 303

Via Domitiana, 169

Viena, 151

vinho, 91

virgem(ns), Roma, 203, 208; seguidores do Cordeiro, 276

Vitélio, 22

Vito, Valério, 133

Vitorino, 22

Zanzibar, 145

zelotas, 246, 266; recusa de carregar moedas romanas, 192, 193; não envolvidos no comércio, 195; sua estratégia rejeitada por Jesus e João de Patmos, 278-279; entre os discípulos de Jesus, 280

Zeus, 37, 108

Zeuxis, Flávio, 150

Cadastre-se no site

www.paulinas.org.br

Para receber informações
sobre nossas novidades
na sua área de interesse:

- Adolescentes e Jovens • Bíblia • Biografias • Catequese
- Ciências da religião • Comunicação • Espiritualidade
- Educação • Ética • Família • História da Igreja e Liturgia
- Mariologia • Mensagens • Psicologia
- Recursos Pedagógicos • Sociologia e Teologia.

Telemarketing 0800 7010081

Impresso na gráfica da
Pia Sociedade Filhas de São Paulo
Via Raposo Tavares, km 19,145
05577-300 - São Paulo, SP - Brasil - 2004